동사를 알면 죽은 영어도 살린다

동사를 알면 죽은 영어도 살린다 1

저자_ 최완규

1판 1쇄 발행_ 2006. 8. 14.
1판 23쇄 발행_ 2025. 8. 18.

발행처_ 김영사
발행인_ 박강휘

등록번호_ 제406-2003-036호
등록일자_ 1979. 5. 17.

경기도 파주시 문발로 197(문발동) 우편번호 10881
마케팅부 031)955-3100, 편집부 031)955-3200, 팩스 031)955-3111

저작권자 ⓒ 2006 최완규
이 책의 저작권은 저자에게 있습니다. 서면에 의한 저자와 출판사의
허락없이 내용의 일부를 인용하거나 발췌하는 것을 금합니다.

COPYRIGHT ⓒ 2006 Choi Wan-kyu
All rights reserved including the rights of reproduction in whole
or in part in any form. Printed in KOREA.

값은 뒤표지에 있습니다.
ISBN 978-89-349-2289-6 13740

홈페이지_ http://www.gimmyoung.com   블로그_ blog.naver.com/gybook
인스타그램_ instagram.com/gimmyoung   이메일_ bestbook@gimmyoung.com

좋은 독자가 좋은 책을 만듭니다.
김영사는 독자 여러분의 의견에 항상 귀 기울이고 있습니다.

동사를 알면 죽은 영어도 살린다 1

최완규 · 지음

김영사

머리말

영어를 내려다 보는 눈을 드립니다.

서울에 처음 와 본 사람이라면 친지 집을 찾기가 여간 어렵지 않을 것입니다. 자세한 약도가 없다면 그야말로 서울에서 김서방 찾기가 되겠죠. 길가는 사람에게 물어보고, 전화로도 물어보며 간신히 길을 찾아가겠죠. 그러나 다음에 다시 찾아오려면 또 비슷한 고생을 해야 할 겁니다. 내가 지금 어디를 가고 있는지 실시간으로 내려다 볼 수 있는 네비게이터 같은 게 있다면 길 찾기 참 편할 텐데…

외국어도 처음 접하면 미로에 뚝 떨어진 기분이지요. 아무리 길을 찾아 헤매도 출구가 보이지 않아 좌절하는 사람도 있고, 물어 물어 지나온 길을 머리에 쥐가 나도록 외워보려고 하는 사람도 있습니다.

자, 미로에서 길을 찾는 실험용 쥐를 사람들이 내려다 본다고 합시다. 사람들은 한눈에 어디로 가면 출구가 나오는지 알 수 있지만 쥐는 이리저리 가보고 다시 돌아오고를 반복한 후에야 미로를 빠져 나갈 수 있습니다. 많은 분들이 영어를 암기 과목으로 생각하고, 유용하다는 표현과 문장을 외우는 데 혼신을 다합니다.

그런데 영어라는 미로를 위에서 내려다 본다는 생각, 한번 해보셨나요?

목적지로 통하는 길이 한눈에 들어올 것입니다. 이 책의 목적은 바로 영어의 미로를 탈출하는 간단한 원리를 보여주고자 하는 것입니다. 세상 어느 나라 말이나 마찬가지지만, 영어도 동사로 먹고 산다고 해도 과언이 아닙니다. 그래서 영어를 어느 정도 공부하다 보면 동사 없이는 영어 실력이 발전하지 않는다는 걸 깨닫게 되지요. 사전을 펼쳐보면 동사 하나에 셀 수 없이 많은 의미가 있는 것 같지만 사실 기본 원리를 이해하면 동사의 기본 그림(의미)은 한두 개로 압축됩니다. 기본 그림을 익힌 동사의 수가 늘어날수록 영어라는 미로 속에서 헤매는 일은 줄어들겠죠. 방향을 잡지 못할 때는 전치사가 훌륭한 나침반 역할을 해주기도 합니다. 동사의 기본 성격을 파악하고 전치사라는 나침반을 잘 활용하면 복잡하게만 느껴졌던 영어가 머리 속에서 간결하게 정리됩니다.

이 책을 읽는 여러분께 당부하고 싶은 것은 그냥 부담 없이 읽어나가시라는 겁니다. 그러다 보면 자연스럽게 영어라는 미로를 내려다볼 수 있게 됩니다. 외우려고 하지 마세요. 미로 한두 개를 외울 수 있을지 몰라도 새로운 미로가 등장하면 또 다시 헤매는 일이 반복됩니다. 위에서 내려 볼 수 있는 능력을 길러야 어떤 미로에 갇혀도 살아남을 수 있습니다. 여러분이 이 책을 지도 삼아 영어라는 망망대해를 즐거운 마음으로 항해할 수 있길 바랍니다.

이 책이 나오기까지 많은 분들이 애써 주셨습니다. 저를 낳고 길러주신 부모님, 정성스럽게 책을 만들어 주신 김영사 식구들, 재치 있는 삽화를 그려주신 김태진님, 마지막까지 원고를 꼼꼼히 살펴주고 조언을 아끼지 않은 아내 송연석에게도 감사의 마음을 전합니다.

최완규

01 네이티브 머릿속 들여다보기 ························ 8

머릿속부터 달랐던 거야
조각그림을 맞추는 방식도 바꿔
걸음마 하는 아기처럼
외우지 말고 그림을 그려봐
"영어도 참 거시기 혀요"
풍경화와 추상화
하나를 알면 열을 알게 돼
동사와 형용사의 사랑법
너, 나, 그리고 우리 - 네이티브가 세상을 보는 눈
영어에선 뭐든 주인공이 될 수 있어
뭐든 가능한 만화같은 세상을 상상해

02 전치사 및 기본동사 그림 그리기 ················· 38

전치사는 네이티브 머릿속 나침반
전치사 vs. 부사
전치사의 기본그림
기본그림 그리기 준비
깨면 변한다 break
가져왜! bring
있으라 하니 있더라 call
나에게 오래! come
하면 된다! do
줘야 생기지! give
너에게 가마! go
니 거니? 너도 하나 구해! 이리 내놔! have · get · take
꼼지락 꼼지락! make
변화무쌍 구미호! turn

03 기본동사와 전치사의 만남 – 이어동사 218

about	above	across
after	against	ahead
along	apart	around
at	away	back
before	behind	below
between	beyond	by
down	for	forward·forth·backward
from	in	into
of	off	on
onto	out	over
through	to	together
toward	under	up
with	within	without

04 상상의 나래를 펴자 – 기본그림의 확장편 452

확장그림을 보는 바른 태도
이디엄 · 파생표현 · 속어의 기본그림 그리기

break	bring	call
come	do	get
give	go	have
make	take	turn

이 책을 마치며 · 다른 기본동사 도전하기 540

혹시 여러분의 머릿속에 자리잡은 한국어 감각에 영어를 끼워 맞추려고 하지는 않았나요? 영어권 사람들의 언어 감각과 세상을 보는 눈은 우리와 다릅니다. 영어를 할 때는 네이티브처럼 생각해야 합니다. 이것이 영어감각! 한국어 네이티브인 김네오와 영어 네이티브인 브루스의 대화를 통해 우리말과 영어가 어떻게 다른지, 영어를 잘하려면 어떻게 해야 하는지, 어디 한번 네이티브 머릿속을 들여다 볼까요?

01*
네이티브 머릿속
들여다보기

▶ 머릿속부터 달랐던 거야

김네오 한국에 온 지 3년도 안 된 애가 우리말을 어떻게 그렇게 잘 하니?

Bruce 난 너처럼 안 하니까.

김네오 엥…?

Bruce 너도 그렇고, 다른 애들을 봐도 참 이상해. 니가 지금도 손에 들고 있는 바퀴벌레 33000 같은 걸 보구. 나도 영어 네이티브지만 거기 있는 단어 잘 몰라. 왜 그런 걸 외워? 기본적인 단어도 제대로 못 쓰면서 말야.

김네오 기본적인 단어를 못 쓰다니! 이래 봬도 어디 가서 안 꿀리는 어휘력이라구.

Bruce 정말 그럴까? 음… 그럼 분식집 가서 '여기 라면 돼요?'를 영어로 어떻게 할래?

김네오 어… 그거야… Is ramyon possible?

Bruce 나라면 You do ramyon here?라고 할 거야. 어려운 말 하나도 없는데 못 하잖아.

김네오 do를 그렇게 쓸 수 있어?

Bruce 그럼. 니가 알고 있다고 생각하는 기본적인 말, 특히 동사를 생각해봐. 내가 한국말을 처음 배울 때 가장 먼저 신경 썼던 게 기본 동사였거든. 동사 모르면 말을 하나도 제대로 할 수가 없잖아. '하다' 라는 동사 하나 익히는 데 한 달이 걸렸어. 그런데 넌 do라는 단어를 어떻게 공부했니?

김네오 do가 얼마나 자주 나오는데… 일반동사로 의문문 만들 때도, 부정문 만들 때도 꼭 필요하고, do자체가 일반동사로 쓰일 때는 '하다' 는 뜻이고….

Bruce 그리고? 그게 다야?

김네오 앗, '충분하다' 는 뜻도 있어.

Bruce 그런 단편적인 뜻 말고… 어느 나라 말이든지 기본을 튼튼히 해야 하지 않을까? '여기 라면 돼요?' 라고 하면 do를 떠올릴 수 있을 정도로 do의 큰 그림을 알고 있느냐는 거야. 영문법은 니가 나보다 더 자세히 알고 있을 거야. 내가 한국어 문법을 너보다 잘 알듯이. 그런데 내가 말하는 기본은 문법이 아니라 네이티브(Native)가 언어를 구사하는 기본적인 감각을 말하는 거야.

김네오 기본적인 감각?

Bruce 니 머릿속하고 내 머릿속을 비교해 보면 쉽게 이해될 거야. 한국어 네이티브와 영어 네이티브의 차이라고 하는 게 낫겠다. 언어라는 게 사람이나 문화하고도 뗄 수 없는 관계니까.

▶ 조각그림을 맞추는 방식도 바꿔

Bruce 남의 나라 문화나 말을 이해하려면 먼저 머리를 비워야 돼.

김네오 그거야 쉽지.

Bruce 글쎄… 네가 영어를 하는 걸 보면 한국어라는 동그란 상자에 영어라는 네모난 빵을 구겨 넣고 있는 것 같아. 네모난 건 네모난 상자에 담아야 잘 들어가잖아. 니 머릿속의 동그란 한국어 감각을 빼고 네모난 영어 감각이 들어갈 자리를 만들어야 해. 내 머릿속을 이해하려면 그게 필요해.

김네오 그건 어려운데… 무슨 말인지도 모르겠고.

Bruce 어렵지 않아. 한국어나 영어나 '그림 조각 맞추기'를 한다는 건 다르지 않으니까. 한국어 감각을 버리라는 건 '그림 조각을 맞추기 전'으로 돌아가라는 거야. 머릿속에 그림을 그리고 나면 조각 맞추기는 영어식으로 하라는 거지.

김네오 그림 조각 맞추기? 그게 뭔 소리?

Bruce 아무리 복잡한 문장이라도 작은 조각그림을 모아놓은 것일 뿐이야. 예를 들어, 니가 이 방을 나가는 그림을 말로 옮긴다고 생각해 봐. 이런 문장들이 나올 수 있겠지.

1. 네오가 나갔다. 2. 네오가 방을 나갔다. 3. 네오가 브루스를 혼자 남겨두고 나갔다.

NEO LEFT BRUCE ALONE IN THE ROOM.

1번 문장에서는 '네오' 라는 조각그림하고 '나갔다' 는 조각그림을 맞추면 '네오가 나갔다' 는 전체 그림이 그려지지만, 2번 문장에서는 '방' 이라는 조각이 하나 더 들어가지. 3번 문장에서는 '브루스' 라는 조각하고 '혼자' 라는 조각이 더 필요하구. 영어도 마찬가지란 말야.

1. Neo left.
2. Neo left the room.
3. Neo left Bruce alone in the room.

단지 조각그림을 맞추는 방식이 다를 뿐이야. 어떤 상황이나 개념을 표현하는 것이 '말' 이잖아. 상황과 개념을 '전체 그림' 으로 본다면 말이라는 건 전체 그림을 만들어내기 위한 '조각그림 맞추기' 놀이란 거야. 한국어가 네오라는 그림과 방의 그림, 움직여서 밖으로 나가는 그림 조각들을 합쳐 '네오가 방을 나갔다' 라는 전체 그림을 그리듯이, 영어도 같은 상황을 Neo left the room.이라는 전체 그림을 그린다고 보면 되는 거야. 두 언어는 조각그림을 맞추는 방식만 다를 뿐이야.

▶ 걸음마 하는 아기처럼

김네오 아… 문장 5형식 같은 걸 말하는 거구나!

Bruce 네오! 문법적으로 따지자는 게 아냐. 우리가 왜 그런 문장을 만드는가를 보라구. 어린 아이가 아닌 이상 외국어를 배우려면 문법으로 언어 감각의 기본 틀을 만들어야 하지만, 일단 기본 틀이 만들어지고 나서 그 틀에 집착하면 오히려 독이 될 수도 있어. 문법은 영어를 논리적으로 이해하기 위한 수단이지 그 자체가 목적이 아냐! 10년 넘게 영어를 하면서도 아직도 문법을 공부한다면 본말이 전도된 거지. 조각그림 맞추기처럼 간단한 놀이를 하는데 복잡한 규칙은 필요 없는 거야. 니가 지금까지 공부한 문법 정도면 충분해. 그럼, 아까 문장 다시 볼까?
〈1. Neo + left.〉 주어하고 동사로 문장이 만들어진다는 건 잘 알잖아. 〈2. Neo + left + the room.〉 주어가 움직이고 그 움직임이 미치는 대상이 목적어로 올 수 있다는 것도 알고 있지? 〈3. Neo + left + Bruce + alone in the room.〉 주어와 동사, 목적어로 문장을 만들고 수식어구로 주어나 목적어의 상태를 부연 설명하는 거잖아. 어린 아이들이 말을 배우는 것처럼 하라구. 이제 영어의 감을 길러야 할 때라니까.

아무리 복잡한 말이라도 살을 발라내고 나면 남는 건 결국 명사하구 동사거든. 주어하구 동사만 있으면 말이 되니까. 우리가 하는 말을 잘 생각해 봐. 기본적으로 어떤 조각그림이 들어가는지. 모든 문장은 움직임을 설명하는 거야. Neo left Bruce alone in the room.이라는 문장에는 움직임을 나타내는 그림이 있고(left) 무엇이 움직이는지를 나타내는 그림이 있고(Neo), 그 움직임이 무엇에 영향을 미치는지 나타내는 그림이 있고(the room 또는 Bruce), 움직인 다음의 상태를 나타내는 그림이 있으면(alone in the room) 세상 모든 상황을 말로 표현할 수 있는 거야.

아기들이 말을 어떻게 배우는지 알아? 먼저 조각그림들을 주워 모으는 것과 같아. 엄마나 아빠, 주변 사람들이 하는 말을 반복해서 들으면서 제대로 된 그림이 나올 때까지 끼워 맞춰 보는 거라구. 아이들이 처음부터 제대로 말하는 거 봤니? 버벅거리고, 앞뒤 안 맞는 소리도 하다가 어느 날 조금씩 말다운 말을 하게 되잖아. 이렇게 무수한 시행착오를 반복하면서 말이란 걸 배워. 너도 그렇게 해봐. 영어가 더 이상 공부가 아닌 놀이가 될 테니까.

김네오 음… 하지만 니 말이 맞다 해도 어떤 동사가 자동사로 쓰이는지 타동사로 쓰이는지, 불완전 자동사인지는 외워야 하는 문법 사항이잖아?

Bruce 그럴까? 잘 들어봐. 자동사는 혼자 움직일 수 있다는 말이야. 타동사란 주어의 행동이 다른 무언가에 영향을 미친다는 말이구. 한국말 '가다' 를 생각해봐. 너도 가고, 나도 가지? 동사의 주인인 주어의 동작이 자신에게만 영향을 미치는 거라구. 이게 자동사라는 거야. 좀 모자란 자동사도 있어. 그래서 불완전 자동사라고 부르지. be동사가 대표적인데, 한국말로도 '난 이다' 라든가, '난 였다' 라는 말은 완전하지 않잖아. '난 혼자다' 또는 '난 혼자였다' 처럼 '혼자' 라는 말이 더 있어야 해. be동사도 그래. 그게 be동사의 성격이니까.

I was alone. 난 혼자였다.
I came alone. 난 혼자 왔다.

동사 조각그림이 come으로 바뀌었어도 주어 I의 상태를 alone이란 조각그림이 보완해 주고 있어. 이때의 alone을 문법에서는 주어를 보완해 주는 보어라고 해서 '주격 보어' 라고 해. 근데 주격 보어니, 목적격 보어니 하는 용어는 무시해도 돼. 각 조각그림이 무엇에 영향을 주고(Neo → left → the room), 서로 보완해 주는 조각그림은 어떤 것인지(I ↔ alone)를 이해하는 게 더 중요해.

타동사라는 것도 한번 보자. 동작이 다른 무엇인가에 영향을 미친다고 했으니까 니가 누굴 때린다고 생각해 봐. 맞는 사람이 있어야겠지. 그럼 '때리다' 라는 동사는 맞아줄 누군가 혹은 뭔가가 필요해. 즉 목적어가 필요한 동사, 그게 바로 타동사야. 자동사로도 쓰이고 타동사로도 쓰이는 동사도 물론 있지. 예를 들어 '먹다' 라는 동사 eat는 대상(목적어) 없이 쓸 수도 있고(I ate), 먹는 동작이 미치는 대상을 표시할 수도 있어(I ate an apple). 따라서 eat는 자동사로도 쓰이고 타동사로도 쓰이는 거지. 타동사도 모자란 놈들이 있지. 니가 문을 발로 차서 여는 그림을 그려봐. 그림 안에는 '너' 라는 조각그림도 있고, '발로 찼다' 는 조각그림도 있고 '문' 도 있어, 문이 '열리는' 그림도 있어야겠지.

Neo kicked the door open.
네오는 문을 발로 차서 열었다.

Neo kicked the door. 라고만 한다면 문이 열려 있는 그림은 빠져 버리지. 그림 open은 어느 조각그림과 관련이 있을까? Neo? kicked? the door? 그래, open되는 건 door잖아. 이걸 또 문법용어를 들먹여 설명하면 '목적격 보어' 라고 해. 목적어인 the door의 상태를 보충해 주는 말인 거야. 그렇지만 어려운 문법 용어는 빼고 조각그림 맞추기 놀이에서는 그 조각그림(단어)이 어떤 그림과 연관이 있는지만 생각하면 돼(the door ↔ open). 한국어든 영어든 자동사인지, 타동사인지, 저 혼자서는 모자란 동사인지 기본그림을 알면 자연스럽게 드러나는 거야. 일일이 외울 필요 없다구. go나 come 같은 동사는 상식적으로 타동사가 될 수 없잖아. 가거나 오는 동작으로 끝이니까.

You go, we go. 니가 가면 우리도 가는 거야. (영화 *Backdraft* 중에서)

hit 같은 동사는 맞아줄 뭔가가 필요하니까 타동사로 쓰이는 거구.

You hit me! 니가 날 때렸어!

turn은 어때? 주어가 혼자 돌 수도 있지만, 주어가 뭔가를 돌릴 수도 있다구.

He turned. 그가 돌아섰다.
He turned the doorknob. 그가 문 손잡이를 돌렸다.

주어의 동작이 영향을 미치는 게 하나가 아닌 경우도 있지. 소위 '수여동사' 라고 하는데, 이 명칭은 잊어 버리고 문장을 보자구.

She gave me a book. 그녀가 내게 책을 한 권 줬다.

누군가 너한테 뭘 준다고 생각해봐. 줄 것이 있어야 하고(a book) 받을 사람이 있어야 하잖아(me). 따라서 이 경우는 give라는 동작이 영향을 미치는 목적어가 두 개(me, a book)가 되는 거지. 동사는 기본그림을 생각해 보면 목적어가 필요한지, 필요 없는지, 아니면 있어도 되고 없어도 되는지, 아니면 두 개의 목적어가 필요한지 알 수 있어. '이건 몇 형식 동사, 저건 불완전동사…' 라면서 외우지 마. 동사의 기본그림을 익히면 그냥 알게 돼.

아무리 긴 문장이라도 조각그림을 끼워 맞춘 큰 그림일 뿐이야. 복잡한 문장들을 구분해서 이해하기 쉽게 하기 위한 수단으로 5형식이라든가, 명사라든가, 동사라는 용어를 만들어 낸 건데 무조건 여기에만 집중하면 애초에 왜 그걸 알려고 했는지도 잊어버리게 돼. "문장 구조는 이해가 되는데 몇 형식인지 모르겠다"고 고민하는 건 '꼬리가 개를 흔드는 격(the tail wagging the dog!)'이라구.

▶ 외우지 말고 그림을 그려봐

김네오 음… 이제 좀 감이 잡힌다.
Bruce 한국 사람들이 영어를 할 때 가장 약한 게 동사더라구. 제일 중요한 동사에 취약하니 당연 말이 어렵지. 게다가 동사만큼 중요한 전치사는 거들떠보지도 않잖아. 네이티브 머릿속에서 전치사는 나침반과 같아. 움직임이 어디서 시작되는지(from), 어디로 향해서 어디서 멈추는지(to), 왜 움직이는지(for), 움직임이 일어나는 곳은 어디인지(on, in, under, up, down, over, above…)를 알려주고 전체 그림에서 조각그림들이 서로 어떤 관계에 있는지(Neo in the room, out of the room, on the roof)를 설명해 준단 말이야. 그러니 전치사를 모르면서 동사가 쓰이는 큰 그림을 이해하려고 하는 건 나침반도 없이 망망대해를 돛단배로 건너겠다는 것과 다름없어. 너도 영어를 잘 하려면 동사하고 전치사는 눈 감고도 그림을 그릴 수 있어야 돼.
김네오 전치사는 몇 개 안 되니까 그렇다 치고 그 많은 동사를 다시 공부하라구?
Bruce 사실 네이티브가 흔히 쓰는 동사는 몇 개 안돼. 니가 하루에 쓰는 동사가 몇 개나 될 거 같아? 가장 많이 쓰는 동사부터 익혀 봐. 공부할수록 동사가 쉬워질 테니까.
김네오 어떻게? 사전 펼쳐놓고 그 많은 뜻을 일일이 다 외워?
Bruce 누가 외우래? 동사 하나가 가진 기본그림은 한두 개밖에 안돼. 그걸 사전에서는 한국말로 각 상황에 맞게 번역하다 보니 뜻이 많아 보이는 것뿐이야. 사전에서 get을 찾아봐. 뜻이 무지하게 많지? 그걸 어떻게 다 외우겠니. 외워서도 안 되고. 잘 들어봐. get의 기본그림은 '잡다' 그리고 '움직이다' 야. get의 '잡다' 라는 그림을 한번 살펴보자.

You got that? 알아 들었어?

상대방이 말하는 내용을 잡아서 내것으로 만들면 '이해하다' 라는 그림이 되지? 사전에는 이 그림을 '잡다, 이해하다, 파악하다, 알아듣다' 식으로 나열해 놓고 있지만 기본그림인 '뭔가 잡는 것' 만 알고 있으면 간단해.

The police got the thief. 경찰이 도둑을 잡았다.
She got me by the sleeve. 그녀가 내 소맷자락을 붙잡았다.
Don't get me wrong. 오해하지 마.
I didn't quite get your name. What was it again?
이름을 잘 못 알아들었는데, 뭐였죠?

이제 get의 두 번째 그림, '움직이다' 라는 의미를 머릿속에 그려보자.

I got scared. 겁이 났다.

이 문장의 get은 움직임만 나타내고 다른 뜻은 없으니까 '움직이고 있다' 는 것만 생각하면 돼. 나(I)라는 그림이 움직여서(get) 무서운 그림(scared)과 연결되는 거야. 무섭지 않았던 상태에서 무서운 상태로 움직인 거지.

I was not scared. → I got scared. → I was scared.
난 무섭지 않았다. → 난 무서워졌다. → 난 무서웠다.
I got out of the room. 방에서 나왔다.
I was in the room. → I got out of the room. → I was out of the room. 방 안에 있었다. → 방에서 나왔다. → 방 밖에 있었다.
The parcel got here yesterday. 어제 소포가 왔어.
The parcel was not here. → The parcel got here. → The parcel was here. 소포가 이곳에 없었다. → 소포가 도착했다. → 소포가 이곳에 있었다.

이와 같이 주어가 스스로 움직이는 그림도 있지만 주어가 다른 대상을 움직이게 만드는 그림도 생각할 수 있어.

   Don't get your hands dirty. 손 더럽히지 마.
   Your hands are not dirty. → Your hands got dirty. → Your hands are dirty.
   니 손은 더럽지 않다. → 니 손이 더러워졌다. → 니 손은 더럽다.

여기서는 get이 your hands를 움직이게 하지. 움직인 다음의 결과가 dirty인 거야. 여기서 쓰인 get을 사전식으로 외우려면 '도착하다, 어떤 상태에 놓이게 하다' 라는 각각의 의미를 각 상황이 나올 때마다 따로 외워야 하니 보통일이 아닐 거야. 다음과 같은 처음 보는 문장을 보거나 들었다고 생각해 보자구.

   Will you get us a table?

get의 기본그림에 따라 이 말을 듣는 사람(you)이 table을 들고 우리(us)한테 오는 그림을 그릴 수 있어. 실제로 들고 오는 게 아니더라도 머릿속에는 '테이블을 들고 옮기는' 그림이 그려지는 거야. Will you~라고 했으니, '앉을 자리 하나 마련해 주겠어요?' 쯤으로 해석하면 되겠지.

그런데 '움직이다' 라는 get의 기본그림을 모른 채 이러한 해석을 보면 어떨까? get의 의미가 얼른 이해되지 않지. 반대로 영어로 옮기라고 한다면 대부분의 사람들이 아마도 '마련하다' 라는 의미를 가진 동사를 찾아볼 거야. 그럼, 이때부터 영어 때문에 고생한다는 말이 나오는 거야.

▶ "영어도 참 거시기 허요"

김네오 그래도 상황에 따라 해석이 달라지니까 그에 대응하는 뜻 정도는 알고 있어야 하지 않을까?

Bruce 꼭 그럴까? 한국어 사투리 중에 참 신기한 게 거시기라는 말이 있는데 어떤 말인지 알지? 아무데나 갖다 붙여도 말이 되잖아. 어제 할아버지가 이런 말씀을 하셨다고 가정해 보자.

'거시기 있잖여… 요즘 세상이 참 거시기헌 께 내 맴도 거시기 허당께. 거시기 뭐시다냐… 높은 분들이 경제를 잘 거시기 해서 우리같은 서민들도 거시기 허고 살 수 있게 했으면 월매나 좋아~ 거시기들이 잘 거시기 허지 못헌께 거시기 한 거랑께.'

한국 사람이라면 이 말에서 '거시기' 가 무슨 뜻인지 파악하는 게 아무 일도 아니겠지만, 난 감 잡는 데만도 무척 오래 걸렸어. 한국 사람들은 이 많은 '거시기' 를 어떻게 알아들었을까? '문맥' 을 통해서 이해한 거지. 영어에도 '거시기' 가 있어. 영어도 문맥을 알면 된다는 말이야. 할아버지가 이런 말을 하셨어.

옆집에선 라면 안 팔던디 여긴 라면 거시기 허요?

영어로는 이렇게 하겠지.

You do ramyon here? 여기 라면 해요?

넌 할아버지가 쓴 '거시기' 라는 말을 어떻게 알 수 있었니? 옆집에서 라면을 안 판다는 앞 문장이 있어서 뜻을 알 수 있지. 내가 쓴 do를 '라면을 끓여 팔다' 는 말로 알아듣는 것 역시 '라면 가게' 와 '라면' 이라는 단어에서 연상한 거야. 컴퓨터 대리점에 들어가서 이렇게 말한다고 생각해 봐.

You do software? 소프트웨어 팔아요?

여기서는 '컴퓨터 대리점'이라고 가정했으까 가장 먼저 떠오르는 뜻이 소프트웨어를 '파는 것'이지만, 컴퓨터 관련 기업이나 개인 사업자 등 다른 문맥이었다면 소프트웨어를 '제작한다'거나, 심지어 '불법 복제한다' 등의 의미로 해석할 수도 있겠지. 이번에는 할머니가 거시기란 말을 쓰셨다고 해보자.

순자야, 니 으데서 머리 거시기 혔냐?

여기서도 거시기는 문맥상 '머리 하다' 잖아. 영어로는 이렇게 했겠지.

Where did you do your hair?

니가 '거시기'를 제대로 알아들은 것처럼 네이티브도 이때의 do를 '머리를 하다' 라는 그림으로 받아들이는 거야.

김네오 와, 너 정말 거시기 허다, 거시기 혀! 이해가 확실히 됐어. 그런데 동사의 기본그림은 어떻게 알 수 있어? 그런 거 가르쳐 주는 사전은 없잖아?

Bruce 사전을 잘 봐. 물론 영영 사전을 봐야 해. 뜻을 수십 개씩 나열하고 있지만 예문과 함께 죽 읽어보면 기본그림이 드러나지. 그걸 뽑아내면 돼. 연습해 보자. do를 보면 이런 예문들이 나와 있어. 어떤 기본그림이 나오는지 생각해 보자.

1. I'll do the floor. You do the cooking.
2. Who did James Bond in the new 007 movie?
3. Do your physics tonight. There'll be a pop quiz tomorrow.
4. I hate it when my wife spends hours doing her face.
5. Can you do a translation for us?
6. Can this car do 90?
7. I'll do you next, sir. Please be patient.
8. That boring movie just did me.
9. These boots will do you.
10. That car won't do.

11. Let me do the talking.
12. Can you do a chimpanzee?
13. The box will do for a seat.

가장 쉽게 찾아낼 수 있는 것이 '뭔가 행동을 하는' 그림일 거야. 여기서 한 발 더 나아가 The box will do for a seat.라든가 That car won't do. 같은 문장에서는 '뭔가 행동을 해서 만족시키는' 그림으로 발전시킬 수 있지. do의 기본그림이 바로 이 두 가지란다. 비교해 보자구. 위 문장들은 한국말로 옮기면 다음과 같아.

1. I'll do the floor. You do the cooking. 난 마루를 '닦을게', 넌 '요리를 해'.
2. Who did James Bond in the new 007 movie?
   새 007 영화에 누가 제임스 본드로 '출연했지'?
3. Do your physics tonight. There'll be a pop quiz tomorrow.
   오늘 밤에 물리학 '공부해둬'. 내일 퀴즈 본대.
4. I hate it when my wife spends hours doing her face.
   내 마누라 '화장하면서' 몇 시간씩 기다리게 만드는 데 진저리가 나.
5. Can you do a translation for us? 이거 좀 '번역해줄래'?
6. Can this car do 90? 이 차 90까지 '달릴 수 있어'?
7. I'll do you next, sir. Please be patient.
   다음 차례로 '서비스해드릴' 테니 조금만 참으세요.
8. That boring movie just did me. 그 영화 재미없어서 '죽는 줄 알았어'.
9. These boots will do you. 이 부츠면 '되겠네'.
10. That car won't do. 이 차로는 '안 돼요'.
11. Let me do the talking. 내가 '말할게'.
12. Can you do a chimpanzee? 침팬지 '흉내낼 수 있어'?
13. The box will do for a seat. 이 상자 의자 대용으로 '괜찮겠네'.

재밌지 않아? 한국말로 옮기면 기본그림은 사라지고 '출연하다, 번역하다, 화장하다, 공부하다' 식으로 바뀌어버리지. 이걸 나열해 놓은 게 영한 사전이고. 너 머리 좋잖아? 각 기본 동사를 한국말로 옮기기 전 상태의 그림으로 받아들이고 이해하는 거야. 그림 사전이 수많은 항목이 나열된 지겨운 책이 아니라 기본그림을 여러 가지 상황에 맞게 말만 바꿔놓은 것으로 보일 거야.

김네오 와, 점점 재밌어지는데. 그렇게 보면 전치사도 수많은 뜻이 있는 게 아니라 기본그림이 있겠네?

Bruce 캬~ 넌 역시 내 수제자가 될 수 있겠다. 바로 그거야. 전치사도 기본그림이 있어. 전치사 on이 무슨 뜻이라고 생각해?

김네오 우씨… '~ 위에' 라고 말하면 아니라고 할 거지?

Bruce 당근이지!

김네오 어쭈, 이제 우리말 속어까지 구사하네.

Bruce on을 '~ 위에' 라고 외워버리면 굴러가는 공에 붙어 있는 껌은 어떻게 설명할래? 이리 굴리고 저리 굴려서 껌 위치가 아래, 위, 옆이 돼도 on the ball이라고 하는데.

김네오 어… 그렇네. 그럼 '붙어 있는 그림' ?

Bruce 바로 그거야. on은 '~ 위에' 가 아니라 '붙어있는' 그림, 다시 말해 '접촉' 의 그림이라구. 전치사가 어렵다고 하는 건 전치사를 외웠기 때문이야. on의 뜻이 뭐냐고 물으면 대부분 너처럼 '~ 위에' 라고 말하더라구. 한국말로 '~ 위에' 라고 하면 위치상 위쪽을 가리키잖아. 그러다 보니 on에 대한 기본 생각도 위치로 볼 때 위쪽이라고 착각을 하는 거지.

on의 기본그림은 '접촉' 이야. 책상 위에 있는 것도 on이고, 책상 밑에 있지만 붙어 있다면 이것도 on이고. 책상 옆에 붙어 있는 것도 on이야. 등에 붙든, 허리에 붙든, 다리에 붙든, 발에 붙든, 손에 붙든 모두 몸에 붙는 것이기 때문에 옷을 입는 동작이나 입고 있는 상태 표현에서 모두 전치사 on을 쓰는 거지.

　　Put on your coat. It's cold outside. 코트 입어. 밖에 추워.

코트를 집어 들어서(put) 몸에다 붙이는(on) 거니까 옷을 입는 그림이 되는 거야.

turn on은 무슨 뜻일까? 아마 대부분 이걸 따로 외웠을 거야. '물을 틀다, 전기를 켜다, 사람을 흥분시키다' 등으로 말이야. 간단하게 turn의 기본그림인 '뭔가 도는 것' 하고 on의 기본그림인 '접촉'을 이어주면 '돌려서 붙이다'가 된다는 걸 생각해 봤니? turn the tap on이라고 하면 수도꼭지를 돌려 물을 연결시키는 것이라서 '물을 틀다'라는 뜻이 나오는 거고 turn the lights on은 스위치를 돌려 전기를 연결하기 때문에 불을 켜는 게 되는 거지.

▶ 풍경화와 추상화

기본그림이 비유적인 그림이 되는 경우도 있어. 기본그림이 척 보면 알 수 있는 풍경화라면 비유적인 그림은 문맥에 맞게 나름대로 해석해야 하는 추상화라고 할 수 있지. 이건 어느 나라 말이라도 마찬가지야.

만두 하나를 그냥 꿀꺽하더라구.

이 경우는 진짜로 만두를 꿀꺽 삼키는 그림이지. 기본그림이야.

그 놈이 우리 회사를 꿀꺽했어.

회사를 진짜 꿀꺽 삼킬 수는 없지. '꿀꺽 삼키다'라는 기본그림을 비유적으로 사용한거야. 영어도 마찬가지 아니겠니? 조금 전에 turn on이 뭔가 돌려서 다른 것에 접촉시키는 거라고 했지. 사람 몸에도 전기와 같은 것이 있어서 이 전기를 연결하는 스위치가 켜지면 흥분하게 되지. 한국말에도 '짜릿하다'든가, '감전되는 것 같다'든가 하는 말이 있듯이. 평소에는 이 흥분시키는 스위치가 떨어져 있는데 이걸 연결시켜주면 흥분을 하는 거야. 그래서 She turns me on.이라고 하면 뽕가게 예쁘거나 섹시한 여자가 날

흥분시키는 추상화가 되지. 거의 모든 기본그림이 이런 식으로 확장될 수 있어.

▶ 하나를 알면 열을 알게 돼

김네오 브루스, 눈물 난다. 10년 동안 공부하고도 그걸 몰랐다니. 오늘 나 무지 감동한 거 있지. 브루스, 이리 와봐, 형이 안아줄게.
Bruce 징그러 쨔샤. 저리 가! Get your hands off me!
김네오 알았어… 갑자기 영어 쓰고 난리야. 놀랐잖아. 어? off? 손 떼라는 말이지? 붙어 있으면 on이구 떨어져 있으면 off… 맞지?
Bruce 그래 그거야. 하나를 가르쳐주면 열을 아네. off의 기본그림은 '분리'야. 떨어져 있는 거. on의 반대 그림을 갖는 전치사잖아. on이 들어가는 모든 표현에서 on을 off로 바꿔주면 뜻이 반대가 돼. 붙어 있던 걸 떨어뜨리는 거니까. turn the lights on이 불을 켜는 거라면 끄는 건 당연히 turn the lights off겠지? 스위치를 돌려 전기를 끊어줘야 하니까. 내가 한국말을 배울 때 써먹었던 방법이기도 해. 상대 개념이라는 거지. '가다'가 있으면 '오다'가 있듯이… on이 들어가는 표현을 익히고 나면 off 그림을 덧붙여 조각그림 맞추기를 해봐. 니 표현력이 두 배로 늘 거야.

    Turn it on. 그거(불) 켜라.

이걸 알았으면 turn it off는 자동으로 네 것이 되는 거지. 기본 동사도 마찬가지야. come과 go를 생각해 봐. 움직이는 방향만 다를 뿐이잖아. 이 두 동사를 같이 익히면 서로 바꿔 쓸 경우 의미가 반대가 된다는 걸 알 수 있지. 예를 들어, 이어 동사 come to와 go to에서 to의 의미는 같아. 전치사 to의 기본그림은 '방향성'하고 '도착점'이거든.

    He came to me. 그가 내게로 왔다.

여기서 to를 나한테 오는 방향으로 생각하거나 움직여서(come) 도착한 곳(to)이나(me)라고 생각할 수 있거든. come과 go의 기본 의미에 '방향성'과 '도착점/ 결과'의 기본그림이 있는 to가 붙은 것이 come to와 go to야. come이나 go 어느 한쪽을 익히고 나면 상대 동사는 식은 죽 먹기지.

움직임을 시작하는 주체와 움직임이 영향을 미치는 객체가 뒤바뀌는 동사도 있지. bring과 come을 비교해 보자. 스스로 움직이느냐 아니면 누군가(또는 뭔가)를 움직이게 하느냐만 달라. 다음 예문들을 잘 봐. come과 bring을 바꾸면 주객이 바뀌어서 스스로 움직이는 건지, 다른 뭔가의 영향으로 움직이는 건지만 달라질 뿐 전체 그림은 같아.

The power outage last night brought elevators to a halt.
→ Elevators came to a halt due to the power outage last night.
어젯밤에 정전으로 승강기 운행이 멈췄어.

첫 문장은 정전이 승강기를 멈추게 하는 그림이지만 두 번째 문장은 승강기가 스스로 멈추는 그림이지. 영어 네이티브에게는 조각그림들이 평등해. 이 두 문장에는 원인과 결과가 있어. 정전이 원인이고 승강기가 멈춘 것이 결과야. 원인에 초점을 맞추고 말을 한다면 첫 문장이 되는 것이고, 결과에 초점을 맞춘다면 두 번째 문장이 되는 거지.

▶동사와 형용사의 사랑법

김네오 그렇구나. 상대 개념으로 익히면 공부할 게 절반으로 줄겠네. 근데 이상한 게 있어. 왜 그냥 '멈췄다(halt)'라고 하면 될 걸 '멈추는 동작으로 움직였다(come to a halt)'는 식으로 길게 늘여 쓰는 거야?

Bruce 너 말 잘했다. '끝났다'면 end, '멈췄다'면 stop이면 될 텐데 왜 come to a stop 같이 귀찮게 쓰냐는 말이지? 일단 드라마틱하지. 단순히 stop이라고 하면 밋밋하게 멈췄다는 결과밖에 전달하지 못해. 멈추기까지의 '행위' 또는 '움직임', 즉

알맹이는 사라져버리고 그 다음 '이렇게 됐다'는 결과만 알려주는 거야. 둘째, 동사 하나만 달랑 쓰면 결과만 있다 보니 '움직임'과 그 '움직임의 결과'를 묘사하기 위한 방법이 제한돼 있어. 묘사에 가장 능수능란한 게 형용사잖아. 형용사가 이 땅에 태어난 사명이 바로 그거니까. 그런데 동사와 어울리는 품사는 부사지 형용사가 아니야.

동사와 형용사는 언뜻 이루어질 수 없는 사랑이라구. 형용사를 쓰려면 명사형이 와야지. 하지만 세상에 이루어질 수 없는 사랑은 없듯이 동사와 형용사도 어울릴 수 있는 방법이 있어. 동사가 조금 양보해서 형용사에게 마음을 열고 명사가 되면 형용사와 어울릴 수 있다는 말이야.

The car stopped suddenly. → The car came to a sudden stop.
차가 갑자기 멈췄다.

움직임까지도 자세히 묘사하려는 네이티브의 머리에는 자세한 움직임에 해당하는 동사가 떠오르기도 해. 이 동사가 come의 자리를 메우지. 그럼 다음 같은 문장이 튀어나와.

The car screeched to a sudden stop. 차가 끼익 소리를 내며 갑자기 멈췄다.

여기서 한 가지 번뜩 머리를 스치는 게 있을 거야. 기본 동사를 배우면 나머지 동사들은 위의 문장처럼 기본 동사로 부족한 뜻을 보충하기 위해 대체 사용할 수 있다는 것 말이야. 이런 동사들은 기본 동사와 사용법이 거의 같고 분위기만 다르기 때문에 기본 동사만 제대로 배워놓으면 나머지는 거저 먹기지.

John came to a halt and tried to regain his breath.
존은 멈춰 서서 숨을 돌렸다.
The elevator creaked to a halt at the second floor.
엘리베이터가 끽 소리를 내며 2층에서 멈췄다.

▶ 너, 나, 그리고 우리 - 네이티브가 세상을 보는 눈

Bruce 동사를 배울 때 또 한 가지 눈여겨 볼 게 있는데 바로 말하는 사람의 관점이야. 말을 하는 사람이 전체 상황을 어느 관점에서 그리느냐는 거지. 똑같은 숲을 그린다고 해도 숲 밖에 있는 사람, 숲 안에 있는 사람, 하늘에서 숲을 내려다 보는 사람의 그림이 각각 다르겠지.

come하고 go를 보자구. come과 go는 둘 다 움직임을 나타내지만 관점이 달라. come은 내 쪽으로 오는 것이지만 go는 내 쪽에서 멀어지는 거잖아.

한국 사람들 동방예의지국이라는 이름에 걸맞게 참 예의 바르지. 서로를 존중해 주고 정을 나누며 사는 게 참 보기 좋아. 그래서 내가 한국을 좋아하는데… 하지만 말에서 만큼은 이상할 정도로 '나' 중심으로 내가 보는 관점에서 얘기를 해. 1인칭 주인공 시점이라고나 할까….

그런데 영어를 하는 네이티브는 '나, 너, 그리고 우리' 라는 생각을 갖고 있어. 전지적 작가 시점에서 글을 쓰고 말을 한다고 보면 돼.

김네오 엄마 네오야, 브루스! 밥 먹어라!

김네오 예! 가요! 배고픈데 밥 먹고 하자.

Bruce 바로 그거야. 너 지금 밥 먹으러 가는데 '가요!' 하잖아. 우리는 I'm coming!이라고 하거든. 넌 너 자신을 그림의 중심에 두고 말을 하고 있어. 니가 엄마한테 가니까. 반대로 네이티브는 상황을 상대방 관점에서 표현할 때가 많아. 엄마가 밥 먹으라고 하면 I'm coming!이라고 하는 것도 엄마 입장에서 말을 해주는 거잖아. 엄마 관점에서는 내가 엄마 쪽으로 '오고 있는 것(come)' 이니까.

말에는 관점이라는 게 있어. 현재의 상황을 누구의 입장에서 말로 옮기느냐에 따라 동사가 달라진다는 거야. 한국어와 영어도 모두 관점이 있지. 상황을 하나 설정해 보면 더 쉽게 이해가 갈 거야. 도둑이 들었다고 신고한 사람이 경찰과 대화를 한다고 생각해 봐.

신고한 사람과, 옆집 사람, 경찰이 누구의 관점에서 말을 하는지 잘 보라구.

1. 신고한 사람 : The robber broke into my house at 4 a.m.

   4시에 강도가 집에 침입했어요.

2. 경찰 : Did you see him come into your house? 강도가 들어오는 걸 봤나요?

3. 옆집 사람 : He didn't. I saw the robber go into his house. 그 사람은 못 봤어요. 강도가 들어가는 걸 본 사람은 나예요.

4. 경찰(옆집 사람에게) : Did you see the robber come out of his house?

   강도가 나오는 것도 봤나요?

5. 옆집 사람 : Yes. The robber came out of his house at around 5 a.m.

   예. 5시쯤에 집에서 나왔어요.

6. 신고한 사람 : I did too. I saw the robber go out of here.

   그건 나도 봤어요. 집에서 강도가 나가는 걸 봤어요.

상황을 보는 관점에 따라 go와 come이 달리 쓰이지. 상대방의 입장에서 생각해 말을 할 때도 go와 come이 달라지잖아.

1번 문장, The robber broke into my house at 4 a.m.을 보면 신고한 사람은 자신의 관점에서 도둑의 움직임에 대해 설명하고 있어. 2번 문장, Did you see him come into your house?는 경찰이 신고한 사람의 입장에서 다시 말해 도둑맞은 사람의 관점에서 말을 하고 있지. come은 '내 쪽으로 오는 것' 이야. go는 '내 쪽에서 멀어져 다른 곳으로 이동하는 것' 이구. 도둑맞은 사람의 관점에서 보면 도둑이 자기 쪽으로 오는 것이니까 come을 써준 거라구. 3번 문장, He didn't. I saw the robber go into his house.에서 옆집 사람은 뭐라고 하니? go를 쓰고 있지? 도둑이 내 쪽에서 멀어져서 다른 집으로 들어가는 걸 봤다는 말을 하니까. 자신의 관점에서 말을 하는 거야.

4번, Did you see the robber come out of his house?와 5번 문장, Yes. The robber came out of his house at around 5 a.m.에서는 왜 come이 쓰였을까? 도둑이 집에서 나오면 옆집 사람에게 가까워지잖아. 내 쪽으로 오는 거지. 옆집 사람의 관점에서는 come이 맞는 거야. 6번 문장, I did too. I saw the robber go out of here.는 이해가 쉬울 거야. 도둑맞은 사람은 도둑이 나가는 걸 보면 당연히 내 쪽에서 멀어지는 상황을 그리게 되니까. 역시 자신의 관점에서 말하는 것이니 go를 쓴 거야. 이처럼 말을 할 때는 지금 하고 있는 말이 '내 관점에서' 하는 것이냐, '듣는 상대방의 관점에서' 하는 것이냐, 아니면 나를 포함해 '우리 모두의 관점에서' 하는 것이냐를 생각해야 돼.

He came to me. (나의 관점 – 그 사람이 내게 오는 것)
I'll come to your place this evening.
(말을 듣는 상대방의 관점 – 상대방 관점에서 보면 내가 상대방에게 오는 것)
The winter came. (우리 모두의 관점 – 겨울이 우리 모두에게 오는 것)

밥 먹으러 간다고 할 때 I'm coming!이라고 하는 데서도 알 수 있듯이 영어는 한국어와 달리 '상대방 관점' 이 많아.

　　Is it ok if I come along with you? 따라 가도 돼?

역시 상대방의 관점에서 말을 하는 경우야. 한국말로는 가도 돼냐고 하지만 영어로는 상대방의 관점에서 come을 쓰는 경우야.

　　There's hail the size of golf balls coming down here!
　　골프공 만한 우박이 내리고 있다니까!　　　　(영화 *The Day After Tomorrow* 중에서)

영화 속에서 골프공 만한 우박이 떨어지는 상황인데. 잘 봐. 비나 눈, 우박 같은 건 하늘에서 우리한테 내려오지. 그래서 come을 쓸 수 밖에 없어. 하늘 위에서 신이 내려다본다면 모를까 go가 아닌 come만 가능한 거지.

bring과 take도 한번 보자. 갑자기 비가 올 때 누군가에게 '우산 있니?' 라고 물어보려면 영어로 뭐라고 해야 할까? 말하는 사람의 관점에서 상황을 보는 거지? 상대방이 우산을 가져왔다면 우산은 말하는 사람에게 가까워진 거야. take는 내게서 멀어지는 개념이야. 그래서 bring을 쓰지.

　　Did you bring your umbrella? 우산 가져왔니?

거꾸로 밖에 비가 온다고 어머님이 '우산 가져 가거라' 하신다면 영어로는 take를 쓰겠지. 어머니 관점에서 보면 우산이 어머니 쪽에서 멀어지는 것이니까.

　　It's pouring out there, son. Take your umbrella with you.
　　밖에 비가 엄청 온다, 아가. 우산 가져 가거라.

이해가 가니? 그럼 나를 포함해 우리 모두의 관점을 보자.

　　Peace will come soon. 곧 평화가 찾아 올거야.

문맥상 평화는 우리 모두에게 오는 거야. 이해하겠니?

김네오 예써~ 야, 뱃가죽이 등에 붙었다. 밥 먹고 하자.

Bruce 정리하는 의미에서 한가지만 시험해보구. 지금 같은 상황에서 '같이

'갈래?' 를 영어로 뭐라고 할까? go를 쓸까 come을 쓸까?

김네오 당근으로 come을 쓰지! You want to come with me? (같이 갈래?) 내 쪽에서 보면 같이 가는 사람이 나한테 가까워지는 거니까.

Bruce 맞아. 니가 목적지를 향해 움직이는 사람이고 나는 따라가는 거니까 니 입장에서 말을 하면 come이 되는 거지. 이제 밥 먹어도 되겠다.

김네오 지독한 놈.

▶ 영어에선 뭐든 주인공이 될 수 있어

김네오 아… 배부르다. 커피라도 한잔 마셔야지.

Bruce Make that two!

김네오 뭐? 이게 자꾸 영어 쓰고 그래. 쓸라면 좀 쉬운 말로 하든가. 뭘 두 개를 만들어?

Bruce 커피 두 잔 타라구. 너는 입이고 난 주둥아리냐?

김네오 참 내… 너 그러다 나보다 우리말 더 잘 하겠다. 난 언제나 너처럼 영어를 하게 될까?

Bruce 내가 한국말을 할 때 너처럼 생각하듯이 너도 영어를 할 땐 나처럼 생각해야 된다니까. 니가 Make that two! 식의 말을 못 알아듣는 건 영어를 듣거나 말할 때 아직도 영어 네이티브처럼 생각하지 않는다는 증거야. 한국 사람은 '너 커피 타는 김에 내 것도 타' 라고 하겠지만 우린 대부분 Make that two!라고 하거든. 영어의 특징은 문장을 만드는 데 있어 가장 효율적인 방법을 찾는다는 데 있어. 대표적인 예로 한국어 문장은 대부분 사람, 나아가 생명체가 중심이 되지. 영어는 그렇지 않아. 더 효율적인 방법이 있다면 사물도 문장의 중심이 될 수 있어. 만물이 평등하다고나 할까?

한국어가 내가 상황의 주인공이 돼서 설명을 하는 1인칭 주인공

시점이라면 영어는 신의 경지에서 상황을 설명하는 전지적 작가 시점이라고 했지? 말은 조각그림 맞추기 놀이야. 영어로 zigsaw puzzle이라고 하는 거. 다 맞추면 하나의 전체적인 그림이 되지. 영어 네이티브들은 전체 그림을 위에서 내려다보면서 조각그림 맞추기를 한다는 거야. 그것도 되도록 가장 빨리 맞출 수 있는 방법을 찾지.
예를 들어볼게. 니가 누구랑 약속을 했는데 늦게 온다고 해봐. 아마 이렇게 말할 거야.

이 자식 왜 이렇게 늦는 거야?

나라면 두 가지가 가능하지.

A. Why is he being so late?
B. What's keeping him?

A문장이야 한국어처럼 내가 주인공이 돼서 그림 속에서 관찰을 하는 것이지만 B문장은 전체 그림을 내려다 보면서 조각그림을 맞추는 거지. 상황을 내려다 보자구. 니가 기다리는 사람의 조각그림이 있고, 그 사람이 늦는다는 조각그림이 있고, 늦는 이유를 그려놓은 조각그림이 있겠지. 내려다 보면 그 사람이 늦는 이유를 나타내는 조각그림이 그 사람을 잡고 있는(keep) 그림이 그려질 수도 있다는 거지. 논리적이고 효율적이니까. 니가 보는 문법책에 이런 문장이 나오더라. '물주구문' 이라던가?

Ten minutes' walk will get you there. 10분이면 거기 갈 수 있어.

영어로 된 문장을 보고 이해하는 데는 큰 문제가 없겠지. 문제는 니가 저런 말을 하지 못한다는 데 있어. 한국어 사고방식을 그대로 갖고 있다면 니가 중심이 돼서 상황을 설명하기 때문이야. 나라면 가장 효율적인 방법으로 조각그림을 맞추겠지. 10분이라는 조각그림(ten minutes)이 있고, 너의 그림(you)이 있고, 그 곳이라는 그림(there)이 있고, 니가 그곳으로 움직이는 그림(get)이 있겠지? 10분이라는 조각그림이 너를 움직여서(get you) 그곳으로 이동시킬 수 있다는 말이야. 영어에서는 이 모든 조각그림들이 평등해. 10분이라는 말이 주체가 돼서 문장을 이끌어 나갈 수 없는 한국말하고는 크게 다르지.

두 가지만 명심해. 영어 네이티브는 상황이나 개념을 내려다 보면서 조각그림을 맞춘다는 것하고, 전체 그림을 구성하는 각 조각그림은 평등하다는 걸 말이야. 조각그림의 논리적인 순서에 초점을 맞춰야 돼.

  A. Smoking will kill you some day. 언젠가 담배 때문에 죽을 거야.
  B. The study of a living, active brain would tell us volumes.
    살아서 활동하는 뇌를 연구하면 많은 정보를 얻을 수 있을 겁니다.
  C. Beautiful eyes run in the family. 집안 식구들이 모두 눈이 예뻐.
  D. The blister broke. 물집이 터졌어.

한국말 번역하고 비교해 보면 한국인과 영어를 하는 사람들의 세상 보는 눈이 얼마나 다른지 알 수가 있어. A번 문장을 보면 담배 피는 그림, 죽이는 그림, 너라는 그림, 미래의 어느 날을 나타내는 그림이 있지. 조각그림들은 모두 평등하니까 가장 효율적으로 전체 그림을 맞춘 문장이 A번 문장인 거야. 죽는 원인이 담배 피우는 거지. 결국 담배가 널 죽이는 게 논리적인 순서지. B번 문장은 연구하는 그림, 살아있는 뇌 그림, 많은 정보를 얻는 그림이 있지. 살아 있는 뇌를 연구하고, 그 결과로 정보를 얻게 되는 것이 논리적인 순서지.

C번 문장의 조각그림은 예쁜 눈 그림, 흐르는 그림(run), 가족 그림이 있는 거야. 전체 그림의 핵심이 되는 조각그림에 초점이 맞춰진 경우지.

D번 문장에서는 두 가지 조각그림이 있지. 물집 그림하고 터지는

그림. 생명이 없는 물집도 스스로 움직일 수 있다고 보는 거야.

김네오 어? 그건 The blister is broken.이라고 말해야 하는 거 아니야?

▶ 뭐든 가능한 만화같은 세상을 상상해

Bruce 너 말 잘 했다. 한국 사람들이 흔히 잘못 쓰는 것 중 하나가 수동태야. 능동으로 써도 될 걸 수동태를 쓰는 경우가 많더라구. 먼저 수동태란 내가 아닌 남이 움직이고 그 움직임의 결과로 영향을 받는 그림이라구. 다시 말해 '남'이 있어야 수동태가 가능한 거야. 때린 놈도 없는데 맞았다고 할 수는 없잖아. 니가 날 때렸다고 치자.

네오가 브루스를 때렸다.
A. Neo hit Bruce.
B. Bruce was hit by Neo.

이게 수동태의 기본이야. B의 수동태 문장이 가능한 건 때린 놈이 있기 때문이야. 물집을 니가 손으로 눌러 터뜨린 거라면 The blister is broken.이라고 하겠지. 하지만 터뜨린 사람이 없다고 생각해봐. 물집이 생겼는데 니가 무심코 쳐다봤어. 근데 터져 있었어. 그럼 물집이 스스로 터진 게 되는 거라구. 터뜨린 사람이 없으니까. 만화를 생각해 보자. 만화 속에서는 뭐든지 가능하니까. 자동차가 말을 하고, 동물들이 옷을 입고, 건물도 움직일 수 있는 만화같은 세상.

These glasses break easily. Handle with care.
이 유리 잘 깨지니까 조심해서 다뤄.

여기서도 누군가 일부러 깨는 그림이 아니기 때문에 these glasses are broken이라고 쓰지 않는 거야. 수동태를 써야 될지는 행위를 하는 누군가 또는 뭔가가 있는지 살펴보면 돼. 유리가 혼자 깨지지 유리를 깨는 누군가는 없잖아.

한 문장 더 보자.

I bought a new knife. It cuts well. 새 칼 샀는데 참 잘 들어.

한국어 사고방식으로는 칼이 혼자 뭔가를 자를 수는 없어. 만화 속에서는 가능할 거야. 니가 칼을 손으로 잡고 뭔가 자르는 그림이 아니라 칼이 혼자 뭔가를 자를 수도 있다는 말이야. 논리적으로 생각해봐. 니가 칼로 무를 자를 때 정말 무를 자르는 건 너니, 칼이니? 칼이지. 한국말로는 '칼이 잘 든다' 또는 '칼이 잘 잘린다' 라고 하니까 수동태를 떠올리게 되는데 이 문장에서는 뭘 자르는지 나타나 있지 않아. 그냥 자르기만 하지. 수동태가 만들어질 수조차 없는 문장이야.

니가 보기엔 영어 네이티브들이 만화적 상상력이 뛰어난 사람들로 보이겠지만 우리한테는 세상 자체가 만화여서 특이할 것도 없어.

김네오 이제 정말 영어가 제대로 보인다. 당장 전치사하고 기본 동사 공부부터 시작해야겠어.

Bruce 맞아. 전치사의 기본그림도 확실하게 그려두라구. 기본

동사 배우기가 훨씬 수월할 거야. 기본 동사의 그림을 익히고 나면 기본 동사와 관련된 이어 동사, 이디엄, 파생 표현, 속어도 어렵지 않게 이해할 수 있어. 다시 한번 말하지만 절대 외우려 들지 마. 그림을 그리라구. 외워서는 니 것으로 만들 수 없다는 걸 명심해. 외우려고 한다는 것 자체가 기본그림을 제대로 이해하지 못했다는 증거야. 기본그림을 이해했다면 외울 이유가 없다는 걸 이미 깨달을 테니까.

김네오 알았어. 기본 동사 그림을 먼저 그리는 게 순서겠구나. 그런 다음 전치사 그림을 그리고 두 그림을 합치면 이어 동사의 그림이 나오겠네?

Bruce You got that right! (바로 그거야!)

If
you
play
soccer, you
find that it is
necessary to make
frequent changes in
direction or that you need
sudden bursts of speed as you dribble or pass the ball. The studs help your feet to grip the
grassy surface. The greater measure of friction allows for more propulsion. Depending on the
condition of the field or the skills of the player, the shoe will have 6, 12, 35, or 53 studs. In particular,
6 studded shoes are made to prevent slippage for a certain type of lawn and are longer than other studs.
Many high school and college students whose school fields use 12-studded shoes, because they can be
used on any type of surface, either grass or bare ground. For people who play mainly on bare ground,
35-studded shoes are preferred. Beginners or children should start off with 53-studded shoes; the higher
number of studs provides amateur players with greater stability on the ground and breaks less the ankles.
Soccer shoes for everyday wear! Considering the high possibility of injury due to falls or injury to ankles,
it is recommended that use of the shoes be limited to the soccer field. Women's Soccer?In 16th
century England, women played soccer as much as men did. The first formal tournament was held
in 18th century, a team of married women against a team of unmarried women in Scotland. The
first international tournament was held in England in 1920 between France and England and

drew in over 10,000
spectators to the
event. In Korea,
Kim Hwa-Jib
coached the
first

2부에서는 네이티브가 시공간을 여행하는 나침반으로 쓰는 전치사와 기본동사의 밑그림 그리기를 볼 것
입니다. 가장 많이 쓰는 12개 동사를 다룹니다. 사전에 나열돼 있는 뜻을 외우는 것이 아니라 왜 그런 뜻
이 생겨나는지 기본그림에서 출발해야 한다는 걸 잊지 마세요. Bruce의 말처럼 기본그림을 이해하고 나
면 외운다는 것 자체가 얼마나 말이 안 되는지 깨닫게 될 것입니다.

02*

전치사 및 기본동사
그림 그리기

▶ 전치사는 네이티브 머릿속 나침반

영어를 어렵게 만드는 또 하나의 주범이 바로 전치사지요. 우리나라 말에 없는 개념이다보니 더욱 그렇습니다. 동사뿐 아니라 전치사도 기본그림이 있습니다. 기본그림을 알지 못하면 사전에 나와 있듯이 '수많은 뜻을 가진 단어'로 받아들일 수밖에 없습니다. 전치사(前置詞, preposition)를 말 그대로 풀이하자면 '뭔가의 앞에 놓이는 품사'입니다만, 그보다는 '두 가지 이상의 사물이나 개념의 상관관계를 알려주는 품사'입니다.

점, 선, 공간의 만남

전치사는 두 사물간의 관계를 점에서 출발해 1차원, 2차원, 3차원으로 확대해가며 나타내줍니다. 일단 점에서 출발해 보겠습니다.

Bundy is at the bus stop. 번디는 버스 정류장에 있다.

넓은 지도를 그려보고 번디가 어디 있는지 찾는 놀이를 하는 겁니다. 지도라는 공간에서 보면 버스 정류장은 한 점이지요. 이처럼 전치사는 콕 꼬집어 한 지점을 가리킬 수 있습니다. 이제 1차원적인 선으로 이동합니다.

The bus goes from Ilsan to Gangnam. 버스는 일산에서 강남까지 운행한다.
Bundy went over the Hannam Bridge. 번디는 한남대교를 건넜다.

일산에서 강남까지 선을 긋고 출발점과 도착첨 사이를 움직이는 그림과 포물선을 그리듯 다리를 건너는 그림입니다. 2차원적인 면적을 보지요.

Bundy fell on the floor of the bus. 번디가 버스 바닥에 쓰러졌다.
Bundy travels all over the country. 번디는 전국 곳곳을 여행한다.

버스가 흔들려 넘어져서 바닥에 부딪히면 바닥면에 접촉하게 되지요. over가 면적에 사용되면 넓게 퍼져있는 그림입니다. 일산에서 버스 타고 강남에 가서 어떤 빌딩에 들어가면 3차원적인 공간이 등장합니다.

　　Bundy is now in a building. 번디는 이제 건물 안에 있다.

건물이라는 공간 안에서 번디를 찾을 수 있습니다. 시간 역시 마찬가지로 점에서 출발해 1, 2, 3차원으로 이어질 수 있습니다. 시간의 흐름을 선으로 길게 그려보세요.

　　Bundy went to bed at midnight. 번디는 자정에 잠자리에 들었다.

시간의 선에서 자정이라는 시각은 한 지점에 불과하니까 at으로 점을 찍어주는 경우입니다.

　　Bundy earned a million dollars over a year. 번디는 1년 사이 백만 달러를 벌었다.

1년이라는 기간은 시작점과 끝점을 연결한 하나의 선이지요. 이 선 위에 포물선을 그려주는 게 over입니다.

　　Bundy will go down in history as a hero. 번디는 영웅으로 역사에 기록될 것이다.

history는 시간을 공간으로 확장한 개념이지요. 시간을 공간으로 바라볼 때 in을 씁니다. 이처럼 전치사의 목적은 점, 선, 공간에서 둘 이상의 사물이 어떤 관계를 가지고 있는지 나타내줍니다. 전치사의 수도 장난 아니게 많지요. 여기서는 대표적인 전치사의 기본그림을 그려보고, 각 전치사와 동사가 어울릴 때 드러나는 좀더 세밀한 그림은 제3부에서 다룹니다. 한 가지 주의할 것은 '전치사'라는 용어인데요. 이 책에서 말하는 '전치사'에는 이어동사로 쓰는 '부사'도 포함됩니다. 혼란을 주지 않기 위해 전치사 형태를 하고 있는 건 모두 전치사라는 말로 통일합니다.

▶ 전치사 vs. 부사

전치사와 관련해 가장 많이 받는 질문 중에 하나가 '이거 전치사예요? 아니면 부사예요?' 입니다. 그러면 제 대답은 항상 '신경 쓰지 마세요.' 입니다. Bruce가 문법이나 5형식에 대해 꼬리가 개를 흔드는(a tail wagging the dog) 격이라고 한 것과 같습니다. 영어 형용사를 두고 '이거 우리말로 치면 관형사예요, 형용사예요?' 라고 묻는 것처럼 영어를 말을 하기 위한 수단이 아닌 연구하는 학문으로 파고드는 거나 같지요. 다음 두 문장에 사용된 down을 보고 전치사인지 부사인지 가려내 보세요.

A. He ran down the river.
B. He put down his gun.

A 문장의 down은 전치사이고 B 문장의 down은 부사입니다. 형태는 똑같지요. 문제는 A 문장의 down은 the river 뒤로 갈 수 없지만 B 문장의 down은 the gun 뒤로 갈 수 있다는 겁니다.

A-1. He ran the river down. (✗)
B-1. He put his gun down. (O)

왜 그럴까요? 문법적으로 따지자면 'A문장의 down은 전치사이고 B문장의 down은 부사이기 때문' 입니다. 하지만 네이티브처럼 생각하자면 'A문장에서 down하는 주체는 He이기 때문이고 B문장에서 down하는 주체는 his gun이기 때문' 입니다. 영어의 한 가지 특징은 '가까운 성분끼리는 붙어 다닌다' 는 겁니다. 이 특징의 대표적인 예가 도치 구문입니다.

C. I never dreamed he'd be our boss.
D. Never did I dream he'd be our boss.
   걔가 우리 상사가 될 줄 누가 알았겠어?

D문장은 C문장의 의미를 강조하기 위해 도치된 겁니다. 부정의 의미를 갖는

never와 가장 가까운 문장 성분은 dreamed지요. 그래서 never가 앞으로 튀어나가면 dreamed도 따라가는 게 영어입니다. 바늘 가는 데 실 가는 겁니다. 하지만 동사가 직접 나갈 수 없으니까 do라는 대타를 내보내 Never did I dream... 의 형태가 되지요. 전치사가 도치되도 마찬가집니다.

A문장을 다시 보세요. 누가 down하지요? 강을 따라 달리는 건 he입니다. He ran the river down.이라는 문장이 말이 되려면 강이 down해야 합니다. 의미상으로도 앞뒤가 맞지 않지요. 따라서 의미상 down과 가장 가까운 문장 성분은 he가 됩니다. he가 down하는 것이므로 순서를 뒤바꿀 수도 없습니다. 왜냐하면 he가 the river를 down한다는 전체 그림(그 사람이 강을 따라 달려 내려간다)을 보여줘야 하기 때문입니다.

B문장의 경우 down하는 건 he가 아닌 his gun입니다. down의 그림은 he와는 관계가 없습니다. put down his gun이라고 해도 down하는 건 his gun이고 put his gun down이라고 해도 down하는 건 역시 his gun입니다. 문장의 주체인 he와 상관없이 down의 의미는 his gun하고만 연결됩니다. 전치사에는 주어와 목적어가 있습니다. A문장에서 전치사의 주어는 he이고 (그 사람이 아래쪽으로 움직이는 것이므로) 목적어는 the river입니다. 부사의 경우는 주어만 존재합니다. put down his gun으로 쓰건 put his gun down으로 쓰건 총이 아래로 내려가는 것이므로 his gun이 down의 주어지요.

여기서 강조하고자 하는 건 어느 것이 전치사이고 어느 것이 부사인지를 가려내자는 게 아닙니다. 전체 그림을 그릴 때 down, on, in 등 전치사 형태를 갖고 있는 단어들이 어떤 문장 성분과 연결이 되는지만 그릴 줄 알면 된다는 겁니다. '부사이기 때문에 his gun이 위치를 이동할 수 있다'고 생각하지 말고 'down하는 것이 his gun이기 때문에 위치 이동이 가능하다'라고 생각해야 합니다. 그래야 진짜 네이티브처럼 생각하는 것이니까요. 몇 문장 더 연습해 봅시다. 밑줄친 문장 성분이 앞뒤로 이동할 수 있는지 생각해 보세요. 또 왜 그런지 문장들을 잘 살펴보고 공통점을 찾아보세요.

1. She threw out the paper. 신문을 내던졌다.
2. He always argues with his wife. 걘 맨날 부인이랑 싸워.
3. Put on your mask. 마스크 써.
4. Why don't you come over to my place some day?
   언제 우리 집에 한번 오지 그래?
5. I was just trying to cheer up the boy. 그냥 애 기분을 북돋아 주려던 것뿐이야.
6. Stop running up and down the stairs! 계단에서 뛰어다니지 마!
7. Hand in your homework tomorrow. 내일 숙제 내.
8. Let's talk about the issue later. 이 문제는 나중에 얘기하지.
9. Can you pick up Jane on your way home? 집에 올 때 제인 좀 태워 올래?
10. Don't lean against the window. 창문에 기대지 마.

밑줄친 부분이 앞으로 나갈 수 있는 문장은 홀수번 문장뿐입니다. 찍기 좋지요? 왜 그런지 봅시다. 1번 문장에서 밖으로 나가는 주체는 the paper입니다. threw the paper out이라고 쓸 수 있습니다. 2번 문장에서 말다툼을 할 대상을 찾는 건 he입니다. argues his wife with라고 쓸 수 없습니다. 3번 문장에서 몸에 달라붙는 건 mask지요. put your mask on이라고 쓸 수 있습니다. 4번 문장에서 우리 집으로 오는 건 you입니다. come my place over to라고 쓸 수 없습니다. 5번 문장에서 기분이 좋아지는 건 the boy입니다. cheer the boy up이라고 쓸 수 있습니다.

6번 문장에서 계단을 오르락 내리락 하는 건 문장에는 나와 있지 않지만 you지요. running the stairs up and down이라고 할 수 없습니다. 7번 문장에서 안으로 들어가는 건 your homework입니다. hand your homework in이라고 쓸 수 있습니다. 8번 문장에서 문제에 대해 얘기하는 건 let's 의 us입니다. talk the issue about이라고 쓸 수 없습니다. 9번 문장에서 pick up은 누군가를 차에 태운다는 말입니다. 차에 올라타는 건 Jane이지요. 그래서 pick Jane up이라고 할 수 있습니다. 10번 문장에서 창문에 기대는 건 문장에 나와 있지 않지만 you입니다. lean the window against라고 쓸 수 없습니다.

감을 잡으셨겠지만 밑줄친 문장 성분이 앞으로 나갈 수 없는 건 with, over to, up and down, about, against 그림의 주체가 아닌 경우입니다. 마지막 9번과 10번 문장을 그림으로 그려보면서 설명을 마치겠습니다.

주변에 창문이 있으면 살짝 기대보세요. 창문이 없으면 벽에라도 기대보세요. 여러분의 몸이 기울어집니다(lean). 그리고 창문 또는 벽을 미는 힘이 생깁니다(against). against하는 건 그림 누굴까요? 바로 여러분입니다. 여러분이 움직임을 시작하고(lean) 그 움직임의 영향이 창문에 미칩니다. 이 관계를 나타내 주는 것이 against입니다. 순서대로 그림이 그려집니다. lean the window against라고 한다면 이 순서가 깨집니다. 의미가 통하질 않지요.

9번 문장에서는 여러분이 누군가를 집어 듭니다(pick). pick up은 누군가를 집어(pick) 올리는(up) 그림입니다. 앞에 있는 아무 물건이나 들어보세요. 연필을 예로 들지요. pick하는 행동을 하는 건 여러분입니다. 하지만 up하는 건 연필입니다. 여러분의 행동은 pick에서 끝나고 연필이 하는 행동을 up이 그려주는 겁니다. 따라서 pick up a pencil도 가능하고 pick a pencil up도 가능한 겁니다. 제 3부에 나오는 이어 동사를 설명할 때도 전치사나 부사를 따로 구별하지 않고 모두 '전치사'로 통일해 부릅니다. 그림을 그리는 데는 전치사, 부사라는 말이 필요한 게 아니기 때문입니다. 움직임의 주체와 그 움직임이 영향을 미치는 대상 사이의 관계를 어떻게 나타내고 있느냐를 이해하는 것이 중요하니까요.

▶ 전치사의 기본그림

전치사의 기본그림을 그리는 연습을 하기 전에 준비물이 있습니다. 두 가지 사물의 상관관계를 그려야 하니 두 가지가 필요하겠지요. 커피 한잔 타 드세요. 커피 맛을 음미하면서 준비운동을 합시다. 커피 탈 때 썼던 티스푼은 옆에 놓으세요. 지금 필요한 건 여러분이 다 마시고 난 빈 컵과 커피를 저을 때 썼던 티스푼입니다. 그림 시작해볼까요?

티스푼을 컵 주변에 놓아두세요. 컵과 티스푼 사이에 약간의 거리를 둡니다. 일어서서 위에서 내려다 보세요. 컵과 티스푼의 위치를 살펴보면서, 전후좌우 어디다 놓아도 about입니다. about의 기본그림은 '주변' 이니까요.

컵 주변을 따라 원을 그리듯 티스푼을 움직여 보세요. around의 기본그림은 동그란 주변입니다. around는 about과 기본그림이 비슷하지만 '동그랗다' 는 그림이 추가됩니다.

티스푼을 컵 위에서 약간 떨어뜨려 들고 있어 봅시다. above는 뭔가를 기준으로 그 위쪽을 가리킵니다. 컵 위쪽에 약간 떨어져 떠 있는 티스푼의 그림이 above입니다. 티스푼을 컵 위에서 일직선으로 좌에서 우로 움직여 보세요.

across는 일직선이나 건너편으로 움직이는 그림입니다.

그럼 티스푼을 일직선으로 움직이지 말고 포물선을 그리며 움직여 보세요. over는 포물선을 그리며 뭔가의 위를 이동하는 그림입니다. 산건너, 물건너 갈 때의 움직임도 포물선 그림입니다. 역시 over의 그림이지요. 티스푼을 컵 앞쪽에 놓아 두세요. 살며시 들어 컵 위로 아예 넘겨보세요. beyond는 건너편으로 완전히 넘어가는 그림입니다. 컵에 티스푼을 기대 놓으세요. against는 반대 힘이 작용하는 그림입니다. 컵은 움직이지 않으려고 하고 티스푼은 컵을 밀려는 힘이 작용하지요. 여러분이 벽에 기대고 있을 때도 여러분이 쓰러지려는 힘을 바로 서 있으려는 벽의 힘이 받쳐주지요. 역시 against입니다.

컵과 티스푼을 같이 움직이면서 티스푼을 앞쪽에 두세요. 토끼와 거북이 경주처럼 티스푼이 앞서 움직여야 합니다. 티스푼은 컵과 비교해 볼 때 ahead입니다. ahead는 뭔가를 앞서 나가는 그림이지요. 컵의 입장에서 보면 티스푼을 졸졸 따라가는 것이지요. along은 졸졸 따라가는 그림입니다.

티스푼으로 컵을 가리켜 보세요. 티스푼이 컵 표면의 한 지점을 향해 있는 겁니다. at은 콕 짚어 한 지점을 가리키는 그림입니다. at의 가장 중요한 그림은 '한 지점'이라는 겁니다. in이나 on과 상대 개념으로 많이 쓰지요. 컵 안에 티스푼을 넣어 보세요. in은 내부 공간에 들어가 있는 그림입니다. 컵 표면에 찰싹 붙여보세요. on은 접촉해 있는 그림입니다. 티스푼의 한쪽 끝을 컵 표면의 한 지점에 붙이면 at에 가까운 그림이지만 그런 노력 없이 그냥 갖다 붙이는 것이 on의 그림입니다. on의 그림에서 주의할 것은 '~ 위에'가 아니라는 겁니다. on은 표면 어디에 붙건 on입니다. 꼭 위에 붙어야만 on이 아닙니다. 컵을 들고 티스푼을 붙여보세요. 바닥에 붙이건 입구에 붙이건 옆에 붙이건 모두 on입니다. 컵과 티스푼을 나란히 놓으세요. by는 바로 옆에 있는 그림입니다. about과 다른 점이라면 주변 공간의 개념이 없다는 겁니다. 단순히 일직선상에서 옆을 가리킵니다. 나란히 놓여있던 티스푼을 들어 컵에서 멀리 움직여보세요. away는 멀어져 가는 그림입니다. 컵 앞에 티스푼을 놓아 두세요. before는 위치나 순서가 앞서는 그림입니다. 반대로 after는 위치나 순서가 뒤쳐지는 그림입니다. 컵 앞에 티스푼이 있다면 티스푼은 컵과 비교했을 때 before인 것이고, 컵은 티스푼과 비교했을 때 after인 것이지요.

비슷한 그림으로 behind가 있습니다. 주로 뒤쳐져 있는 그림을 나타낼 때 behind를 씁니다. 티스푼을 컵 뒤에 숨겨 보세요. 순서나 위치상 뒤쪽이라기 보다 숨어 있는 그림이지요? behind는 순서나 위치상 뒤쪽이기도 하고 숨어있는 그림이기도 합니다. 컵 밑에 티스푼을 놓아두세요. under는 단순히 아래쪽이 아니라 아래쪽 공간을 가리킵니다. below도 아래쪽을 가리키지만 above와 마찬가지로 뭔가를 기준으로 할 때 아래를 말합니다.

다시 컵과 티스푼을 나란히 놓으세요. 약간 거리가 떨어지도록 해야 합니다. 그 사이를 손가락으로 짚어보세요. between은 어떤 공간의 사이에 있는 그림입니다. 컵과 티스푼 사이에 있는 것이 between의 공간입니다.

티스푼으로 컵의 표면을 긁어봅시다. 위쪽에서 아래쪽으로 긁어보세요. down은 아래쪽으로 움직이는 그림입니다. 아래쪽에서 위쪽으로 긁으면? up은 위쪽으로 움직이는 그림이지요. up과 down의 그림에서 주의해야 할 것은 우리가 일반적으로 생각하는 '위, 아래'만 해당하는 것이 아니라는 점입니다. 컵을 옆으로 뉘어 놓아 보세요. 그리고 아까와 똑같은 방법으로 긁어보세요. 이번에는 좌우로 긁어야 하겠지요? 하지만, 컵도 위아래가 있습니다. 마시는 쪽이 위, 바닥쪽이 아래입니다. 그래서 여전히 up, down의 그림입니다.

쉽게 강물을 생각해 봅시다. 상류가 있고 하류가 있습니다. 그냥 위치만 볼 때는 좌우로 이어지지만, 상류와 하류를 생각하면 위에서 아래로 흐르지요. 상류 쪽으로 올라가면 up인 것이고,

하류 쪽으로 내려가면 down인 겁니다. 또 above/below와 달리 up/down은 움직임의 특성이 있다는 점도 잊지 마세요. 원래 아래쪽에 있던 것이 올라가면 up이고 원래 위쪽에 있던 것이 내려가면 down입니다.

컵이 있던 자리에 티스푼을 놓아두고 컵을 안 보이는 곳으로 치우세요. for는 하나가 다른 하나의 자리를 메우는 교환의 그림입니다. 여러분은 조금 전에 컵을 티스푼과 '교환'한 것이지요. 다르게 생각하면 티스푼을 그 자리에 놓은 '이유'는 컵의 자리를 메우기 위한 것입니다. 방향을 따진다면 for는 against의 상대개념인 '순방향'을 뜻합니다. against가 역방향으로 반대의 힘을 나타내는 것이라면 for는 힘을 따라 순순히 움직이는 것이지요. 그래서 반대는 against로, 찬성은 for로 나타내는 경우가 많습니다.

컵을 앞쪽으로 움직여보세요. forward와 forth는 앞쪽으로 움직이는 그림입니다. 뒤쪽으로 움직여보세요. 컵에 눈이 달려 있어 여전히 앞을 보고 있다고 생각해야 합니다. 그럼 뒷걸음질을 치는 것이 되겠지요? back과 backward는 뒤쪽으로 움직이는 그림입니다.

컵 안에 다시 티스푼을 넣어보세요. in의 그림이라고 했습니다. 티스푼을 밖으로 내 놓으세요. out은 외부 공간에 있는 그림입니다. 컵 안의 공간과 외부 공간을 컵 표면이 분리하고 있다고 생각하면 안의 공간이 in이고 밖의 공간이 out인 겁니다. 컵 밖에 있는 티스푼을 보면서 '이게 어디서 나왔지?' 라고 물어보면 그에 대한 답이 out of입니다. out of는 출발점을 나타내는 그림입니다. from도 출발점을 나타내는 그림이지요.

반대로 티스푼을 컵 안으로 움직여보세요. 안으로 들어가지요? into는 내부 공간으로 움직여 들어가는 그림입니다. into가 나왔으니 비슷한 형태의 onto를 봅시다. on과 to가 결합된 형태인데요. 티스푼이 뜀뛰기를 한다고 생각하고 폴짝 뛰어 컵에 찰싹 붙여보세요. onto는 무언가의 표면으로 움직여 붙는 그림입니다. 티스푼을 들고 있다 컵쪽을 향해 천천히 움직여보세요. to는 움직임의 방향성과 도착점을 나타내는 그림입니다. 티스푼에게 '어디로 가고 있니?' 라고 물어보면

동사를 알면 죽은 영어도 살린다 *049

방향을 가르쳐 줄 겁니다. 이 방향이 to입니다. 목적지가 어디냐고 물어본다면 컵이라고 하겠지요. 목적지를 가리키는 것도 to입니다. 움직이다 멈추는 곳도 컵이지요. 도착점도 to입니다.

손잡이가 있는 컵이라면 손잡이는 컵의 일부분이겠지요? of는 사물이 약하게 분리돼 있는 그림입니다. of는 두 사물이 분리돼 있지만 완전히 떨어지지 않은 겁니다. 그래도 컵의 본체와 손잡이로 분리가 될 수 있지요. 손잡이를 과감히 깨뜨려 떨어뜨린다면? off는 물리적으로 완전히 분리된 그림입니다. 그렇다고 진짜 컵 깨지는 마세요.

다시 컵과 티스푼을 거리를 좀 두고 나란히 놓으세요. 그 사이에 손가락을 놓으면 between의 그림이라고 했습니다. 손가락을 그 사이로 죽 밀어보세요. through는 뚫고 지나가는 그림입니다.

컵과 티스푼을 양 손에 들고 있다 가운데로 모아보세요. together는 오순도순 함께 있는 그림입니다.

with도 함께 있는 그림입니다. 커피를 마시려면 컵과 티스푼이 함께 필요하지요? 이게 with의 그림입니다. 컵과 티스푼을 가지고 커피를 마시니까요. 여러분 곁에 컵과 티스푼이 함께 있는 겁니다. together와 다른 점이라면 동등한 자격이 아니라는 겁니다. together는 함께 있는 사물의 입장이 동등합니다.

다시 컵 안에 티스푼을 넣어보세요. in의 그림입니다. 이번엔 컵 안에서 티스푼을 움직여 보세요. 일정한 공간 안에서 움직이지요? 컵 밖으로 나오지 못하니까요. 일정한 움직임의 공간이 생깁니다. 움직임이 제한적인 것이지요. within은 제한된 공간 속에서 움직임을 나타내는 그림입니다.

컵과 티스푼을 가지고 위 내용을 반복해서 따라해보고 전치사의 기본그림을 확실히 익히시기 바랍니다.

▶ 기본그림 그리기 준비 운동

기본그림을 그리기 전에 먼저 알아두어야 할 것들을 정리해 보겠습니다.

풍경화에서 추상화도 나온다

기본그림을 그릴 때는 비유적인 그림도 눈여겨 봐야합니다. 예를 들어 come before 라는 이어 동사를 보면 일반적인 그림은 순서상 '먼저 오는' 겁니다.

> A. He came before me. 나보다 먼저 왔어.
> B. Your wife comes before your job. 일보다는 아내가 먼저야.
> C. The light comes and goes. Check the fuse box.
>   불이 왔다갔다 하네. 두꺼비집 점검해봐.

예문 B의 경우처럼 비유적인 그림으로는 a가 b보다 먼저 온다면 a가 더 중요하다는 그림이 될 수도 있습니다. C의 경우처럼 실제로 오고 가는 것이 눈에 보이지 않더라도 머릿속에서 오고 가는 그림이 그려지는 경우도 있습니다.

보이지 않는 것은 문맥에서 결정된다

행동을 하는 주체 또는 행동이 미치는 객체가 문장 속에 드러나 있지 않는 경우가 많습니다. 일반적으로 누구나 알만한 것이거나 문맥 속에서 알아낼 수 있을 때 말을 절약하기 위해 빼버리는 겁니다.

> You might be brought to trial and sent to prison.
>   재판 받고 감옥에 갈 수도 있어.

재판정이나 감옥에 누가 또는 무엇이 데리고 가는 건지 bring의 주체가 나와 있지 않습니다. 감옥에 가게 만든 행동이 bring의 주체겠지요. 문맥에서 알아낼 수

있습니다.

Get out! 나개!

나가는 건 이 말을 듣는 사람일테고, 어디서 나가는 건지는 문맥에서 결정됩니다. 방에서 소리를 질렀다면 방에서 나가라는 말일테고, 교실에서 소리를 질렀다면 교실에서 나가라는 말이겠지요. 이런 문장 형태는 특히 이어 동사에 많습니다.

거시기 it

우리말 사투리 거시기 만큼이나 네이티브도 it을 많이 씁니다. 언뜻 보기에 아무런 뜻이 없는 it입니다. 하지만 거시기에 숨은 뜻이 무궁무진하듯 it도 그렇습니다.

It's fine. 날씨 참 좋다.

여기서 it은 날씨를 뜻합니다. 우리말 사투리로 하자면 '거시기 참 좋다' 지요. 거시기의 의미는 이 말을 하는 상황의 문맥에서 결정이 되는 겁니다. It's fine.이 무조건 날씨 좋다는 뜻이 아니듯이 말입니다.

A: How's your new camera?
B: It's fine.
A: 니 새 카메라 어때?
B: 응, 좋아. (여기서 it은 your new camera)

자리를 메워주기만 하는 경우도 많습니다. 특히 이디엄에 많지요.

We made it! 성공했어!
Go for it! 한번 해봐!

문맥이 없다면 두 문장의 it은 어떤 뜻인지 알 수가 없습니다. '거시기 혀!' 라고 했을 때 문맥을 주지 않으면 우리말인데도 못 알아 듣는 것과 같습니다. 축구 대회에 나가 승리를 하고 돌아와서 We made it!이라고 한다면 it은 축구에서 이긴 것을 말할 겁니다. 용기가 없어 여자 친구에게 청혼을 못하는 사람에게 Go for it! 한다면 it이 청혼하는 행위를 나타내겠지요. it이 들어가는 관용 표현은 예문을 살펴보고 느낌으로 배워야 합니다. 우리가 거시기를 배우듯이 말입니다.

누가 어떻게 움직이는가?

Get out! 나가!
Get your money out of the pocket. 주머니에서 돈 꺼내.

똑같은 get을 쓰지만 Get out!이라고 했을 때 움직여서 나가는 건 you이고, Get your money out of the pocket이라고 했을 때 움직여서 나가는 건 your money입니다. 똑같은 형태의 동사가 자동사와 타동사로 사용되는 경우입니다. turn on이라는 이어 동사의 기본그림을 그려나가는 경우를 봅시다.

Shall I turn the TV on? TV 켤까요?

TV의 스위치를 돌려 전기를 연결시키는 경우입니다. turn의 기본그림은 돌아서 상태가 변하는 겁니다. 무엇이 돌지요? TV 전기 스위치가 돕니다.

His dogs turned on me. 그 사람 개들이 달려들더라구.

이 경우는 주어인 개가 도는 겁니다. 돌아서(turn) 내 몸(me)에 접촉(on)하는 그림입니다. 그래서 공격한다는 뜻이 나옵니다.
같은 형태이지만 의미가 달라지는 경우를 봅시다.

My future turns on whether I can pass this exam or not.
내 미래는 이 시험을 통과하느냐에 달려 있어.

이 경우는 내 미래(my future)가 whether 이하의 사실 위에서(on) 돌아가는 그림입니다. turn이라는 동사의 성격에 따라 같은 turn on이라도 그림이 달라지는 걸 알 수가 있습니다.

in과 to를 포함하는 장소의 조각 그림 - here, there

다음 두 문장을 비교해보세요.

He came to the office. 사무실로 왔다.
He came here. 이곳에 왔다.

도착점을 나타내는 to가 두 번째 문장에는 없습니다. 장소의 조각 그림인 here나 there에는 이미 도착점의 그림이 들어가 있기 때문입니다. to를 쓰면 중복이 되지요. 다음 문장을 보세요.

He came out of there. 거기서 나왔다.

here와 there가 to를 포함하고 있긴 하지만 from이나 out of의 그림은 없습니다. 따라서 from이나 out of의 그림을 그리려면 분명히 해줘야 합니다.
here와 there는 또 이미 내부 공간의 그림도 갖고 있습니다. 따라서 in이 필요하지 않습니다.

He was here. 여기 있었다.

in here라고 하지 않는 경우입니다. 그러나 구체적으로 내부 공간을 강조하거나 내부 공간으로 움직이는 것을 강조할 때는 in here, in there 처럼 in을 쓰는 경우도 있습니다. 구어체에 특히 많습니다.

Come in here! 이리로 들어와! (in의 공간으로 움직이는 걸 강조)

|일|러|두|기

앞으로 살펴볼 12개의 기본동사는 각 동사마다 가장 기본이 되는 그림을 먼저 익히고 여기서 파생되는 그림을 이해할 수 있도록 순차적으로 분류했습니다.
다음 사항을 염두에 두고 읽어나가시기 바랍니다.

• **대표 예문은 우리말로**

대표 예문은 다른 예문과는 달리 우리말 문장과 그림 설명이 먼저 나온 다음 영어 문장이 나옵니다.
이렇게 우리말 문장을 먼저 보여주는 이유는 영작을 해보라는 게 아니라 그런 문장과 문맥에서 기본동사가 어떻게 사용되는지 조금이라도 능동적으로 고민을 해보기 위해서입니다. 무슨 동사를 어떻게 써야 좋을지 단 10초만이라도 고민해보세요. 굳이 완전하게 영작을 하지 않아도 상관 없습니다.

우리 애를 보면 늘 행복해요.
↘ My little child always brings me joy.

이 보기에서 알 수 있듯이 대표 예문의 우리말은 문맥이 100% 드러나는 것도 아니고 문장 구성 요소가 자세히 나오는 것도 아닙니다. 그냥 child가 joy를 bring한다는 구조를 머릿속에 그릴 수 있는지 고민해보는 게 목적입니다. '우리 애' 라고 해서 our kid로 해야할지, my child라고 해야할지 등 기본동사 bring과 무관한 고민은 할 필요가 없다는 겁니다.

• **실전 속에서 (A-ha! moment)**

동사의 기본그림 설명 도중 "A-ha! moment(아하~하면서 깨달음을 얻는 순간)"라는 자투리 설명이 나올 때가 있습니다. 해당 그림이 사용된 유명 영화·드라마· 책 등을 예로 든 것으로, 기본동사가 실전에서 어떻게 쓰이는지 확인하고 연습해보기 위해 넣은 것입니다.
A-ha! moment는 눈으로만 읽지 마시고 해당 장면을 직접 머릿속에 그리면서 연기를 해보세요. 능동적으로 그 문맥 속의 주인공이 돼 여러 번 되새기면 그

동사를 완전히 자기 것으로 만들 수 있습니다. 영화라면 해당 장면을 찾아 확인해보는 것도 재미가 쏠쏠하겠지요.

> **A-ha! moment**
>
> About ten minutes later, four broomsticks came swooping down out of the darkness.
> 십 분쯤 지나자 어둠속에서 빗자루 네 개가 내리꽂으며 덤벼들었다.
>
> – Harry Potter and the Sorcerer's Stone (J.K.Rowling)

• 명사형에 대한 고민

기본동사에 명사형이 있는 경우, 기본그림 설명 마지막 항목에 그 동사가 가진 명사적 의미, 즉 기본그림에서 파생된 가장 기본적인 명사적 의미와 흔히 사용되는 명사적 의미를 설명해놓았습니다. 동사가 명사형 등으로 파생된다 해도 같은 기본그림에서 출발한다는 것을 보여줍니다. 또 동사 대신 명사를 활용해 같은 그림을 표현하는 방법도 연습할 수 있게 했습니다. 본 동사 설명에 나오는 명사형은 사용 빈도가 높으니 꼭 익혀두시기 바랍니다.

• 연습 문제는 가벼운 마음으로

각 동사 기본그림 설명이 끝나면 영어로 말해보는 연습문제가 나옵니다. 이 역시 이미 배운 기본그림을 한번 더 다지는 가벼운 마음으로 풀어 보시기 바랍니다. 영어로 말해볼 때 꼭 제시한 답만 가능한 건 아니며 해당 기본동사를 힌트로 능동적인 고민을 해본다는 데 의미가 있습니다.

> 가을이면 싱싱한 사과(fresh apples)가 많이 나와.
> ↘ Fall brings fresh apples.

'영어로 말해보기'에 나오는 우리말에서 기본동사를 생각해보는 데 방해가 될만한 부분에는 괄호 안에 영어 표현을 넣어 오로지 기본동사에만 집중할 수 있도록 했습니다. 여기서는 "가을 brings 사과"라는 구조만 떠올릴 수 있으면 문제를 제대로 푼 겁니다. 기본동사의 쓰임새만 신경쓰시면 됩니다.

깨면 변한다! break

break는 깨져서 원래 상태에서 다른 상태로 변하는 그림을 머릿속에 그려야 합니다. '깨진다'는 우리말 때문에 무조건 부서진다라고 생각하면 안됩니다. break는 '단절'의 의미가 강합니다. 사람이나 사물이 어떤 상태에서 벗어나 다른 상태로 들어가는 것도 break입니다. 한 상태에서 다른 상태로 들어간다면 '변한다'는 거지요. 멀쩡하던 벽돌이 깨지면 '완전한 상태'에서 '부서진 상태'로 들어가듯이 말입니다. coffee break가 휴식 시간이 되는 것도 '일하는 상태'가 깨져서 변했기 때문입니다. break를 명사로 '기회'라는 뜻으로도 쓰는데 이때도 '평범한 상태'를 깨는 것이기 때문에 좋은 기회라는 뜻이 되는 거지요.

기본 형태

break는 자동사와 타동사 모두 가능합니다. 저절로 상태가 바뀔 수도 있고, 다른 뭔가의 상태를 바꿔놓을 수도 있기 때문입니다.

A. The window broke. 유리창이 깨졌어.
B. He broke the window. 쟤가 유리창 깼어.

 찻잔이 탁자에서 바닥으로 떨어져 산산조각이 났다.

찻잔이 부서지는 건 '완전한 상태'가 깨지고 '부서진 상태'로 들어가는 것입니다. 가장 기본적인 스스로 깨지는 그림이지요.

What if the stick breaks? 막대기가 부러지면 어떻게 해?
One of your shoelaces broke. 너 신발끈 하나 끊어졌어.

A tea cup fell off the table and broke into pieces on the floor.

break 02 경찰이 문을 부숴서 열었다.

우리나라 사람이 영어로 옮길 때 특히 어렵게 느끼는 표현입니다. 영어만 보면 쉬운데 직접 표현하려면 잘 안 되지요. 경찰이 먼저 문을 부숩니다.

The police broke the door.

위 문장 하나만 쓴다면 문을 부수기만 한 것입니다.

The door was open.

문이 열렸지요? 두 문장을 연결하면 The police broke the door open.이 되는 겁니다. 경찰이 문을 부순 다음 문의 상태를 나타내주는 겁니다.

Sydney woke up in a dark box deep under the earth. It took her hours to break the lid open and then even longer to dig her way out.
시드니는 땅속 깊은 곳 어두운 상자 속에서 깨어났다. 뚜껑을 깨서 여는 데도 몇 시간이 걸렸지만 땅을 파고 나오는 데는 더 오랜 시간이 걸렸다.

The police broke the door open.

break 03 제인은 콘돔이 찢어지는 바람에 임신을 했대.

뭔가 항상 딱딱한 것만 break할 수 있다는 고정 관념도 버려야 합니다.

A rubber band broke that held the sticks together.
막대기를 묶어놓았던 고무줄이 끊어졌어.
While he was strumming the guitar, one of the strings broke.
기타를 치다가 줄 하나가 끊어졌어.
I had to replace furniture that broke under my weight. Beds and chairs would break when I sat on them. 내 몸무게를 못 견디고 부서져버린 가구를 바꿔야 했어. 침대랑 의자는 내가 앉기만 하면 부서진다니까.

The condom broke and Jane got pregnant.

사람의 하중을 견디지 못하고 가구가 부서지는 건 어찌 보면 사람이 부러뜨리는

058 * 전치사 및 기본동사 그림 그리기

것이지만, 사람이 부러뜨리려는 의도가 없었기 때문에 가구가 스스로 부서지는 것이라고 생각하는 겁니다.

 넘어져서 무릎이 깨졌어.

우리도 무릎이 깨진다는 표현은 쓰긴 합니다만, 피부가 깨진다고는 안 하지요. break는 상태의 단절을 뜻하는 만큼 skin도 break합니다.

> Don't cry like a baby. I don't see any skin broken.
> 애기처럼 울지 좀 마라. 어디 까진 것도 아닌데.

사람의 피부도 몸을 싸고 있는 '포장' 또는 '껍데기'라고 생각할 수 있습니다. 피부가 상하듯이 겉부분이 손상되는 것도 break입니다.

> The seal is broken. 봉인이 뜯겨져 있는데.

봉인을 누군가 의도적으로 손상시킨 것이라 수동태가 됩니다.

> The blister broke and the skin is still raw. 물집이 터져서 아직도 피부가 쓰려.

거품, 물집이나 종기 같은 것의 완전한 상태가 바뀌려면 터져야 하지요. 이것도 break를 씁니다. 비유적으로 거품 경제가 터지는 것도 break를 씁니다.

> Tokyo was riding high on the global economic supremacy when the bubble broke in 1991.
> 세계 경제 대국으로 잘나가던 일본이 1991년 들어 거품이 빠지기 시작했다.
> When the tech bubble broke in early 2000, the market took a ferocious turn. Value stocks made the greatest gains on growth stocks ever.
> 2000년 초 기술주 거품이 터졌을 때, 주식 시장은 무섭게 돌변했다. 가치주가 성장주에 비해 그 어느 때보다 놀라운 상승세를 보인 것이다.

여기서는 스스로 터진 그림이지만 누군가 일부러 터뜨렸다면 the bubble was broken이라고 했겠지요.

I fell and broke the knee.

break 05 동틀 무렵에 집에서 나섰어.

하루에는 밤과 낮이 있는데 밤에서 낮으로 상태가 바뀌면 break라고 하지요. 그래서 daybreak라고 하면 동틀녘이 되는 겁니다.

He got up at daybreak. 날 밝자마자 일어나더라구.

날씨가 갑자기 바뀌는 것도 break라고 합니다. 화창하다가 갑자기 비가 온다거나, 호랑이 장가가는 날처럼 비오다 갑자기 해가 뜬다거나 할 경우를 말하지요.

The fine weather broke. 날씨가 갑자기 흐려졌다.

날씨가 어떻게 변했는지는 문맥에서 알아내야 합니다.

The weather broke and we began to fish.
(나빴던) 날씨가 화창해져서 낚시를 시작했다.
The weather broke and the rain poured down.
(좋았던) 날씨가 사나워지더니 비를 퍼부었다.

A-ha! moment

If the weather breaks, we might just be able to get down the mountain.
날씨가 좋아지면 산을 내려갈 수 있을지도 몰라. – *The Shining*

폭설이 계속되는 산 꼭대기 호텔에서 날이 개기만을 학수고대하는 여주인공의 대사입니다.

The rain broke and gave way to the evening sun and we made a fire to get ready to cook dinner.
비가 그치고 저녁 햇빛이 들면서 우리는 저녁 준비를 하려고 불을 지폈다.

When the day broke I left home.

목소리도 break합니다. 목소리의 상태가 변하는 건 감정에 따른 변화일 수도 있고 변성기일 수도 있지요.

He whispered "I love you" and as he did his voice broke with emotion.
사랑한다고 속삭이며 감정에 복받쳐 말을 잇지 못했다.

When a boy's voice breaks at the age of 13 or 14, it gradually develops into an adult voice, which results in their singing sounding more like an adult's. 남자애들은 열서너 살에 변성기를 맞아 어른 목소리로 변하고, 노래 소리도 좀더 어른스러워지지.

 MP3 플레이어가 고장나서 새로 살까 생각중이야.

기계 등 작동하는 물건이 완전한 상태에서 단절되면 망가지는 것이겠지요.

I broke the TV set. TV를 망가뜨렸어.

실제로 부서지는 것일 수도 있습니다.

I'm sorry, my glasses are broken, and I can't see you very well.
미안하지만 안경이 깨져서 잘 안 보여.

자동사로도 씁니다. 물집이 터진다는 말에서도 봤지만, 누가 만진 것도 아닌데 고장나 있더라는 말입니다.

The timer broke and the bomb didn't go off.
타이머가 고장나서 폭탄이 터지지 않았다.

세상 만물이 '완전한 상태'가 있다 보니, '불완전한 상태'도 있기 마련입니다. 사람 몸에 있는 뼈도 깨져서 불완전한 상태가 될 수 있습니다.

I broke my leg. 다리가 부러졌어.

재미있는 건 고의로 부러뜨리지 않더라도 break my leg라고 말한다는 겁니다. 역시 문맥이 중요합니다. 일부러 부러뜨린 상황이라면 '일부러 부러뜨렸다'고 번역을 해야겠지요.

My MP3 player is broken and now I am thinking of buying a new one.

He fell from a tree and broke his neck. 나무에서 떨어져서 목이 부러졌어.

심지어 심장도 깨뜨립니다. 이 때는 심장이 아니라 마음이겠지요? 마음도 완전한 상태가 있으니까요. 깨지면 아프지요.

She died of a broken heart. 실연으로 상심하더니 결국 죽었지.

이 10달러짜리 바꿔줄 수 있어?

우리는 돈을 '바꾼다'고 하지요. 하지만 네이티브는 단순히 돈의 형태가 바뀌는 것을 염두에 두는 것이 아니고 10달러에 상당하는 '돈'이라는 개념을 생각합니다. 10달러짜리를 모두 바꿔 1달러 열 장을 갖더라도 10달러에 상당하는 '돈'이라는 개념은 바뀌지 않으니까요. 그 형태만 1장에서 쪼개져 10장이 되니까 break를 쓰는 겁니다.

Can you break this $10 bill?

It's hard to get someone to break a thousand dollar bill if all you're buying is a pack of gum. 껌 한 통 사면서 천 달러짜리 바꿔달라고 하면 안 바꿔줄 걸.
Do you break the set? 이거 낱개로도 팔아요?

set은 집합을 말합니다. '이거 세트로만 팔아요.' 라는 말을 하지요. 이 세트를 분리하는 것도 break입니다. 옷 한 벌을 윗도리와 바지로 따로 파는 것도 break입니다. break up을 쓰기도 합니다.

Beige pants looked nice but they wouldn't break the set.
베이지색 바지가 좋아 보였지만 그것만 따로 팔려고 하지는 않았어.

break 08 법을 어기면 감옥에 가야지.

법도 완전한 상태가 있습니다. 모두가 이 상태를 지켜야 하지만 깨는 사람들이 있지요. 약속도 지켜야 하고, 규칙도 지켜야 합니다. 완전한 상태를 유지해야만 의미가 있는데 깬다면 의미를 잃어버리지요.

You can't just go breaking every rule in this house!
이 집안 규율을 몽땅 무시하고 살 순 없는 거야!
If you break your promise, I'll cut you off. 약속 어기면 너 다신 안 봐.

If you break the law, you go to jail.

break 09 내 아들 놈 나쁜 습관을 고치려고 노력중이야.

At last, my son broke the nasty habit of sucking his thumbs.
아들놈이 이제서야 엄지 손가락 빠는 나쁜 버릇을 고쳤어.

여기서 깨는 건 사람이 아니라 버릇입니다. 전치사 of의 기본그림은 '분리' 입니다. 깨서(break) 분리시킨다(of)는 의미입니다. 단순히 버릇을 고친다고만 하면 break the habit이 됩니다.

I'm trying to break my son of his bad habits.

break 10 일본은 미국의 요구에도 불구하고 이란과의 외교 관계를 단절하지 않았다.

시사적인 내용에 자주 등장하지요. 우리말로도 단절한다고 하는 것처럼 관계 역시 깰 수 있습니다.

> If Russia joins the fight against terrorism, it will have to break its traditional links with the Arab countries.
> 러시아가 테러와의 전쟁에 동참한다면 전통적으로 다져온 아랍국가와의 관계를 단절할 수 밖에 없을 것이다.

A-ha! moment

> I count the falling tears. They fall before my eyes. Seems like a thousand years since we broke the ties. 떨어지는 눈물을 세어봅니다. 눈 앞에 떨어지는 눈물 방울을. 우리가 헤어진 지 천 년은 된 것 같네요.
> – *Nobody's Fool sung by Cinderella*

Japan did not break diplomatic ties with Iran, despite a demand from the United States.

break 11 나 비밀번호 까먹었는데 암호 풀 수 있어?

암호도 완전한 상태가 있습니다. 해독되기 전의 암호화된 상태가 완전한 상태지요. 이걸 깨고 불완전한 상태로 만들면 암호가 풀린 겁니다.

A-ha! moment

> Hans : Now, you can break the code?
> Theo : You didn't bring me along for my charming personality.
> 한스 : 자, 암호 풀 수 있는 거지?
> 테오 : 내가 예뻐서 데려온 건 아니잖수?
> – *Die Hard*

I lost my password, can you break it?

악당 두목인 Hans가 금고 암호를 알고 있는 사장 Takagi를 죽이고 나서 컴퓨터 전문가인 Theo에게 금고 암호를 풀 수 있냐고 물어보는 장면입니다. 이에 대해 Theo는 암호를 풀 수 있는 능력이 된다고 믿었으니까 데려왔지 않느냐는 말을 유머스럽게 한 거지요.

break 12 크리스가 갑자기 입구 쪽으로 달리기 시작했다.

상태가 바뀌는 걸 구체적으로 나타내는 경우입니다. 어떤 상태를 깨고 다른 상태로 갑작스럽게 변하는 것을 나타내는 거지요. 사람이 가만히 있는 상태를 깨고(break) 달리는 상태(a run)로 들어가는(into) 그림이니 논리적으로 이해하기 쉽지요.

> She broke into a giggle. 갑자기 킬킬거리기 시작했다.
> The girls broke into applause. 여자 애들이 박수를 쳐대기 시작했다.
> Cheers broke from the crowd when the new president appeared.
> 신임 대통령이 등장하자 청중들이 환호를 보냈다.

break의 갑작스러움을 강조하는 문장입니다. 사람들이 가만히 있다가 새 대통령이 들어서자 갑자기 환호성을 질러대는 장면을 떠올려보세요. '갑작스러움'을 느낄 수 있을 겁니다. 뜻밖의 뉴스나 소식도 갑자기 터집니다. 없다가 생기는 거니까 이 때도 break를 씁니다.

> The news broke that a civil war broke out in Africa.
> 아프리카에서 내전이 터졌다는 뉴스가 나왔다.
> Who could break the sad news to Jill?
> 누가 질한테 이런 슬픈 소식을 전할 수 있을까?

Chris broke into a run, heading for the entrance.

break 13 그는 이상한 소리에 잠이 깼다.

break가 추상적인 것도 단절시킬 수 있다는 걸 보여줍니다. 우리말처럼 적막도 깰 수 있고, 정적을 깰 수도 있고, 단조로움을 깰 수도 있습니다. 어떤 상태에 변화를 준다는 의미지요.

Finally, Bundy broke the silence and spoke.
드디어 번디가 침묵을 깨고 입을 열었다.

위 문장에서 the를 one's로 바꾸면 우리말 구어의 '입을 열다' 처럼 '비밀을 말하다'의 뜻이 됩니다.

He broke his silence.
그가 드디어 입을 열었다. (일정한 상태가 깨지면 그 상태를 벗어나는 겁니다.)
I work as an editor and the sounds of the office sometimes break my concentration. 편집자로 일하는데 가끔 사무실 소음이 집중하는 데 방해가 될 때가 있어.
Although the weather was bad it didn't break the spirit of the soldiers.
날씨가 나빴지만 그렇다고 병사들의 사기가 떨어지진 않았다.

꽉 막혀 있는 것도 그 나름대로는 완전한 상태지요. 이걸 깨면 '꽉 막힌 상태' 입장에서야 불완전한 상태로 가는 게 되겠지만, 상식적으로는 '해결'을 의미하지요.

We need president's support to break the deadlock.
교착 상태를 깨려면 대통령의 지원이 필요해.
We need to break the vicious circle of poverty in order to prevent crime.
범죄를 막으려면 빈곤의 악순환부터 깨야 합니다.
His sex scandal will break public trust in the government.
그의 성추문은 정부에 대한 국민의 신뢰를 무너뜨릴 것이다. (믿음 역시 깨지면 더 이상 믿지 않게 되는 겁니다.)
He broke the record of 60 homeruns set by Babe Ruth.
그는 베이브 루스가 세운 60개 홈런 기록을 깼다. (기록도 언제나 같은 상태가 유지되지 않고 깨지지요.)
Let no one break your will. 누구한테도 의지가 꺾이면 안 돼.

사람의 의지나 인내심도 단절될 수 있습니다. break는 '상태'가 있는 것이라면 뭐든지 변화시킬 수 있는 힘이 있다는 걸 알 수 있습니다.

A strange noise broke his sleep.

임진왜란을 다룬 어느 역사드라마에서는 도요토미 히데요시가 아들을 잃은 뒤

조선 침략을 포기하지 않을까 우려하는 호전적인 어느 가신이 이런 대사를 합니다.

설마, 전하께서 조선 출병의 뜻을 꺾진 않으시겠지요?

우리는 의지를 꺾는다고 합니다. 언뜻 break와 달라 보이지요? 잘 살펴보면 같은 말입니다. 우리말로 나무도 꺾습니다. 나무가 부러지듯 의지가 부러지는 그림 역시 똑같이 그리면서 단지 표현만 다를 뿐입니다.

> Its continued barking broke his patience. He kicked the dog in the ass.
> 계속 짖어대자 더 이상 참지 못하고 개 엉덩이를 발로 걷어찼다.
> They tried to break the union by threatening to fire us all.
> 우리 모두를 해고하겠다고 협박해서 노조를 와해시키려고 했지.
> The CIA is trying to break him and find his criminal comrades.
> CIA가 그 놈 입을 열게 만들어 공범들을 찾아내려고 노력중이야. (아예 사람 자체를 목적어로 써서 의지를 꺾는 그림입니다.)

그런가 하면 다음과 같이 누군가의 힘이나 권력도 깰 수 있습니다.

> Drastic as it may sound, we need to legalize the sale of drugs, but not their use. This is the only way to take the profit out of drug distribution and break the power of the criminal gangs.
> 너무 과격하게 들릴지 모르지만 마약 판매는 합법화하고 사용하는 것만 막으면 되지. 마약 유통으로 얻는 이윤을 봉쇄해서 범죄조직의 힘을 약화시키는 유일한 방법이야.
> Hopefully, the coming election will break the dictator's long hold on power. 이번 선거에서 독재자의 장기 집권이 끝나길 바란다.

break 14 끈기있게 잘 듣고 있다가 대화가 끊기는 틈을 타서 말을 하라구.

break는 명사형의 기본그림 역시 동사에서 충분히 유추할 수 있습니다. 일상적인 상태를 깨는 그림이지요. 휴식 역시 일하는 상태를 깨는 것에 불과하고, 행운을 의미하는 break 역시 평범한 상태를 깬다는 그림일 뿐입니다.

Working without a break can give the impression that you're slow or inefficient. Don't work through lunch hour. 쉬지 않고 일하면 굼뜬 사람이거나 일처리를 효율적으로 못하는 사람이란 인상을 줄 수 있다. 점심시간까지 일하지 말라.

For most people, the summer months bring a long-awaited break from their everyday routine.
대부분의 사람들에게 여름철은 일상에서 벗어나 오랫동안 기다렸던 휴식을 즐길 수 있게 해준다.

We'll be back after a short break. I'm Neal Conan. You're listening to BBA News.
잠시 후 다시 찾아뵙겠습니다. 전 닐 코난이고 여러분은 지금 BBA 뉴스를 듣고계십니다.

Chris began working his way up the ladder at a small radio station and got a big break in 2000 when he was hired to work at ABC.
크리스는 작은 라디오 방송국에서부터 차근차근 경력을 쌓던 중 2000년에 운이 닿아 ABC에서 일할 수 있게 되었다.

세금 감면 등의 혜택을 tax breaks라고 하는 것도 같은 이치입니다.

Lindsay will push for tax breaks for small businesses to spur economic growth. 린제이는 경제 성장을 촉진하기 위해 중소기업에 대한 감세 정책을 추진할 것이다.

'어떤 상태가 유지되지 않고 끊어지는 그림'을 그리고 있어야 다음 예문에 나오는 break를 이해할 수 있습니다.

Although there was a break in the rain, we could see that some houses had already collapsed and more were likely to follow if the rain resumed. 비는 그쳤지만 일부 가옥들은 벌써 무너졌고 비가 다시 온다면 더 많은 가옥들이 무너질 가능성이 있다.

촘촘이 나뭇잎으로 가려진 하늘에 잠깐 틈이 보이는 것도 break이고, 빽빽이 늘어서 있는 차량행렬 사이에 끼여들 틈이 생기는 것도 break지요.

Occasionally a break in the trees revealed snow-capped mountains.
가끔 나무들 사이로 눈덮인 산이 모습을 드러냈다.

Listen patiently until there is a break in the conversation and then speak.

We noticed a ray of sunlight streaming through a break in the wall.
벽 틈새로 빛줄기가 새어나오는 걸 알아챘다.
I told my driver to stop at the stop sign and wait for a break in the traffic.
운전기사에게 정지 신호에서 멈춰서 끼여들 틈이 나기를 기다리라고 했다.

계속되던 관계를 끊는 것도 역시 break지요.

> They hold on to their traditions over several hundred years and there is nothing to indicate that there will be a break with the past.
> 그들은 수백 년 동안 전통을 고수해왔고 이들이 과거와 단절할 것이라는 근거는 어디에서도 찾아볼 수 없다.
> Jim wants to have a clean break with his girlfriend.
> 짐은 여자친구랑 깨끗이 헤어지고 싶어해.

말 그대로 뼈가 부러지는 것도 break라고 합니다.

> It is quite a bad break. The bones are badly shattered and protruded from the arm about three inches.
> 상당히 심한 골절이군요. 뼈가 심하게 으스러져 팔에서 3인치 정도 삐져나왔어요.

break는 구어체로 사용되면 탈옥의 의미가 있습니다. 갇혀 있는 상태가 깨지면 자유로운 상태겠지요.

> I hear there's a break planned for tonight. 오늘 밤 탈옥 계획이 있다던데.
> Are you planning for a break? Get outta here! It's Alcatraz for Christ's sake. 탈출을 계획하고 있다구? 헛소리 하구 있네! 여긴 알카트라즈야!

여기서 get out of here는 '나가라' 는 말이 아니라 '헛소리 말라' 는 구어체 표현입니다.

영어로 말해보기

1. 그는 밧줄이 끊어지는 바람에 바닥으로 떨어졌다.
2. 물기있는 바닥(the wet floor)에서 미끄러져 허리가 부러질 뻔했다.
3. 분노와 고통으로 토니는 말을 잇지 못했다.
4. 상자를 망치로 부숴서 열었다.
5. 그 소식을 듣고 안도의 미소(smile of relief)를 지었다.
6. 갈수록 작아지는 휴대폰 추세(trend)를 깨고 새 모델이 나왔다.
7. 사람들은 단조로운 일상생활(the monotony of daily living)에서 벗어날 수 있는 일을 즐기곤 한다.
8. 욕할 때마다 10달러씩 내놓게 해서 내 남편 욕하는 버릇을 고쳤다.
9. 회의 중간에 쉬는 시간 동안 나는 동료(collegue)랑 벤치에 앉아서 얘기를 했다.

모범답안

1. The rope broke and he fell to the ground.
2. I nearly broke my back when I slipped on the wet floor.
3. Tony's voice broke with anger and pain.
4. I hammered the box open.
5. When he heard the news, he broke into a smile of relief.
6. The new model breaks the trend of increasingly smaller cell phones.
7. People often enjoy doing something that breaks the monotony of daily living.
8. I broke my husband of his swearing by having him pay 10 dollars every time he swears.
9. During a break in the conference, I was sitting on a bench talking with my collegue.

가져와!
bring

bring은 take와 비교해서 봐야 합니다. bring은 가까워지는 것이고 take는 멀어지는 겁니다. 따라서 bring은 come과, take는 go와 연결지을 수 있지요. bring과 take 모두 기본적으로 come과 go의 의미를 포함하고 있습니다. 우리말의 '가지고 가다' 라는 말에 '가다' 라는 개념이 포함돼 있는 것과 같습니다. bring은 움직이는 주체가 있고, 그걸 졸졸 따라오는 뭔가가 있는 그림입니다. '가지고 오다' 라는 해석도 '오는' 주체가 뭔가를 '가지고 있다' 는 그림에서 나온 것이니까요. 영어가 원래 그렇듯이 졸졸 따라오는 것에는 제약이 없습니다. 사물이 될 수도 있고, 개념이 될 수도 있고, 감정이 될 수도 있습니다. What brought you here?가 "너 여긴 웬일이냐?"는 인사말이 되는 것도 결국 뭔가가 데리고 오는 그림에 불과합니다.

기본 형태

bring은 뭔가를 가져다 주는 것이니만큼 혼자 쓸 수 없겠지요? He brings. 같은 문장은 없을테니까요. 또 가져다 주려면 가지고 가는 뭔가와 가져다 주는 대상이 모두 필요할 때도 있지요.

   A. He brought a gift for me.
   B. He brought me a gift.
       나한테 선물을 가져다 줬어.

bring 01 니 차 가져와. 나도 내 차 가져올 테니까.

bring을 보면 가장 먼저 떠올려야 할 것이 움직이는 주체와 뭔가 이 주체를 졸졸 따라오는 것이라고 했지요. 내가 가져가는 자동차는 상대방 쪽으로 움직이고, 상대방이 가져오는 자동차는 내 쪽으로 움직입니다. 모두 bring이 어울리는 그림입니다. 거꾸로 내 쪽에서 멀어지도록 내 차를 가져가라고 한다면 Take my car. 라고 하겠지요.

Don't forget to bring something to eat. 먹을 거 가져오는 것 잊지 마.
Are you going to bring a girl to the party? 파티에 여자 데려올 거냐?

to는 도착점을 나타내는 전치사로 움직임이 멈추는 곳을 알 수 있습니다. 예문에서는 움직이는 주체가 you이고, you를 따라 움직이는 것은 a girl입니다. 움직임이 멈추는 곳은 the party지요. 말을 하는 사람은 지금 머릿속에서 상대방이 파티장으로 움직이는 그림을 그리고 있습니다. 그 옆에서 따라 움직이는 여자의 그림도 그리고 있지요. 그 그림은 파티장에서 멈춥니다.

Will you bring your son to me? 아들 좀 내게 데려올 수 없겠니?

주체나 객체가 문맥에 숨어 있는 그림을 한번 봅시다.

When were potatoes brought to Korea? 감자가 언제 한국에 들어온 거야?

감자를 한국에 들여온 사람이 누군지 알 수가 없으니까 '막연한 누구'의 조각그림을 가지고 전체 그림을 그린 것입니다. 누군지 모르지만 이 사람을 따라 감자가 움직이고 그 사람과 감자는 한국이라는 장소에서 멈춥니다.
따라 움직이는 것이 소식이나 뉴스 같은 아직 알려지지 않은 사실이라면 '새로운 사실을 알게 만든다' 는 뜻이 되겠지요.

You didn't have to risk your life to bring the story to us.
그 소식 알리겠다고 목숨까지 걸 필요는 없었어.

You bring your car, I'll bring mine.

I brought a gift for you. 선물을 가져왔어요.

위 문장에서는 도착점이 분명히 you인데 전치사 to를 쓰지 않고 있습니다. brought a gift for you처럼 for를 쓴 것은 선물을 가져온 행위가 you를 염두에 둔 행위라는 걸 나타내기 위해서입니다. for의 기본그림은 교환입니다. '선물을 왜 가져왔지?' 라는 질문에 '너 때문에' 라고 답이 나오는 것이 for입니다. 만약 위의 문장을 I brought a gift to you.라고 한다면 '난 선물 갖다 줬어' 라는 뜻이 됩니다. 단순히 선물이 you에게로 전달된 사실만을 나타낸다는 뜻입니다.

Will you bring me some coffee? 커피 좀 가져다 줄래?

to가 숨어버리는 경우지요. you가 me 쪽으로 움직입니다. 따라 움직이는 것은 some coffee입니다. bring의 성격상 받는 사람(간접 목적어)과 가져다 주는 물건(직접 목적어)이 필요할 때도 있습니다. 직접 목적어, 간접 목적어라는 것은 기본동사의 성격에서 나오는 겁니다.

bring 02 우리 애를 보면 늘 행복해요.

눈에 보이지 않는 뭔가를 가져다 주는 경우입니다. 추상화를 잘 그려야 영어를 꿰뚫어볼 수 있습니다.

I have to say this place brings back memories. 여기만 오면 추억이 떠올라.
I have a beautiful necklace that brings me good luck. 행운을 가져다 주는 목걸이를 가지고 있지.
There is no place in heaven for those who would bring harm to a child intentionally. 고의로 아이를 해치는 사람은 천당 갈 생각 하지 말아야지.
That will bring too much trouble.
그거 말썽이 너무 많을 것 같아.
Lord, why have you brought trouble on this people? 주여, 왜 이 백성들에게 고난을 주시나이까?
It's been a long month that has brought a lot of terror and death to this town. 이 마을에 거대한 공포와 수많은 죽음을 몰고 온 기나긴 한 달이었다.
The torrential rain brought disaster to the farmers.
폭우로 농민들이 큰 피해를 입었다.

A-ha! moment

The hurricane could end up costing at least 400,000 jobs and cut 1 percent off economic growth in the second half, according to an estimate from the Congressional Budget Office, released Wednesday. But economists say that longer term, several quarters from now, the hurricane may not hurt the economy, with rebuilding efforts likely to bring jobs and capital to impacted regions.

수요일에 발표된 의회 예산처의 추정에 따르면 이번 허리케인은 최소한 40만 개의 일자리를 날려버리고 하반기 경제성장률을 1% 깎아내릴 가능성이 있다고 한다. 그러나 경제전문가들은 장기적으로 볼 때 몇 분기가 지난 뒤에는 허리케인이 경제에 타격을 주지 않을 수도 있다고 말한다. 복구 작업으로 피해지역에 일자리와 함께 자금이 몰려들 것이기 때문이다.

– *CNN Money* (Sept., 9, 2005)

2005년 미국 남부지역을 강타한 초대형 허리케인 카트리나(Katrina)가 경제에 미칠 영향에 대해 분석한 기사입니다.

My little child always brings me joy.

The Tsunami brought devastation to the eastern and southern coastal areas of Sri Lanka.
쓰나미로 스리랑카 동부와 남부 해안 지역이 초토화됐다. (Tsunami: 대규모 지진이나 해저 화산폭발 등으로 발생하는 거대한 큰 해일)

His work brought him a great deal of popularity. 작품 덕택에 큰 인기를 얻었다.

어떤 일을 해서 그 대가로 뭔가를 얻는 경우입니다. 영어식으로 생각한다면 '어떤 일이 대가를 가져다 주다' 지요.

Bundy's brave actions brought him a commendation from the local government. 번디는 용감한 행동으로 지방 정부의 표창장을 받았다.
Your work brought disgrace on the entire team.
너 때문에 팀 전체가 망신당했어.

긍정적인 대가만 있는 건 아니지요. 부정적인 것도 됩니다.

No one knows what the future will bring.
미래에 어떤 일이 벌어질지는 아무도 모른다.

시간과 관련된 개념이 움직이고 뭔가가 따라온다면 그 시간 동안 무슨 일인가 발생한다는 말이겠지요.

For John, the new year brought disaster. 새해 들어 존에게 나쁜 일이 일어났어.

새해가 찾아오고 disaster도 따라왔다는 말이니 나쁜 일이 발생했다는 의미가 됩니다.

 **여기 왜 왔니?**

우리말과 영어식 사고방식의 차이를 잘 보여주는 예입니다. '여긴 무슨 일로

왔나요?' 할 때 흔히 회화책에서 가르쳐 주는 문장이기도 합니다. 뭔가가 you를 데려오는 만화적 상상력을 동원해야 합니다.

A-ha! moment

Hanzo : What brings you to Okinawa?
Kiddo : I came to see a man.
한조 : 오키나와에는 무슨일로?
키도 : 누구를 좀 만나러 왔어요.
— *Kill Bill Vol. 1*

여주인공이 일본도를 구하러 오키나와에 가서 하토리 한조(일본도 만드는 장인)를 만나는 장면입니다.

Two hour's drive brought us to his place.
두 시간 차를 타고 가서 그 사람 집에 도착했지.

우리를 그 사람 집에 데려다 준 것이 두 시간 차를 탄 것으로 그리는 만화적 상상력입니다.

Only an hour's work brought me a grand.
한 시간 일하고 천달러를 벌었다니. (grand: 천 달러를 뜻하는 구어체 표현)
His anti-government speech brought the police to the door within minutes. 반정부 연설을 시작한 지 얼마 되지 않아 경찰이 들이닥쳤다.
The strange noise outside brought him to the window.
밖에서 이상한 소리가 나자 창가로 갔다.

What brought you here? / What brings you here?

'이상한 소리'가 주체가 되어 him을 떠미는 그림을 그릴 수 있어야 bring을 제대로 이해하는 겁니다.

Only God brings rain.
신만이 비를 내릴 수 있다.
Spring brings excitement and

new hopes. 봄이 오면 신이 나고 새 희망이 생긴다.

계절이 찾아오면서 새로운 변화를 가져다 주지요. 이것도 영어권 사람들은 계절이 데려온다는 그림을 그립니다.

    Winter brings different driving hazards.
      겨울이 되면 위험한 운전 상황이 많아지지.
    Next week brings a batch of September economic reads and the start of the fourth quarter.
      다음주면 여러 가지 9월 경제 지표가 발표되고 4분기가 시작된다.
    The news of her father's death brought her to her feet.
      아버지 별세 소식을 듣더니 벌떡 일어나더라구.

her feet는 단순히 발이 아니라 서있는 상태를 가리킵니다. 서있는 상태로 가져가면 일어났다는 뜻이 되지요.

    That song always brings tears to my eyes.
      저 노래만 들으면 눈물이 나.

tears를 움직이게 만드는 것은 that song입니다. 도착점은 my eyes지요. 눈물을 흘리는 그림입니다.

bring과 come을 비교해 봅시다. bring은 가져오는 것이지만 come은 스스로 오는 것입니다.

The letter brought her face to his mind. → Her face came to his mind.
편지를 읽으니 얼굴이 떠올랐다. → 그 여자 얼굴이 떠올랐다.

그냥 단순히 얼굴이 떠오르면 스스로 오는 것이지요. bring과 come이 상대 개념의 동사라는 걸 알 수 있습니다.

 도로로 나서기 전에 차를 완전히 멈춰 세웠다.

움직이고 난 다음의 결과를 표현하는 경우를 보겠습니다. 내가 움직이고, 차가 따라 움직입니다. 도착점은 멈춰선 상태지요. 멈추기 전의 상태에서 멈춰진 상태로 bring하는 겁니다. 그 도착점은 to로 나타내줍니다. 다음 예문들에서 bring과 come의 관계를 눈여겨 보세요.

In a medium saucepan, combine soy sauce, 1/2 cup water, 1/4 cup sugar, and bring the mixture to a boil. → The water came to a boil.
중간 크기 냄비에 간장과 물 1/2 컵, 설탕 1/4 컵을 섞은 다음 끓이세요. (움직임이 멈추는 곳은 끓는 상태, to a boil이지요.)

The peace pact brought the war to an end. → The war came to an end.
평화 협정으로 전쟁이 끝났다.

The popularity of her book brought it to a second printing. → Her book came to a second printing.
그 여자 책이 얼마나 인기가 좋은지 금방 2쇄에 들어갔어. (a second printing이 말하는 사람의 관점에서 멀리 떨어진 개념으로 생각이 될 때는 go를 씁니다.)

Her book has gone to a second printing. 그 여자 책이 2쇄에 들어갔어.

Four more bodies were found, which brings the total number of people killed to sixteen. 네 구의 시신이 발견돼 전 사망자 수는 열여섯 명에 이르렀다.

I brought the car to a complete stop before I pulled into the road.

총 사망자 수라는 개념을 16이라는 총합으로 가져다 놓는 경우로 사고 소식을 알리는 기사나 뉴스에서 흔히 볼 수 있는 표현이니 익혀두세요.

bring 05 HBO에서 제공하는 〈The Sopranos〉를 시청하고 계십니다.

TV 프로그램에서 흔히 보는 표현입니다. 제공자가 누구인지를 알려주지만 어디로 데려오는지는 문맥에 숨어 있는 겁니다. 시청자에게 가져오는 것이겠지요. 제작사를 광고하는 경우라면 시장이나 소비자에게 가져다 주는 그림일 겁니다.

A brand new 40" LCD TV, brought to you by Samsung.
삼성의 신제품 40인치 LCD TV.

That brings us to the end of the program this evening.
이것으로 오늘 저녁 방송을 마치겠습니다.

방송에서 흔히 쓰지만 의사 개진을 하는 경우에도 잘 씁니다. 앞에 일어난 행위나 말이 우리를 어딘가에 가져다 놓는 그림이지요.

You got a point there. That brings me to a delicate matter I'd like to raise. Who will pay the bill? 일리가 있어요. 그 말을 듣고 보니 한 가지 미묘한 문제를 짚고 넘어가지 않을 수 없는데… 누가 돈을 내지? (that은 상대방이 한 말을 뜻합니다.)

Since my DVD player is so crappy, I'm considering upgrading, which brings me to my next question. Can you recommend one that's in the price range of $600~800?
내 DVD 플레이어가 너무 후져서 업그레이드하려고. 그래서 말인데 600~800달러 가격대 플레이어 중 하나 추천해줄래? (crappy: 품질이나 상태가 아주 좋지 않다는 구어체 표현)

You are watching *The Sopranos* brought to you by HBO.

 ### bring 06 죄를 인정하기가 힘들더라구.

to라는 전치사는 도착점, 결과 등을 나타냅니다. 동사에도 이런 의미를 쓰고 싶어서 만든 것이 to 부정사라고 생각하면 이해하기 쉽습니다. 나 자신을 '잘못을 인정하는 상태'로 데려다 놓는 그림입니다.

A-ha! moment

Detective Powell : I shot a kid. He was 13 years old. Oh, it was dark. I couldn't see him. He had a ray gun, looked real enough. You know, when you're a rookie, they can teach you everything about being a cop except how to live with a mistake. Anyway, I just couldn't bring myself to draw my gun on anybody again.

파월 형사 : 아이를 쐈어. 열세 살짜리였지. 너무 어두워서 그 녀석이 안 보이더라구. 장난감 광선 총을 들고 있었는데 너무 진짜 같았거든. 너두 알잖아, 초짜한테는 경찰이란 게 어떤 건지 다 가르쳐줄 수 있는데 딱 한 가지는 안 되는 거, 실수를 안고 살아가는 방법 말야. 어쨌든 그 이후론 누구한테도 총을 못 겨누겠더라구.
— *Die Hard*

〈Die Hard〉에 등장하는 한 형사가 왜 총을 쏠 수 없게 됐는지 설명하는 장면입니다.

Jessica says she can't bring herself to take her husband back.
제시카는 남편을 다시 받아들일 자신이 없대.

단순히 take her husband라고 하는 것과 bring herself to take her husband라고 하는 것의 차이를 느낄 수 있어야 합니다. 노력해도 안 된다는 뉘앙스가 있으니까요.

I couldn't bring myself to admit my guilt.

부자가 되면 걱정도 많아지지.

bring에 전치사 with가 붙어 '같이 온다'는 그림을 강조하는 경우입니다. 우리말로 하자면 수반된다는 말과 같은데요. with 이하가 없다고 해도 의미가 달라지지는 않지만 강조의 의미가 덜하지요. 예문을 통해서 느껴보세요.

Summer brings with it allergy season. 여름만 되면 알레르기가 판을 친다니까.
New school year brings with it feelings of dread.
신학기가 되면 두려운 감정이 들곤 하지.
Age brings with it an awful lot of capabilities, not limitations.
나이가 들면 제약이 아니라 능력이 많아지는 법이지.

Wealth brings with it many anxieties.

Unfortunately old age brings with it an increased prevalence of a number of diseases. 불행하게도 노인이 되면 여러 가지 질병에 시달릴 확률이 높아지지.

bring 08 색깔이 예쁜 신발이 높은 가격에 팔릴 것 같아.

역시 영어다운 사고방식을 동원해야 해결할 수 있는 그림입니다. bring a good price 또는 bring a high/higher price라고 하면 좋은 가격에 팔 수 있다는 말이 됩니다.

If grains have been dried before they are brought to the market, they will bring a higher price.
곡물을 말린 다음에 시장에 내놓으면 높은 가격에 팔릴 수 있을 거다.

I think nice-colored shoes will bring a good price.

영어로 말해보기

1. 그 여자 때문에 우리 가족이 얼마나 고생을 했는데.
2. 눈보라(snow storms)가 몰아쳐서 이 지방(our province)에 피해가 컸다.
3. 가을이면 싱싱한 사과(fresh apples)가 많이 나와.
4. 전쟁은 많은 변화를 가져왔고 이라크 사람들(Iraqi people)의 삶 역시 전과 크게 달라질 것이다.
5. 차를 멈춘 다음 문을 열고 도로로 나왔다.
6. 약간의 대화를 통해 그에게 내 관점(my views)을 이해시킬 수 있었다.
7. 디지털 시대(the digital age)는 기회뿐 아니라 위험도 따른다.
8. 이번에 새로 나온 우리 컴퓨터가 좋은 값에 팔릴 거다.

모범 답안

1. She has brought too much trouble to our family.
2. Snow storms brought disaster to our province.
3. Fall brings fresh apples.
4. The war brought many changes and the lives of the Iraqi people would never be quite the same again.
5. I brought the car to a stop, opened the door and stepped out onto the road.
6. After a brief conversation, I managed to bring him to understand my views.
7. The digital age brings with it risks as well as opportunities.
8. Our new computers will bring a good price on the market.

있으라 하니 있더라
call

call 하면 떠올리기 쉬운 게 '부르다'라는 우리말이지요. 언뜻 우리말의 '부르다'와 크게 다르지 않은 것 같아 보이지만, 우리말에서는 부를 수 있는 것이 극히 제한돼 있습니다. 회의를 부르거나 전화하는 걸 부른다고 하지는 않지요. 생각이나 개념이 어떠어떠하다고는 말해도 생각이나 개념을 부르지는 않습니다. 같은 '부르다'의 의미라도 우리말은 동사를 제각기 다르게 씁니다. 회의를 '소집한다'거나, 누구에게 '전화를 건다'거나, 사람을 '소리쳐 부른다'거나, 누구 집을 '방문한다'거나, 증인으로 '소환한다'고 하지요. 영어권 사람들은 '개념'이 같으면 한 가지 동사를 쓰면 된다는 아주 편리한 사고방식을 갖고 있습니다. 회의를 부르고(call a meeting), 전화로 부르고(call someone), 소리쳐 부르는 것도 어차피 부르는 것이고(call someone), 누구 집에 가서 그 집주인을 부르고(call at someone's house), 증인도 부르지요(call a witness).

심지어 개념도 call합니다. 우리말에 없는 표현 방식이지요. 불확실하거나 알지 못했던 개념을 call하면 '존재'를 인식하게 되는 겁니다. call을 설명하면서 이 부분을 집중 공략해 여러분의 생각을 바꿔보려 합니다. 김춘수님의 시 '꽃'에서처럼 이름을 불러야 꽃이 되듯 뭔가의 존재를 인식하게 되는 것이 call입니다. call을 반드시 소리와 연관짓지 말아야 하는 것도 이 때문입니다. 신이 된 기분으로 '있으라 하니 있더라'고 생각하세요.

기본 형태

call이라는 동사의 기본그림에서도 알 수 있듯이 call에서 움직임이 끝날 수도 있고 뭐라고 call하는지를 나타내야 하는 경우도 있습니다. 또, 뭐라고 불렀는지 나타내줄 수도 있지요. 자동사와 타동사 모두 사용합니다.

A. He called. 전화했어.
B. He called me. 나한테 전화했어.
C. He called me a sissy. 나보고 계집애 같다잖어.

 길거리에서 누가 부르는 소리를 들었어.

가장 기본적인 call의 그림은 정말 소리내서 부르는 겁니다.

'Look out!' he called. '조심해!' 라고 소리쳤다.
Mom called me: Bundy! Come and get it!
어머니께서 '번디야! 와서 밥 먹어래' 고 소리치셨다.

A-ha! moment

> Call to John, Sarah. Call to John for help.
> 사라, 존에게 소리쳐. 도와달라고 존에게 소리치라구.
>
> — *Terminator 2*

〈터미네이터 2〉에서 악당 터미네이터 T-1000이 여주인공 사라를 고문하면서 아들인 존에게 소리쳐서 오게 하라고 하는 말이지요. 여기서 to라는 전치사가 등장한 건 소리의 도착점이 John이기 때문입니다. 그럼 call John 하면 어떨까요? 소리의 방향이나 도착점을 나타내는 to 없이 call만 쓰면 John을 불러 이곳으로 오게 하라는 말이 됩니다. call to를 쓰면 소리를 낸다는 의미가 주가 되고 그 소리의 방향과 도착점이 to 다음에 오는 사람이나 사물이 됩니다.

He poked his head out of the window and called the paper boy.
창 밖으로 고개를 내밀고 신문배달하는 애를 불렀다.

I heard someone calling my name in the street.

call 02 번디라고 부르세요.

우리말로도 '완규라고 불러주세요' 라고 하는 것처럼 실제로 소리를 내서 그렇게 부르라는 의미보다는 나의 존재를 Bundy로 인식해 달라는 의미에 가깝습니다.

We still call each other by our last names. 우린 아직 이름을 못 불러요.

이름을 부르면 상당히 친한 사이지요. '김형' '박선생' 처럼 성으로 사람을 칭하면 거리감이 있다는 겁니다.

누군가를 머리 속에 떠올릴 때 대부분 가장 먼저 그 사람의 이름을 먼저 떠올리고 생김새 등을 떠올리게 됩니다. 그렇게 존재를 인식하는 게 call입니다. call을 하기 전에는 사람이나 사물, 개념 등 어느 것도 말하는 사람이나 주체에게 존재가 확실치 않은 거지요. '존재' 라는 말을 꼭 새겨 둬야 하는 이유입니다.

A-ha! moment

> President Palmer : I'm the President, Mike. You do not call me by my first name.
> 팔머 대통령 : 난 대통령이야, 마이크. 함부로 이름 부르지 마.
> – 24, Season 2 Episode 21

Please, call me Bundy.

친구이자 보좌관인 Mike가 대통령의 권위에 도전하는 듯한 행동을 계속하자 대통령인 자신에게 예의를 갖추라고 경고하는 장면입니다.

You need to buy a device called DVD-ROM drive to play this DVD.
이 DVD 돌리려면 DVD-ROM 드라이브라는 걸 사야 돼.

이 말을 듣는 사람에게는 DVD-ROM 드라이브라는 게 뭔지 확실치 않을 가능성이 크지요. 그걸 확실하게 인식시켜 주는 말이 a device called DVD-ROM drive에서 called인 것입니다.

존재를 인식시키는 그림은 call을 제대로 이해하는 가장 기본적인 밑그림이 되므로 확실히 머리에 담아둬야 합니다.

call 03 너 지금 나보고 거짓말쟁이라고 했니?

여기서 call도 존재를 인식하는 것이지만 이미 존재하는 것을 다시 규정한다는 차이가 있지요. 예문에서 '나'라는 존재를 you가 이미 알고 있지만 '거짓말쟁이'라고 다시 규정하는 거지요.

우리들이 쉽게 말하지 못하는 call의 의미이니 집중 공략을 위해 예문을 더 살펴보겠습니다. 단순히 외우지 말고 꼭 그림을 그려야 합니다.

She called me sissy. 나보고 계집애 같다잖아. (sissy: 엄살 잘 부리고, 소심해서 꼭 어린 여자아이 같다고 할 때 쓰는 말)

A-ha! moment

Acting President Logan : This man, Marwan, has a nuclear warhead and I allowed him to escape.
Presidential Aide Mike : Mr. President...
Logan : Stop. I don't even know if I deserve to be called that.
Mike : Whatever I call you won't change the fact you are President of the United States.
Logan : I shouldn't be.

대통령 권한 대행 로건 : 이 마르완이라는 작자는 핵탄두를 가지고 있어. 그런데도 난 이 놈이 도망칠 수 있게 한거야.
대통령 보좌관 마이크 : 각하…
로건 : 그만! 내가 대통령이라고 불릴 자격이 있는지조차 모르겠다구!

Did you just call me a liar?

> 마이크 : 제가 뭐라고 부르건 당신이 미국 대통령이라는 사실은 바뀌지 않습니다.
> 로건 : 난 대통령이 돼선 안 돼.
>
> — 24, Season 4 Episode 19

국가 비상 사태에 대통령 유고로 권한 대행을 하고 있는 Logan은 다 잡은 테러범 Marwan을 놓치는 등 하는 일마다 실수를 반복합니다. 엄청난 스트레스 속에 자신이 대통령의 자격이 있는지 의심을 하는 장면입니다.

I wouldn't call it a burden. Rather, I'll call it a responsibility.
부담이라고 생각하지 않아. 오히려 책임이지.

자연스런 우리말로 써보면 '부르다' 는 말은 눈을 씻고 찾아봐도 없습니다. it은 대화 속에서 이미 규정이 된 '무엇' 일테고 그걸 말하는 사람은 이미 알고 있습니다. 단지, 다른 존재로 규정을 할 뿐입니다. 부담 또는 책임이라는 것도 결국 it을 가리키지만 전혀 다른 성격의 존재가 되는 것이지요.

Leaving your wife for a tramp like that? You call it a success? I call it depravity! Oh, good luck to you! 저런 헤픈 여자 때문에 조강지처를 버려? 그게 성공이냐? 내가 보기엔 타락한 걸세! 잘 살아봐!

위의 경우에도 You call it a success?는 '성공이라고 부르다' 가 아니라 그런 현상(it)을 성공으로 규정하고 인식하는 겁니다. 우리말로 간단히 '그게 성공이냐?' 라고 해도 그 바닥에는 '성공이라는 개념' 이 깔려 있는 것이니까요.

A-ha! moment

With a friend to call my own I'll never be alone.
참된 친구만 있다면 난 외롭지 않아.
— Ben sung by Michael Jackson

마이클 잭슨의 Ben이라는 노래에 나오는 말입니다. 풀어 쓰면 a friend that I can call my own friend라는 말입니다. 정말 내 친구라고 인식할 수 있는 그런 친구, 참된 친구를 말하지요.

> When will the weatherman say something reliable? Maybe, not in this millennium. Partly cloudy with occasional rain? Then what do you call that pouring rain out the window? 언제나 일기예보가 맞을까? 어느 천년에. 곳에 따라 흐리고 가끔 비라고? 그럼 밖에 쏟아지는 저건 뭐야?

일기예보에서 곳에 따라 가끔 비가 온다고 해서 '그렇게 알고 있었는데,' 전혀 다른 상황이 벌어지니까 call을 쓰게 되는 겁니다.

> Did you say you have no money on you? Then what do you call this in your pocket? A roll of paper?
> 너 돈 없다며? 그럼 주머니 속에 있는 이건 뭐야? 휴지 조각이냐?

역시 우리말에 '부르다' 는 없습니다. 또 다른 존재라는 의미만 있지요.

> What do they call it a top-notch theater for, for Christ's sake?
> 도대체 이 따위 극장을 왜 일류라고 하는 거야?

비슷한 의미지요. 여기서도 call은 사람들이 이 극장을 '일류' 라고 부른다는 말이 아니고 머릿속에 '일류 극장' 으로 자리잡고 있다는 뜻입니다.

> Whoa! Look at that nicely laced red slip! Do you call that panties? They

> are nothing more than a piece of cloth!
> 흐흐. 저 새빨간 슬립, 레이스가 죽이는데! 저건 팬티가 아니라 천조각이네.

Do you call that panties?는 '저게 팬티야?'라는 우리말과 같습니다. 내가 알기로 팬티라는 건 이런 건데 전혀 다른 상태의 물건이 팬티임을 자처하고 있으니 혼란을 빚고 있는 것이지요. 그래서 call입니다.

> I gained lots of weight and got this paunch from drinking heavily. Could you call that a sudden weight increase? Well, it should be gradual rather than sudden.
> 술을 너무 먹어서 그런지 살이 좀 찌고 똥배도 나왔지. 그렇다고 갑작스러운 체중 증가라고 할 수는 없는데. 갑작스럽기보다 장시간에 걸쳐 이 모양이 된 거지. (paunch: 똥배)

이번에는 현상을 규정하고 있습니다. 살이 찌고 똥배가 나온 현상을 '갑작스러운 체중 증가'로 규정해서 인식할 수 있는지를 묻는 것이지요.

> You stole money from people! How could you call that legal?
> 넌 사람들 돈을 훔친 거야! 어떻게 그게 합법적이냐?

행위를 규정하고 있지요. 뭔가를 불법으로 규정하려면 call something illegal이라고 하면 되겠지요.

> You call that begging? You can beg better than that, stupid.
> 그게 (살려달라고) 비는 거냐? 잘 좀 빌어봐, 짜샤.

영화나 드라마에서 자주 등장하는 형태인데요. 살려달라고 비는 꼴이 영 마음에 안든다는 말입니다.

진짜 영화 속에서 만나보지요.
피겨 스케이팅을 하던 친구가 이상한 술집에서 야릇한 춤을 추며 돈을 버는 걸 본 발레리나 지망생 여주인공이 다그치는 모습입니다. 두 사람이 꿈꾸던 그런 춤이 아니기 때문에 You call that dancing?이라는 말이 튀어나오는 거지요.

A-ha! moment

Alex : You wanna make a living rolling around on your back?
Jean : Yeah, so what? I make good money.
Alex : Look at you! I thought you wanted to be a dancer! You call that dancing?
알렉스 : 자빠져서 몸 흔들어가며 돈벌고 싶니?
진 : 응, 그게 어때서? 돈만 많이 벌면 되지.
알렉스 : 니 꼴을 좀 봐! 춤꾼이 되고 싶다더니, 그게 춤이니?

– Flash Dance

call 04 여섯 시에 전화 좀 해줘요.

꼭 직접 앞에 두고 소리를 질러야 자신을 인식시킬 수 있는 건 아닙니다. 전화를 해도 됩니다. 누군가의 집에 찾아가서 자신의 존재를 알릴 수도 있습니다. 여기서 call의 '전화 걸다, 방문하다' 라는 의미가 생겨나는 것입니다.

For further information, please call us at 555-5555.
더 자세한 정보를 원하시면 555-5555로 전화하세요.
Would you please call me when you see her? 그 여자 보거든 전화 좀 해줄래?
Yeah, she slammed down the phone when I called this morning to apologize. 오늘 아침 사과하려고 전화를 했더니 수화기를 쾅 내려 놓더라구.
May I ask who's calling please? 실례지만 누구시지요?

전화 거는 사람을 확인할 때 쓰는 상투적인 표현이지요. 목적어 없이 call만 써도 전화건다는 뜻이라는 걸 알 수 있습니다.

Has anyone called? 어디 전화온 데 없어요?
Why does he always seem to call when I'm having something to eat?
걔는 왜 꼭 뭐 먹을 때만 전화하는 거야?

Please call me at six.

call 05 구급차 불러!

'용도'가 정해져 있는 사람이나 사물의 존재는 이미 일반적으로 규정이 돼 있지요. 예문에 나오는 구급차의 존재는 모르는 사람이 없습니다. 그 용도도 뻔합니다. 그걸 부르는 건 '응급환자를 실어가야 하기 때문' 이지요.

> The doctor was called to see an old man about to die.
> 다 죽어가는 노인을 진찰해 달라고 의사를 불렀다.

역시 의사가 제공하는 서비스를 받기 위해 오도록 한다는 의미가 내포돼 있습니다.

> Call me a taxi, please. 택시 좀 불러줘요.
> Fortunately the fire in the dormitory and my jump were witnessed by an attendant at the gas station near the dorm and he was the one who called the Fire Department and the ambulance.
> 기숙사에 화재가 나서 내가 뛰어내리는 걸 다행히 기숙사 근처 주유소 사람이 봤지요. 소방서에 신고를 하고 구급차를 부른 것도 바로 그 사람이에요.

Call an ambulance!

call 06 파티에 가족도 초청할 거예요?

여기서 '초청하다'는 말을 썼다고 영어로도 꼭 invite를 써야 하는 건 아닙니다. 우리말로도 '가족 부를 거니?' 할 수 있듯이 말입니다.

> The magician called me up to the stage and told me to pick a card.
> 마술사가 나를 무대 위로 불러내더니 카드를 한 장 뽑으라고 했다.

더 중요한 건 사람이나 동물이 아닌 추상적인 개념도 불러서 어딘가로 끌어다 놓을 수 있다는 겁니다.

> May I call your attention to the second sentence?
> 두 번째 문장을 주목해 주겠어요?

Will you call your family to the party?

I feel the need to call your attention to the fact that it was you who proposed the deal in the first place.
애초에 이 제안을 했던 게 바로 너라는 사실을 상기시킬 필요가 있을 것 같은데.

아주 직접적으로 관심을 끌어다가 the fact의 존재를 알게 하는 경우입니다. Call one's attention to the fact that~?은 '누구누구의 주의를 환기시키다' 식으로 외워대면 절대 입에서 저런 말 안 나옵니다.

불러서 끌어다 놓는 곳에 꼭 to만 쓰는 건 아닙니다. 앞에다 불러다 놓는 그림도 가능하니까요.

Ten senators at once were called before the Ethics Committee.
10명의 상원 의원이 한꺼번에 윤리 위원회에 불려나갔다.

우리도 위원회나 법정에 '불려간다'는 말을 쓰는 것과 마찬가지 경우입니다. 불러서 끌어다 놓는 그림을 그리면 됩니다.

If a defendant does not want to testify before the jury, he should be called before the court out of the jury's presence.
피고가 배심원 앞에서 증언을 꺼린다면, 배심원이 없는 상태에서 법원에 나와 증언을 해야 한다.

Probationers who violate a condition of their probation, or who are arrested for a new offense, may be called before the court to review the circumstances of their violation. 보호감찰을 받기로 하고 가석방됐을 때 가석방 규정을 위반하거나 다른 죄를 지어 체포됐을 경우 법정에 출두해 위반 정도를 심사받을 수 있다.

call 07 스캔들 문제를 다루기 위해 윤리위원회에서 회의를 소집했다.

모임은 모임에 참석할 사람들을 불러 모아 만듭니다. 모임이 있다는 걸 알려서 모이게 만드는 거지요.

The nation-wide strike was called by the Korean Confederation of Trade Unions. 민주 노총이 전국적인 파업을 주도했다.

The Ethics Committee called a meeting to discuss how to deal with the scandal.

파업을 하려면 노동자들에게 파업의 필요성을 인식시키고 동참을 호소하는 그림입니다.

The new CEO called a press conference and tactfully laid the blame at the feet of the previous CEO.
신임 최고 경영자는 기자회견을 요청해 능수능란하게 모든 책임을 전임자에게 돌렸다.

 불타는 건물 안에서 큰 소리로 도와달라고 외치는 소리가 들렸다.

call의 명사형은 소리치는 기본그림에서 발전해 나갑니다.

They heard the buzz of cicadas and the occasional call of distant birds.
매미 울음소리도 들리고 가끔 먼 곳에서 새들이 지저귀는 소리도 들렸다.

공항에서 실제로 사람 부르는 경우를 보겠습니다.

This is the last call for Flight 755 to Seoul. All passengers please make their way to the boarding area.
서울행 755편이 곧 출발할 예정이오니 모든 탑승객께서는 탑승장으로 와주시기 바랍니다.

This is the last call for travelers to cancel existing reservations without penalty.
여행객들이 위약금없이 예약을 취소할 수 있는 마지막 기회입니다. (비유적으로 쓰인 표현입니다.)

I'll give you a call tomorrow.
내일 전화할게. (전화 통화도 당연히 call로 표현할 수 있지요.)

You're not allowed to make calls in this room. 이 방에서 전화하시면 안됩니다.

Please leave a message and I'll have him return your call as soon as he gets back. 메시지 남겨주시면 돌아오는대로 전화드리라고 할게요.

There was a strong call for the immediate resumption of peace talks between the two countries.
두 나라간 즉각적 평화 협상 재개를 요구하는 목소리가 컸다. (소리를 친다는 것 자체가 뭔가 강하게 요구하는 것일 수 있지요.)

We heard a loud call from inside the burning building: "Help!"

There have also been calls for the treaty to be abolished.
조약을 파기해야 한다는 요구가 많았다.

자, 이제 마지막으로 스포츠를 예로 들어볼까요? 야구에서 심판이 소리를 질러 판정을 내리는 것처럼 의사결정을 내릴 때도 call을 쓸 수 있습니다.

The umpire made a bad call that went against our team.
심판이 우리에게 불리하게 잘못된 판정을 내렸다.
Hey, you're the boss, it's your call. 야, 니가 대장이잖아. 니가 결정할 일이지.

come 01 같이 가도 돼?

가장 일반적인 come의 그림입니다. 영어는 '듣는 사람,' 즉 상대방 입장에서 말을 할 때가 많다는 걸 잊지 마세요.

A. When will you come? 언제 올래?
B. I'll come at 3 p.m. 3시에 갈게.

A문장은 자신의 관점에서 말하는 것입니다. '언제 내 쪽으로 올래?' 의 의미지요. B문장은 상대방의 관점에서 말하는 것입니다. come이 우리말로 '가다' 가 될 수도 있다는 말입니다. 단지 '관점' 과 '방향' 만 다른 거지요.

Does the soup come after the steak in your town? How weird! 니 동네에선 스테이크 먹고 난 다음에 수프가 나오냐? 정말 이상하네.

수프나 스테이크 모두 먹는 사람 관점에서는 자신에게 오는 것입니다. 수프가 나중에 오지요. 순서상 스테이크 다음이라는 말입니다.

I'll come to your house tomorrow. 내일 너희 집에 갈게.

도착점을 나타냅니다. 움직이고 나서 도착하는 곳이 '너의 집' 이지요.

I'm coming to your house. 지금 너희 집으로 가고 있어.

핸드폰으로 전화를 한다고 상상해보세요. 너의 집 쪽으로 간다는 '방향' 을 나타냅니다. 전화를 받는 사람의 입장에서 말을 해주는 겁니다.

I come from a hick town called Hill Valley. 힐 밸리라는 촌동네에서 왔어요.

Can I come with you?

움직이기 전에 있던 곳이 어디였던가는 출발점을 나타내는 from 또는 분리를 나타내는 of로 알려줍니다.

> **A-ha! moment**
>
> No one comes through the front door. Understand?
> 아무도 정문으로 못 들어오게 해. 알았나?
> — L.A. Confidential

형사가 사건 현장인 카페에 도착해 정문을 지키던 경관에게 하는 말입니다. 이 형사는 지금 어디로 향하고 있을까요? 당연히 카페 안으로 들어가려는 겁니다. 카페 내부에서 보면 정문을 통과해 들어오는 사람들이 자신을 향해 움직이는 것이니까 come을 쓴 겁니다. 들어가지 않고 밖에 계속 있을 거라면 go를 썼겠지요. 누가 어느 쪽으로 움직이는지 관점을 느낄 수 있어야 come의 기본을 이해한 겁니다.

 엄마가 계단을 뛰어내려오고 있었다.

동시에 벌어지는 상황을 설명하는 경우입니다. 오는 동작과 함께 어떤 일이 벌어졌는지 묘사하는 거지요.

> Jimmy came running from across the street, followed by his girlfriend and a man I'd never seen before. 지미가 길 건너에서 뛰어오고 있었어. 여자친구랑 내가 한 번도 본 적 없는 사람도 뒤따라 오더군.
>
> My little brother came crying to me like always, stuttering and whining. 늘 그렇듯이 동생이 울면서 내게로 왔다. 말도 더듬고 징징대면서.
>
> My father came dashing out of the woods. 아버지가 숲 속에서 달려나왔다.
>
> How dare you come barging into my office and make a complete fool out of me? 감히 내 사무실에 밀고 들어와서 날 완전히 바보로 만들어?

> **A-ha! moment**
>
> About ten minutes later, four broomsticks came swooping down out of the darkness. 십 분쯤 지나자 어둠 속에서 빗자루 네 개가 내리꽂으며 덤벼들었다.
> — Harry Potter and the Sorcerer's Stone (J.K.Rowling)

Mom came running down the stairs.

마법사들이 타고다니는 빗자루가 공중에서 아래로 내리 꽂듯이 덤벼드는 모양새를 나타냅니다.

사건이나 사물이 어떤 모습으로 다가오는지 나타내는 경우를 봅시다.

His death came as a surprise to me. 그가 죽었다는 소식에 놀랐다.

'죽었다는 소식에 놀라다'는 '죽음 또는 죽었다는 소식'이 전달되고(come) 그 결과로 '놀라움'을 남기는 (as a surprise) 겁니다.

Her refusal came as a complete surprise to me since I thought she'd be with me all the time.
그 여자한테 거절당한 건 정말 뜻밖이었다. 늘 내 편일 거라고 생각했기 때문이다.
The blade came unglued from the shaft. 칼날이 손잡이에서 떨어져 나왔어.

결과를 나타내는 또 다른 come의 형태입니다.

A cheap purchase is money lost. The seam came unstitched.
싼 게 비지떡이라니까. 솔기가 터졌어.

오고 난 다음 결과를 보니 unstitched라면 '바느질이 뜯어진 상태'라는 말이겠지요? 간단한 문법 얘기를 해보겠습니다.

The seam was not unstitched. → The seam came unstitched. → The seam was unstitched. 솔기가 터졌다.

동사를 상태 동사인 be에서 come으로 바꾸면 '움직임'이 추가되지만 여전히 솔기가 터져있지요. 동사를 come으로 바꿀 경우 솔기가 터지는 과정을 볼 수 있다는 거지요.

A-ha! moment

> Words... don't come easy to me. How can I find a way to make you see I love you. Words don't come easy. 말이 쉽게 나오질 않아요. 내가 그대를 사랑한다는 걸 알게 하려면 어떻게 해야 할까요? 말이란 게 쉽지 않네요.
>
> – *Words sung by FR David*

결국은 Words are not easy to me.라는 상태에서 come을 넣어 움직임을 부여한 것에 불과합니다. 다음 예문들을 움직이기 전의 상태와 비교하면서 살펴보세요.

> The stereo comes cheaper if you buy those JBL speakers too. ← The stereo is not cheaper. 저기 JBL 스피커하고 같이 사면 오디오를 싸게 살 수 있지요.
> When I hit the handle with a hammer, the handle came loose. ← The handle was not loose. 망치로 내려쳤더니 손잡이가 헐거워졌다.
> The rope came unfastened. ← The rope was not unfastened. 밧줄이 풀렸다.
> Hey, your shoe laces came undone. ← Your shoe laces was not undone. 야, 신발끈 풀렸잖아.

come 03 새치기를 하려들다니 창피한 줄 알아요! 순서를 기다려야지.

사람이나 동물만 움직이지는 않지요. 추상적인 개념도 움직입니다. 사물도 움직입니다. 순서도 움직입니다. 어디로? 그 순서를 기다리는 사람한테 옵니다. 너무도 분명하기 때문에 굳이 누구한테 오는지는 나타내지 않습니다.

> Winter has come. 겨울이 됐다.

겨울은 모두에게 오기 때문에 단순히 come만 씁니다. 전쟁이 터져도 마찬가지지요.

> The war came and our lives changed. 전쟁이 터졌고 우리 삶은 변했다.
> The war came and I got drafted. 전쟁이 발발하자 나는 입대해야했다.

특히, 번역문구를 눈여겨 보세요. 전쟁이 '터지다' '발발하다'를 쉽게 come 하나로 해결이 가능하지요.

> In the years to come, he'll be remembered as one of the bravest men ever lived. 그 사람은 앞으로 오랫동안 가장 용기 있었던 사람으로 기억될 거야.

Hey, shame on you trying to jump the line. Wait till your turn comes.

A-ha! moment

Remember, with great power comes great responsibility.
잊지 말거라. 큰 힘에는 그만큼 큰 책임이 뒤따르는 법이니라.
— *Spiderman*

스파이더맨이 된 조카에게 힘을 남용하지 말라고 당부하는 삼촌의 말입니다. come할 수 있는 것이 얼마나 다양한지 느낄 수 있는 표현이지요.

> I have a squeezing pain in the stomach that comes and goes.
> 배가 쥐어짜듯이 아팠다 괜찮았다 그래요.

고통은 고통을 느끼는 사람에게 오지요. 고통이 사라지면 고통을 느끼던 사람에게서 멀어져 가기 때문에 come과 go의 개념상 차이를 극명하게 보여주는 예라고 할 수 있습니다.

> Chest pain that comes on or gets worse with exercise, stress, or eating a large meal and goes away with rest may be a warning symptom of heart disease. 운동할 때, 스트레스를 받을 때 또는 과식했을 때 가슴 통증을 느끼거나 통증이 심해지고 휴식을 취하면 괜찮아지는 건 심장병의 경고 징후일 수 있다.
>
> My son knows the pain that comes from a broken heart, but he also knows the growth that comes with that pain.
> 내 아들은 상심으로 인한 고통도 알지만 그 고통을 통해 얼마나 성숙해질 수 있는지도 알지요.

위 예문에서 come from과 come with의 맛을 음미해 봐야 합니다.

 come 04 그는 입가에 비열한 미소를 띠었다.

정말 별 게 다 움직이지요. come과 to는 찰떡 궁합이라고 했습니다. come과 to 모두 방향성이 있기 때문입니다.

> When you finish college, come to me. I have some plans for you.
> 대학 졸업하면 내게 오렴. 계획해 둔 일이 있으니까.

간단한 말이면서도 어려운게 come + to입니다. 무엇이 올 수 있고, 어디로 올 수 있는지가 우리말과 전혀 다르기 때문이지요.

다음 예문에서처럼 눈에 보이지 않는 것도 come의 주체가 될 수 있다는 게 중요합니다.

> The report of a gun came to us. 총소리가 들렸다.

여기서 report는 크게 울리는 총소리 또는 폭발음을 가리킵니다.

> Alex felt her stomach rumbling loudly. When she saw a fried chicken on the table, the saliva came to her mouth.
> 알렉스 뱃속에서 꼬르륵 소리가 크게 들렸다. 탁자 위에 있는 통닭을 보자, 입 속에 침이 고였다.
>
> A fortune will come to you if you take this offer.
> 이 제안을 받아들이면 큰 돈을 벌 수 있을 거야. (돈도 움직여서 사람에게 온다고 생각합니다.)
>
> Thank you for the tip. You have an extra grand coming to you.
> 알려줘서 고맙네. 천 달러를 더 받게 될 거야. (come to가 결과를 나타낸다면 어디서 오는지 출발점은 come from으로 나타낼 수 있겠지요.)
>
> Improved performance comes from practice.
> 실력 향상은 훈련을 통해 가능하다.
>
> The best results come from using the best talent and techniques available. 최상의 결과는 최고의 재능과 기술을 사용함으로써 얻을 수 있다.
>
> A brilliant idea came to me when I dropped a pencil on the floor.
> 바닥에 연필 떨어뜨렸을 때 좋은 생각이 떠올랐어. (생각을 한다고 하면 think를 떠올리기 쉽지만 think는 두뇌활동을 전제로 한 동사입니다.)
>
> I thought of a better way to get out of the jail : suicide.
> 감옥에서 나가는 더 좋은 방법을 생각해냈다. 자살하는 거야.

think of는 머리를 쥐어짜서 생각해내는 걸 말합니다. 두뇌활동을 통해서 생각을 뽑아내 분리(of)시킨다는 것이지요. 그런데 우리가 말하는 '생각이 떠오르다' 와는 거리가 멉니다. 생각이 떠오르는 건 두뇌활동 없이 그냥 '뿅' 하고 나타나는 것이기 때문에 영어에서는 이걸 외부에서 들어오는 걸로 그리고 come to를 쓰는 겁니다.

A mean grin came to his lips.

At that moment, it came to me that she might have run away.
바로 그 순간 여자가 도망간 건 아닌가 하는 생각이 들었다.
The time has come for us to say goodbye. 작별인사를 할 때가 됐군.

시간도 우리에게 옵니다. 어떤 일이 발생하는 것도 시간과 관련시킬 경우 올 수 있습니다.

The time has come for the ruling party to concede defeat and yield power. 여당이 패배를 인정하고 정권을 넘겨줄 때가 됐다.
The accident came at a time when many people were on their way home from work. 많은 사람들이 일을 마치고 귀가하던 중에 사고가 터졌다.
The startling announcement came during the press conference that the president would step down.
기자 회견 중 대통령이 하야한다는 놀라운 발표가 있었다.
The opposition party came into power. 야당이 집권했다.

in의 기본그림은 내부 공간이고 여기에 방향성을 더한 것이 into입니다. 공간 안으로 들어가는 것이 눈에 보이는 것일 수도 있고 추상적인 것일 수도 있습니다. '집권하는' 그림은 결국 권력 안으로 들어가는 것과 다를 바 없다는 게 영어식 사고방식이지요.

She came into a fortune after she won the academy award.
아카데미 상 타고 떼돈 벌었지. (돈 안으로 들어가는 그림을 그리면 됩니다.)

come 05 그건 지금 안 해도 돼. 나중에 할 거야.

영어식 언어 감각을 동원하면 쉽게 표현할 수 있는 예문입니다. 영어는 사람과 사물을 차별하지 않는다는 게 힌트가 되지요. 사물도 기다릴 수 있다고 생각하기에 That can wait. 같은 표현을 잘 씁니다. 우리는 '숙제는 기다릴 수 있어' 라고 하지 않고 '숙제는 나중에 해도 돼' 처럼 사람이 주체가 됩니다. 그런데 잘 생각해보면 결국 내가 가서 할 수 있을 때까지 숙제가 기다리는 그림입니다. 그래서 영어로 이렇게 말하지요.

>Homework can wait until you're finished with mowing the lawn.
>잔디 다 깎고 난 다음에 숙제 해.

나중에 한다는 표현 역시 come to를 사용할 수 있습니다. 우리 같으면 '숙제'로 가지는 않겠지만 '숙제'를 향해 움직이는 그림이기 때문에 영어로는 너무도 자연스럽습니다. come과 언제나 반대의 길을 가는 go에도 이런 뜻이 있습니다. 관점만 달라지는 것이지요.

>When will you go about mowing the lawn? 언제 잔디 깎을래?

go는 '가는' 그림이고 about은 '주변'의 그림이기 때문에 어떤 일의 근처로 가서 그 일을 시작한다는 의미가 되는 겁니다. come to도 마찬가지로 어떤 일로 향해 움직이고 도착점이 그 일이라면 결국 일을 시작한다는 의미가 되는 거지요.

That can wait.
I'll come to that later.

come 06 겨드랑이까지 올라오는 청바지 입은 저 놈 말이야?

우리도 은연 중에 '오다' 라는 말을 참 많이 합니다. '머리까지 오는, 무릎까지 오는, 겨드랑이까지 오는' 등등… 그러면서도 영어로 하라면 come을 떠올리지 못하는 게 문제지요.

No miniskirts, pumpkin. You should wear something that comes down over your knees.
미니스커트는 안 된다, 아가야. 무릎은 덮어야지. (pumpkin : 아버지가 딸을 부르는 애칭)

down은 아래쪽이 기본그림입니다. 움직이는데 방향이 아래쪽이지요. over의 기본그림은 위에서 포물선을 그리며 덮고 있는 것입니다. 여기서는 무릎을 덮는 것이지요. 정확히 무릎까지 오는 스커트라면 a skirt that comes to your knees라고 했을 겁니다. to는 어느 지점에서 더 이상 진행하지 않고 끝나니까요.

Wow, the dinner came to $200. 와, 저녁값이 200달러나 나왔어.

You mean that punk in jeans that come up to his armpit?

합계 역시 계산의 '결과' 지요. 그래서 come to로 그릴 수 있습니다.

The bill came to $50. 50달러 나왔어.

come 07 걔가 나 문병 왔어.

to 부정사와 와 전치사 to는 품사가 다르지만 움직임의 방향성이나 도착점을 그릴 수 있다는 공통점이 있습니다. 전치사 다음에는 명사 상당 어구가 와야 하는데 동사도 쓰고 싶어서 만든 게 to 부정사라고 생각하면 이해하기 쉽습니다. 그래서 to 부정사에는 전치사적 성질이 많이 남아 있지요. 그 중 하나가 방향성과 도착점입니다. 네이티브가 위 상황을 이해하는 과정을 그려보세요.

그 사람 움직였어(He came). 그래서 내 쪽에 도착했지(to). 도착해서 날 만났어 (visit me). 어디냐면 병원이야(at the hospital).

How did she come to hear about the news?
그 여자가 어떻게 그 소식을 알게 된 거야?

to 이하는 결과를 나타내고 소식을 알게된 '과정'을 묻고 있는 겁니다.

Everybody said he was innocent so convincingly that she came to believe it. 모두들 그가 죄가 없다고 너무 그럴듯하게 얘길 해서 결국 그 여자도 믿게 됐다.

이 문장에서 come to를 잘 생각해보세요. 여자는 믿지 못하고 있었던 겁니다. 다들 하도 무죄라고 그러니까 서서히 믿는다는 결과로(to) 움직인 겁니다(come).

He came to visit me at the hospital.

come 08 이 바지는 빨간색하고 파란색 밖에 안 나오는데요.

문맥을 통해 도착점이 어딘지 알 수 있는 경우입니다. 제품이라는 건 궁극적으로는 소비자에게 옵니다. 여기서는 '제품'의 경우만 들었지만, 모든 사물이 그 사물을 사용하는 사람의 입장에서는 '자신에게 오는 것'이기 때문에 come을 쓸 수 있습니다. 어떤 형태 또는 상태로 오는가는 여러 가지 방법으로 나타낼 수 있습니다.

That particular model comes in all shapes and sizes.
그 모델은 다양한 디자인과 크기로 나옵니다.
Young kids have not yet learned that good things come in small packages. For them, the bigger the box the better the present!
어린 아이들은 좋은 건 작게 포장돼 나온다는 걸 아직 배우질 못 했지. 애들은 그저 상자가 크면 좋은 선물이라고 믿거든.
Everything will come out all right. 모든 일이 잘 될 거야.

여기서도 도착점은 '우리'가 될 수도 있고, '나' 또는 '너'가 될 수 있습니다. 기본 그림이 '외부 공간'인 out이 붙어 밖으로 나온다는 걸 알 수 있습니다. 나오기 전에는 형태가 없지만 외부로 나오면 형태가 드러나지요. 그 형태를 판단해 보건대

Those pants come in red and blue only.

all right이라는 그림입니다.

Loyalty comes out top of the list. 의리를 최고로 치지.

You have to remember people come first. 사람이 먼저라는 걸 기억해.

영어의 동사는 참 재미있는 성질이 있습니다. 기본 문장 형태에 각기 다른 의미의 동사를 넣어보면 알 수 있지요. '처음이다' 를 간단히 be동사를 써서 Your son is first.라고 표현할 수 있습니다. 여기에 '무엇보다 먼저다' 라는 의미를 주기 위해 come을 쓰면 Your son comes first.가 됩니다. 좀더 적극적인 의미로 '무엇보다 먼저라고 생각하다' 라는 강조 의미를 두려면 '순서상 가장 먼저 놓다' 의 형태로 Put your son first. 더 자세히 말하려면 Put your son first before anything else. 형태로 표현할 수 있겠지요. 동사를 익히는 또 한 가지 방법입니다.

They finally agreed which step should come next.
다음으로 어떤 조치를 취할지 드디어 합의를 봤다.

 **일요일이 되면 그 여자한테 다시 전화해보려구.**

좀 특이한 형태로 앞으로 다가올 시간을 come으로 표현하는 예를 보겠습니다.

> Come the spring, I'll set out on a short trip. 봄이 되면 잠깐 여행 갈 생각이야.

「when + 시간」 또는 「사건 + comes」를 「come + 시간 또는 사건 형태」로 바꿔 쓰는 겁니다. 문법적으로 따지기 보다 그냥 come의 한 표현방식이라고 생각하는 게 이해하기 편합니다. 문장형태도 무지 간단하니까요. Come the spring, come the election, come the vacation 등등.

> Come the election late this month, we'll have to unite to kick those bastards out of power. 이번 달 말 선거를 치를 때 힘을 합쳐서 본때를 보여 주자구.

I'm going to call her again come Sunday.

 **순진한 척하지 마.**

특이한 형태이긴 하지만 결국 뭔가가 오고, 그걸 받아주는 대상이 있다는 건 다를 바 없습니다. 내숭을 떠는 건 너이고 그 대상은 나지요. 멋모르는 순진한 사람인 척하는 건 너지요. 거기에 움직임을 주기 위해 come을 넣는 겁니다. 주로 부정문으로 사용됩니다. 추가 예문을 보면 감이 올 겁니다.

> Don't come the Cowboy with me. 지가 무슨 카우보이라구.
> Who the hell do you think you are telling me that? Huh? Don't come the moralist with me! 니가 뭐라고 그딴 소릴 하는 거야? 어? 성인군자인 척하지 매!

Don't come the young innocent.

영어로 말해보기

1. 작은 박쥐들이 창문을 통해 날아들어왔다.
2. 걸을 때만 허리가 아파요(back pain).
3. 그녀의 볼은 옅은 홍조(a faint flush)를 띠었다.
4. 그 사람 어떻게 알게 됐지요?
5. 이라크에서 4명의 미 해병대원(US Marines)이 살해됐다는 소식이 전해졌을 때, 난 걱정이 됐소. 내 딸도 미 해병대원이기 때문이다.
6. 그 셔츠는 엑스라지(XL: extra large)밖에 안 나와요.
7. 포스트잇(the Post-it)이 떨어졌잖아.

모범답안

1. Little bats came flying in through the window.
2. I have back pain that comes only when I walk.
3. A faint flush came to her cheeks.
4. How did you come to know him?
5. When the news came that four US Marines were killed in Iraq, I was concerned because my daughter is in the US Marines.
6. That shirt comes in extra large only.
7. The Post-it came unstuck.

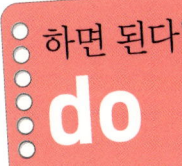
하면 된다!
do

do는 기본적으로 행위를 뜻하는 '하다' 라는 그림이 있습니다. 'do'와 우리말의 '하다'는 많은 부분에서 뜻이 겹칩니다. 제1부에 나온 '거시기 이론'이 가장 많이 적용되는 동사이기도 합니다. 도대체 뭘 한다는 건지는 문맥 속에서 파악해야 합니다. do가 나오면 일단 '거시기 하다'로 그림을 그려보고 문맥을 찾아야 합니다. do를 우리말의 '되다'에 가까운 그림으로 그릴 수도 있습니다. '충족시키거나 가능하다'의 그림을 갖는 겁니다. 사실, 이 그림 역시 '하다'에서 발전한 것에 불과합니다. '충분히 원하는 뭔가를 할 수 있다'는 그림이기 때문입니다. That car will do.라는 문장은 우리말로 '저 차면 충분하겠네요', '저 차면 되겠네요'라고 하지만 영어 문장에서는 that car가 실제로 기대하는 행동을 할 수 있다(do)는 그림이지요.

기본 형태
do는 스스로 할 수도 있고 하는 행동이 영향을 미칠 뭔가가 필요한 경우도 있지요. 충분하다는 그림의 자동사와 행동을 하는 타동사 모두 쓰입니다. 또, 누군가에게 어떤 행동을 하는지도 나타낼 수 있습니다.

A. That book will do. 그 책이면 충분해.
B. I'll do that in a second. 그거 곧 할거야.
C. You'll do me harm. 나한테 해를 끼칠거야.

do 01 나가 놀기 전에 숙제 해.

우리말의 '하다'에 해당합니다. 숙제처럼 목적어가 바로 뒤에 나오지요.

I'm sick and tired of you telling me to do this or that.
니가 이거 해라 저거 해라 하는 데 진력이 났어.
What are you doing tonight? 오늘 밤 뭐 해?

진행형으로 do를 쓰면 '바쁘다'는 뜻이 될 수 있습니다. 다시 말해, 뭔가를 하고 있으니 다른 일을 할 시간이 없다는 뉘앙스를 줍니다. What are you doing tonight?은 '오늘 밤 뭐 하니?'지만 속뜻은 '오늘 밤 뭐 하느라 바쁘니? 안 바쁘면 ~하자.' 이지요.

Do your home work before going out to play.

do 02 자기 전에 이빨 닦아.

우리는 '이빨 해' 라고 하면 충치를 새 이빨로 간다거나 하는 '치료' 의 개념이지만 영어에서는 「do + 거시기 명사」의 형태로 '명사에 대해 명사와 관련된 기본적인 행위를 하다' 의 그림을 그릴 수 있습니다. 거시기 명사란 바로 hair, teeth, face, floor 등 '척 보면 이걸 대상으로 무엇을 할지 문맥을 통해 압니다' 정도의 명사를 뜻합니다. 명사가 등장할 때마다 '거시기 이론' 을 적용하면 해결할 수 있습니다. 이빨(teeth)을 가지고 가장 기본적으로 하는 건 먹는 거라고 오해할 수도 있지만 먹는 건 이빨을 대상으로 하는 게 아니니까 이빨을 대상으로 하는 건 '닦다' 겠지요. 우리말과 비교하자면 '머리' 가 가장 좋습니다. 우리도 '나 머리 했어' 라고 하면 '머리를 손질하다' 의 뜻이지요.

Where did you do your hair? 어디서 머리 했니?
I hate it when my wife spends hours doing her face.
내 마누라 화장하는 데 몇 시간 씩 걸리니 죽을 지경이야. (내 마누라 거시기 하는 것)
You do the floor, I'll do the flowers.

Do your teeth before you go to sleep.

넌 마루를 닦어, 난 꽃을 꽂을 테니까. (마루를 거시기 하고, 꽃을 거시기 하는 것)
Will you please do the dishes, hon?
설거지 좀 해줄래요, 여보? (음식 먹은 그릇을 거시기 하는 것)
Can you do this math problem?
이 수학 문제 풀 수 있어? (이 수학 문제 거시기 할 수 있어?)
He's doing a paper on modern culture.
현대 문화에 대한 논문을 준비중이야. (논문을 거시기 하는 것)
Who did James Bond this time?
이번엔 누가 제임스 본드 역을 했지? (영화 속의 역할인 제임스 본드를 거시기 하는 것)
Can you do a chimpanzee? 침팬지 흉내낼 수 있어? (침팬지 거시기 하는 것)

침팬지를 대상으로 사람이 할 수 있는 건 많습니다. 죽일 수도 있지요. 문맥에 따라 뜻이 달라질 수 있지만, 일반적인 상황이라면 '흉내내다' 가 될 겁니다. 문맥이 다르다면 위의 문장은 '침팬지 죽일 수 있어?' 의 뜻이 될 수도 있습니다.

Does that bank do dollars? 저 은행 달러 바꿔 줘? (달러를 거시기 하는 것)

은행과 달러 사이의 관계는 달러를 바꿔주는 것이겠지요. 조직이나 기관이 do하면 어떤 서비스를 제공하는 문맥일테니까요. 물론, 범죄조직이 do dollars한다면 위조지폐를 만드는 것일 수도 있습니다. 같은 표현이라도 역시 문맥에 따라 뜻이 달라지는 겁니다.

We can do checks. 수표 받습니다. (수표를 거시기 하는 것)
We don't do bikes. 오토바이 수리는 안 하는데요. (오토바이 거시기 하는 것)
We only do hardware. 여긴 하드웨어만 취급해요. (하드웨어를 거시기 하는 것)
You do computers at school? 학교에서 컴퓨터 공부하니? (컴퓨터를 거시기 하는 것)

어떤 과목을 do하면 공부하는 것이겠지요? 이것 역시 문맥에 따라 단순히 학교에서 컴퓨터를 사용하느냐는 질문이 될 수도 있습니다.

We did Socrates and Plato today.
오늘 소크라테스하구 플라톤을 공부했어. (소크라테스와 플라톤을 거시기 하는 것)

She's going to do you if you keep cheating on her.
계속 바람피면 마누라가 너 가만 안 둘 거야.

사람을 대상으로 do하면 '혼내주겠다'고 협박하는 걸 말합니다. 심하면 '죽이다'의 뜻까지 가능합니다. 정확한 의미는 문맥으로 살펴야지요.

Who did Danny? 누가 대니를 죽였어? (대니를 거시기 하는 것)
Even a seasoned traveler can't do France in two days.
아무리 여행에 경험이 많아도 프랑스를 이틀 안에 다 돌 수는 없지. (프랑스를 거시기 하는 것)

식사한다고 하는 건 우리와 똑같습니다.

Can we do lunch or dinner sometime next week?
다음 주에 점심이나 저녁 같이 할까?

 사람을 고용해서 이 프로젝트와 관련한 조사를 시켰다.

동사 성질을 가진 명사와 연결해서 「do + some/a lot of/a little 등 양을 나타내는 표현 + 명사」 형태도 잘 쓰입니다. 의미는 명사에서 나옵니다.

She looked at her watch and decided that she had just enough time to do some quick shopping.
시계를 보고는 잠깐 짬을 내서 쇼핑을 할 시간 여유는 있다고 생각했다.
It's a beautiful space, isn't it? We do a lot of weddings here. We're very popular. There's a two-year waiting list. 여기 참 아름답지요, 안 그래요? 여기서 결혼들 많이 해요. 인기가 너무 많아서 2년은 기다려야 합니다.
I'll have to do a lot of packing Sunday afternoon since I haven't even started yet. 일요일 오후에 짐 엄청 싸야 돼. 아직 시작도 못 했거든.
I think you need to do a little growing up. Throwing tantrums may have worked when you were five but they don't work amongst mature people. 이제 니가 철도 좀 들 때가 됐다고 생각하는데. 니가 다섯 살 때는 신경질 부리는 게

먹혔는지 모르지만 나이 든 사람들끼리는 안 통한단다.

If I were you, I'd do a bit of reading on this subject before the test.
내가 너라면, 시험 보기 전에 관련 주제에 대해 좀 읽어두겠다.

이와 함께 구어체에서 「do + the + 동명사」를 쓰는 경우도 있습니다.

Hey, man, let me do the talking. 이봐, 말은 내가 할게.
Go take a nap and let me do the cooking.
가서 잠이나 좀 자라구. 요리는 내가 할 테니.

 그 사고로 재정 계획이 큰 타격을 입었지.

사물이나 사건이 do 한다면 '그 행위 결과 ~이 되다'의 의미가 됩니다. 우리말로는 사람이 주어지만 영어에서는 사고가 주어가 되지요. 사람이 해를 끼치거나 하는 그림을 이해하고 만화적 상상력을 동원하면 사물이라고 못할 게 없지요.

I hired a man to do some research on the project.

A-ha! moment

Paul : Thought you'd be off on your fishin' vacation by now.
Harry : Decided to stick around.
Paul : I can see that. Question is, why ?
Harry : 'Cause this town's in trouble. I'm the best man you got.
Paul : You are the best man I've got. But until you can get it in your head there are politics involved in a situation like this, delicate politics, not to mention economics, you're only gonna do these people more harm than good.
Harry : I understand.

폴 : 지금쯤 낚시 여행 떠났을 줄 알았는데?
해리 : 그냥 남기로 했어.
폴 : 그렇게 보이는군. 내 질문은 왜냐는 거지.

The accident did much harm to our financial plans.

> 해리 : 이 마을이 위험에 처해있으니까. 게다가 난 자네한테 최고의 인재잖아.
> 폴 : 맞아, 내 최고의 인재지. 하지만 자네, 이런 상황에서는 경제는 말할 것도 없고 아주 미묘한 정치적인 면도 관련돼있다는 점을 똑똑히 알아뒀으면 좋겠네. 그러기 전엔 자네가 마을 사람들한테 득보다 해가 될 거니까.
> 해리 : 알겠어.
>
> – *Dante's Peak*

미국에서 두 번째로 살기 좋은 곳으로 꼽히는 Dante's Peak라는 마을에 언제 화산이 터질지 모르는 위기가 닥칩니다. 지질학자인 Harry는 마을에 비상사태를 선포하자고 하지만 그의 친구이자 상관인 Paul은 관광수입으로 먹고 사는 마을을 파탄지경에 이르게 할 거라며 신중해야 한다고 충고하고 Harry에게 휴가를 떠나라고 명령합니다. 그런데 Harry가 마을을 떠나지 않고 술집에 앉아 있는 걸 발견하자 다그치는 상황입니다. 여기서는 사람의 행동이 해를 끼치는 경우지요.

Do you realize what this incident might do to your future?
이번 사건으로 내 앞날에 어떤 일이 벌어질지 알기나 해?

The medication did me good and after four months, the doctor decided to take me off it. 약이 잘 들어서 넉 달 후에는 의사가 약을 끊도록 했다.

사람이 하면 사물이나 추상적 개념도 do할 수 있는 예는 얼마든지 있습니다. 예를 들어 뭔가 잘 하거나 못 하는 경우 do well/badly를 쓸 수 있는데요, 해석은 문맥에 따라 제각각이지만 기본은 결국 '잘 하거나 못 한다' 는 거지요.

He's doing well/badly in his class. 걔 공부 잘/못 해.

우리말로도 가끔 '아들은 학교에서 잘 하나?' 라고 말하지요. 공부 잘 하냐는 말입니다. 영어로도 do를 씁니다.

I did badly in the rally. 경주 망쳤어. (경주에서 잘 못했으니까.)

사람이 했으니까 회사도 하는지 보겠습니다.

My company did well last year.
우리 회사 작년 실적이 좋았어.

회사 실적이 좋거나 나쁜 것도 회사가 경영을 잘하거나 못해서 그런 결과가 나오는 겁니다.

The car can do 200 kph.
이 차 시속 200킬로까지 달릴 수 있어.

사람이 달릴 수 있으니 차도 달리겠지요. 거시기 이론을 적용해 달리는 것이라고 했지만 비행기라면 날아가는 것이겠지요?

A-ha! moment

Let's see if you bastards can do 90.
이 자식들 시속 90마일까지 쫓아올 수 있는지 보자.   – Back to the Future

시간 여행을 할 수 있는 자동차를 타고 있는 주인공이 테러범들에게 쫓기는 신세가 됩니다. 속도를 더 내 따돌리려고 하는 장면인데 시속 88마일을 넘어가면 자동차가 시간여행 모드로 들어가는 걸 주인공은 까먹고 있는 상황입니다.

do 05 백만 원이면 돼.

do에서 왜 '되다, 충분하다'는 뜻이 나올까요? 속뜻을 보면 '백만 원이면 내가 하고 싶은 걸 할 수 있어'의 뜻이지만 냉정하게 생각해 보면 내가 하고 싶은 일을 실제로 해주는 건 실제로 '백만 원'이라는 돈입니다. 그래서 영어로는 만족시켜 준다는 의미에서 사물을 주어로 사람을 목적어로 쓸 수도 있습니다.

That car will do me well.
그 차면 충분하겠네요. (차가 나한테 잘 해주니까.)

충분한 것도 만족하는 수준이 있을 수 있습니다. '의자 대용으로 충분하겠다' 하는 식으로요. 그럴 때는 교환의 기본그림이 있는 for를 써줍니다.

The box will do for a seat. 상자에 앉으면 되겠네 뭐. (앉을 자리 대용으로 상자를 쓰는 것 – for)

사물이 사람한테 할 수 있는 건 만족 뿐 아니라 실망과 고통도 줄 수 있겠지요. 그래서 정반대의 뜻을 가질 수도 있습니다. 역시 거시기 이론에 따라 문맥을 보고 판단할 수 밖에 없습니다.

That boring movie just did me. 그 영화 너무 지루해서 죽는 줄 알았어.

One million won will do.

영화가 boring한데 '만족시켰다' 고 한다면 변태겠지요.

 제대하면 뭐 할래?

do 하나만으로도 '생계 수단으로 ~을 하다' 의 그림을 그릴 수 있습니다. for a living이 없어도 된다는 말입니다. 우리도 흔히 '졸업하고 뭐 할 거니?' 라고 하는데 여기서 '하다' 는 잠시 동안 뭔가를 하는 게 아니고 '직업으로서' 뭔가를 한다는 뜻이지요.

What do you plan to do after graduation? 졸업하면 뭐 할 거니?

What will you do when you leave the army?

영어로 말해보기

1. 이 퍼즐 못 풀겠어. 좀 도와줘.
2. 지난해에는 유럽을 여행했는데 이번 여름엔 남미(Latin America)를 가보려구.
3. 젊었을 때 암벽타기(rock climbing)를 많이 했다.
4. 화(Anger) 내봐야 득될 게 없다.
5. 그 영화는 별로라서 흥행에 실패했다.
6. 200달러면 충분하겠어요?

모범 답안

1. I can't do this puzzle. Please help me.
2. Last year we did Europe, but this summer we're going to do Latin America.
3. I used to do a lot of rock climbing when I was young.
4. Anger will do you no good.
5. The movie did badly because it wasn't good.
6. Will 200 dollars do (you)?

줘야 생기지!
give

give 하면 먼저 떠오르는 게 '주다'지요. 영어가 원래 그렇듯 give하는 행위는 꼭 사람만 할 수 있는 게 아닙니다. 사물도 give하고 추상적인 개념도 give할 수 있습니다. give라는 말을 들으면 머릿속에서 세 가지가 떠올라야 합니다. 누가 주는가, 뭘 주는가, 누가 받는가. 당연하겠지요? 주면 받아야 하고, 옮겨가는 무엇인가가 있어야 하니까요. 또 하나의 그림은 받는 대상에게 뭔가가 '생긴다'는 것입니다. 없던 게 생기지요. 누군가 힘을 주면 힘이 생기는 것이 그 예입니다.

우리말의 '주다'는 사람에 초점을 맞추고 있습니다. 우리말의 '주다'를 생각하게 되면 give도 사람에 초점을 맞추게 되기 때문에 이해하기가 어려워집니다. give라는 말은 주고 받고, 옮겨가는 무언가가 있다는 걸 그리는 게 가장 중요합니다. 한 가지 덧붙여, 영어 동사의 특징 중 하나지만, give에서 주기만 하고 받는 대상이 없다든가, 옮겨가는 그 무엇이라는 게 드러나지 않을 수도 있습니다. 그럼 어떻게 알 수 있을까요? 계속 강조하듯이 문맥에서 추정해야 합니다. 받는 대상이나 옮겨가는 그 무엇이 없다는 것은 말하지 않아도 이해할 수 있기 때문에 굳이 쓰지 않았다는 의미니까요.

기본 형태

주는 그림의 give는 받는 대상이 필요합니다. 목적어가 필요한 타동사지요.

A. I'll give you my book.
B. I'll give my book to you. 내 책 너한테 줄게.

하지만 겉으로는 누가 무엇을 받는지가 드러나지 않고 문맥 속에서 찾을 수 있는 경우는 목적어가 숨어버릴 수도 있습니다.

The wall gave in. 벽이 무너졌다.

 **아버지가 주신 시계야.**

머릿속에 일직선을 긋고 한쪽 끝엔 주는 주체가, 또 한쪽 끝엔 받는 객체가, 그리고 그 직선을 따라서 뭔가가 움직여 옮겨가는 그림이 give입니다. 여기서는 아버지가 주고 내가 받지요. 옮겨가는 건 시계입니다. 특별한 경우가 아니라면 다음처럼 수동형으로 쓰지 마세요. 능동으로 충분히 말할 수 있는 걸 수동으로 쓰는 건 이유없이 말을 꼬아서 하는 것과 다를 바 없으니까요.

> That watch was given to me years ago by my father.
> 몇 년 전에 아버지가 주신 시계야.
> Would you please give me the key? You had too much to drink to drive.
> 열쇠 줘. 너 너무 마셔서 운전하면 안 돼.
> Give me a scotch on the rocks, please.
> 스카치 온 더 락스로 주세요. (손님이 주문을 해도 뭔가 주지요.)

전화를 걸어 사람을 바꿔달라고 하면 대주기도 하고 아예 대놓고 사람을 달라고 하는 경우도 있습니다.

> Give me extension 2, please. 내선 2번 부탁해요.
> I asked her to give me the long distance operator.
> 장거리 전화 교환수를 대달라고 했지.
> Hey, just give me Bundy! 야, 그냥 번디 바꿔!

누구를 소개할 때 청중에게 내주는 그림을 그리기도 합니다. 특이한 표현 방식이니 눈도장을 찍어두면 그만입니다.

My father gave me this watch.

Ladies and Gentlemen, I give you the president of the United States of America. 여러분, 미 대통령을 소개합니다.

그런가 하면 받는 주체도 없고 뭘 주는지도 드러나지 않는 경우도 있습니다.

Everybody in our town knows he gives generously.
우리 동네 사람이라면 그 사람 얼마나 너그럽게 남을 돕고 사는지 다 알지.

문맥 속에서 받는 대상은 '도움이 필요한 누군가' 일 것이고, 옮겨가는 건 '도움이 필요한 사람이 필요로 하는 것' 일 테지요. 돈도 될 수 있고, 물건도 될 수 있고. 이럴 경우 굳이 받는 사람과 옮겨가는 것을 굳이 쓰지 않아도 이해할 수 있기 때문에 give만 쓴 겁니다.

give 02 대통령이 장관들에게 너무 많은 권한을 준다고 비판하는 이들이 있다.

추상적인 개념을 주고받는 경우입니다. 단순히 받기만 하는 게 아니라 추상적인 개념을 받아서 실제로 생기는 게 뭔지를 염두에 둬야 합니다.

If approved, the provision would give the CEO the power to sack anyone he dislikes. 그 조항이 통과되면 최고 경영자가 싫어하는 사람을 다 자를 수 있는 거 아냐.
What gives you the authority to tell me to shut up?
니가 무슨 권한으로 나보고 닥치라는 거야?
The correspondence course gave me the ability to work at my own pace. 통신 강좌를 통해 내 진도에 맞게 공부할 수 있었다.

위 예문들의 번역을 잘 보세요. '주다' 라는 말이 나오지 않아도 거꾸로 영어로 하라고 하면 give로 그림을 그릴 수 있어야 합니다.

I am not a religious person by any means, but there is nothing I cannot stand more than a person who tries to force their beliefs on other people. The First Amendment gives me that right.

Critics say the president is giving too much power to his secretaries.

내가 절대로 종교적인 사람은 아닌데 말이야, 남한테 자기 믿음을 강요하는 사람만큼 참기 힘든 것도 없다구. 수정헌법 1조만 봐도 난 (내 스스로 종교를 택할) 권리가 있다구.

The First Amendment는 미국의 수정헌법 1조로 종교·언론·표현의 자유(freedom of religion, press, speech)를 보장합니다.

A-ha! moment

> Professor McGonagall : Good evening. Nothing, I repeat, nothing gives a student the right to walk about the school at night. Therefore the punishment for your actions, 50 points will be taken.
> 맥고나골 교수 : 안녕들 하니? 절대로, 절대로 말이야, 학생들이 밤중에 학교를 배회하는 일은 없어야 한다. 따라서, 너희들 행동을 벌할 수밖에. 50점 감점이다.
> – Harry Potter and the Sorcerer's Stone

마법사 양성 학교에서 Harry 일행이 밤중에 돌아다니다 Harry를 시기하는 친구의 고자질로 McGonagall 교수에게 들켜 혼나는 장면입니다. 여기서도 give a student the right을 우리말로 번역하면 give의 그림은 사라져 버립니다.

You should give the new employee a chance. 신참 좀 봐줘.

말 그대로 하자면 '기회를 주는 것' 이지만 원래 뜻은 봐준다는 말입니다. 뭔가 잘못을 했거나, 또는 결과가 시원치 않을 때 다시 해볼 기회를 주는 것이니까요.

Please, give me a break. I can do it. 한 번만 봐줘. 할 수 있다니까.
OK. It's the last chance I can give you. Don't let me down again.
좋아. 이번이 마지막 기회야. 다시 실망시키지 말라구.
She gave me a week to make up my mind. 결정할 시간을 1주일 주더군.

우리도 시간을 준다고 합니다. 말미를 준다고도 하지요. 여기서 give는 허락의 의미가 강합니다. 그 시간 안에 뭔가를 하라는 뜻이지요.

Give me a little time to think about it. 생각할 시간을 좀 줘.

time에서 느껴지는 뉘앙스가 다른 경우도 있습니다.

> You're giving your students too much of the time you should be giving to your family. 학생들하고만 너무 시간을 보낼 게 아니라 가족과도 함께 해야지.

시간을 주는 건 사실 영어로도 쉽게 표현할 수 있지만 다음 같은 상황에서 give가 떠오르지 않는 게 문제라니까요.

> The hearing is tomorrow morning. That gives us 24 hours to investigate. 청문회가 내일 아침이야. 조사할 시간이 24시간 밖에 없다구.
> We have to leave for the theater at 7 o'clock. That gives us two hours. 7시에는 극장으로 떠나야 하니까 2시간 남는군.

give 03 조국의 독립을 위해 목숨을 바쳤어.

옮겨가는 것이 어떤 성질의 것이냐에 따라 뉘앙스가 달라질 수 있습니다. give a watch라면 watch에서 느껴지는 건 단순히 시계라는 의미뿐이지만 give one's life에서 life는 또다른 뉘앙스를 갖습니다. life가 갖는 의미가 그만큼 watch와 같은 일반 사물과는 다르기 때문입니다. life는 문맥에 따라 목숨일 수도 있고, 자신의 삶을 바친다는 의미일 수도 있습니다.

> Mother Teresa gave her life to helping the poor and ill. 테레사 수녀는 가난하고 병든 사람을 위해 평생을 바쳤지.

give의 기본 의미를 알았으면 그 뜻과 뉘앙스를 확장하는 건 누가(사람이든 사물이든 또는 어떤 개념이든) 주고, 누가 받고, 무엇이 옮겨가느냐에 따라 다르다는 말입니다. 그럼 다음 문장은 어떤 뜻일까요?

> She gave herself to him. 걔 그 사람한테 몸 거시기했어.

He gave his life to the cause of independence of his country.

문맥이 없다면 알 수 없는 문장입니다. '몸을 거시기했다' 는 말이 로맨틱한 문맥이라면 '몸을 허락했다' 는 뜻이지요.

04 쇼핑만큼 식욕을 돋궈주는 것도 없지.

없던 게 생기는 건 give의 특기입니다.

> What he said gave me the impression that he was trying to take advantage of your situation. 걔 말하는 걸 들으니 니 처지를 이용해먹으려는 것 같더라.

give가 그림을 그려주는 경우입니다. 우리도 '어떤 어떤 인상을 주고 받다' 는 말을 쓰지요. 머릿속에 원래 그런 그림이 없었는데 뭔가 일이 발생하고, 그 일로 인해 없던 그림이 생기는 경우입니다. 세상에 그냥 생기는 건 없습니다. 누군가 또는 뭔가가 줘야(give) 생기지요.

> The report you submitted does not give an accurate picture about the status of this company.
> 니가 준 보고서만으로는 이 회사 상황을 정확히 파악할 수가 없어.

A-ha! moment

> Man : You don't like flying, do you?
> John : What gives you that idea?
> 남자 : 비행기 여행 안 좋아하지요?
> 존 : 왜 그렇게 생각해요?
> – Die Hard

비행기 타기 싫어하는 주인공이 불안한 듯 팔걸이를 꼭 잡고 있습니다. 옆자리 사람이 그걸 보고 대화를 주고받는 상황입니다.

> He left the conference room without giving any detail.
> 더 이상 자세한 말을 하지 않고 회의실을 나가버렸다.

역시 설명을 주지 않으면 회의실에 있던 사람들은 알지 못하지요.

Nothing gives me an appetite like shopping.

The mayor gave no reason for his resignation, saying only that "the time has come to retire."
시장은 사직 이유를 밝히지 않았으며 '물러날 때가 됐다'는 말만 남겼다.

Two and one-half hours after discharge from the hospital, the patient was found dead at home by his wife. The death certificate gave the cause of death as heart attack. 퇴원한 지 두 시간 반 만에 숨져있는 환자를 아내가 발견했어. 사망 진단서에 나온 사인은 심장마비더군. (the cause of death도 알려주기 전에는 모르는 개념입니다. 사인을 알려줘야 받는 대상이 알게 되지요.)

He gave his name, and 416 YS Street as his address, with an aggressive air. 그 사람 거만한 태도로 자기 이름을 말하고 YS가 416번지가 자기 집이라고 하더군. (이름이나 주소도 알려주기 전엔 모르겠지요?)

The soldier gave his rank and serial number. 병사는 계급과 군번을 말해줬다. (모르는 사람에게는 계급이나 군번도 알려줘야 지식이 생기지요. 줘야 생깁니다.)

Bundy is going to give computer lessons during the vacation.
방학 중에 존이 컴퓨터를 가르친다더군.

He asked me to give his regards to all of you. 안부 전해달라고 하더군.

The poll gave the opposition party a 2 percent lead. 여론 조사에 따르면 야당이 2퍼센트 차로 이기고 있다더군. (전혀 예상치 못한 녀석이 별걸 다 주는 경우도 있지요.)

give의 다양한 표현 방식을 대변해 주는 문장이라고 생각하면서 눈도장을 심하게 찍어둬야 합니다.

 그의 집이 얼마나 큰지 깜짝 놀랐어.

동사를 명사구로 만들어 한정 또는 수식을 가능케 하는 예입니다. 예를 들어, It shocked me greatly. 식으로 말하기보다는 It gave me a great shock. 식이 편하다는 겁니다. 까짓거 그냥 동사로 내버려두고 부사를 쓰면 어떻냐구요? 내 일생일대의 충격을 받았다는 말을 부사로 어떻게 표현할까요? 명사구로 한다면

the shock of my life라고 쓰면 간단할 텐데 말입니다.

That gave me the shock of my life. 살면서 그렇게 놀란 적은 처음이야.

한정하기에 가장 편한 품사가 명사입니다. give, make, take, have, get 등으로 동사구를 만들 수 있으면 그만큼 표현력이 다양해진다는 뜻입니다.

Later, I was asked by the director if I wanted to do James Bond, which gave me a great pleasure. 나중에 감독으로부터 제임스 본드 역을 해보지 않겠느냐는 제안을 받았다. 얼마나 기뻤는지 모른다.

The fatigue of the voyage, and the extreme heat I had suffered gave me a pain in the left leg, which continued until the beginning of winter. 오랜 여행으로 인한 피로와 극심한 더위로 오른쪽 다리에 통증이 왔다. 겨울이 시작되기 전까지 통증이 계속됐다.

pleasure와 pain도 please나 hurt를 명사로 생각한 경우입니다. please나 hurt보다는 명사로 pleasure나 pain으로 하는 게 더 다양한 표현을 가능하게 하니까요.

예를 들어 볼까요? '기쁘다, 아프다'를 생각해서 please와 hurt를 쓴다면 '무지하게 아팠다, 쥐어짜듯이 아팠다, 찌르듯이 아팠다, 참을 수 없을 정도로 아팠다, 엄청 기뻤다, 얼마나 기뻤던지 눈물을 흘릴 정도였다' 등의 표현을 쉽게 떠올리지 못할 겁니다. 명사로 한다면?

That gave me a great pain. 엄청 아팠다.
That gave me a squeezing pain. 쥐어짜듯이 아팠다.
That gave me a prickling pain. 찌르듯이 아팠다.
That gave me an unbearable pain. 참을 수 없을 정도로 아팠다.
That gave me so much pleasure that I cried. 너무 기뻐서 눈물을 흘릴 정도였다.
When Roy started to leave, Rachel grabbed him and gave him a passionate kiss. 로이가 떠나려 하자 레이첼이 그를 붙잡고 정열적인 키스를 퍼부었다.
She was talking to someone when we went in, but when she saw me,

What gave me a shock was the size of his house.

she gave me a little wink.
우리가 들어갔을 때 걔는 누군가랑 얘기하고 있었는데 나를 보고는 살짝 윙크를 해주더라구.

받는 대상이 나타나지 않으면 문맥 속에서 유추해야겠지요?

The police officer just gave a shrug as if to say "There's not a lot I can do about your problem." 경찰관은 "그 문제에 대해선 제가 별로 해드릴 수 있는 게 없는데요."라고 말하듯 어깨만 으쓱해 보였다.
Chris looked at me and gave a big laugh. 크리스가 날 보더니 크게 웃었다.
When Andrew saw me, he gave a little sneer as if to say, "Look who's here?" 앤드류가 날 보더니 "이게 누구신가?" 하는 식으로 코웃음을 쳤다.
His left eye gave a twitch while he stared into space.
허공을 쳐다보며 왼쪽 눈이 씰룩거렸다.
"What's your plan?" Bundy asked giving a slight yawn.
"니 계획이 뭔데?" 번디가 가볍게 하품을 하며 물었다.
"I'm fine, now that you're here." She gave a sigh of complete contentment.
"당신이 있으니 이제 괜찮아요." 이제 완전히 안심이라는 듯 한숨을 내쉬었다.

동사구가 얼마나 표현을 다양하게 만들어 줄 수 있는지 보여주는 예문입니다. sigh를 명사가 아닌 동사로 썼다면 complete contentment에 해당하는 부사 표현을 만들든가 다른 방식으로 표현을 쥐어짜내야겠지요.

 그날 밤 번디를 위한 고별 파티를 열었다.

누구에게 주는 건지 드러나지 않는 경우지요. 문맥에서 추정해 보면 파티 등의 행사는 참석자들에게 주지요.

He gave a ball for his daughters. 딸들을 위해 무도회를 열어줬어.
The rock band is giving Metallica's new songs.
그 록 밴드 메탈리카 신곡을 연주하고 있어.

Metallica gave a stupendous performance in Seoul!
메탈리카가 서울 왔을 때 죽였다니깐!
She gave us a song. 우리한테 노래를 불러줬어.

노래도 불러주지요? 우리가 못 느껴서 그렇지 우리 머릿속에도 이럴 때 '준다'는 개념이 있는가 봅니다. 누구한테 주는 건지 명확히 해야할 때는 명시를 하면 됩니다.

That evening, I gave a farewell party for Bundy.

젖소에서 하루 3리터의 젖을 짜내지.

주고받는 상황이 우리 사고방식이랑 전혀 다를 수도 있습니다. 우유는 젖을 짜는 사람에게 주는 그림일 수도 있고 최종 소비자에게 주는 그림일 수도 있지요. 노래의 경우처럼 누구에게 주는지 나타낼 수도 있습니다.

Green vegetables give us vitamins and minerals.
녹색 채소를 먹으면 비타민과 미네랄을 섭취할 수 있다.

주는 건 녹색 채소이고, 받는 건 사람, 옮겨가는 건 비타민과 미네랄.

The cow gives three liters of milk per day.

The new system gave good results. 새로운 시스템을 도입해서 결과가 괜찮았어.

give의 상대 동사를 고르라면 이럴땐 come을 골라야겠지요?

Good results came from the new system.
10 divided by 2 gives 5. 10 나누기 2는 5지.

역시 우리와 표현 방식이 상당히 다릅니다. 10을 2로 나누면 5를 얻을 수 있다는 말입니다.

It's damn hot! The thermometer gives 34 degrees.
더럽게 덥네! 온도계 좀 봐! 34도야!
High temperature gives a sign of illness. 체온이 높으면 몸이 안 좋다는 징조지.

받는 대상이 아니라 주는 주체가 없는 경우도 있습니다.

Priority will be given to those who apply early.
일찍 신청하는 사람한테 우선권이 주어져.

 08 내가 개 집까지 태워다 줬어.

우리는 '개한테 태워줌을 줬어' 식으로 말하지 않지요. 하지만 영어로는 행위가 명사가 됐을 경우 그 행위로 얻을 수 있는 결과를 가져다줄 수도 있습니다. 예를 들어, lift를 주면 '타고 가서 목적지에 도착하는' 결과를 낳지요. 말만 복잡했지 '영어에서는 행위도 줄 수 있다'고 생각하면 됩니다.

WIll you give me a ride? 나 좀 태워줄래?
Give Buck a bath before lunch. 점심 먹기 전에 벅 목욕 좀 시켜.
I gave him a push down the stairs. 그 자식 계단 밑으로 밀쳐버렸어.

push는 미는 걸 말합니다. 명사로는 미는 행위지요. give a push라고 하면 push와 같은 뜻입니다. 비슷한 예문들을 보면 이해가 쉬울 겁니다.

The plastic box creaked a bit when I gave it a squeeze.
꽉 쥐었더니 플라스틱 상자에서 약간 삐걱거리는 소리가 났다.
I slipped the key into the ignition and gave it a turn.
점화장치에 키를 넣고 돌렸다.
My son was playing in the barn and got too near one of the horses, which gave him a kick in the chest that crushed his breastbone.
내 아들놈이 마구간에서 말한테 너무 가까이 가서 놀다가 발에 채여서 가슴뼈가 부서졌어.
The professor gave us an interesting talk yesterday.
교수님이 어제 재미있는 얘기를 해줬어.

명사로 쓴 talk도 give a talk라고 하면 동사와 의미가 같아집니다. 얘기를 했는데 그 얘기가 참 재미있었습니다. interesting이라는 말을 넣고 싶은데 talk를 동사로 쓰면 구겨 넣기가 힘들지요. 명사라면 간단히 형용사로 an interesting talk라고 할 수 있을 텐데요. push라고 하면 될 걸 give a strong push라고 한다거나, look이라고 하면 될 걸 take a long look이라고 하는 것과 같습니다. 제 1 부에서 stop이라고 할 걸 왜 come to a stop이라고 하는지 이미 설명드린 바 있습니다.

He turned around and gave me a long look. 돌아서서 나를 오랫동안 쳐다봤다.
Don't give me that look. That won't change my mind.
그렇게 (불쌍하게) 쳐다본다고 해서 내 맘 바뀌지 않아.

A-ha! moment

> David's Father : You'd all be dead now if it wasn't for my David! None of you did anything to prevent this!
> General Grey : There was nothing we could do. We were totally unprepared for this.
> David's Father : Don't give me "unprepared!"
> 데이빗의 아버지 : 내 아들 데이빗이 아니었으면 당신들 다 죽었어! 대체 당신들이 이 재난 막는데 한 게 뭐야?

I gave him a lift to his place.

> 그레이 장군 : 우리가 할 수 있는 일이 전혀 없었어요. 전혀 준비가 안 돼 있었다구요.
> 데이빗의 아버지 : 준비 안 돼 있었다는 말은 하덜 말어!
> — Independence Day

우주인들이 지구를 침공해 대도시들을 초토화시킵니다. David은 이를 미리 알아채 대통령 및 측근들을 총공격 직전에 탈출하도록 돕지요. David의 아버지가 화를 내며 정부 고위관리들에게 '니들은 뭐 했냐' 고 소리치는 장면입니다. '~라는 말은 하지 마!' 에 해당하는 표현입니다.

I'll give your offer my deepest thought. 제안해주신 것 최대한 고려해 보겠습니다.

생각을 주면 뭔가에 대해 생각을 한다는 말입니다. 역시 한정이나 수식하기 편한 형태로 바꾼 것뿐입니다. 재고한다는 말이 있지요? reconsider 같은 하나의 동사로 처리할 수도 있지만 give something a second thought라고 하면 참 영어답습니다.

I want you to give it a second thought, John. Don't go off half-cocked.
존, 다시 한번 생각해봐. 생각 없이 덤비지 말고. (half-cocked : 어정쩡하거나 준비되지 않은 상태)

Sally gave me good night and went away. 샐리는 잘 자라고 하더니 가버렸어.

좀 특이한 형태인데요. good night을 명사형으로 쓴 것입니다. good night 이라고 말을 하는 행위 자체를 명사로 바꾼 것이지요. 전화한다고 하는 것도 call 이라는 동사를 쓰면 되지만 give someone a call의 형태로 쓰기도 합니다.

I'll give you a call tomorrow. 내일 전화할게.

A-ha! moment

> Neo : Wow, that sounds like a really good deal. But I think I got a better one. How about I give you the finger... and you give me my phone call!
> 네오 : 와, 그거 죽이는 조건인데. 근데 나한테 더 좋은 생각이 있어. 넌 '엿이나' 먹는 동안 난 전화를 하는 거야 ('엿이나' 먹고 전화나 할 수 있게 해줘).
> — The Matrix

취조실에서 Smith 요원이 테러범인 Morpheus를 잡는 데 협력하면 전과를 싹 없애주겠다고 주인공 Neo를 꼬시지만 Neo가 말장난으로 받아치는 장면입니다. 여기서 give me my phone call의 의미는 변호사 등 자신을 도와줄 사람에게 전화할 권리가 있다는 걸 상기시켜주는 겁니다. 그래서 경찰이 등장하는 영화에서 잡혀들어온 사람들이 이런 말을 잘 쓰지요.

You owe me a phone call!
You know I have the right to a phone call!
Give me my phone call!

모두 법적으로 당연히 전화할 권리가 있다는 말입니다. give someone the finger는 가운데 손가락을 펴서 하는 손가락욕을 말합니다. 영화 속에서 실제로 Neo가 손가락을 펴보이지요. give someone the bird라고도 합니다.
동사 대신 명사로 바꿔 쓴 경우는 아니더라도 비슷한 유형들이 많습니다. 우리말로 할 때 거의 동사로 번역되는 이유도 명사 자체에 '행위'가 포함돼 있기 때문입니다. 모두 동사에서 유래한 명사란 뜻이지요.

Let me give you some advice. 충고 하나 해주지. (굳이 advise의 명사형인 advice를 썼다고 하지 않아도 쉽게 이해할 문장입니다.)
I give you my best wishes. 성공을 빌겠네.
The priest gave his blessing to the bride and groom.
신부님이 신랑 신부에게 축복을 내려주셨어.
I'm the one who gives orders here!
명령은 내가 내려! (order도 줄 수 있지요. 대상은? 당연히 order를 받는 사람들이겠지요.)
She gave us a brief account of what had happened during the party.
파티 중 무슨 일이 있었는지 간단히 설명해주더군.

give 09 무릎이 고장났어.

이젠 아예 누구한테 뭘 줬는지조차 헷갈리는 경우인데요. 제 기능을 다하지 못하고 달라면 주는 경우입니다. 땅따먹기 놀이를 떠올리면 이해가 쉽습니다. 땅을 지켜야 하는데 달라는 대로 다 줘버리는 거지요. 무릎이 이런 짓을 하면 망가지는 겁니다. give way라고 아예 땅따먹기 식으로 표현하기도 합니다.

> Two police officers lifted me to my feet. I took a step but the ankle gave way under me. 두 경찰관이 나를 일으켜 세웠다. 한 발짝도 가지 못해 발목이 나갔다.
> Water dripped from the faucet and the floor creaked and made crackling noises as the old linoleum gave under my feet.
> 수도꼭지에서는 물방울이 떨어졌고 낡은 리놀륨은 밟는 대로 푹푹 들어가 마룻바닥은 삐걱거리거나 부서지는 소리를 냈다.

누군가 여러분을 밟는다면 안 밟히려고 버틸 겁니다. 그러다 도저히 못 버티겠으면 어쩔 수 없이 밟히지요. 마룻바닥도 누군가가 밟으면 부서지거나, 푹 패이지 않고 원래의 모습을 유지하려는 원형 보존을 위한 힘이 작용할 겁니다. 그런데 밟는 힘이 너무 크면 나무가 부서질 것이고, 리놀륨 같은 것이면 푹 패여서 완충제의 역할을 못 하겠지요. 원형을 보존하려는 힘이 이걸 깨려는 힘에게 포기하고 달라는 걸 내주는 것(give way)입니다.

> The ice gave way, and not fewer than two thousand soldiers were swallowed up in the water.
> 얼음이 갈라지면서 최소 2천 명이 넘는 병사들이 물 속으로 빨려 들어갔다.
> Suddenly the rope gave way, the water put my light out and I was tumbling through the darkness down a waterfall of unknown depth.
> 갑자기 밧줄이 풀리더니, 물이 덮쳐 전등도 나가버렸다. 결국 어둠 속에서 폭포를 따라 끝없는 나락으로 떨어져 내려갔다.

밧줄이 버티지 못하고 풀리거나 끊어지면 give way하는 겁니다.

My knees gave under me.

Don't worry. He's OK. The branches he was on gave but didn't break.
걱정 마. 걔 괜찮아. 올라서 있던 가지가 꺾이긴 했는데 부러지진 않았거든.

사람이 나뭇가지에 매달리거나 올라서 있는 경우도 나뭇가지가 버티는 힘을 내게 되지요.

Oh, the sofa gives very comfortably. Where did you get it?
이 소파 참 푹신하네. 어디서 샀어?

소파의 쿠션을 생각해보세요. 사람이 앉으면 쿠션은 어떻게 해야 할까요? 쿠션의 원래 본분은 푹신하게 밟히는 대로 밟히는 것입니다. 안 그러려고 버텨내면 딱딱하겠지요. 푹신하려면 잘 들어가야 하니까요.

give 10 이 창은 정원으로 통해.

give가 '데려다 준다'는 의미를 갖는 경우입니다. 말을 듣는 상대방을 데려다(give) 정원 위에 내려 놓는(on/onto/upon) 그림을 그리면 됩니다. 우리말로 하자면 '어디어디로 통한다/이어진다'는 의미지요.

The door over there gives on the backyard. 저 문으로 나가면 뒷마당이야.
You see the gate over there? That gives into the basement.
저 큰 문 보이지? 거기로 내려가면 지하실이야.

The window gives upon the garden.

give 11 침대가 너무 딱딱해.

give가 명사로 쓰이면 밟히면 밟히는 소파의 그림입니다. give가 있으면 늘어나거나 들어갈 여유가 있는 것이고 없으면 딱딱하거나 융통성이 없는 겁니다.

The wire is too stiff and has little give. 선이 너무 팽팽하고 여유가 없군.

A safety net has a lot of give and elasticity to it.
안전망은 상당히 푹신하고 탄력이 좋지.
Old-fashioned concrete has no give at all, but synthetic fibers added to the mix give some flexibility without losing strength. 구식 콘크리트는 탄력이 전혀 없지만 합성섬유를 섞어주면 강도를 잃지 않으면서도 어느 정도 탄력있게 만들 수 있지요.
These drills have quite a bit of give to help reduce snapping.
이 드릴은 탄성이 있어서 부러지는 경우가 적습니다.
Since concrete has no give, it forces your feet, ankles and knees to absorb the full force of impact. Whenever possible, run on dirt or sand.
콘크리트는 탄력이 전혀 없어서 발과 발목, 무릎으로 충격을 모두 흡수해야 합니다. 가능하다면 땅이나 모래 위에서 달리세요.
Bundy has no give on this issue, and is willing to fight over it.
번디는 이 문제에 대해 한 치의 양보 없이 싸워나갈 생각이다. (추상적인 의미로 쓰인 예문이군요.)

This bed has no give.

영어로 말해보기

1. 이 기사(this article)를 통해 실제로 우리 회사에서 어떤 일이 벌어지고 있는지 알 기회를 가졌다.
2. 생각해볼 시간을 좀 줄래?
3. 그 놈이 내 의자를 밀어서 바닥에 떨어질 뻔했다구.
4. 시끄러운 음악을 들으면 골치가 아파. 아스피린 먹어야겠다.
5. 무슨 권리로 우리 아이를 학교에서 강제로 기도하게 시키는 거야?
6. 그 자식 한 모금 마시더니(take a sip) 씩 웃더라구.
7. 걔 파티에 왜 안 오는지 얘기하든?
8. 기자가 인터뷰 날짜를 알려 주더군.
9. 용의자는 자신의 이름이 제리라고 경관에게 말했다.
10. 산을 반쯤 오르자 다리가 말을 듣지 않았다.
11. 이 문을 나가면 거리로 이어져요.
12. 이 소파 너무 딱딱해서 쇠로 만든 상자에 앉아있는 기분이다.

모범답안

1. The article gave me the chance to see what's been really going on in our company.
2. Would you please give me some time to think about it?
3. He gave my chair a push that almost threw me to the floor.
4. Loud music gives me a headache. I need aspirin.
5. What gives them the right to force my child to pray at school?
6. He took a sip from his glass and gave a little grin.
7. Did he give any reason for not attending the party?
8. The reporter gave us the date of the interview.
9. The suspect gave his name as Jerry to the officer.
10. Halfway up the mountain, my legs gave way under me.
11. The gate gives on to the street.
12. The sofa has no give. It's like sitting on a metal box.

너에게 가마!
go

come과 go의 다른 점은 움직이는 방향이라고 했습니다. go는 멀어지는 겁니다. 도착점을 나타내는 경우는 come처럼 전치사를 사용해 뜻을 보충해줍니다. go는 우리말의 '가다'와 공통점이 많습니다. 영어의 go에 죽는다는 뜻이 있고 망가진다는 뜻이 있고 진행된다는 뜻이 있는 걸 보면 우리말의 '가다'와 너무도 닮았다는 걸 알 수 있습니다. 그렇다고 go가 모두 '가다'의 그림만 있는 건 아닙니다. come과 마찬가지로 움직임이 있으면 도착점이 있고, 결과가 생긴다는 겁니다. '가다'에 해당하는 그림은 이해하기 쉬워도 바로 이 결과에 해당하는 그림은 쉽게 머리에 들어오질 않지요. come을 이해할 때 처럼 go도 출발점에서 도착점까지 움직임을 따라가며 그림을 그려봐야 합니다. come이 단순히 '오다'가 아닌 것처럼 go도 '가다'가 아닙니다. 움직임이 있고 결과가 있는 그림을 그려야 합니다. come을 이해했다면 go는 이미 절반은 거저 먹은 거나 다름없습니다.

기본 형태

가고 오는 건 주어 혼자 하는 일이고 다른 뭔가에 영향을 미치는 게 아니기 때문에 자동사만 가능합니다.

   He went to Paris.

타동사 형태를 띠는 경우도 있지만 일부 관용 표현에 국한됩니다.

  A. I can go you one better. 너보다 잘할 수 있어.
  B. I'll go it alone. 혼자 할래.

go 01 엄마가 부엌에 들어가서 샌드위치를 만들어줬다.

go는 come과 반대로 말하는 사람 또는 주체의 관점에서 멀어지는 그림입니다. 엄마가 말하는 사람으로부터 멀어져서 부엌으로 들어가지요. 전치사도 상대동사인 come과 다를 바 없이 사용되니까 come을 알고 나면 go의 기본그림은 거저먹기입니다.

He went out to play with his friends. 친구들이랑 놀러 나갔어.
Will you go to your mom and tell her to come here? 엄마한테 가서 이리로 좀 오시라고 그래 줄래?

위 예문에서는 누가 누구에게로 가고 오는지 관점을 눈여겨 봐야합니다. you가 내게서 멀어져서 go하고 엄마는 내게 가까워질 것이므로 come하는 거지요. 무엇이 어디를 가는지 제약이 없는 건 당연하겠지요.

Mom went into the kitchen and made me a sandwich.

go 02 종로에서 광화문으로 통하는 길로 가세요.

쉬운 듯 하면서도 말로 하라면 안 나오는 그림입니다. go도 출발점과 도착점이 있습니다. come처럼 출발점은 from을, 도착점은 to를 사용합니다.

The carpet goes from one end of the room to the other.
카페트가 방 양쪽 끝까지 깔려 있어.

또 우리는 go라고 하면 수평적인 움직임만 생각하는 경우가 많습니다. 하지만 수직적인 움직임도 go로 표현합니다. 머리를 약간만 기울이면 그게 그거니까요.

The drapes go from the ceiling to the floor. 천장에서 바닥까지 커튼이 쳐 있어.
The quickest way out is taking the elevator. It goes from the top of the building down to level one.
가장 빠른 탈출구는 엘리베이터를 타는 거지. 건물 꼭대기에서 1층까지 간다구.

Take the road that goes from Jongno to Kwangwhamoon.

도착점 얘기가 나왔으니 come에서와 마찬가지로 동사가 사용되는 예도 보겠습니다.

You have to go see him. 너 그 사람 가서 만나야 돼.

come에서 설명했던 부정사 형태가 go에도 적용됩니다. go see는 go and see, go to see의 줄임말입니다. come to see me보다는 come see me가 더 일반적이지요. go도 마찬가지로 go to see him보다는 go see him이 더 많이 쓰입니다.

He's gone to live in Busan. 그 사람 부산에 가 살고 있지.
Go ask him for some money. 가서 돈 좀 꿔달라고 해.

움직임이 지나칠 수도 있습니다. 원래 정해놓았던 도착점을 넘어가는 경우지요.

The police officer went beyond the call of duty and drove us home.
경찰관 아저씨가 고맙게도 집까지 태워다 주더라구.

But what I'm getting at is that his speech goes beyond a mere political statement. It is art.
내가 말하고 싶은 건 그 사람 연설이 단순히 정치적인 발언이 아니란 거야. 그건 예술이라구.

This imbecile went so far as to claim that the government would need to regulate the Internet with an iron fist. What a joke? As if anyone could control the Internet.
그러더니 이 바보같은 놈이 정부가 나서서 인터넷을 강경하게 규제해야 한다고까지 말하는 거야. 웬 헛소리? 누가 인터넷을 통제할 수 있다구 말야. (도착점을 나타내는 부정사가 사용된 경우인데요. 너무 멀리 가서 '~라고 하는 지경'에까지 이른다는 그림입니다.)

Bundy went so far as to blame the television industry for corrupting the nation's youth. He believed that TV programs dumbed kids down and encouraged antisocial behavior.
번디는 이 나라 젊은이들을 망쳐 놓는 장본인이 TV 산업이라고까지 말하더군. TV 프로그램들이 아이들을 바보로 만들고 반사회적 행동을 부추긴다고 믿는 거지.

It is quite obviously an activity that goes beyond mere food preparation. Baking bread seems more like a cross between a ritual and an art form. 단순히 음식을 준비하는 이상의 의미가 있다니까. 빵 굽는 건 성스러운 의식과 예술의 중간 형태라고나 할까.

Under the present management it's not likely to go much further than it has in the previous decade.
현 경영진 밑에서는 지난 10년 동안 그랬던 것처럼 별 다른 진척이 없을 것 같아.

go 03 나 다음 주에 떠나.

어딘가에서 멀어지면 출발점에 있는 사람들에게는 '떠나는 것'이지요. 단순히 떠나는 것일 수도 있고 죽는 것일 수도 있습니다. 역시 문맥에 따라 파악해야 합니다. 우리말의 '가다'도 그렇잖아요. '걔? 갔어.' 이 말만 가지고는 무슨 뜻인지 알 수 없지요.

Alice will have to go.

이 문장을 잘 보세요. 여러 가지 뜻이 있습니다. 단순히 '떠나야 한다'는 뜻이 될 수도 있지만, 상황에 따라 '앨리스를 죽여야 돼'라는 말이 될 수도 있습니다.

Carlo had to go. Tessio had to go. 카를로도 죽여야 했고, 테시오도 죽여야 했어요.

다음 문장도 문맥에 맞게 파악해 보세요.

A : What happened to Mr. Hagan?
B : He made a fatal error in judgement and he had to go.
A : 헤이건 씨는 어떻게 됐어?
B : 치명적인 판단 실수로 사라져야 했어.

물론, 전후 사정에 따라 '죽음'을 뜻할 수도 있지만, 직책에서 물러났다는 뜻이 될 수도 있습니다.

I'm going next week.

사람만 가지는 않습니다. 사물도 갑니다.

> If this economic downturn continues, some fear that more than a million jobs will go.
> 경기침체가 계속되면 백만이 넘는 일자리가 없어진다고 우려하는 사람들도 있던데.

come과 마찬가지로 무엇이 어디로 가는지 전혀 제약이 없습니다.

> The days go so quickly! 세월 참 빠르다!

세월도 갑니다. come을 쓰면 세월은 오지요? 왔으면 갈 수도 있지요. 시간을 선으로 생각할 때 자신이 서 있는 시점에서 과거는 이미 간 겁니다. 미래는 오는 거구요.

> The day went so slowly. 하루 참 지겹게 길더군.
> So many of these businesses seem to come and go so quickly these days. 요즘은 업체들이 우후죽순처럼 생겼다가 또 순식간에 문을 닫고 그러더군.

세상 돌아가는 걸 그림을 그려보세요. 여기 저기 회사가 생겼다 문을 닫고 하는 그림 말입니다. 말하는 사람 관점에서는 회사가 생기는 건 '자신을 포함한 우리'에게 오는 겁니다. 문을 닫는 건 없어지는 것이니 우리에게서 멀어지는 것이지요.

> Lots of bands come and go so quickly... and fade into the sunset never to be heard from again.
> 수많은 밴드가 생겼다가 사라지지. 석양 저편으로 사라져서 다신 볼 수 없게 되는 거야.

go 04 그 돈 좋은 일에 쓴다니까.

영어로는 참 쉬운데 우리말을 보고 그대로 영어로 옮기려면 골치가 아플 겁니다. '돈' 도 움직입니다. 도착점은 '좋은 곳' 이지요. 간단하게 그릴 수 있는 그림입니다.

> Two million dollars went to the project. 그 프로젝트에 2백만 달러가 들었어.

돈이 움직여서 프로젝트가 도착점이라는 걸 그려본다면 쉽게 이해할 수 있지요. 아주 쉬운 말을 하나 영어로 옮겨보며 '그림'을 풀어보지요. 꼭 그림을 그려봐야 합니다.

> 이 부품들은 다른 제품 만드는 데도 쓰는데요. / 이 부품들은 다른 제품에도 들어가는데요.

영어로 이 그림을 옮깁니다.

> These parts also go to the making of other products.

여기서 go의 뜻은 '쓰이다', 즉 to be used의 뜻이지만 이렇게 생각하면 '그림'을 그릴 수가 없지요. go의 기본그림을 있는 그대로 적용하는 게 훨씬 이해하기 쉽습니다.

> Neither a lofty degree of intelligence nor imagination nor both together go to the making of genius. Love, love, love, that is the soul of genius.
> 지성이나 상상력만 있다고 천재가 되는 것은 아니며, 두 가지를 모두 가졌다고 천재가 되는 것도 아니다. 사랑, 사랑, 바로 사랑이 천재의 모든 것이다.
> – *Wolfgang Amadeus Mozart*

intelligence와 imagination, love 등이 움직이고 도착점이 '천재성'이라는 그림을 그려보세요. 그래야 직접 말을 할 때도 자연스럽게 저런 표현이 나옵니다. 다른 예도 보지요.

> $500,000 was to go to the building of the new city hall.
> 새 시청 짓는 데 50만 달러를 쓸 예정이었어.
> Much of the revenue gathered from taxes on gasoline go to the building of roads. 휘발유세 수익의 대부분은 도로 만드는 데 쓰고 있잖아.
> The Best Actor Award went to Russell Crowe.
> 최우수 남우주연상은 러셀 크로우가 탔어.

상도 움직입니다. 그 도착점은 상을 받는 사람이지요. 그럼 다음 예문들을 보고 응용을 해보세요.

The money goes to a good cause.

A great deal of credit must go to the director for the success of the film.
이 영화가 성공한 건 감독의 역할이 컸지.

The job went to a bilingual person who was willing to work for far less than I was. 나보다 돈도 덜 받겠다고 하고 2개국어나 하는 사람이 그 일을 맡게 됐지.

go 05 내가 그렇게 멋진 영화를 20년 동안이나 못 보고 지나쳤다니 믿겨지질 않아.

우리식 언어 감각으로는 이해하기 힘든 경우입니다. 시간의 흐름을 하나의 선으로 죽 그어보세요. 그 위에서 내가 세월이 흘러감에 따라 움직이는 걸 go의 그림으로 그려보는 겁니다.

I've gone ten years without an accident simply by following one simple rule: don't surprise anyone. 내가 10년 동안 차 사고 한 번 안 낸 건 단순한 규칙 한 가지를 지켰기 때문이지. (다른 운전자가) 예상 못할 행동을 하지 말라.

I had to go three months with no car and had to catch the bus to work.
석 달 동안 차 없이 버스 타고 직장 다녔어.

A hundred bucks will be enough to go another week.
백 달러면 일주일은 더 버티겠지. (우리말의 '버티다' 라는 의미이죠. 추상적인 개념으로 쓰인 경우입니다.)

They told me my car was good enough to go another year, or two.
이 차 그래도 한두 해는 더 탈 수 있다더군.

Sometimes, I go a few extra kilometers out of the way when traffic won't let me get to the lane I need. 차가 많아 원하는 차선에 들어가지 못하면 몇 킬로미터를 더 가야될 때도 있지. (시간 뿐 아니라 거리도 마찬가지로 이해할 수 있습니다.)

이번엔 움직이는 게 눈에 보이지요. 움직인 거리를 어떻게 표현하는지를 잘 봐두세요.

I can't believe I've gone twenty years without seeing such a great movie.

A-ha! moment

> Pop quiz, hotshot. There's a bomb on a bus. Once the bus goes 50 miles an hour, the bomb is armed. If it drops below 50, it blows up. What do you do?
> 깜짝 퀴즈 하나 내지, 멋쟁이 양반. 버스에 폭탄이 장치돼 있는데 말이야. 버스가 시속 50마일을 넘어가면 폭탄이 움직이기 시작하고 50마일 아래로 속도가 떨어지면 터진다네. 어쩌겠나?
> – *Speed*

자신의 첫 번째 범죄 계획을 망쳐놓은 경찰관에게 악당이 두 번째 범죄 계획을 알려주는 장면입니다.

비유적인 뜻으로도 사용됩니다. go miles라고 하면 수마일을 갔다는 뜻이지만 '뭐라도 하겠다'를 나타낼 수도 있습니다.

> **I'd go miles to watch any of these bands play.**
> 걔네들 공연하는 거 볼 수 있다면 어디라도 갈 텐데.

'대단한 진척을 보이다'의 의미도 됩니다. 그만큼 성큼 다가섰다는 뜻이거든요.

> **Maintaining your car's exterior goes miles towards increasing its resale value.** 차 외관을 잘 관리하면 중고 가격을 높이는 데 큰 도움이 되지.
> **A little flavoring in the water goes miles towards making it more drinkable.** 물에 향을 좀 첨가하면 마시기가 훨씬 수월해지지.

고생하고 노력한 걸 '길이'로 측정하는 그림도 가능합니다.

> **I went to great trouble and expense to get that CD.**
> 그 CD 사느라고 얼마나 고생했는데. 돈은 또 얼마나 썼구.

움직여서(go) 생고생하고 돈을 많이 쓰는 '결과'(great trouble and expense)로 갑니다. 내가 CD를 얻기 위해 했던 행동을 '고생'과 '많은 비용'에 비유하고 있기 때문에 go to를 쓸 수 있는 겁니다.

The company went to great lengths to develop a new car.
그 회사 새 자동차 개발하려고 얼마나 애썼는데.

비유적으로 아무데나 갈 수도 있습니다.

Gold goes anywhere. 금이라면 어디서든 통하지.

아무데나 갈 수 있다면 그만한 능력이 있다는 말입니다. 어디서나 통한다는 말이기도 합니다.

Dollars go farther in South than in North.
남부에선 북부보다 생활비가 덜 들지. (돈 값어치가 더 크지.)

위 문장을 보면 달러가 더 멀리 간다는 말이지요? 더 멀리 간다면 그만큼 더 쓸모가 있다는 말입니다.

go 06 가는 귀가 먹어서, 좀 크게 말해.

시간을 따라 뭔가 맛이 가기도 합니다. 나이가 들어 눈이 어두워지거나 귀가 잘 안 들리는 것도 그런 감각이 '자신에게서 멀어져 가는 것'으로 생각할 수 있지요.

I think my eyes are going. I can't see things clearly.
눈이 어두워지는 것 같아. 뭐든지 침침해 보여.

Maybe the battery is going out on me. How long does a battery normally last on a car? 배터리가 나갔나 봐. 자동차 배터리가 대충 얼마나 가지?

I guess the transmission went. The engine won't start.
미션이 나갔나 봐. 시동이 안 걸려.

My ears are going. Please speak louder.

go 07 친구들이랑 이번 주말에 스키타러 가려구.

어딘가에 가서 (go somewhere) 뭔가를 하고 있었다 (shopping, fishing)는 말을 하나로

표시한 형태입니다. 가고 난 다음의 결과를 나타내는 것이지요. go skiing, go fishing 등등.

I went fishing last weekend. → I went somewhere and fished.
지난 주에 낚시 갔었어.
I have to iron your shirts, do the laundry, go shopping for the household, and I even have a part-time job, and on top of that, you want me to cook your dinner?
와이셔츠 다리고, 빨래하고, 장봐오고, 게다가 부업까지 하는데, 이제 밥까지 하라구?

I'll go skiing with some of my friends this weekend.

 바보짓 좀 그만하고 돌아다녀!

가는 곳이 특정 장소가 아니라 어디든지 가능한 경우(everywhere)도 있습니다. 앞에 나온 방식대로 다시 풀어보면 이런 말이지요.

You go everywhere and act like a jerk.
Don't go telling people their opinions have no value. → You go everywhere and tell people. 다른 사람 의견도 존중할 줄 알아야지.
You just can't go killing anyone who says no to you!? → You go everywhere and kill someone. 너한테 반대한다고 다 죽여버릴 순 없는 거야!

Don't go acting like a jerk!

 우씨! 나 대머리 되는 거야 뭐야?

come과 마찬가지로 go에도 움직인 다음의 결과가 있다고 했습니다. 관점의 차이만 있습니다. 움직인 결과가 대머리라는 그림을 그려보면 어렵지 않습니다.

There was a "click" at the other end of the phone and it went dead.
딸깍 소리가 나더니 전화가 끊어졌다.
If anything goes wrong, I'll blame you for that. 일이 잘못되면 니 책임인 줄 알아.
Hurry up kids! Foods are going cold! 얘들아 어서 와! 음식 식잖니.

Am I going crazy or what? Damn! I think I need a shrink.
내가 머리가 돌아버리고 있는 건가? 제길! 정신과에 가봐야겠어.

A-ha! moment

Prosecutor : How long would a person's mouth and nose have to be covered before they would suffocate?
Doctor : After about three to four minutes, the body would go limp and continued lack of oxygen would result in a coma at about seven minutes and death would occur somewhere between ten to fifteen minutes.
검사 : 사람이 질식하려면 입과 코를 얼마나 덮고 있어야 하지요?
의사 : 3~4분 지나면 몸이 축 늘어지고 산소 부족상태가 계속되면 7분 정도 후에 혼수상태에 빠지게 되고 10~15분이면 죽음에 이르게 됩니다.

— Ally McBeal Season 3 Episode 18 - Turning Thirty

go limp 한다는건 limp한 상태로 움직이는 것이지요. 축 늘어지게 된다는 겁니다.

Most people wore sandals but there were quite a few who went barefoot. 대부분 샌들을 신었지만 맨발로 다니는 사람도 있더군.
You're their father! You just can't sit on your hands and let them go hungry! 넌 애들 애비야! 아무것도 안 하고 아이들을 굶게 할 순 없는 거라구!
I can guarantee that no treachery will go unnoticed.
어떤 배신 행위도 용납하지 않겠다.

Damn! Am I going bald or what?

go 10 결국 부정부패가 곪아 터질 때까지 내버려두는 거라니까.

결과를 나타내는 기본적인 그림은 같지만 '강조'의 의미가 강한 경우입니다. come에서도 등장했던 표현 방식이지요. 주로 '주장'을 하는 신문 기사, 연설 등에 자주 나옵니다. 「go + 부정의미 형용사」의 형태입니다.

> I do not for a moment believe that crimes should go unpunished but do believe that for some there are alternatives to jail. 범죄자는 반드시 처벌해야 한다는데 이의는 없지만, 감옥 이외의 대안도 있을 수 있다는 것뿐이야.
>
> Believe me, I know first hand that a large number of artists go unseen or unheard their entire lives. 내 말 좀 들어보라구. 난 경험해봐서 알아. 많은 예술가들이 인정받지 못한 채 평생을 살아간다구.
>
> My point is that the cries of the minority community often go unheard unless riots are started or the tables are turned and whites experience the same injustices that minorities have. That is pathetic. 그러니까 내 말은 소수민족이 주장하는 건 무관심 속에 묻혀버린다니까. 폭동이 일어나거나 입장이 바뀌어서 백인들도 소수민족과 같은 부당행위를 당하거나 하기 전까진 말이야. 정말 열받는 일이지.

They are allowing corruption to go unseen until it is too late.

go 11 대부분의 사람들은 휴일에만 교회에 가지.

가는 곳이 어디인지가 전체 그림을 좌우하는 경우입니다. '교회에 간다' 는 말은 두 가지 의미가 있습니다. 신자가 아닌 사람이 교회에 간다면 교회에 다른 볼일이 있어서 가는 것이겠지요.

> I went to a nearby church and looked for a restroom.
> 근처 교회에 들어가서 화장실을 찾았다.

이런 경우에는 교회에서 상식적으로 해야할 일(예배 보는 일 등등)이 아닌 다른 일을 보러가는 겁니다. 상식적으로 해야할 일을 하는 경우에는 관사를 붙이지 않지요. 다른 건물도 마찬가집니다. 학교도 그렇고 직장도 그렇습니다. 관사는 '콕 짚어' 말하는 것이라서 관사를 붙이면 '바로 그 건물' 에 갔다는 의미가 되니까요.

> I don't go to work on weekends. 주말엔 출근 안 해.
> I went to college with him. 대학 동기예요.

Most people don't go to church except for on holidays.

go 12 대통령이 밤 9시 생방송을 탄대.

영어에서 관점이 얼마나 중요한지 보여주는 예입니다. 시청자의 관점에서 본 예문을 한번 들어보지요.

    The Godfather comes on the air tonight. 오늘 텔레비전에서 〈대부〉 한대.

시청자의 관점에서는 TV 프로그램이 자신에게 오는 겁니다. 그래서 come을 쓰지요. 하지만 시청자의 관점이 아니라 일반적으로 '방송되다' 의 의미라면 'TV로 가는 것' 입니다. 더 엄밀히 말하면 전파를 타러 가는 거지요.

    I hope the president goes on the air and admits his mistake.
      대통령이 방송에 나가 실수를 인정하길 바래.

이렇게 말한다면 시청자의 입장이 아닙니다. 시청자들한테 가서(go) 실수를 인정하라는 말이지요.

on은 접촉의 그림이라고 했습니다. 전파는 공중에 떠다니지요. 방송이 나간다는 건 전파와 접촉을 해서 이어진다는 뜻입니다. 그래서 on the air를 씁니다.

> The president will go on the air, live at 9 p.m.

go 13 열쇠를 끼워 넣으려는데 잘 안 맞네.

go가 '딱 들어맞다' 라는 그림으로 사용되는 예입니다. go in의 축약형이라고 생각하면 이해하기 쉽습니다. 어딘가로 들어간다면(go in, go into, go on 등) 들어맞는 겁니다. 네이티브 머릿속에는 이 생략된 전치사가 살아 있습니다. 그래서 go만 들어도 '딱 들어맞다' 라는 그림이 그려질 수 있는 겁니다.

    He tried to push it through the hole but it wouldn't go.
      구멍에 집어넣으려고 노력했지만 들어가질 않았다.
    Where do these plates go? 이 접시들 어디다 놓을까요?

go in, go on 또는 go to의 생략형이라고 생각하면 됩니다. 전치사를 상황에 맞게 끼워넣어 이해하면 되지요.

> Sandals don't go on the shoe shelf. Put them aside.
> 샌달은 신발장에 넣지마. 저리 치워.
> 2 goes into 10 five times. 10 나누기 2는 5지.

나누기라는 것도 특정 숫자가 꼭 들어맞는 겁니다. 10에 2가 다섯 번 들어가는 그림이니 어렵지 않지요.

> Three goes into twelve four times. 12 나누기 3은 4지.
> Five goes into ten twice, with no remainder. 10 나누기 5는 2야. 나머지는 없어.

I'm trying to stick the key in, but it won't go.

 14 니네 나라에선 개가 어떻게 짖니?

개 짖는 것은 bark를 떠올릴 수도 있지만 go 역시 소리를 내는 그림을 그릴 수 있습니다. 사람에게 쓰면 말을 한다는 뜻이지요. 몸짓을 하는 것도 go를 씁니다. go에서 진행의 의미를 느낄 수 있으면 이해가 쉽지요. 소리를 내는 것이나 말을 하는 것이나, 몸짓으로 보여주는 것이나 모두 멈춰있다 움직임이 시작되고 진행을 한다는 것입니다.

> Usually, he just goes "arf," wags tail, begs, etc.
> 대개는 멍멍 짖거나 꼬리를 흔들거나 깽깽대거나 그렇지 뭐.
> She yells "Mike, I love you!" and then he goes "I love you, too."
> 여자가 '마이크, 사랑해!' 라고 외치자 남자도 '나도 사랑해!' 하더라구.
> When he opens his mouth, he goes on and on.
> 한번 말을 시작하면 그칠 줄 모른다니까.
> He paused and held his handkerchief to his eyes for a moment, then he went on. 잠시 말을 멈추고 손수건을 눈에 가져가더니 다시 말을 이었다.
> I'm glad something puts a smile on your face... now if someone would only put a fist on it... oops, there I go, acting like a thug. 니가 웃을 수 있다니

How does a dog go in your country?

좋은 일이네. 누군가 그 얼굴에 한 방 먹이면 더 좋을 텐데. 에구, 내가 왜 깡패 같은 소릴 하지. **The damn insurance companies overcharge everyone. It's time we take a stand! Oh boy, there I go again, acting like an activist.**
그 보험회사 놈들 누구한테나 바가지를 씌운다니까. 이제 당당히 맞설 때가 됐다구! 어? 또 시작이네. 꼭 사회 운동가 같잖아.

같은 맥락에서 이론이나 이야기에 담겨있는 내용 역시 go로 표현할 수 있습니다.

The theory goes that Eve, the first woman in the Book of Genesis, conceived Cain in a union with the serpent, or Satan. 이론에 따르면 창세기에 나오는 최초의 여성인 이브가 뱀, 그러니까 사탄이랑 관계를 맺어 카인을 잉태했다고 하지.

The story goes that the house once belonged to a millionaire.
저 집이 원래 백만장자 소유였다는 얘기가 있지.

He held my hand like this, and then he goes like this.
내 손을 이렇게 잡더니 (그 사람이 한 행동을 흉내내며) 이러더라구. (말뿐 아니라 행동도 go로 나타낼 수 있다고 했지요.)

There he goes again. 쟤 또 시작이네.

A : **We have to find this guy before he finds us.**
B : **There goes that "we" again. It's not my problem, buddy. It's you that he's after, not me!**
A : 그 놈이 우릴 찾기 전에 우리가 먼저 찾아야 돼.
B : 또 '우리'라 그러네. 내 문제가 아니라니까, 친구야. 그 놈이 쫓는 건 너지 내가 아냐!

Oh, great, there goes my ulcer.
으악, 위궤양 도진다. (안 그래도 위궤양이 있는데 친구가 속터지는 얘기를 해서 갑자기 속이 쓰립니다. 그럴 때 이렇게 말하지요.)

go 15 그만 포기해.

잡지 않고 가게 내버려 두는 그림입니다.

I am interested in that book. Would you be willing to let it go for 10 dollars. 그 책에 관심이 있는데요. 10달러에 파시겠어요?

전치사 for의 기본그림은 '교환' 입니다. 위 문장을 보세요. 10달러와 책을 교환합니다. 다른 말로 하면 10달러 받고 책을 '자신에게서 멀어지게 할 수 있느냐' 는 말입니다. 그림을 그려보면 돈이 오고 책은 갑니다. 어떤 대가를 받고 가게 해주는 그림입니다.

Does anyone have any idea how much these birds go for?
이 새들이 얼마에 팔리는 줄 아니?

> Now, you have to let it go.

 이번엔 내가 한번 해볼게.

go의 명사형은 동사의 기본그림을 응축해 놓은 것이라 뭔가 '시도' 하거나 움직일 수 있는 '원기' 와 같은 의미로 사용됩니다.

Jack came into a liquor store, and had a go at the entire stock. He drowned himself in alcohol in under an hour.
잭이 술집에 들어가더니 한 병씩 다 마셔 보더라구. 한 시간도 안 돼서 술에 빠져 죽다시피 했지.
She had one go and zonked out. 한 잔 마시더니 뻗었어.
Once you get started, make a go of it! 일단 시작했으면 해보는 거야!
If you want to make a go of doing America it's going to take almost a year. 미국을 제대로 여행하려면 1년은 족히 걸릴걸.
I read the novel at one go. It was so great.
그 소설 단번에 읽었지. 너무 재밌더라구.
He has a lot of go in him. He should be able to handle any job.
활력이 넘치는 사람이지. 무슨 일이라도 해낼거야.

진행할 차례나 순조로운 일이라는 의미도 있습니다. 결국, 진행하는 것도 가는 것이고 순조롭게 뭔가 진행되는 것도 가는 것이니까요.

> Let me have a go at it this time.

Hey, it's your go. 야, 니 차례야.

It's a sure go. 잘 될 거야.

I'm sorry that I couldn't make the meeting last week. But I can safely say that it is a sure go this time.
지난주 모임에 못 가서 미안해. 하지만 이번엔 정말 갈 수 있을 거야.

영어로 말해보기

1. 저 나무 없애야 될 거 같아. 경관(the view)을 가리잖아.
2. 일주일 내내 실수 한두 번 안 하고 살 수 있나.
3. 나랑 스키 타러 안 갈래?
4. 남의 집 기웃거리는 게(sneaking) 좋지 않아.
5. 이 버스 일산에서 강남까지 가.
6. 이 케이블로 내 컴퓨터랑 서버 연결돼 있어.
7. 이 돈은 적십자(the Red Cross)에 기부할거야.
8. 20 나누기 10은 2지.
9. 의사가 그러는데 심장이 맛이 가고 있대.
10. 아니 이 많은 사람들 앞에서 벌거벗겠다는 거야?
11. 번디는 혈기 왕성한 사람이야.

모범답안

1. I guess the tree has to go. It blocks the view.
2. One can't go a week without making a mistake or two.
3. Won't you go skiing with me?
4. You know it's not nice to go sneaking around someone's house.
5. This bus goes from Ilsan to Gangnam.
6. The cable goes from my computer to the server.
7. The money goes to the Red Cross.
8. 10 goes into 20 twice.
9. The doctor says my heart is going on me.
10. You mean you'll go naked in front of all these people?
11. Bundy's a man with lots of go.

니 거니? 너도 하나 구해! 이리 내놔!
have·get·take

네이티브가 have, get, take 만큼 많이 쓰는 동사도 없을 겁니다. 세 동사의 공통점은 뭔가를 '소유'한다는 데 있습니다. 여기서 뭔가란 단순히 사물만 뜻하지는 않습니다. 상태가 될 수도 있고, 추상적인 개념이 될 수도 있습니다. 세 동사 모두 '갖는다'는 기본그림은 같지만, 뉘앙스가 다릅니다.

아래 기본 형태로 나온 A, B, C 세 문장 모두 연필을 가지고 있는 그림입니다. B 문장처럼 get을 쓰면 원래 없었지만 어디선가 구해서 갖게 됐다는 그림이고, A 문장처럼 have를 쓰면 이미 가지고 있다는 그림이 됩니다. C 그림이 특이합니다. 어떤 방법을 쓰던 내 것으로 만들었다는 뉘앙스가 강합니다. 소유욕이 가장 강한 동사가 take라서 심지어는 빼앗는 그림이 되기도 합니다. get이 have와 같은 그림을 그리는 경우도 있습니다. B문장은 문맥에 따라 A문장과 뜻이 같을 수 있습니다. have got에서 have가 떨어져 나간 형태로 봐도 되지만 그냥 get에 have 그림이 있다고 보는 게 익히기 쉽습니다. 세 동사의 또 한 가지 특징은 '움직임'입니다. 뭔가를 이리저리 움직일 수 있는 힘이 있다는 겁니다. 움직임을 나타내는 그림은 워낙 방대하기 때문에 경험을 통해 익혀 나가야 합니다.

기본 형태

have, get, take는 뭔가를 가지거나 움직여야 하기 때문에 타동사로 사용됩니다. 조동사로 사용되는 have는 기본동사의 범주를 벗어나기 때문에 여기서 다루지 않습니다.

A. I had a pencil.
B. I got a pencil.
C. I took a pencil.

take가 자동사로 사용되는 경우는 의미가 달라집니다.

The vaccination didn't take. 백신이 효과가 없었어.

▶ 소유의 그림을 갖는 have, get, take

 A. 나 돈 없어. B. 돈 좀 구해. C. 난 돈 안 받아.

가장 기본적인 have, get, take의 그림입니다. A문장은 이미 가지고 있는 그림이고, B문장은 없어서 나름대로 구해야 하는 입장입니다. C문장은 돈을 내 것으로 만드는 그림이지요. 어느 식당에 가서 '여기 돈 받아요?' 라고 했을 때 '여긴 돈 안 받아요. 식권만 받아요.' 라고 한다면 영어로 take를 씁니다. 그만큼 take는 소유욕이 가장 강한 동사니까요. 똑같이 움직여서 내 것으로 만드는 그림이라도 take에는 강한 의지가 숨어있다는 걸 기억해둬야 합니다.

We get[have] a lot of mail from the users. 사용자들한테 메일이 많이 와.

메일을 강제로 보내달라고 해서 받는 게 아닙니다. 가만히 있는데 메일이 우리 손에 들어오는 그림입니다.

We don't take any mail from the users. 사용자들한테서 메일 안 받아.

메일을 받거나 안 받는 건 주어의 의지가 있어야 합니다. 갖겠다는 의지가 들어가 있는 게 take의 그림입니다.

get은 have와 똑같은 그림을 그릴 수 있습니다. have got에서 have가 없어져 생긴 변형입니다.

A. I have no money.
B. Get some money.
C. I don't take any money.

I've got no money. → I got no money. 돈이 없다.
You've got a light? → You got a light? 불 있어?

앞에 여러 개의 연필이 놓여 있는데 누군가에게 '연필 하나 가져'라고 하려면 영어로 어떻게 할까요?

Get one.

이 문장은 앞에 놓인 연필 중 하나를 가져가라는 말이 아니고 '니가 알아서 연필 하나 구해 가지라' 는 말이 됩니다. 가지라고 하려면 이렇게 말해야 합니다.

Take one.

A-ha! moment

> Jay : Marty Johnson had to go away to Delaware to live with his uncle.
> Jimmy : Why?
> Jay : His parents didn't have enough money for them to eat.
> Jimmy : Yeah, well, things ain't easy at the moment, Jay, you're right. But there's a lot of people worse off than what we are. And just 'cause things ain't easy…that don't give you the excuse to take what's not yours, does it? That's stealing, right? And we don't steal. No matter what happens we don't still.
>
> 제이 : 마티 존슨은 델라웨어로 가서 삼촌이랑 산데요.
> 지미 : 왜?
> 제이 : 걔네 부모가 돈이 없어서 못 먹고 살아서요.
> 지미 : 그래, 지금 상황이 안 좋은 게 사실이다. 제이, 니 말이 맞아. 하지만, 우리보다 훨씬 못한 사람들도 많아. 그런데 상황이 안 좋다고 해서 네 것이 아닌 것을 가질 핑계가 되진 않아. 그건 도둑질이니까, 그렇지? 우린 도둑질은 안 해. 어떤 일이 있어도 도둑질은 안 해.
>
> – *Cinderella Man*

한때 잘 나가던 권투선수인 Jimmy는 미국에 경제 대공황(the Great Depression)이

닥치자 여느 사람들처럼 입에 풀칠하기도 힘들어집니다. 아들 Jay가 푸줏간에서 소시지를 훔쳐오자 그걸 되돌려주고 오는 길에 나누는 대화지요. 남의 것마저 내것으로 만들려는 take의 소유욕을 느낄 수 있습니다. 참고로 that don't give you the excuse에서 don't는 doesn't가 돼야 하지만 우리가 '가르치다/가리키다'를 헷갈리는 것처럼 구어체에서 흔히 수의 일치가 깨지곤 합니다. 영어를 배우는 입장인 우리는 당연히 수의 일치에 신경써야겠지요.

 나 병원에서 수술 받았어.

우리가 '갖는다'는 그림에 대해 갖고 있는 선입견을 깰 수 있어야 have의 그림을 제대로 이해할 수 있습니다. 눈에 보이는 것을 갖는 것이 가장 쉽지요.

Do you have a light? 불 있어요?
Get down! He has a gun! 엎드려! 쟤 총 가졌어!
Probably you should have another drink. You look kind of sad.
너 한잔 더 해야겠다. 좀 슬퍼 보인다. (먹을 것을 가지면 먹는 거죠.)
Let's have dinner sometime next week. 다음주 언제 저녁이나 같이 하지.
Can I have a beer, please? 맥주 한 잔 줄래요?
If you are tempted to have a cigarette, get out of the house and run!
담배 생각이 나면 집을 뛰쳐나가서 달리라구! (담배도 먹을 것과 마찬가지입니다.)

A-ha! moment

Hannibal Lecter: I do wish we could chat longer but I'm having an old friend for dinner.
한니발 렉터 : 좀더 얘기 나눴으면 좋겠지만, 저녁에 친구를 거시기하려는 참이라서.

– *The Silence of the Lambs*

〈양들의 침묵〉 마지막 장면입니다. 사람을 죽여 요리를 해먹는 Hannibal Lecter

I had an operation at the clinic.

박사가 감옥을 탈출해 그간 자신이 다른 범인을 잡도록 도움을 주었던 여주인공 FBI 요원 Starling에게 작별인사차 전화를 겁니다. 여기서 have an old friend for dinner는 말장난입니다. 렉터가 전화를 걸며 먼발치에서 쳐다보고 있는 old friend란 다름 아닌 감옥에서 자신을 괴롭힌 박사거든요. 그래서 복수를 하려는 겁니다. 다른 문맥이라면 당연히 '저녁에 옛 친구를 초대하려구'가 되겠지만 Hannibal의 전력으로 볼 때 '저녁으로 옛 친구를 먹으려구'가 되지 말란 법 없습니다. 그래서 꽤나 섬뜩한 마지막 장면이지요. have할 수 있는 건 그만큼 무한하고 결국 문맥에서 열쇠를 찾아야 합니다.

추상적인 개념을 가질 수도 있습니다.

I think I have a right to know what's going on here.
지금 무슨 일이 벌어지고 있는지 나도 알 권리가 있다구.

A-ha! moment

I have a dream that one day this nation will rise up and live out the true meaning of its creed: "We hold these truths to be self-evident; that all men are created equal." 나에게는 꿈이 있습니다. 언젠가 이 나라가 모든 인간은 평등하게 태어났다는 것을 자명한 진실로 받아들이고, 그 진정한 의미를 신조로 살아가게 되는 날이 올 것이라는 꿈입니다.
– Martin Luther King

Bundy's in charge here from now on. I hope you guys don't have a problem with that. 지금부터 번디가 여기 책임자야. 니네들 불만 없길 바란다.
Well, our story won't have a happy ending.
글쎄, 우리 얘긴 해피 엔딩은 없을 것 같다.
He might be having a heart attack.
심장 마비인지도 몰라. (질병이나 증세를 가질 수도 있습니다.)
I think you have a fever. You need to stay really still.
열이 있는 것 같아요. 움직이지 말고 가만히 있어야 돼.

시간도 여러 가지 형태로 소유할 수 있습니다. 또한 파티를 여는 것이나 아이를 낳은 것도 소유의 개념으로 나타낼 수 있습니다.

I don't have much time to read these days. 요즘엔 책 읽을 시간이 없어.
You need to have some time to think before you answer.
시간을 갖고 좀 생각해 본 다음에 대답해.
You have a minute? I need you in my office.
시간 좀 있어? 내 사무실에 좀 들어오라구.
We're having a party tomorrow night. 내일 파티 할 거야.
My wife has just had a baby. 아내가 방금 아이를 낳았어.
We had comments on our books from our users.
사용자들에게서 우리 책에 대한 평가를 들었어.

거시기 it를 가지면 문맥 속에서 '거시기' 해봐야 합니다.

The report has it that Bruce got killed in a car crash.
보도에 따르면 브루스가 교통사고로 죽었다는군.
He has it in him to succeed.
걘 성공할 자질이 있어. (여기서 거시기 it은 '자질이나 소질' 정도가 될 겁니다.)
They wouldn't have it. 말을 안 듣더라구.

안 가지려고 떼쓰는 그림입니다. 여기서 거시기 it은 상대방을 설득하려는 말 정도가 될 겁니다. 떼쓰는 뉘앙스는 have가 아닌 would에서 나옵니다.

사람의 기본 동작을 나타내는 동사의 명사형을 가지면 그 동사의 의미와 같습니다.

I'll have a talk with him. (=talk) 걔랑 한번 얘기해 볼게.
I'll have a think about that. (=think) 한번 생각해 보지.

기본 동작 명사는 아니더라도 명사로부터 의미를 유추할 수 있는 경우가 많습니다.

I have a visual on the suspect. 용의자가 보인다.
We have a positive ID on the body. 시체의 신원을 확인했습니다.

ID는 identification의 약자이고 positive ID란 사람이라면 신원을 확인한 것이고 다른 사물이라면 정체를 알아낸 걸 뜻합니다. 영화나 드라마에서 흔히 들을 수 있는 표현들입니다.

have 03 그녀는 밖에 나가서 호수를 한 바퀴 돌았어.

행동의 그림을 갖는 명사(a walk, a talk, a think)를 내것으로 만들면 그 행동을 하는 것이라고 했습니다. 갖겠다는 의지가 포함돼야 하기 때문에 have와 take가 가장 많이 사용됩니다. have와 take가 어떤 명사와 어울릴 수 있는지는 예문을 통해 감으로 익혀야 합니다.

> Relax and take a deep breath. 진정하고 숨을 깊이 들이쉬라구.
> Can I take a picture of you? 당신 사진을 찍어도 될까요?

have a picture of you라고 하면 사진을 찍는 것이 아니라 갖는 것이 되지요. have를 쓰면 이렇게 의미가 달라지는 경우도 있지만 a walk처럼 have와 take를 모두 쓸 수 있는 경우도 있습니다. 이 경우도 행동을 하겠다는 의지의 뉘앙스는 take 쪽이 더 강하지만 의미상 큰 차이는 없습니다.

> I had a sip. / I took a sip. 한 모금 마셨어.
> Please have a seat. / Take a seat. 앉아.
> I'm too tired to take a shower. / I'm too tired to have a shower.
> 너무 피곤해서 샤워 못 하겠어.

She went out and had[took] a walk around the lake.

have 04 A. 이름이 뭐지요? B. 이름 좀 알아와.

누군가의 이름을 모르면 내가 갖고 있지 않는 상태지요. 갖게 되면 이름을 알게 됩니다. get과 have는 대부분 바꿔쓸 수 있습니다.

We get a lot of complaints from the users. → We have a lot of complaints from the users. 사용자들한테서 불평을 많이 들어.

하지만 have보다는 get이 좀더 적극적이어서 have를 쓸 때와 의미가 달라지는 경우도 있습니다. 그래서 Get a pencil.의 예에서처럼 노력을 해서 이름을 알아오는 그림에는 get이 어울리는 거지요. 누군가 이름을 말했는데 잘 못 알아듣거나 까먹었을 때도 이렇게 말합니다.

I'm sorry I didn't get your name right. 미안하지만 이름을 잘 못 들었는데.

이름을 듣고 기억하거나 이해하는 것도 노력이 필요하기 때문에 get이 어울리지요.

May I have your help? 좀 도와줄래요?

이렇게 have를 쓰면 도움을 요청하는 태도는 소극적입니다.

Get some help! 도와줄 사람 좀 불러와!

get을 쓰면 조금 더 적극적으로 바뀝니다. have와 get이 같은 의미로도 쓰이지만 get이 더 움직임이 크다는 걸 알아두세요.

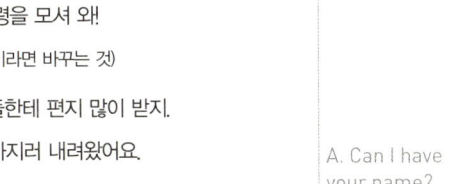

How did you get this number? (노력) 이 전화번호 어떻게 알았어요?

A : Get the President right now! (노력) 당장 대통령을 모셔 와!
B : Ok, I'll get him. 네, 모셔 오지요. (전화를 하는 상황이라면 바꾸는 것)

He gets a lot of letters from girls. (=have) 여자들한테 편지 많이 받지.

Came down to get the newspaper. (노력) 신문 가지러 내려왔어요.

He couldn't get a good price for his paintings.
(노력) 그 사람 그림을 제값 받고 못 팔았어.

A. Can I have your name?
B. Get his name.

You'll get enough time to think. (=have) 생각할 충분한 시간을 줄게.
I get the feeling that you're not telling the truth.
(움직임) 니가 거짓말 하고 있다는 느낌을 받아.
I got a shock when I saw him. (움직임) 걔 봤을 때 얼마나 놀랐는지.
Climb up the tree to get a better view. (노력) 나무에 올라가면 더 잘 보여.

잡아서 내것을 만드는 대상은 사물이 아닐 수도 있습니다. the feeling, time, a shock, a better view처럼 추상적인 개념이 될 수도 있습니다. '감 잡았다' 는 우리말을 생각해 보세요.

병에 걸리는 것도 잡아서 내것을 만드는 그림입니다.

When I was five I got measles. 다섯 살 때 홍역에 걸렸어.

농담을 내 것으로 만들면? 농담을 알아듣고 이해해야 합니다. 그만큼 노력이 필요한 그림이라서 have가 아닌 get이 쓰이는 겁니다.

I really enjoy a good joke these days, because I haven't had much to laugh about lately.
최근 들어 웃을 일이 없어서 요즘은 재밌는 말만 들으면 그렇게 좋다니까.
Did you get that joke? 농담 알아들었어?

누군가 하는 말을 듣고 옆사람에게 Did you get that?이라고만 하면 '저 말 이해했니?'의 그림이 되지요. 물론, 상황에 따라 전혀 다른 그림이 될 수도 있습니다. 영화 〈Die Hard〉를 보면 건물 몇 개 층이 크게 폭발하는 장면이 있습니다. 이 장면을 보도하던 기자가 카메라맨한테 이렇게 물어보지요.

Did you get that?

이럴 때는 '저거 찍었어?' 의 의미가 됩니다. 정확한 의미는 문맥에서 알아내야 하지요.

A-ha! moment

Lisa, are you getting this on camera? This tornado just came and erased the Hollywood sign. The Hollywood sign is gone.
리사, 저거 카메라에 담았어? 토네이도가 와서 할리우드 표지판을 삼켜버렸습니다. 할리우드 표지판이 사라졌습니다.
— *The Day After Tomorrow*

기상이변을 다룬 영화 〈*The Day After Tomorrow*〉에서 기상 캐스터가 LA 상공을 헬기를 타고 돌다가 토네이도(Tornado)가 헐리우드 표지판을 삼켜버리는 걸 보고 놀라는 장면입니다.
다음 문장의 의미도 문맥에 따라 달라질 수 있습니다.

Yeah, I get that a lot.

예를 들어 누군가가 '배우 누구누구 닮았네요?'라고 말했을 때 이렇게 답하면 '그런 소리 많이 들어요.'가 될 수도 있지만, 그냥 얼굴 보고 고개만 갸우뚱할 때 이렇게 답하면 '많이들 그런 반응을 보이지요.'의 의미가 될 수 있습니다.

A-ha! moment

Passer-by : Shut the fuck up, Mr. Cheney. Shut the fuck up!
Reporter : Are you getting a lot of that, Mr. Vice President?
Dick Cheney : First time I've heard of. Must be a friend of John.
행인 : 아가리 닥치시지, 체니 씨. 아가리 닥치라구.
기자 : 저런 얘기 많이 듣나요, 부통령께선?
딕 체니 : 처음 들어요. 존의 친구인가 보지요 뭐.
— *Vice President Dick Cheney*

2005년 여름 허리케인 카트리나가 미국 남부를 강타해 큰 피해를 줬을 때의 일입니다. 정부의 늑장대응으로 피해가 더 커졌다며 주민들의 불만이 하늘을 찔렀지요. 그러던 어느날 미시시피주 재난현장을 방문한 Dick Cheney 부통령이 현장에서 기자들과 인터뷰를 하던 중 지나가던 행인이 욕설을 퍼부었습니다. 기자가 말하는 get a lot of that을 주목해야 합니다. 참고로 a friend of John 이란 당시 George Bush 대통령과 대선에서 경합했던 John Kerry 후보를 가리킵니다. 2004년에 상원에서 화가 난 Cheney 부통령이 한 민주당 의원에게 똑같은 욕을 했는데 행인이 그걸 써먹은 것이기도 합니다.

신문을 보는 것도 get a paper라고 할 수 있는데 이 역시 have와는 다르게 단순한 소유가 아닌 움직임이 느껴지기 때문에 get을 쓰게 됩니다.

　　I don't get a paper. 나 신문 안 봐.

TV 채널도 내것을 만들려면 역시 노력이 필요합니다. 우리말과 비슷합니다. '9번 안 잡혀' 라고 하지요?

　　I don't get Channel 9. 9번 안 잡혀.

 ### 식료품점에 취직했어.

우리말로 '취직' 이라고 하면 일자리를 '취한다' 는 겁니다. 결국 잡아서 내것으로 만드는 그림입니다. 일자리(a job)와 함께 쓰는 get, take, have의 뉘앙스는 전혀 다릅니다.

　　I took a job at the grocery store.
　　I had a job at the grocery store.

take를 쓰면 제안이 들어오거나 해서 내 의지로 선택했다는 그림이고, have를 쓰면 말하는 시점에 이미 식료품점에서 일하고 있는 그림입니다. get을 써야 일자리를 맡게 되는 움직임에 초점이 맞춰지지요. 그래서 취직을 했다고 하면 일반적으로 get을 씁니다.

I got a job at the grocery store.

have
06 년 매트릭스를 벗어날 수 없어.

이걸 영어로 하면 정말 간단합니다. 실제로 영화 〈The Matrix〉의 첫부분에서 주인공 Neo의 컴퓨터 화면에 나오는 말입니다. 달랑 have 동사 하나 썼는데 '뛰어봐야 매트릭스 손바닥' 이란 그림이 됩니다. 매트릭스의 통제를 벗어날 수 없다는 거지요. take가 갖고 싶어하는 욕구가 강하다면, 갖고난 후에 뺏기지 않으려는 욕구는 have가 가장 강합니다.

A-ha! moment

> Jerry : Hello? I'm looking for my wife.
> I love you. You... complete me.
> Dorothy : Shut up... Just shut up. You had me at "Hello."
>
> 제리 : 저기요… 아내를 찾고 있는데…(아내가 나타나자 얼마나 사랑하는지 한참 두서 없이 주절거리다)
> 사랑해. 당신 없으면 난 반쪽짜리야.
> 도로시 : 말 안 해도 돼요… "저기요" 할 때 벌써 넘어갔어요.
>
> – *Jerry McGuire*

스포츠 에이전트인 주인공 Jerry McGuire가 이런저런 이유로 아내와 별거를 하게 되지만 결국 아내를 얼마나 사랑하는지 깨닫게 됩니다. Jerry가 아내를 찾아와 얼마나 사랑하는지, 왜 헤어질 수 없는지 주절대는 장면입니다. 눈물을 흘리던 아내가 하는 말에서 have의 소유욕에 대해 전율을 느낄 수 있습니다. 주머니 속에 넣는 그림을 그려보세요. 보자기에 싸버리는 그림을 그려도 됩니다. 그럼 어떤 뜻이 될까요? You had me at "Hello".란 결국 Hello를 듣는 순간 이미 마음을 빼앗겼다는 겁니다. You의 손에 넘어간 거니까요.

get도 같은 그림을 그릴 수 있습니다. get의 움직임이 있기 때문에 소유당하는 과정의 뉘앙스가 있다는 차이만 있습니다.

The Matrix has you.

This whole thing is getting me.
이거 사람 죽이는군.

I got him.

거시기 이론을 적용해야 하는 경우입니다. '이해했다' 는 그림이 될 수도 있고, 물리적으로 '잡았다' 는 그림이 될 수도 있고, '죽였다' 는 그림이 될 수도 있습니다.

You got me.

이 말 하나로도 '너한테 두손 들었다', '당했다', '졌다' 는 의미가 될 수도 있고, 심지어 누군가 모르는 걸 물어봤을 때 이 말을 하면 '모른다' 는 의미가 되기도 합니다.

You got me there. 그 점에선 니 말이 맞다.

내가 무슨 말을 했는데 이에 대해 상대방이 하는 말을 듣고 이렇게 말한다면 "내가 한 말 중에서 약점을 꼬집었다"는 뉘앙스가 되는 겁니다.

A : You talked about Kahoo's leadership in developing new technologies? I can't think of any technologies developed by Kahoo, can you?
B : You got me there! My mistake. Kahoo doesn't develop any technologies.
A : 카후가 신 기술 개발에 앞장선다고? 카후가 개발한 기술이 어딨는데?
B : 그건 니 말이 맞아! 내가 말실수 했어. 카후가 기술 개발은 못 하지.

다시 강조하지만 위에서 설명한 have와 get의 그림 역시 문맥에 따라 정해지는 겁니다.

A : I bought this nice jacket for $100! It's a real bargain!
B : Oh, Christ, you've been had, too?

A : 야, 이 죽이는 잠바를 100달러 주고 샀다니까. 엄청 싸지 않냐?
B : 나 원 참… 너도 당했냐?

구어체 표현입니다. 어떤 가게 주인이 손님들을 보고 "니들은 내 손 안에 있소이다~~"라고 생각하는 그림을 떠올리면 됩니다. 손님 입장에서는 가게 주인 손 안에서 놀아나는 결과거든요. 결국 꼬임에 빠져 속는 것, 다시 말해 당하는 거지요.

I guess I've been had by that bastard. He borrowed $500 from me last week, and took off! 나도 그놈한테 당했나봐. 지난주에 500달러 빌려가더니 튀었어.

A-ha! moment

Scully : Now what?
Mulder: It's locked?
Scully : I had you.
Mulder: No, you didn't.
Scully: Oh, yeah. I had you big time.
Mulder: You had nothing. I saw you jiggle the handle.
Scully: I saw your face, Mulder. There was a definite moment of panic.

스컬리 : (문이 잠겼다고 손잡이를 마구 돌리며) 또 뭐야?
멀더 : (멀더가 문을 여니 열린다.) 잠겼어요?
스컬리 : (고소하다는듯이 쳐다보며) 속았지롱!
멀더 : 아니, 안 속았어요.
스컬리 : 에이~ 속았잖아요. 나한테 완전히 당했죠.
멀더 : 하나도 안 속았다니까요. 손잡이 돌아가는거 봤다구요.
스컬리 : 멀더, 얼굴 보면 알아요. 순간적으로 당황하는 빛이 역력하던데 뭘…

– The X-Files 'Fight the Future' (The Movie)

테러범을 쫓아 한 건물 옥상에 올라왔던 FBI 요원 Scully와 Mulder. Scully가 Mulder에게 장난을 치는 장면입니다. 앞에 나온 Jerry McGuire에서 Dorothy가 말한 You had me.와 똑같은 형태지만 의미는 전혀 다르지요. 모든 그림의 정확한 의미는 문맥을 보고 판단해야 한다는 걸 보여주는 예입니다.

 비행기 타야 돼.

우리가 일반적으로 생각하는 것과 표현 방식이 다른 경우입니다.

I have a plane to catch. →
I have to catch a plane.

특별한 의미가 있다기보다 형식만 다른 경우이니 눈도장을 찍어두세요.

We have a lot of work to do. Stop fooling around.
우리 할 일 많아. 장난 그만해.

I have an important phone call to make.
중요한 전화 걸 데 있어.

We have a lot of packing to do. 짐 무지 많이 싸야 돼.

A-ha! moment

President : I have a confession to make. I'm sleeping next to a beautiful, young brunette.
First Lady : You didn't let her stay up all night watching TV?
대통령 : 고백할 게 있는데. 나 지금 젊고 아름다운 갈색 머리 아가씨랑 잠자리에 들었어.
영부인 : 또 애 늦게까지 TV보게 한 건 아니지요?

— *Independence Day*

대통령이 영부인과 전화 통화를 하는 장면입니다. 옆에서 자고 있는 딸을 두고 말장난을 하는 거지요.

I have a plane to catch.

have 08 이거 가져도 돼? | 안 돼, 니가 알아서 구해.

take의 가장 단순한 그림입니다. 갖고 싶은 마음이 생겨 내것으로 만드는 그림입니다. 앞에 놓인 게 아니라 다른 데 가서 노력해서 얻으라는 건 get의 그림이라고 했지요. Can I have it?이라고 할 수도 있지만 take보다 '갖고야 말겠다'는 그림이 약합니다. take를 보면 '탁 채가는 그림'을 떠올려야 합니다. 다음 두 문장을 비교해 보세요.

A. They took all I had. 내가 가진 걸 모두 빼앗아갔어.
B. They got[had] all I had. 걔네들도 내가 가진 건 모두 있었어.

A문장은 내게서 강제로 빼앗아 간 그림이지만 B문장은 내가 가진 걸 빼앗은 게 아니라 다른 데서 구해서 갖고 있는 것이지요. They got all I had.라고 쓸 경우는 원래 없었지만 어디선가 구해서 갖게 됐다라는 그림도 그릴 수 있습니다. take를 보면 꼭 껴안거나 낚아채는 그림을 그려보세요.

I took her in my arms and tried to comfort her. 품에 안고 달래주려고 했지.
She has taken my money. 그 여자가 내 돈 빼앗아 갔어.
An Iraqi army unit took the town. 이라크군이 마을을 점령했다.
Ok, I'll take the job. When shall I begin? 좋아요, 일하지요. 언제 시작할까요?
Bill took the gold medal in Olympics. 빌이 올림픽에서 금메달을 땄어.
Jack took his own life.
잭이 자살했어. (심지어 목숨도 빼앗지요. 자기 자신의 목숨을 빼앗으면 자살하는 겁니다.)

내것으로 만들고 싶은 것이 꼭 사물만은 아닙니다. power라든가 control 같은 개념도 빼앗을 수 있습니다. 또한 사람만 뭔가 가질 수 있는 건 아니라고 했습니다. 네이티브 눈에는 전체 그림의 모든 조각들이 평등하니까요.

He was only 34 when he took power. 정권을 잡았을 때 겨우 34살이었어.
It was John who finally took control. 결국 상황을 장악한 건 존이었어.
In Asia the financial crisis took a different form.

Can I take it? | No, get one for yourself.

아시아 금융 위기가 또다른 양상을 띠었다.
She takes great pride in her son.
아들을 참 자랑스럽게 여기셔. (정도는 약하지만 뭔가 얻어내는 그림은 여전합니다.)
The government took comfort from the latest opinion poll.
정부는 최근 여론조사 결과로 한시름 놓았다.

have 09 서류가방 잊지 말고 가져가.

take에는 뭔가를 가져가는 그림도 있습니다. bring의 상대 동사인 것이지요. bring은 다가오는 그림이지만 take는 멀어져 가는 그림입니다.

I used to take my books to Bundy's house to study.
나는 책 들고 번디 집에 가서 공부하곤 했어.

I가 Judy이고 이 문장을 번디의 관점에서 다시 쓰면 bring이 됩니다.

Judy used to bring her books to my house to study.
주디가 책 들고 우리집에 와서 공부하곤 했지.
I was taken to the hospital last night.
(출발점의 관점) 어젯밤 병원에 실려갔어.
→ They brought him to the hospital. (병원의 관점)
Take your problems to a professional, if you can't handle them. 너 혼자 해결할 수 없으면 전문가에게 자문을 구해.
It's her beauty that has taken her to the top, not her talent!
그 여자 얼굴이 반반해서 인기가 있는 거지 재능이 있어서는 아니라구.
Take your feet off the desk this instant! 책상에서 당장 발 못 내려 놔!

take off를 대단한 이디엄으로 외우기보다 your feet를 잡아다(take) 책상에서 떨어뜨려(off) 내려놓는 그림을 그려야 합니다.

Take him out. 걔 데리고 나가.

Don't forget to take your briefcase.

안으로 데리고 들어오라고 했다면 bring him in이겠지요. bring은 가까워지는 그림이고 take는 멀어지는 그림입니다. 잡아 들고 움직이는 그림을 그리면 됩니다. 가지려면 우선 잡아야 하니까요.

He took a wad of bills from his pocket. 주머니에서 돈다발을 꺼냈다.

이 문장에서는 돈다발이 어디서 멀어지는 것일까요? 주머니에서 멀어집니다. 네이티브가 보는 그림 조각은 모두 평등하니까 가져가는 주체가 사람이 아닌 경우도 있겠지요.

My work has taken me all over the country, and wherever I go, I get to meet a beautiful girl.
일 때문에 전국을 돌아다녔지. 어딜 가든 예쁜 여자를 만났고 말이야.

▶ 잡고 흔드는 have

have가 누군가를 잡아 일을 시키거나 상태를 변화시키는 그림을 그리는 경우입니다.

He had his enemies killed. 적들을 죽게 했지.

직접 죽인 게 아니라 누군가를 시켜서 적을 죽인 경우입니다. have가 누군가를 붙잡고 일을 시키거나 뭔가를 붙잡고 흔들어서 상태를 변화시키는 그림을 그리면 이해하기 쉽습니다.

I had my hair cut. 나 이발했어.

중고등학교 문법시간에 많이 봤던 형태지요. 머리를 잘랐다고 할 때 I cut my hair.라고 잘 안하는 이유는 자신이 직접 자르는 게 아니라 이발사를 시켜서 자르기 때문이라고 배웠습니다. have가 이발사를 붙잡고 일을 시키는 그림을 그리면 됩니다.

I plan to have my house painted green to match the background.
배경이랑 어울리게 집을 녹색으로 칠하려구.
We had a mini-fridge put in our room to store drinks.
마실 것 넣어 놓을 미니 냉장고를 방 안에 설치했어.

우리말에서는 누군가를 시켜도 머리를 자르는 것이고 칠을 하는 것이기 때문에 have의 그림이 드러나지 않습니다. 그래서 거꾸로 영어로 옮기면 내가 직접 자르고 칠하는 것으로 말하게 되지요.
누구한테 시키는지 드러나는 경우도 있습니다. get과 달리 to 없이 동사 원형을 쓴다는 데 유의하세요.

I'll have my daughter bring some coffee. 딸한테 커피 좀 가져오라고 할게요.
Please have your driver pick me up at 7 p.m.
운전기사에게 일곱 시에 저 태워가라고 해주세요.

have는 누군가를 시켜서 그렇게 만드는 그림도 있지만 대상을 잡고 흔들어서 어떤 상태로 변화시키는 그림인 경우도 많습니다.

I will have it finished by tomorrow morning. 내일 아침까지 끝내도록 하겠습니다.
Have your gun ready as soon as you get out of the room. 방을 나가자마자 총 쏠 준비를 하라구.

또는 단순히 어떤 상태로 뭔가를 가지고 있다는 그림을 그릴 수도 있습니다.

I had my watch stolen a week ago at my workplace.
지난주에 직장에서 시계 잃어버렸어.

우리말로 하면 도난당한 것이지만 '도난당한 상태의 시계'를 가진 그림이기도 합니다.

He had his eyes half closed and his mouth open.
눈은 반쯤 감기고 입은 헤 벌리고 있더라구.
Bundy had his laptop broken when a kid kicked his bag with his laptop

inside. 번디 노트북 망가졌대. 어떤 꼬마애가 그 노트북 든 가방을 발로 찼대나.

My neighbor had his son taken from him because of abuse allegations.
이웃집 사람이 아동 학대를 한다는 고발이 들어와서 아이를 데려가 버렸대.

형태는 누군가에게 시키는 거지만 의미는 상태를 갖는 그림인 경우도 있습니다.

I won't have him talk to me like that. 걔 나한테 그딴 식으로 말하는 거 못 참아.

그 사람이 말을 하는 상태(him talk to me like that)를 그대로 두지 않겠다(won't have)는 것이니 참지 않겠다는 말이지요.

▶ 꼼지락거리는 get

get을 최소 단위로 분해한다면 움직임의 그림만 남을 겁니다. get을 끈끈이로 생각해서 주어가 움직여 어떤 상태로 변했다는 그림을 그리면 됩니다.

I got upset. 화가 났어.

멀쩡한 상태에서 화가 난 상태의 그림(upset)으로 이동을 한 겁니다. 이동 과정을 그려볼까요?

He was not upset. → He got upset. → He was upset.
화가 나지 않은 상태 → 화가 난 상태로 이동 → 화가 난 상태.

They tried to get in touch with her. 연락을 취하려 했다.

연락이 되지 않는 상태에서 이동해 연락이 되는 상태로 움직인 것입니다.

They were not in touch with her. → They got in touch with her. → They were in touch with her.

You have to get it clean before you sell it. 팔기 전에 깨끗이 닦아야 돼.

문장의 주어가 목적어를 움직이게 할 수도 있습니다. 주어가 스스로 움직이느냐 주어가 목적어를 움직이게 하느냐만 다를 뿐 '움직임'을 나타내는 건 똑같습니다. get을 끈끈이로 생각하면 이해가 쉽습니다.

It was not clean. → It got clean. → It was clean.

이동하는 그림은 같지요? 단지 스스로 움직인 것이 아니고 you가 움직이도록 한 것입니다.

What did you do to get him to come here? 어떻게 했길래 그 사람이 여기 온 거야?
He was not here. → He came here. → He is here.

마치 장기판의 말처럼 사람이나 사물을 잡아서 이동시키는 그림을 그리면 되지요. 이동 후의 상태는 동사가 될 수도 있고(to come here), 상태를 나타내는 형용사가 될 수도 있습니다(angry). 이동 후 도착하는 장소가 될 수도 있습니다(to the office).

Can I get you something to drink? 뭐 마실 거 가져다 줄까?
Please get us a table for five. 다섯 명 앉을 자리 마련해줘요.

마실 것을 날라다 주는 그림과 테이블을 움직여주는 그림이지요. 이처럼 뭔가 가져다 달라고 할 때 가장 쉽게 쓸 수 있는 동사가 get입니다.

    He's bleeding. Get him a towel or something.
    쟤 피 흘린다. 수건 같은 거라도 가져다 줘라.
    Get me a report by the end of the day. 오늘까지 보고서 가져오도록.

이런 상황을 상상해보세요. CIA가 위성으로 테러범으로 추정되는 용의자 차량을 추적하고 있습니다. 기술 담당자에게 이런 말들을 한다면?

    Can you get me a visual on the van? 용의자 차량을 비디오로 확인할 수 있을까?
    Get me a closer shot of that plate. 차 번호판을 좀더 가까이 찍으라구.

정말 잡아다 뭘 시키는 그림을 봅시다.

    Get Bundy to call me. 번디보고 나한테 전화하라고 해.

번디라는 사람을 잡아다가 전화를 걸도록 만드는 그림입니다.

    I just can't get my husband to quit smoking.
    남편 담배 끊게 못 하겠어.
    You know that blonde joke where a blonde was told to blow in the tailpipe in order to get all the dents in her car to pop out? Her blonde roommate even told her to roll up the windows first!
    그 금발 유머 알아? 금발 아가씨한테 차 찌그러진 데를 모두 펴려면 배기구에다 입을 대고 불라고 했다잖아. 그 아가씨 친구도 금발인데 창문부터 올리라고 했대!

찌그러진 곳을(all the dents) 잡아서 튀어나오도록(to pop out) 만드는 그림입니다. 전치사가 이동 후 상태를 나타낼 수도 있습니다.

    Get out. 나가.
    He was in. → He got out. → He is out.

움직인 다음 도착한 곳이 '바깥(out)' 인 겁니다.

뭔가를 움직이고 그 움직인 결과를 형용사로 나타내는 경우를 봅시다.

Get things done quickly. 빨리 일 끝내.

Things are not done. → Things got done. → Things are done.

done은 과거 분사이지만 상태를 나타낸다는 점에서 형용사로 봐도 됩니다.

You might get us all killed! Stop screaming!
너 때문에 우리 모두 죽을지도 몰라! 소리 좀 그만 질러!

문장을 분석하지 말고 '우리(us)'를 잡아다 '죽임을 당하는 상태(killed)'로 몰고가는 그림을 그릴 수 있어야 합니다.

Get this phone fixed as soon as possible. 이 전화 당장 고쳐놔.

분사도 하는 역할은 형용사이기 때문에 형식이 같습니다.

Let's get moving. 자, 가자구.

We were not moving. → We got moving. → We are moving.

현재 분사 moving도 상태를 그려준다는 차원에서는 형용사의 역할을 합니다. 움직여서 '이동하고 있는 상태'로 가는 것이지요.

I got off the bus. 버스에서 내렸다.

get의 이어 동사는 get 다음에 오는 전치사의 상태로 주어가 움직이는 그림을 그리면 됩니다. 이어 동사의 개수는 많아도 그림을 그리기는 쉽습니다.
get off를 보세요. off의 상태로 움직이는 겁니다.

I was on the bus. → I got off the bus. → I was off the bus.

get하기 이전의 상태가 버스에 탄 상태고 get한 다음 상태는 버스에서 내려 버스와 내가 분리된 상태(off) 인 거지요.

get on이면 on의 상태로 움직이는 것이고, get in이면 in의 상태로 움직이는 거겠지요?

   Get on the train. 기차에 타.
   Get in here. 안으로 들어와.
   Do you ever get asked for your autograph? 너한테 사인해달라는 사람 없든?

움직임을 나타내는 건 마찬가지구요. asked의 그림을 그려보세요. 내가 묻는 것이 아니고 누군가 나에게 묻는 것이지요.

   People ask for my autograph. → I'm asked for my autograph (by people).

이 두 문장은 같은 그림입니다. 단지 누굴 중심으로 그림을 그리느냐만 다릅니다. 두 번째 문장의 asked 상태로 이동을 하는 그림이 get asked지요.

   How did he get to be so wealthy? 어떻게 그렇게 재산을 많이 모은 거야?
   He was not wealthy. → He got to be wealthy. → He is wealthy.

움직인 다음 도착점을 나타내는 to가 있고 상태를 나타내는 be 동사가 따라옵니다. be 동사도 동사라는 말이지요. get to는 점진적인 움직임을 나타냅니다.

   It takes some time to get to know someone.
   누군가를 아는 데는 시간이 좀 걸리지.

▶ 한 번 더 욕심부려 본 take

 거기 가려면 몇 시간은 걸려.

뭔가 주고 그 대가를 가져가는 그림입니다. 여기서는 '거기에 도착하는 것' 에 대한 대가로 몇 시간을 가져가는 그림입니다.

> **A-ha! moment**
>
> David : You have any idea how long it takes for those cups to decompose?
> Father : If you don't move soon, I'm gonna start to decompose.
> 데이빗 : 그런 컵 썩는 데 시간이 얼마나 오래 걸리는지 아세요?
> 아버지 : 너 빨리 안 두면, 내가 썩기 시작할 거다.
> – Independence Day

아버지와 아들이 체스를 두는데 아버지가 플라스틱 컵에 담긴 커피를 마시자 아들이 환경 생각하라며 한소리 하는 장면입니다.

It takes courage to say what you think.
생각하는 바를 그대로 말하려면 용기가 필요하지.

마찬가지로 생각하는 바를 말로 하는 것이 용기를 대가로 가져가는 그림입니다.

It was raining. The trip took us a long time.
비가 내려서 여행하는 데 시간이 꽤 걸렸어.

I was so ill that walking across the room took all my strength.
얼마나 아팠던지 방안을 걷는 것만으로도 힘이 쭉 빠지더라구.

It takes hours to get there.

 take 02 니 애들 다신 봐달라고 하지 마. 도저히 못 참겠더라.

뭔가 참으려면 어떻게 하나요? 순순히 받아들여야 합니다.

He took a bullet in a shootout. 총격전에서 총상을 입었어.
They have taken heavy casualties. 수많은 사상자를 냈다.
He took my advice and quit his job. 내 충고를 받아들여 직장을 관뒀지.
It was your fault! Why should I take the blame?
니 잘못인데 왜 내가 비난을 받아야지?
She took the sad news in a calm manner. 슬픈 소식을 조용히 받아들였다.
Our theater could take 3,000 people. 우리 극장은 3천 명을 수용할 수 있습니다.

Don't ever ask me to look after your kids again. I just can't take it!

take 03 지난해에 영어와 일어를 수강했다.

앞에 놓여있는 아무 물건이나 손으로 집어보세요. 앞에 놓인 많은 물건 중에 한 가지를 집는 '선택' 의 take입니다.

> You have a lot of friends around you, Judy. Take me, for example.
> 주디, 니 주변에 친구가 얼마나 많아. 예를 들어 나도 있잖아. (역시 여러 친구 중에 나를 선택해 예를 드는 경우입니다.)
> I'll take the red one. 빨간 걸로 할게요.
> OK, you have lots of problems. Let's take one thing at a time.
> 그래, 니가 해결해야 될 문제가 많아. 하나씩 해결하자구.
> We'll take a taxi home. 택시 타고 갈게.

I took English and Japanese last year.

take 04 미안해요. 다른 사람으로 착각했어요.

머릿속에서 받아들이는 그림의 take입니다. 머리로 받아들이면 '이해' 의 그림이 나옵니다.

> Do you take me for an idiot? 내가 바본 줄 알아?
> I take your point. 무슨 말인지 알겠어.

Sorry, I took you for someone else.

05 니 전화 더 이상 받고 싶지 않아.

갖겠다는 의지가 약화된 순순히 받아들이는 그림의 take입니다.

> He's not here. May I take a message? 자리에 없는데요. 메시지 남겨드릴까요?
> I don't think I should take all the credit. 나 혼자 공을 다 차지할 순 없어.
> I have to take a driving test tomorrow. 내일 운전 면허 시험 봐야 돼.
> I take a size 32 or above. 32 이상만 입어요.

I don't want to take your calls anymore.

take 06 수면제라도 좀 먹어.

몸으로 받아들이는 그림의 take입니다. 먹는 것도 결국 내것으로 만드는 것이니까요.

You have to take enough calcium. 칼슘 많이 먹어야 돼.

Take some sleeping pills.

take 07 백신이 효과가 없으면 수술을 받아야 될지도 몰라.

우리말로는 우스운 얘기지만 사람의 입장이 아니라 '약의 입장' 에서 생각해 보세요. 효과가 있으려면 약이 환자를 잡아줘야 합니다. 환자 몸속에 자리를 잡아야 한다는 말이지요. take가 자동사로 목적어 없이 혼자 쓰이는 경우입니다.

A : I thought you quit smoking.
B : Well, it didn't take.
A : 너 담배 끊은 줄 알았는데?
B : 오래 못 갔지.

If the vaccination doesn't take, I might have to have surgery.

take 08 이번 선거에 대해 어떻게 생각해?

take의 명사형 그림은 몇 개 되지 않습니다. 영화나 음반을 만들 때 시도 횟수를 take라고 하고, 견해나 아이디어도 take라고 하지요. 물질적인 걸 얻는다는 의미로 이익도 take라고 하고 부정한 돈을 받는 경우도 take라고 합니다. 역시 모두 기본동사의 그림이 명사로 굳어진 것뿐입니다.

It's my take that women are more cerebral and men are more physical.
내 생각엔 여자들이 머리를 더 많이 쓰고 남자들은 힘을 더 많이 쓰지.
She did two takes for each track and was finished in about three hours!
노래 한 곡당 두 번씩 부르고 세 시간만에 녹음 끝냈어!
I probably did twenty takes for the opening bit, that tricky guitar intro.
어려운 기타 도입부만 한 스무 번은 시도했나봐.
We did ten takes for the opening scene. 오프닝 신만 열 번 찍었어요.
With each new take, Bundy ad-libs his own lines.
찍을 때마다 번디는 애드립을 친다니까.
Star Wars Episode III – Revenge of the Sith : Thursday's single day boxoffice take was $50 million dollars on 3,661 screens nationwide.
〈스타워즈 에피소드 3 — 시스의 복수〉는 전국 3,661개 극장에서 개봉돼 목요일 일일 흥행 수익 5천만 달러를 기록했다.

What's your take on the coming election?

영어로 말해보기

1. 잭이 내가 가진 돈 다 뺏어갔어. 어디 가서 돈 좀 구해야겠는데.
2. 요즘 고객들(customers) 전화가 빗발쳐.
3. 정직한 경찰이라면 뇌물(bribes) 받으면 안 되지.
4. 산책이나 합시다.
5. 코트 받아줄게요.
6. 걔 거짓말한다는 인상을 받았어.
7. 너 저 대사(line) 이해하겠니?
8. 번디한테 집에 데려다 달라고 했다.
9. 공항까지 좀 데려다 줘.
10. 언제 니네 집에 데려가 줄래?
11. 일 때문에 외국에 자주 가.
12. 어제 머리했어.
13. 난 대개 오전 9시에 사무실에 가지.
14. 아들한테 가게 가서 우유 좀 사오라고 할게.
15. 날 잘 알게 되면 이해할 수 있을 거야.
16. 두 번 찍고 나서 보니 두 번째 것이 좀더 자연스러워서 그걸로 가기로 했다.
17. 이 회사 기업 문화에 대해선 어떻게 생각하나요?

1. Jack took all the money I had. I have to get some money somewhere.
2. We get[have] a lot of phone calls from customers.
3. An honest cop shouldn't take bribes.
4. Let's take a walk.
5. Let me take your coat.
6. I got the impression that he was lying.
7. Did you get that line?
8. I asked Bundy to get[take] me home.
9. Will you get[take] us to the airport?
10. When will you take me to your place?
11. My work takes me abroad a lot.
12. I had my hair done yesterday.
13. Generally I get to the office at 9 a.m.
14. I'll get[have] my son go to the store and get some milk.
15. You'll understand when you get to know me.
16. We did a couple of takes and the second felt a bit more natural so I went with that.
17. What's your take on the company's corporate culture?

꼼지락 꼼지락! make

make는 움직임의 결과로 뭔가 생기는 그림입니다. 단순히 움직여 이동하는 것도 make입니다. 뭔가 새로운 것을 만들어내는 것도 make지요. 'make= 만들다' 의 공식을 깨고 「움직임 + 거시기」 이론을 적용하는 게 좋습니다. 다음 네 가지 문장을 일단 머리에 담아두세요.

1. She made for her kid.
   아이를 향해 움직였다. (움직임의 결과 – 이동)
2. They make computers.
   컴퓨터를 만들어. (움직임의 결과 – 컴퓨터를 만들어냄)
3. You'll make a good teacher.
   넌 좋은 선생님이 될 거야. (움직임의 결과 – 선생님이 됨)
4. You can't just make him love you.
   사랑을 강요할 수는 없습니다. (움직임의 결과 – 다른 사람을 움직임)

make의 기본그림은 첫 번째 문장에서 출발합니다. 움직임이 있고 그 결과 이동하거나, 뭔가 만들어내거나, 되거나, 다른 사람을 시켜 어떤 행동을 하게 하는 것입니다. '만들다' 공식에서 벗어나 '움직임의 그림'을 먼저 그리고 뒤에 나오는 명사나 전치사를 보고 문맥에서 어떤 결과를 낳는지를 판단해야 합니다. 앞에서 다룬 꼼지락 거리는 get에 생산적인 뉘앙스를 부여하면 make가 됩니다. 꼼지락 거리는 그림과 결과물을 만들기 전 상태의 재료를 주물럭거리는 그림을 더하면 제 2권에서 다루는 work가 되지요. make는 결과물을 목적어로 갖지만 work는 재료를 목적어로 주물럭거린다는 차이가 있습니다.

I worked the clay and made a brick. 찰흙을 빚어서 벽돌을 만들었다.

기본 형태

대부분의 경우 움직인 다음의 결과를 나타내는 목적어가 있어야 하기 때문에 타동사로 사용합니다. 움직임만 나타낼 때는 자동사 형태로 쓰이기도 하지만 이 경우에도 전치사와 묶어보면 결국 타동사의 모습입니다.

A. I made a toy gun. 장난감 총을 만들었다.
B. I'll make you a toy gun. 장난감 권총 만들어 줄게.
C. It's time we made for home. 집에 갈 시간인데.

make 01 나를 때릴 것처럼 하다가 물러섰어.

단순히 몸을 움직이는 그림입니다. make라는 그림의 출발점이라고 생각하면 됩니다. 다음 예문처럼 like가 붙으면 뭔가 다른 걸 흉내내는 그림이지요. make는 움직임의 그림만 있고 부수적인 의미는 as if, to, like 등에서 나옵니다.

He made to run after Tom, who kicked him in the butt.
엉덩이를 걷어찬 톰을 쫓아갈 태세였다.
Look at your father. He makes like he's a monkey eating bananas.
아버지 좀 봐라. 바나나 먹는 원숭이 흉내를 내잖니.
I think we should make for the exit. 출구로 가야할 것 같은데.

> He made as if to hit me, then moved back.

make 02 국가 대표 축구팀에 들어가지 못할 것 같아.

조직이나 장소 등 뭔가를 향해 움직이는 그림입니다.

You can't make Busan in two hours!
어떻게 두 시간만에 부산에 도착하냐! (움직임의 결과 – 부산에 도착)
I can make it to Busan in so many hours!
그 정도 시간이면 부산까지 갈 수 있다구! (움직임의 결과 – 부산에 도착)

어딘가를 향해 움직인다는 그림의 이어 동사 make for와 다른 점이라면 성공적으로 도착한다는 그림이 있다는 겁니다. make 다음에 바로 장소가 올 수도 있고 make it to의 형태 다음에 장소가 올 수도 있습니다.

> Those who cannot make the meeting, please try and send in your ideas prior to the meeting via e-mail.
> 모임에 참석할 수 없는 사람은 각자의 아이디어를 모임 전에 이메일로 제출해주세요.
> I don't think Jack would be able to make the party next week because he just had a surgery a few weeks ago.
> 잭은 몇 주 전에 수술 받아서 다음주 파티에 못 갈 거야.
> You're damn good. You can make it. 넌 진짜 잘해. 넌 할 수 있을 거야.

I don't think I'll ever make the national soccer team.

거시기 it입니다. 문맥에 따라 추정해야 합니다. 대회에 나가는 것이라면 그 대회에서 우승을 한다는 말이고, 강단에서 연설을 한다면 연설을 잘해낸다는 뜻이겠지요. 뭔가 성공적으로 해내는 그림입니다.

make 03 갠 훌륭한 정치인이 될 자질이 있어.

사람이 움직여 그 결과로 다른 사람이 되거나, 사물이 움직여 다른 사물이 되는 그림입니다. 덧셈할 때 쓰는 make의 용례를 보면 좀더 이해가 쉬울 겁니다.

> One and one make two. 1과 1을 합하면 2가 되지.
> The first night we light the first candle and the second night we light two candles, which makes three in all.
> 첫날 밤은 첫 번째 촛불을 켜고, 둘째날 밤은 촛불 두 개를 켜서 도합 세 개를 켜게 됩니다.
> He's in. That makes four in all.
> 걔도 낀대. 그럼 총 네 명이 되는 거야. (움직임의 결과 – 총합 네 명)
> Judy will make a good actress if she gets the right training.
> 훈련만 잘 받으면 주디는 좋은 배우가 될 거야. (움직임의 결과 – 배우, 누군가 좋은 배우가 된다면 좋은 배우가 되려고 그쪽으로 계속 움직인 결과겠지요.)

That's an amazing story! It'll make an interesting book!
정말 멋진 얘기다! 흥미진진한 책이 나오겠는데! (움직임의 결과 – 책)

Bundy would make a very good teacher, having the aptitude for clear communication. 번디는 의사소통을 명확히 하는 능력이 있으니까 좋은 선생이 될 거야.
I want to marry you, Judy. You'll make a wonderful wife.
주디, 당신이랑 결혼하고 싶어요. 당신은 멋진 아내가 될 거니까.
A decent mattress on the floor can make a comfortable bed.
바닥에 좋은 매트리스 깔면 안락한 침대가 될 수도 있지.

He'll make a good politician.

make 04 한국은 유럽에서도 차를 만들어.

움직여서 뭔가 새로운 것을 만들어내는 그림입니다. 우리가 가장 잘 알고 있는 make지요. make하는 대상이 무엇이냐에 따라 번역이 달라지지만 기본적으로 무에서 유를 창조한다는 건 같습니다.

He's making a film on the Korean War. 한국전쟁에 대한 영화를 제작중이야.
Will you make us some coffee? 커피 좀 타줄래?

I got up at six and made breakfast. 여섯시에 일어나서 아침 준비를 했다.
Make a list of the friends that you should call.
전화 걸어야 될 친구 목록을 만들어.
I don't want to abide by the rules I didn't make.
내가 만들지도 않은 규칙을 따르긴 싫어.

A-ha! moment

There's no animal in the world that makes footprints like that, is there? 저렇게 큰 발자국을 내는 동물은 세상에 없는데… 있나?

— *Godzilla*

고질라는 우리나라 용가리와 같은 거대한 공룡 모습의 괴물이지요. 집채만한 발자국을 발견하고 다들 놀라고 있는 장면입니다. 발자국을 만든 장본인이 누구냐인데 발자국 내는 것도 make a footprint라고 하는 걸 알 수 있습니다. 이런 식으로 make할 수 있는 걸 차곡차곡 쌓아나가야 합니다.
돈도 없다가 생깁니다(make money).

How much did you make by selling those used books?
헌 책 팔아서 얼마 벌었니?
We're going to make a fortune with this machine. 이 기계로 떼돈 벌 수 있겠다.
Bundy would never do any work that exploits someone else, and he would never allow himself to make money off the sweat of others.
번디는 다른 사람 착취하는 일은 절대 안 하려 들지. 다른 사람이 노력해서 얻은 걸 빼앗아가면서까지 돈 벌려고 하는 사람이 아니니까.

Korea makes cars in Europe.

make 05 이번에 나온 새 책에 대해서 몇 마디 해도 될까요?

역시 움직임의 결과로 뭔가가 생기는 경우입니다. make와 뒤따라오는 명사가 한덩어리가 돼 거의 굳어져 있다시피 한 동사구들이기 때문에 많이 읽고 보고 들어서 차곡차곡 쌓아가야 합니다. make로 만들어지는 동사구는 대부분 명사에서 그 의미가 완성되기 때문에 처음 듣거나 본다 해도 어렵지 않게 이해할 수 있는 장점이 있습니다.

> I made a big mistake. 큰 실수를 했군. (움직임의 결과 – 실수)
> You're making some progress in math.
> 수학에서 진전이 좀 있군. (움직임의 결과 – 진보)
> He made us an offer that we couldn't refuse.
> 우리에게 거절할 수 없는 제안을 했어. (움직임의 결과 – 제안)

마지막 문장을 그림 그리기 쉽게 쓰면 He made an offer to us.가 됩니다. 움직임의 결과로 나온 것은 제안(offer)이고 제안의 도착점(to)은 우리(us)인 것이지요.

> If I may make a suggestion, you might want to check this guy out with the FBI. 내가 제안 하나 하자면, FBI 통해서 이 녀석 신원확인 해보는 게 좋을 거야.
> I need to make a quick phone call, please wait here.
> 급하게 전화할 데가 있으니까 여기서 좀 기다려.
> Judy walked out of the room, but Bundy made no attempt to follow her.
> 주디가 방에서 나갔지만 번디는 따라가려는 시도조차 안했다.
> I'd like to make a reservation for five, please. 다섯 명 예약하려고 하는데요.

몸 동작도 make의 동사구 형태로 많이 표현합니다. 역시 의미는 명사에서 나오니 어렵지 않습니다.

> Bundy made a final glance around the room and left.
> 번디는 마지막으로 방을 한번 훑어보고 떠났다.
> No one makes a move until I give the order.
> 내가 명령하기 전엔 아무도 움직여선 안 된다.
> Judy makes a gesture to Bundy, beckoning him over.
> 주디가 번디한테 이쪽으로 오라고 손짓을 했다.

May I make a comment on your new book?

동사를 알면 죽은 영어도 살린다 *191

Try not to make a sound when you walk by this room. The baby's sleeping. 이 방 지나갈 때 소리내지 마. 애가 자고 있으니까.
When he saw the body, he made a grimace of disgust.
시체를 보고 역겹다는 듯 얼굴을 찡그렸다.

 **몇 시니?**

확실하지 않은 어떤 상황이나 개념을 추정하는 그림입니다. 정확한 상황이나 개념을 향해 움직이는 그림이지요.

What time do you make it?

How many computers do you think Bill has? I make it four.
빌 컴퓨터가 몇 대일 것 같니? 내가 보기엔 4대는 될 것 같아.

 담배 좀 꺼요. 기침 나오잖아요.

다른 사람이나 사물을 움직여 어떤 결과를 낳게 하는 그림입니다. 위 예문에서는 나를 움직여(make me) 그 결과로 내가 기침을 하는 것(me cough)이지요.

Don't you ever try to make me do anything against my will.
내가 하기 싫은 건 시킬 생각 하지도 마. (움직임의 결과 – 하기 싫은 일 하는 것)
Gladiator made Russell Crowe a big star.
글라디에이터로 러셀 크로우는 대단한 스타가 됐지. (움직임의 결과 – 대단한 스타가 된 것)
I am wearing a dress which makes me look like a six-year-old. A six-year-old with zero taste and color-blindness.
이 드레스 입으니까 꼭 여섯 살짜리 같이 보여. 감각도 전혀 없고 색맹인 여섯 살짜리 말야.
(움직임의 결과 – 여섯 살짜리로 보임)
She's so beautiful and sexy. She makes Jessica Alba look ugly.
그 여자 정말 예쁘고 섹시해. 제시카 알바 저리가라야. (움직임의 결과 – 못생기게 보임)

위 문장은 일정한 패턴으로 사용됩니다. 예를 들어, 예쁜 여자를 말하면서 제시카

알바 저리가라라든가, 근육질의 남자를 보고 아놀드 슈왈츠제네거는 댈 것도 아니라든가 하는 것이지요.

They live in fantasy worlds which make Disneyland seem uninventive.
걔네들 디즈니랜드 저리가라할 만한 환상 속에 살고 있어. (디즈니랜드가 만들어내는 환상의 나라는 걔네들 환상에 비하면 진부하기 짝이 없다는 말장난)

감정이나 상태 변화를 나타내는 표현들 역시 make가 많이 등장합니다.

The mere thought of him living with her makes me sick.
그 사람이 그 여자랑 살고 있다는 생각만 해도 속이 뒤집어져.
The story made me incredibly sad. 그 얘기 듣고 믿기지 않을 정도로 슬프더라구.
Yuck, the sight makes me want to throw up. 으악, 저거 보니까 토할 것 같아.
The job interview makes me nervous. 면접 볼 거 생각하면 불안해.
You aced math again? You make me feel like an idiot.
수학에서 또 1등 먹었어? 너만 보면 난 꼭 바보 같아.
What makes you think Bundy has feelings for me? He doesn't even look at me. 왜 번디가 나한테 관심있다고 생각하는데? 날 쳐다보지도 않는데.

A-ha! moment

Abigail : Look, Blade, my father meant for us to help you. Like it or not, we are all you got.
Blade : What the hell makes you think you know about hunting vampires?
Hannibal : Well, here's for starters, I used to be one. Do I pass the audition?
아비게일 : 이봐요 블레이드, 당신을 돕는 게 아버지의 뜻이에요. 좋든 싫든 당신에겐 우리뿐이라구요.
블레이드 : 대체 무슨 근거로 니들이 흡혈귀 사냥에 자신이 있다는 거지?
한니발 : 먼저 이건 어때. 나도 한때 뱀파이어였다는 사실. 그럼 오디션 통과하는 건가?

– Blade 3

Put your cigarette out. It makes me cough.

흡혈귀를 잡고 다니는 블레이드를 돕겠다며 꽤나 어리고 겉멋 들어보이는 젊은이들이 나섭니다. 블레이드는 아마추어들이 한심하다는 듯 한마디 하는 거지요. what do you know about something과 what makes you think you know about something의 미묘한 뉘앙스 차이를 느껴야 합니다. 후자는 그렇게 생각하는 근거를 묻는 것이니까요.

자기 자신을 움직일 수도 있습니다.

> I can't make myself understood in English.
> 영어로는 내 말 이해시키기가 힘들어요.

굳어진 표현으로 make oneself understood(이해시키다), make oneself heard(주장을 펴다, 들리게 하다), make oneself known(존재를 알리다) 등을 씁니다. 결국 나 자신을 이해가 되는 상태(understood), 들리는 상태(heard), 알려진 상태(known)로 움직이는 겁니다.

> I had to shout to make myself heard. 내 말 들리게 하려면 큰 소리를 질러야 했다.

A-ha! moment

> The time has come to make a choice, Mr. Anderson. Either you choose to be at your desk on time from this day forward or you choose to find yourself another job. Do I make myself clear?
> 이제 결정을 내릴 때가 된 거 같애, 앤더슨 씨. 오늘부터 시간 맞춰 나와서 책상머리에 앉아 있던가, 아니면 딴 직장 알아보라구. 알아듣겠어?
>
> — *The Matrix*

늦잠 자고 지각한 주인공 Neo가 직장 상사에게 잔소리를 듣는 장면입니다. Anderson은 Neo의 성이지요. Do I make myself clear?는 Do I make myself understood?와 같은 뜻입니다. 지금 내가 한 말을 알아들었냐는 말이지요. 단순히 들었냐는 게 아니고 이해했는가를 묻는 겁니다.

I am the boss and inefficient workers will not be tolerated. Do I make myself understood? 내가 사장이야. 농땡이 피우는 직원은 용서 못 해. 알아들어?

비슷한 형태의 표현으로 make one's presence felt가 있습니다. 누군가의 존재(옆에 있다는 것)를 느낄 수 있다는 거지요.

Michael Jordan was unable to make his presence felt, scoring only 11 points. 마이클 조단은 있으나 마나더라. 11점밖에 못냈어.

진짜 존재를 알리는 걸 수도 있습니다. 더 많은 사람이 알게 만드는 거지요.

If you're going to run for mayor, you ought to make your presence felt a lot more than you do now.
시장 선거에 나가려면 지금보다 니 존재를 더 많이 알려야 할 거야.

It didn't take long for Bundy to make his presence felt. He helped increase the productivity ten folds in three months.
얼마 가지 않아 모두 번디를 다시 보게 됐지. 석 달 만에 생산성을 10배로 늘렸으니까.

수동형이 나오면 문법 고민을 많이 하는데요. 문법적 분석보다 그림을 그리는 게 훨씬 이해하기 쉬울 뿐 아니라 이해의 속도 또한 빨라집니다.

사람을 어떤 직책으로 움직이면 그 직책을 갖게 하는 것이겠지요.

The boss made me his secretary. 사장이 날 비서로 임명했어.

A-ha! moment

Jack Bauer : There are five nuclear power plants ready to melt down. All I care about right now is making sure that that doesn't happen. Your name is on a lease in a building that was used by the terrorists to plan today's attack. That makes you a prime suspect.
Paul : I don't know anything about some building in Chatsworth.
Jack Bauer : I don't believe you.

> 잭 바우어 : 지금 멜트다운(노심이 녹아내리는 핵발전소 최악의 사고)이 일어날지 모르는 핵발전소가 다섯 개나 된다구. 지금 내가 신경쓰는 단 한가지, 그런 일이 없도록 하는 거야. 오늘 공격을 계획한 테러범들이 사용했던 건물 임대계약서에 자네 이름이 올라가 있어. 그래서 자네가 유력한 용의자인 거지.
> 폴 : 채스워쓰에 있는 건물 얘긴 전혀 모른다구.
> 잭 바우어 : 못 믿겠는걸.
>
> – 24 Season 4 Episode 11

테러범들이 핵발전소를 공격해 미국을 쑥대밭으로 만들려고 합니다. 주인공 Jack이 자신이 사랑하는 여인의 전남편 Paul이 연루돼 있다는 걸 알고 심문하는 장면입니다. 이런 식으로도 make가 쓰일 수 있다는 걸 눈여겨봐야 합니다.
움직여서(make) 또다른 형태의 무엇인가로(into) 만드는 그림도 있습니다.

Most of my online lessons were made into books.
대부분의 내 온라인 강좌들이 책으로 만들어졌어.
Some of his novels were made into movies.
그 사람 소설 몇 권은 영화로도 만들어졌지.

상태를 바꾸는 것일 수도 있습니다.

Can you make the book a bit easier to read? 이 책 좀 더 쉽게 만들 수 없어요?

make 08 니 휴대폰 어디 거냐?

make 명사형의 가장 일반적인 그림은 우리가 흔히 말하는 '브랜드' 입니다. 그 제품 '어디 거냐?', 즉 누가 만들었느냐에 해당하지요.

Without a doubt, one of the best makes of MP3 players is *iriver*.
의심할 여지없이 최고의 MP3 플레이어 브랜드 중 하나는 아이리버지.

The make of your computer should be located on the outside of your computer. 외관에 니 컴퓨터 어디 건지 나와 있을 텐데.

The picture was taken on a bright sunny day. You could tell the makes of the cars in it.
이 사진 화창한 날에 찍은 거라 사진 속 자동차들 브랜드를 확인할 수 있을 정도지.

What make is your cell phone?

영어로 말해보기

1. 마감시간(the deadline) 못 댈 것 같으면 가능한 한 빨리 나한테 말해줘.
2. 이 책 좋은 영화가 될 수 있겠는데.
3. 저 가게에서 물건 사본 사람?
4. 칠판에 분필로 글씨를 쓰는데 끽(squeaky) 소리가 나더라구.
5. 난 절대 치과에 안 가.
6. 당신을 대통령으로 뽑아준 건 우리 국민들이라구!
7. 니가 하는 말에 내가 관심가질 거라고 생각하는 이유가 뭐지?
8. 니 자전거 어디 거니? 멋있다.

모범답안

1. If you're not going to be able to make the deadline, tell me as soon as possible.
2. The book will make a great movie.
3. Has anyone made a purchase from that store?
4. When I was writing on the blackboard, the chalk made a squeaky sound.
5. You can't make me go to the dentist.
6. It's we, the people, who made you the President!
7. What makes you think I'm interested in anything you have to say?
8. What is the make of your bike? It looks cool.

변화무쌍 구미호!
turn

turn을 보면 팽팽 돌아가는 그림을 그려야 정상입니다. turn의 가장 기본적인 그림이 도는 것입니다. 근데 돌기만 하진 않습니다. 옛날 요술쟁이나 마법사들이 변신술을 쓰려면 뱅뱅 돌았지요. 휘리릭~ 돌고 나면 예쁜 여자가 돼 있다던가… 호랑이로 변한다던가… 구미호 보세요. 공중제비를 몇 번 돌아야 사람으로 변합니다. turn의 두 번째 그림은 바로 변화입니다. 연결하기도 참 쉽지요. 동서양을 막론하고 사람이 생각하는 게 거의 비슷합니다. 돌면 변한다! 이 기본적인 두 가지 그림에서 확장을 해나가면 turn의 의미는 모두 이해할 수 있습니다.

기본 형태

주어 혼자 돌거나 변할 수도 있지만, 다른 뭔가를 돌게 만들거나 변하게 만들 수도 있겠지요. 자동사와 타동사 모두 사용합니다. 변한 다음의 상태를 보충해줄 수도 있습니다.

  A. He turned. 그가 돌아섰다.
  B. He turned me around. 그가 날 돌려세웠다.
  C. The light turned red. 빨간불로 바뀌었다.

 **돌아서서 가버리더라구.**

'돈다' 는 것은 꼭 한쪽 방향만 뜻하지는 않습니다. 뒤집어지는 것도 도는 겁니다.

When I told Judy about our plans for the night, Bundy turned and gave me a dirty look.
주디한테 오늘 밤 계획을 얘기해줬더니 번디가 돌아보더니 인상을 쓰더라구.

He turned to his mother and yelled, "I'm not a kid anymore!"
엄마를 돌아보고 소리쳤다. "나도 이제 애가 아니라구!"

뭔가를 축으로 궤도를 따라 회전을 하는 것도 도는 겁니다. 중학교 참고서에서 숱하게 봤던 문장있지요? 지구는 돈다!

The earth turns round the sun. 지구는 태양 주위를 돈다.

참고로 갈릴레오가 말한 "그래도 지구는 돈다"는 말은 영어로 And yet, it moves.라고 합니다. 실제로 '지구' 나 '돈다' 는 단어는 나오지 않지요.

수도꼭지도 돕니다. 돌려야 물이 나오니까.

The tap will not turn. 수도꼭지가 안 돌아가.

He turned on his side in sleeping. 자면서 옆으로 누웠다.

on은 접촉의 그림이니까 turn on his side라면 옆구리를 축으로 돈다는 말입니다. 바퀴가 축을 따라 돈다고 하려면 A wheel turns on an axis.라고 하거든요. 바퀴와 축이 붙어 있으니까(on) 그걸 축으로 돌 수 있는 겁니다.

In the movie *Ghost*, Demi Moore shaped the clay as the wheel turned.
영화 〈사랑과 영혼〉을 보면 데미무어가 바퀴를 돌리면서 진흙을 빚지.

What makes the locomotive wheels turn? 기차 바퀴는 뭘로 움직이는 거야?

Even a worm will turn. 밟으면 꿈틀하지. (지렁이도 밟으면 꿈틀한다는 말을 영어로 이렇게 표현하지요. 꿈틀거리는게 잘 보면 도는 것 같거든요.)

Everything turns on your answer. 니 대답에 따라 모든 게 달라져.

He turned and walked away.

Great events often turn upon very small circumstances.
별거 아닌 일로 큰 사건이 벌어지는 경우가 많지.

대답이 축이 됩니다. 그 축을 따라 모든 게 돕니다. 대답이 A였을 때와 B였을 때 도는 방향이나 정도가 다르겠지요? 그런 의미입니다.

turn 02 경비행기는 재래식 엔진으로 프로펠러를 돌리지.

스스로 도는 게 아니라 외부의 힘에 의해 도는 경우입니다.

> The man closed his eyes and turned his head, his ears scanning side to side. 눈을 감고 고개를 돌렸다. 양쪽에서 나는 소리에 귀를 기울이면서.
> Turn your face back. 얼굴 다시 돌려.
> She turned the bedside table to face the window. 침대맡에 있는 탁자를 돌려서 창가쪽을 향하게 했다.

여기서 to를 보세요. to 부정사를 '동사'를 쓰기 위한 변태 전치사쯤으로 생각하면 이해하기 쉽다고 했었지요. 탁자를 돌립니다(turned the bedside table). 그 결과로 도착점은 '창문을 향하는 것(to face the window)' 입니다.

> Setting my martini down, I got up and took the seat in front of the two ladies. I turned the chair to face them, no doubt that they would want to marvel at my perfection. 마티니를 내려놓고 일어서서 두 아가씨 앞 자리에 앉았다. 의자를 돌려 아가씨쪽을 향했다. 둘 다 내 완벽한 모습에 놀랄 수밖에.

180도가 아니라 20~30도만 돌아도 도는 겁니다. '돈다'는 걸 꼭 한 바퀴라고 생각하지 마세요. 머리를 360도 돌린다면 그건 사람이 아니겠지요. 마술이라면 모를까…

> I saw a magician turn his head completely around, 360 degrees.
> 머리를 360도 완전히 돌리는 마술사를 본 적 있어.

In smaller airplanes, a conventional engine turns a propeller.

A-ha! moment

> My father was born in Scranton, Pennsylvania, the middle son of Hugh Rodham, Sr., and Hannah Jones. He got his looks from a line of black-haired Welsh coal miners on his mother's side. Like Hannah, he was hardheaded and often gruff, but when he laughed the sound came from deep inside and seemed to engage every part of his body. I inherited his laugh, the same big rolling guffaw that can turn heads in a restaurant and send cats running from the room.
> 아버지는 펜실바니아 스크랜톤에서 휴 로담과 한나 존스 사이의 가운데 아들로 태어났다. 할머니를 닮아 검은 머리 웨일즈 광부들의 외모를 물려받은 아버지는 할머니만큼이나 고집이 세고 말이 퉁명스러웠지만, 웃음소리는 쩌렁쩌렁 울렸으며 온몸을 던져 웃는 듯 했다. 나는 식당에서 사람들이 고개 돌려 쳐다보게 만들고 고양이가 놀라 도망가게 만드는 아버지의 그 크고 호탕한 웃음소리를 물려받았다.
>
> — *Living History (Hillary Rodham Clinton)*

Hillary Rodham Clinton의 자서전의 한 부분인데요. 웃음소리가 너무 커서 사람들이 돌아볼 만하다는 걸 turn heads라고 표현하는 걸 눈여겨보세요. 그럼 완전히 뒤집어지는 건 어떨까요? 뒤집어지는 것도 역시 도는 겁니다.

> Why are your socks turned inside out? 왜 양말을 뒤집어 신었니?

거꾸로 뒤집는 것도 도는 겁니다.

> The magician placed a ball inside a box. He abruptly turned the box upside down, but the ball didn't fall out!
> 마술사가 상자에 공을 집어넣고 상자를 뒤집었는데도 공이 안 떨어지더라구!
>
> We threw everything in the van, turned the key, sat for a few hours, then found ourselves in California.
> 밴에 모든 걸 싣고 시동을 걸었지. 몇 시간 있으니 캘리포니아더군.

시동을 거는 건 start the engine(엔진을 움직이기 시작하는 것이니까)이라고도 합니다.

turn the key라는 건 자동차 열쇠를 돌리는 거지요. 그럼 시동이 걸리니까.

> Now turn the heat to very low and cook for an hour.
> 이제 불을 약하게 하고 한 시간 정도 더 끓이세요.

여기서는 열을 돌리는 게 아닙니다. 가스레인지를 한번 그려보세요. 불을 약하게 하거나 강하게 하려면 어떻게 하지요? 밸브를 돌려서(turn) 그 결과 도착점이(to) 아주 낮은 상태(very low)가 되는 겁니다.

> He turned an hourglass on the desk. 책상 위의 모래시계를 뒤집었다.
> He turned the pages of a newspaper on the table.
> 탁자 위의 신문을 뒤적거렸다.

책이나 신문 페이지를 넘기는 것도 turn입니다. 페이지들이 회전을 하니까. 뭔가를 '돌린다'는 그림만 있으면 쉽게 이해할 수 있는 표현들입니다. 이걸 또 '시동을 걸다, 뒤집다, 넘기다' 식으로 외우면 안 됩니다.

> She turned back the corner of the page she thought most interesting.
> 가장 재미있다고 생각되는 페이지의 귀퉁이를 접었다.

페이지 뒤집는 것도 모자라서 페이지 귀퉁이도 뒤집을 수 있다는 걸 보여줍니다. 페이지 접는 걸 dog-ear라고 하지요. 강아지 귀처럼 생겼으니까. 페이지를 접으려면 페이지 귀퉁이를 잡아 거꾸로(back) 돌려야(turn)합니다. 그래서 turn back the corner of the page라고 한 겁니다.

> Turn to page 200. 200페이지를 보세요.

페이지를 마구 넘겨서(돌려서, turn) 200번째 페이지에 도착(to)한다는 뜻입니다. 귀퉁이를 한 번 더 접어봅시다. 참 특이한 표현입니다.

> He turned the edge of the blade.
> 칼날을 무디게 만들었다.

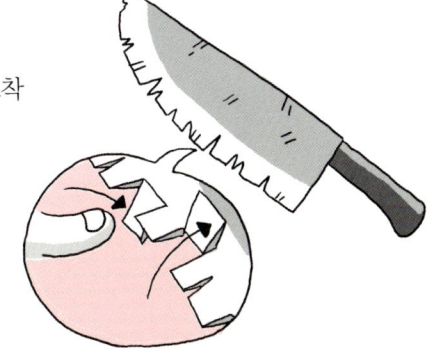

turn the edge가 왜 무뎌지는 걸까 생각해보세요. 간단합니다. 날카로운 부분을 돌려서 접어버리니까 무뎌지지요.

비유적으로 쓰인 경우를 한번 봅시다.

> When the caustic wit is beginning to get too biting, the edge of it is turned by a touch of kindlier humor.
> 신랄한 풍자가 지나치게 강하다고 느껴지면 친근한 유머를 섞어 희석시킬 수 있는 거지.

풍자도 날카롭지요. 너무 날카로우면 거부감이 생기니까 이걸 유머를 섞어 약간 무디게 한다는 뜻입니다.

A-ha! moment

> In restless dreams I walked alone, narrow streets of cobblestone, neath the halo of a streetlamp I turned my collar to the cold and damp when my eyes were stabbed by the flash of a neon light that split the night... and touched the sound of silence.
> 불안한 꿈을 꾸었어. 혼자 걷고 있었지. 자갈이 깔려 있는 좁은 길을. 가로등 불빛을 받으며 옷깃을 올렸지. 춥고 축축했거든. 그 때 어둠을 가르며 한 줄기 네온 불빛이 내 눈을 찌르더군. 그리곤 침묵의 소리를 건드리는 거야.
> – *The Sounds of Silence by Simon & Garfunkel*

옷깃을 올리려면 옷깃을 돌려야 하지요. 그래서 turn을 씁니다. 그 이유는 to로 나타내주고 있습니다. 춥고 습한(the cold and damp) 것을 막아내려고 옷깃을 올린다는 그림입니다. 옷깃을 올리는 방향을 to로 나타내주는 경우지요.

I turned my ankle and it hurts, what should I do? 발목을 삐어서 아퍼. 어떡하지?

발목이 돌아갑니다(turn). 그래서 삐지요. 내가 잘못해서 발목을 돌리는 거니까 turn my ankle이라고 했습니다.

위장도 돌릴 수 있습니다.

His snobbish smile turns my stomach. 그 자식 거드름 피우며 웃는데 속이 뒤집혀.

위는 제자리를 지키면서 움직여야 소화가 잘 되고 문제가 없지요. 이게 돌아가면(turn) 속이 편할 리가 없습니다. 비유적으로 '느끼하거나 밥맛인' 경우에 쓰입니다.

He was obliged to take it out of his mouth again, for his stomach turned against it. 다시 뱉어낼 수밖에 없었다. 비위가 거슬려서.

turn 03 종로로 계속 가려면 지금 우회전 해야지.

방향에 대해서도 turn을 쓴다는 걸 보여줍니다. 방향을 잡으려면 대개 몸이나 차를 돌리지요. 오른쪽으로(right) 돌아서(turn) 방향을 잡는다는 말입니다. 좌회전은 turn left겠지요. 군대에서 쓰는 '좌향좌, 우향우, 뒤로 돌아'는 어떻게 할까요? 이건 얼굴(face)을 기준으로 잡습니다.

Left face! Right face! About face! 좌향좌! 우향우! 뒤로 돌아!
I turned into the narrow street where I was supposed to meet my wife. 집사람 만나기로 한 좁은 골목길로 들어섰어.

이 예문의 경우도 지금 가고 있는 방향에서 조금 몸을 돌려(turn) 좁은 길로 들어서는(into) 것이기 때문에 turn into를 쓰는 것이지 turn into라는 표현에 '~로 들어서다' 라는 의미가 있는 건 아닙니다.

Hurry up! We don't have much time before the tide turns. 서둘러! 조수가 바뀔 때까지 시간이 얼마 없어.

밀물이 썰물이 되고, 썰물이 밀물이 되는 게 tide가 turn하는 겁니다. 그림을 그려보세요. 물이 쏴 하고 나가다가 방향을 바꿔서(turn) 돌아오는 거지요. 동서남북을 가리킬 때는 그냥 방위만 써줍니다.

We turned south and went up a slope. 남쪽으로 방향을 틀어 경사로를 올라갔다.

Now turn right to follow Jongno.

turn 04 무엇도 그 놈 의지 못 꺾지.

비유적인 의미의 '회전'을 살펴보겠습니다. 뭔가에 꽉 매달려 있는 사람이 있습니다. 여기서는 '의지'에 매달려 있지요. 의지에서 떨어져 나오도록(from his will) 돌려 세우면(turn him) 결국 의지를 꺾은 겁니다. 군더더기 없이 사람 자체를 돌려놓는 경우도 있습니다.

I don't think we can turn him. We're better off with him dead.
그 놈 바뀔 것 같지 않아. 차라리 죽이는 게 나아.

Nothing will turn him from his will.

예를 들어, 삼국지에 나오는 관우나 장비를 포로로 잡았다고 생각해보세요. 마음을 돌려 아군이 될 수 있다면 큰 수확이겠지만 쉽게 마음을 돌릴 위인들이 아니지요. 차라리 죽이는 게 낫지.

You should turn your skills to good use. 니 재능을 좋은 데 써야지.

그림을 그려 기술이라는 것이 만질 수 있는 물건이라고 생각하고 돌려보세요. 마구 돌려서 도착점(to)이 good use(좋은 용도)라고 한다면 기술을 좋은 용도로 돌린다는 말은 결국 좋은 데 쓴다는 말이지요.

 He turned the room to a great many uses. 방을 다용도로 썼지.
 I turned the plan over in my mind. 계획에 대해 생각해봤다.

turn something over한다면 뒤집는 거지요. 빈대떡을 뒤집는 것도 turn over겠지요? 마음속에서 '계획'을 이리 뒤집어 보고, 저리 뒤집어보면 곰곰히 생각해보는 거겠지요. turn뿐 아니라 모든 동사의 기본적인 그림을 동사가 사용된 문맥과 상황에 따라 각색해보면 의미가 통합니다.

 I pondered over it, and turned it every way in my mind.
 곰곰히 생각해보고, 모든 가능성을 고려해봤어.

역시 같은 뜻이지만 turn it every way라고 써서 모든 가능성에 대해 뒤집어봤다는 뜻이 되지요.

 We turned our attention to the practical matters.
 실제적인 문제에 관심을 돌렸다.

practical matters라는 건 실질적으로 '중요한 문제'라는 뜻입니다.
이 쪽으로(to) 관심의 방향을 돌린다(turn)는 그림이지요. 한국어 네이티브인 우리들도 실제로 '기울이다', '돌리다'라는 말을 쓰고 있다는 느낌이 안 들 정도로 자연스럽게 '관심을 돌려야'식으로 말합니다. 이 정도로 자연스럽게 말할 수 있으면 이미 그림이 예술의 경지에 달한 겁니다.

 We turn now to Korean news. 이제 한국 관련 뉴스를 알아보겠습니다.

미국 얘기를 한창 하고 있다면 시선이 쏠린 곳은 당연히 미국 뉴스 쪽일 테니 한국 뉴스를 알리려면 관심을 한국 뉴스 쪽으로 돌려야 하는 건 너무도 당연하지요.

 The unionists on strike turned their anger on the management.
 파업 중인 노조원들은 경영진에 대해 분노를 표출했다.

관심(attention)을 돌릴 수 있으면 분노라고 해서 못 돌릴 리 없겠지요. turn their anger on에서는 왜 to가 아니라 on이 쓰였을까요? 누군가 달려들어 멱살 잡고 화내는 모습을 생각해보세요. 단순히 '분노' 에 방향성(to)만 부여해서는 대상에게 전달되지 않겠지요. 갖다 붙여놓아야 (on) 분노가 전달됩니다.
방향 트는 걸 몇 가지 더 보지요.

> There was no one to turn to. 기댈 사람이 아무도 없었어요.

turn to를 우리는 '누구누구에게 의지하다, 의존하다' 라고 외웁니다. 누군가에게 기대려면 여러분은 어떻게 합니까? 먼저 몸을 그 사람쪽으로(to) 틀어야(turn) 합니다. 그래서 turn to someone/something 하면 '의지하다' 라는 뜻이 나옵니다. turn to라는 고정 표현이라고 생각하지 마세요. 기본그림에서 출발한 것이니까.

turn to를 '의지하다' 라고 외웠으면 다음 문장처럼 잘못된 번역을 하게 됩니다.

> Our communities are now turning to recycling in large numbers.
> 우리 동네에서는 재활용에 의존하는 사람들이 늘고 있다. (X)
> 우리 동네에서는 재활용하는 사람들이 늘고 있다. (O)

위 문장은 단순히 '재활용하는 사람들이 늘고 있다' 는 뜻이지 많은 사람들이 재활용에 의존한다는 말은 아닙니다. 재활용을 하지 않던 사람들이 '재활용쪽으로 (to) 눈을 돌리는 것(turn)' 이니까요. turn to에 '관심을 갖다' 라는 의미를 하나 추가해서는 안 됩니다. turn은 도는 거고 to는 방향 또는 도착점이라고 그림 하나면 충분한 걸 계속 예외를 만들어가며 외울 필요도 외워서도 안 됩니다. 외우는 것보다 그림 그리는 게 얼마나 융통성이 있는지 한번 봅시다.
turn to의 to가 가능하다면 to의 반대인 from도 가능할 겁니다. 도착점이 있으면 출발점도 있어야 하니까.

> Websites are turning from membership fees to commercial sponsorship. 회비보다는 광고 후원에 의존하는 웹사이트가 늘고 있다.

회비 받는 것(membership fees)에서 출발을 합니다. from은 그런 의미구요. 방향을 틀어(turn) 광고 후원 쪽으로(to) 가지요. 이 그림만으로도 회비보다 광고 후원에 의존한다는 의미를 이해할 수 있겠지요.

turn 05 걔는 일만 끝나면 좋은 사람이 되지.

드디어 구미호가 나옵니다. 휘리릭~ 공중제비를 돌면 사람으로 변하지요. turn에는 변화의 그림이 있습니다. 예제에서처럼 무형의 변화일 수도 있고, 실제로 형태나 성질이 바뀌는 유형의 변화일 수도 있습니다. 도자기를 만들려면 도자기 발판을 밟아 돌려야 하고, 옷을 만들 때도 베틀을 돌려야 합니다. 여기서 출발한 그림이라고 생각하세요.

The magician turned the rose into a parrot.
마술사가 장미를 앵무새로 만들더라구.
Can you turn this passage into Korean?
이 글 한국어로 번역할 수 있어요?

turn에 '번역'이라는 뜻까지 있다니! turn에 변화라는 그림이 있기 때문에 가능한 의미이지 '번역하다' 라는 뜻이 있는게 아닙니다!

A-ha! moment

The end of act two, for example. It starts out as a simple duet. A husband and wife quarreling. Suddenly, the wife's scheming little maid comes in. It's a very funny situation. Duet turns into trio. Then the husband's valet comes in. He's plotting with maid. Trio turns into quartet. Then a stupid old gardener. Quartet becomes quintet. And so on, on and on, sextet, septet, octet.
제 2막의 끝부분을 예를 들어볼게요. 처음엔 단순한 이중창으로 시작합니다. 남편이랑 아내가 싸우는 장면이지요. 느닷없이 꿍꿍이속이 있는 아내의 어린 하녀가 등장합니다. 아주 재미있는

After work, he turns into a nice person.

> 상황인데요. 이중창이 삼중창이 되지요. 그때 남편의 시종이 나오지요. 하녀랑 음모를 꾸미는 놈인데, 이때 삼중창이 사중창이 되구요. 여기에 멍청한 늙은 정원사가 등장하면서 사중창은 오중창이 됩니다. 이런 식으로 계속 육중창, 칠중창, 팔중창이 되는 겁니다.
>
> — Amadeus

영화 〈Amadeus〉에서 모짜르트가 피가로의 결혼(The Marriage of Figaro)의 한 장면을 설명하는 부분입니다. 사람이 한 명 등장할 때마다 음악 형식이 변하는 그림을 잘 묘사해주고 있지요.

How can a man turn into a bat? Is he a Batman or something?
어떻게 사람이 박쥐로 변하냐? 지가 무슨 배트맨이라도 되냐?

turn 06 사랑은 증오로 바뀔 수 있어.

변한 다음의 상태는 전치사로 나타냅니다. into가 되면 '안으로 들어가는 것'이니까 완전히 변하는 것이지요. to가 되면 변한 다음의 도착점, 도착점이니까 역시 변화한 다음의 상태를 나타낼 수 있습니다.

The rain turned to sleet. 비가 내리더니 진눈깨비로 바뀌더라구.

비가 구미호처럼 재주를 몇 번 넘더니 변합니다(turn). 변한 다음의 상태, 즉 도착점(to)은 sleet, 진눈깨비지요.

> Their grief turned to hysteria when they saw their son's body.
> 처음엔 비탄에 잠겨 있던 사람들이 아들 시체를 보더니 완전히 정신이 나가더라구.

변한 다음의 상태가 명사형이 아니라 형용사형이 올 수도 있겠지요. 이때는 전치사가 필요 없을 겁니다. 전치사를 써서 변화를 나타내면 변하기 이전의 것은 사라지는 그림이지만(사랑이 없어지고 증오만 남는 것처럼) 형용사의 경우는 성격만 바뀝니다. 얼굴이 창백해진 사람을 봅시다.

> He was not pale. → He turned pale. → He was pale.
> 창백하지 않았다. → 창백해졌다. → 창백했다.
> The scandal might turn dangerous. 스캔들이 위험하게 될지도 모르겠는데.
> The rock band turned professional. 전문적인 록 밴드가 됐지.
> If it turns cold, turn the heat up.
> 추워지면 온도 좀 높여. (여기서 거시기 it은 기온을 나타냅니다.)

변화는 있었지만 여전히 he는 그대로이고 scandal이 위험한 상태로 바뀌지만 여전히 scandal입니다. scandal의 상태만 바뀌는 겁니다. 록밴드 역시 상태가 바뀌어 전문적이 됐다고 해서 다른 밴드가 되는 건 아니지요. 여전히 같은 밴드입니다. 기온이 변해서 추워져도 여전히 기온은 기온입니다. 변한 다음의 상태를 추정해야 하는 경우도 있습니다.

> The leaves are beginning to turn. 단풍 들기 시작했어.

변한 다음의 상태가 없이 '변하는 그림'만 있습니다. 잎사귀가 변하면 될 거라곤 낙엽밖에 없으니까 가능한 표현입니다. 잎사귀가 변해서 사람이 된다면 괴기 영화에나 나올 얘기겠지요. 주어가 아니라 목적어가 변하는 경우도, 목적어라는 것만 다를 뿐 기본적인 그림은 같습니다.

> Her contact lenses turned her eyes green. → Her eyes turned green.

Love can turn to hate.

개 콘택트 렌즈를 꼈더니 눈이 파래지대. (렌즈가 그 여자 눈을 파랗게 변하게 했다는 의미지만 여전히 눈은 눈이지요.)

Eye problems are easily dealt with if caught early, but they can turn very nasty very quickly.
눈 질환은 초기에 잡으면 치료가 쉽지만 매우 빠르게 심각한 질환으로 이어질 수 있다.

If I am already in the intersection when the light turns red, will I get a ticket? 빨간불이 켜졌을 때 이미 교차로에 들어가 있다면 딱지 떼이나요?

07 날씨가 따뜻하면 우유가 상해.

스스로 변하는 게 아니라 외부의 힘으로 변하는 경우입니다. 우유를 돌리는 그림은 논리적으로 맞지 않지요. 논리가 통하지 않으면 다른 기본그림으로 밑그림을 바꿔야 합니다. 우유의 상태가 변한다면 말이 되잖아요.

영어에 우유와 관련해서 미신이 하나 있습니다. 천둥이 치면 우유가 상한다는 우스운 미신이지요. 이걸 영어로는 다음과 같이 말합니다.

Thunder turns milk sour. 천둥이 치면 우유가 상한다.

다른 문장에 응용해보지요. 정상적인 사람이 유혈이 낭자한 장면을 봤다고 생각해보세요.

The sight of the blood turned me nauseous. 피를 보니 역겨웠다.

피를 보기 전의 나의 상태는 속이 편했을 겁니다. 그런데 피를 보고 나니 편한 상태가 변한 겁니다(turn). 변한 다음의 상태는 nauseous라는 형용사로 설명을 하고 있습니다.

It is nobody's fault that the weather turned bad. That is part of golf, part of what professional players deal with week to week.
날씨가 나빠진 게 누구 잘못일 순 없지. 그게 골프라는 거고 전문 골프 선수라면 늘 대비해야 하는 일이거든.

Warm weather turns milk.

212 * 전치사 및 기본동사 그림 그리기

turn 08 성공하더니 제정신이 아니군.

성공하고 나면 변하는 사람이 많지요. 조강지처를 버리는 사람도 있고. 돌리는 그림과 변하는 그림이 모두 밑그림이 되는 경우입니다.

His head has turned with success. 성공하고 나더니 머리가 어떻게 됐나봐.

아주 팽팽 돌아서 뒤틀어 버릴 수도 있습니다.

Her mind was turned by grief. 그 여자 너무 슬퍼서 제정신이 아니더라구.

Success has turned his head.

turn 09 이익을 내기엔 사용료가 너무 낮아.

베틀을 생각해 보세요. 옛날에는 발판으로 뭔가를 돌려서 물건을 만드는 경우가 많았습니다. 주물럭 주물럭 이리 돌리고 저리 돌려서 도자기를 만듭니다. 여기서 '무엇 무엇을 만들어내는 그림' 이 나온 겁니다. 이익도 만들어내야지요. 가만 있는다고 수익이 생기지는 않습니다. 그래서 turn profits 또는 turn a profit라고 합니다.

The company is unlikely to turn a profit before 2010.
이 회사 2010년 전까지 돈벌기 힘들걸.

They used to turn buttons out of brass.
옛날에는 놋쇠로 단추를 만들었지.

단추는 대개 동그랗습니다. 발로 밟아 발판을 돌려 만드는 물건도 있지만, 물건 자체가 원형이어서 어차피 이리저리 돌려야 만들어지는 것도 있지요. turn이 만들어 내는 대상 중에 원형이 많은 것도 이 때문입니다.

비유적으로 '말' 에도 쓰입니다.

The fees are just too low to turn profits.

Hmm… I think I could borrow some well-turned phrases from this book. 음… 이 책에서 잘 만들어진 문구들을 몇 개 뽑아낼 수 있겠구만.

글도 만들어내지요. 술술 뽑아냅니다. 그림 그리기 쉽지요.

turn 10 서른 되기 전에 결혼하고 싶어.

우리말로 '이제 60 고개를 넘었지'라고 하면 예순 살이 넘었다는 말입니다. 영어도 마찬가지인데 단지 고개를 넘지 않고 코너를 도는 그림일 뿐입니다.

It has just turned 1 o'clock. 이제 막 1시가 넘었어.
When I turned 60, the company threw me away.
예순 고개를 넘자 회사에서 쫓겨났지.

I want to get married before I turn thirty.

turn 11 이제 내가 자네한테 충고할 차례군.

명사형의 turn 역시 '회전'이나 '변화'의 그림을 벗어나지 않습니다. 차례라는 것도 어차피 돌고 돌아 오는 것이기 때문에 turn의 그림이지요.

It is your turn to listen, and I beg you will not interrupt me, because there is very little time.
이제 니가 들을 차례야. 시간이 없으니까 제발 내 말 막지 말고 끝까지 들어.
We can take turns sleeping so that one of us is always awake to keep watch. 순서를 정해 잠을 자면 우리 중 한 사람은 깨서 언제나 경계를 설 수 있지.

A-ha! moment

> The Fed chairman has enormous influence over the economy, largely through the Fed's setting of short-term interest rates, which in turn affect long-term rates on business and consumer loans including home mortgages.

Now it's my turn to give you some advice.

> 연방준비위원회 의장은 특히 단기 금리를 조절함으로써 경제 전반에 큰 영향력을 행사할 수 있다. 단기 금리는 기업이나 모기지 대출 등 가계 대출에 대한 장기 금리에 영향을 미치기 때문이다.
>
> – My Life (Bill Clinton)

여기서 Fed는 The Federal Reserve Board(흔히 줄여서 FRB라고 함)를 말합니다. FRB 의장을 미국의 경제 대통령이라고 하지요. FRB 의장이 경제에 영향을 미치는 수단으로 단기 금리 조절을 선택하는데, 순서대로 단기 금리를 올리면 장기 금리에도 영향을 미친다는 게 in turn의 뉘앙스입니다.

Thanks to a complete lack of road signs, we missed our turn.
표지판이 전혀 없어서 돌 자리를 지나쳤다.

자동차가 방향을 틀어야할 곳을 turn으로 나타내고 my turn, your turn, our turn 이라고 자신이 돌아야할 곳을 표현할 수 있습니다.

I thought we might take a right turn and swing back to where you missed your turn. 아무래도 우회전해서 돌 기회 놓친 자리로 되돌아가야될 것 같은데.
I missed my turn off the main road. 간선 도로에서 빠져나오는 출구를 지나쳤다.
(아예 도로에서 빠져나오는 출구를 turn으로 표현하기도 합니다.)
The road takes a sharp turn right over the railway.
이 도로는 철도 바로 위에서 급커브를 돈다. (사람이 아니라 도로 자체가 도는 것도 turn입니다.)
We already know from the overly chatty promos that the plot takes a dramatic turn. 홍보 과정에서 내용이 너무 많이 노출돼 극적 반전이 준비돼 있다는 걸 이미 알고 있다. (비유적인 방향틀기도 가능하군요.)
You give the screw clockwise turns.
나사를 시계방향으로 돌려. (힘을 가해 회전시키는 것도 turn입니다.)

영어로 말해보기

1. 누가 어깨를 두드리길래(tap) 돌아봤지.
2. 열쇠를 돌려 문을 열었다.
3. 시간이 흐르면 친구도 남이 되지.
4. 너 종이를 진짜 100달러짜리 지폐(hundred-dollar bills)로 바꿀 수 있는 기계가 있다고 믿는 거야?
5. 날씨가 좋아졌다.
6. 난 화가 나서 얼굴이 하얘졌다.
7. 갑자기 화면이 흐려졌다(fuzzy).
8. 난 화가 나면 전혀 딴 사람이 돼.
9. 너무 덥다. 냉장고에 있는 우유가 상했을 정도야.
10. 그 여자 자기 노래 부를 차례가 되니까 안 한다고 하더라구.
11. 드라이버(screwdriver) 꺼내서 네 바퀴만 돌려.

모범답안

1. Someone tapped on my shoulder and I turned around.
2. He turned the key and the door opened.
3. Time turns friends to strangers.
4. You really believe in a machine that can turn paper into genuine hundred-dollar bills?
5. The weather turned fine.
6. I turned white with anger.
7. Suddenly, the screen turned fuzzy.
8. Anger turns me into a different person.
9. It's too hot. Even milk in the fridge has turned sour.
10. When it was her turn to sing, she declined.
11. Just take out a screwdriver and give it four turns.

If
you
play
soccer, you
find that it is
necessary to make
frequent changes in
direction or that you need
sudden bursts of speed as you dribble or pass the ball. The studs help your feet to grip the
grassy surface. The greater measure of friction allows for more propulsion. Depending on the
condition of the field or the skills of the player, the shoe will have 6, 12, 35, or 53 studs. In particular,
6 studded shoes are made to prevent slippage for a certain type of lawn and are longer than other studs.
Many high school and college students whose school fields use 12-studded shoes, because they can be
used on any type of surface, either grass or bare ground. For people who play mainly on bare ground,
35-studded shoes are preferred. Beginners or children should start off with 53-studded shoes; the higher
number of studs provides amateur players with greater stability on the ground and breaks less the ankles.
Soccer shoes for everyday wear! Considering the high possibility of injury due to falls or injury to ankles,
it is recommended that use of the shoes be limited to the soccer field. Women's Soccer!In 16th
century England, women played soccer as much as men did. The first formal tournament was held
in 18th century, a team of married women against a team of unmarried women in Scotland. The
first international tournament was held in England in 1920 between France and England and
drew in over 10,000
spectators to the
event. In Korea,
Kim Hwa-Jib
coached the
first

전치사와 기본동사의 그림을 그려봤으니 이어동사의 기본은 다져졌습니다. 이제 앞에서 본 전치사와 기본동사의 기본그림을 합쳐봅니다. 이어동사(phrasal verbs)는 이 두 그림이 셀로판 종이처럼 겹쳐져 새로운 그림을 만들어낸 것입니다. 두 그림을 합치면 만화 영화를 만들 듯 또 다른 그림이 나옵니다. 하지만 여전히 기본 동사와 전치사 그림은 그대로 남아 있겠지요. 이제 필요한 건 상상력뿐입니다.

03*

기본동사와 전치사의 만남
이어동사

▶동사와 전치사의 만남 - 이어동사

그림은 어떻게 그릴까요? 아름다운 강을 보고 풍경화를 그린다고 생각해 봅시다. 먼저 윤곽부터 그리겠지요. 강이 주제인 풍경화니까 강을 먼저 그립니다. 주변의 나무들도 그리고, 뛰어 노는 아이들이나 새들도 그리겠지만 그래도 여전히 주제는 강물이지요.

예를 들어, 전치사 about의 전체 그림을 그리라고 하면 주변이란 주제로 그림을 그려야 합니다. 주변이란 주제로 윤곽을 그렸으면, 주변이란 전후 좌우를 나타내야 하니까 사방의 구체적인 요소도 그려 넣겠지요. around와 달리 꼼꼼히 동그라미를 그리는 주변이 아니라, 띄엄띄엄 일정한 순서나 규칙이 없는 주변이므로 특별한 목적이 없다는 요소도 포함됩니다. 수치 등의 주변이라고 하면 꼬집어 얼마를 말하는 것이 아니므로 대략의 요소도 들어가야 합니다. 이렇게 그려나가다 보면 about의 전체 그림이 나오지요. 하지만 강을 주제로 한 예쁜 풍경화가 여전히 강이 기본이 되듯이 about의 그림도 주변이 주제라는 데는 변함이 없습니다.

전치사나 기본 동사뿐 아니라 단어나 표현, 문장을 이해하고 자기 것으로 만드는 가장 좋은 방법이 그림을 그리는 것입니다.

동사와 전치사의 만남
about

about은 around와 기본그림이 비슷합니다. 여러분 주변을 둘러보세요. 주변을 둘러보는 방법은 두 가지지요. 아무렇게나 사방을 한 번씩 보는 방법이 있고, 한 바퀴를 빙 돌아 사방을 한 곳도 빠짐없이 순서대로 살펴보는 방법이 있지요. 뒤의 방법이 around라면 앞의 방법이 about입니다. look about과 look around의 차이지요. around의 그림에는 동그라미의 요소가 추가된다고 생각하면 됩니다. about이 사용될 경우 대부분 around를 써도 의미가 비슷합니다.

He was injured about the head and face during the war.
전쟁 중에 머리와 얼굴 부분을 다쳤지.
I was about to call you. 막 전화하려는 참이었는데.
The book is about a man who would be king.
왕이 되고자 하는 사람에 관한 책이야.
I'll be back about noon. 정오 쯤에 돌아올게.
Please do something about your kid. 니 애 어떻게 좀 해봐.
We sat about drinking beer. 맥주 마시고 앉아 있었어.

about the head and face라고 하면 머리와 얼굴 주변입니다. 정확히 머리와 얼굴의 어디를 다쳤는지 말하는 것이 아니라 그 주변 어딘가를 다쳤다는 그림만 주는 겁니다. be about to는 시간의 공간에서 주변이니 막 전화하려고 했다는 그림이 그려지는 겁니다. the book about a man...처럼 '~에 관해' 라는 의미가 나오는 건 바로 그 무엇인가의 주변을 다루는 것이기 때문입니다. 시간상으로도 about noon이라고

하면 정확히 noon이 아니고 그 주변이라는 그림이지요. 문제를 해결하려면 문제의 주변으로 다가가야 합니다. 문제 해결을 위해 노력한다는 그림이지요. 별일 없이 앉아 있다는 의미를 더해주는 것이 sit about입니다. about의 그림에는 특별한 목적이 없다는 요소가 포함돼 있으니까요.

01 bring about 주변으로 가져오다

The new government has brought about enormous changes.
새 정부는 엄청난 변화를 몰고 왔다.

새 정부가 들어서면서 여러 가지 변화를 가져왔다는 말입니다. 만화처럼 생각해보면 새 정부가 변화를 한아름 들고 국민들의 주변에 가져다 준 겁니다. 누구의 주변이냐는 문맥에서 알 수 있습니다. 가장 일반적인 문맥에서는 우리의 주변이 됩니다.

Homosexuality is not brought about by the religion. It is brought about by the people. Get your facts straight.
동성연애는 종교가 만들어낸 게 아니야. 사람이 만들어낸 거지. 알라면 똑바로 알라구.

동성연애가 처음부터 존재하지는 않았을 겁니다. 인류 역사의 어느 시점에선가 인류에게 다가온 거지요. 여기서는 동성연애가 스스로 찾아온 것이 아니라 뭔가, 또는 누군가가 인류에게 가져다 주었다는 그림을 그리고 있습니다.

What are you, a God? Stop claiming you could bring about miracles!
니가 무슨 신이라도 되냐? 기적을 불러올 수 있다는 듯이 말하지 좀 매!

예문들의 번역을 보면 '야기한다' 거나 '초래한다' 는 식의 어려운 말을 쓰지 않고 있습니다. 우리말로 '야기하다, 초래하다' 처럼 어려운 말을 쓰면 쉽게 영어 표현이 떠오르질 않지요. 우리말이 어려우니 영어로도 어려운 말을 떠올리려고 애쓰기 때문입니다. 야기하거나 초래한다는 말은 가져온다는 쉬운 말을 괜히 어렵게 한 것뿐입니다.

02 come about 주변을 돌아 움직이다

The ship came about and headed back to the port.
배가 방향을 돌려 다시 항구로 향했다.

주변을 360도로 생각할 때 이를 따라 방향을 전환하는 것도 about입니다. about face는 얼굴에 대해서가 아니고 뒤로 돌아라는 군대식 용어입니다. 방향 전환 또는 완전히 입장을 번복하는 것이 about face입니다. come about도 그런 뜻입니다. 움직여서 방향을 바꾸는 것입니다.

I think we'll have to come about and go back.
방향을 바꿔서 돌아가야 할 것 같은데요.
Peace will come about if the two sides agree to put an end to the war.
양측이 휴전 협정을 맺는다면 평화가 찾아오겠지.

주변으로(about) 오는(come) 그림을 그리기도 합니다. 주변에 없던 것이 주변으로 오면 어떤 일이 생기는 것입니다.

03 do about 주변에서 뭔가 하다

뭔가에 대해서 행동을 하는 겁니다. 주로 do something about, do anything about의 형태로 사용됩니다.

Would you please do something about your kid? He's driving me nuts.
애 좀 어떻게 할 수 없어요? 돌아버리겠네 정말.
We couldn't do anything about his rudeness. He was bigger than any of us. 그 녀석 망나니 짓을 해도 어쩔 수 없었어. 덩치가 우리보다 큰걸.

We have to do something about the soaring crime rates.
범죄율 증가를 막기 위해 뭔가 조치를 취해야 합니다.

조치를 취한다는 우리말을 보면 뭔가 대단한 영어 표현을 써야 할 것 같지요. 정부 고위 관리가 한 말이라면 더욱 그럴 겁니다. 하지만 위 영어 문장은 미 법무장관이 했던 말입니다. 네이티브는 쉽게 생각하는데 우린 너무 어렵게 생각하는 경향이 있지요.

about 04 get about 주변을 움직이다

꼼지락거리는 그림의 get입니다. 여기저기 주변을 움직이는 겁니다. around를 써도 마찬가지 의미입니다.

It would be much easier to get about in the city by foot.
도시에서 돌아다니는 데는 걷는 게 훨씬 편할 거 같아.

I can't get about without my wife's help.
집사람 없으면 거동을 못 해요. (거동이 힘든 상태에서 움직이는 그림입니다.)

about 05 turn about 주변을 돌다

He turned about in the crowd and yelled, "Who touched my butt?"
사람들 사이에서 돌아보더니 "누가 내 엉덩이 만졌어?"라고 소리쳤다.

turnabout이라고 명사로 쓸 수도 있습니다. Turnabout is fair play.란 표현이 자주 쓰이는데, 가는 게 있으면 오는 게 있듯이 뿌린 대로 거두는 인과응보의 그림이지요.

Godzilla has been eating Japanese people for five decades, so turnabout is fair play. Tokyo toymaker Tahara is marketing Godzilla Meat, a 3.5 ounce can of corned beef adorned with pictures of the monster. 고질라가 50년 동안이나 일본 사람들을 먹어대더니 뿌린 대로 거둔다고 했던가. 타하라라는 동경의 장난감회사가 괴물 고질라의 사진으로 장식한 3.5온스짜리 소금에 절인 쇠고기 통조림 고질라 고기를 시장에 선보였다.

about 06 go about 주변으로 가거나 주변에서 움직이다

움직여서 자신의 일 주변으로 간다면 자기 일을 하는 겁니다. 니 할일 해라는 말도 됩니다.

I didn't know what was happening. I was just going about my business when it happened.
무슨 일이 있었는지 몰랐어요. 그 일 있었을 때 내 일만 하고 있었거든요.

Go about your own business. 참견 말고 니 일이나 해. (Mind your own business.와 같습니다. 어떤 행동 주변으로 간다면 그 행동에 착수하는 것입니다.)

Would you please tell me how to go about finding this person?
이 사람 어떻게 찾아야 할지 가르쳐줄래? (찾는 행위를 시작)

You always seem to go about with bad boys.
나쁜 친구들과 어울리는 것 같더구나. (단순히 주변을 돌아다닌다는 의미입니다. with가 붙으면 누구와 함께 다니는 것이지요.)

동사와 전치사의 만남
above

정면을 바라보세요. 눈높이를 기준으로 위쪽이면 above이고 아래쪽이면 below입니다. 기준점을 잡고 그 위를 above, 아래를 below로 생각하는 거지요. 고개를 들어 하늘을 보세요. 눈높이보다 위를 바라보고 있기 때문에 look above 하고 있는 겁니다. 추상적인 개념도 위 아래가 있지요? 계급도 그렇고, 품질도 그렇고… 우리말에서만 그런 게 아니고 영어도 마찬가집니다.

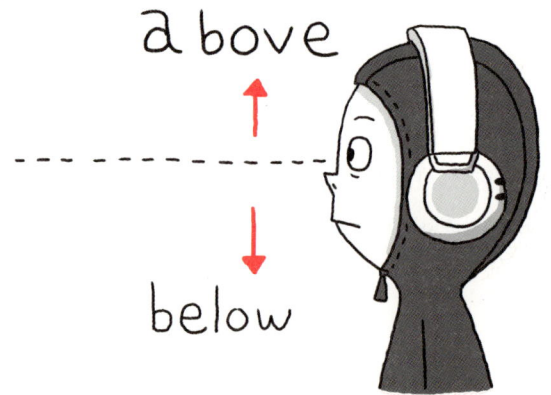

Look into the mirror above you. 위에 있는 거울을 들여다 봐.
Refer to the figure 3-1 above. 위에 나온 그림 3-1을 참조하세요.
The temperature went up to just above 25 degrees. 기온이 25도를 넘었어.
I tried to yell above the barking. 개짖는 소리보다 더 크게 소리를 질렀지.
Don't you think I'm above you? 내가 너보다 위라고 생각하지 않니?
He's above suspicion. 그 사람은 의심할 수 없지.

기준점을 잡고 그 위쪽이라고 생각되는 건 모두 above를 쓸 수 있습니다. 사람의 키보다 높이 걸린 거울도 그렇고, 책을 읽다 위에 나온 글이나 도표, 그림도 마찬가집니다. 온도는 올라갑니다. 따라서 위아래가 생깁니다. 소리도 위아래가 있습니다. 위쪽에 있는 소리가 더 잘들리지요. 개짖는 소리보다 위쪽에 있는 소리라면 더 잘 들릴 겁니다. 사회적인 계급이나 능력에도 위아래가 있습니다. 마지막으로 의심 위에 있으면? 의심할 수 있는 수준에 있지 않고 더 높은 수준에 있다는 말이지요. 그래서 의심할 수 없는 겁니다.

above 01 go above 위에서 멀어져 가거나 움직이다

The chopper went above us at the last minute.
(마치 칠 듯이 날아오다가) 헬리콥터가 마지막 순간에 머리 위로 지나갔다.

동사와 전치사의 만남
across

목운동을 했으니 좀 걸어보지요. 방 한쪽 끝에서 똑바로 걸어서 다른 쪽 끝으로 가보세요. across의 그림입니다. walk across하고 있는 겁니다. across를 그리려면 '일직선' 이라는 요소와 '건너간다' 는 요소를 생각해야 합니다.

I ran across the street to buy a paper. 신문 사러 뛰어서 길을 건넜지.
He lives across the street. 길 건너편에 사는 사람이야.
Pull up a chair and sit down across from Judy.
의자 끌고 와서 주디하고 마주보고 앉아.
She looked across at me. 날 쳐다봤다.
Well, we need to fire at least a thousand workers across all the subsidiaries by the end of the year.
올해 말까지 계열사 통틀어 적어도 천 명은 내보내야 돼.

일직선으로 건너편이라는 그림만 있으면 across someone이 마주 보고 있다는 걸 이해할 수 있지요. 계열사를 모두 나열해 보고 쭉 일직선을 긋습니다. 그럼 모든 계열사가 포함되겠지요? '전체' 라는 요소가 들어 있습니다.

across 01 come across 일직선으로 다가오다

come across를 내 쪽으로 일직선을 그리며 다가오는 그림으로 그려보세요. 다가오는 대상을 인식하게 됩니다.

> This article comes across as nothing more than an advertisement for his book.
> 이 기사는 자기 책 선전으로 밖에 안 보인다.
> She came across as a very promiscuous girl.
> 그 여자 행실이 안 좋은 걸로 보였다.
> You sometimes come across like a maniac.
> 너 어떤 때 보면 미친 놈 같애.

내가 어떤 사물을 대상으로 come across하면 가로지르는 것이니까 그 사물을 발견하는 겁니다. 우연히 발견하는 것이지요.

> I came across this album at a nearby music store.
> 근처 음반가게에서 우연히 발견한 앨범이야.

with가 따라붙으면 '원하는 걸 내놓다' 라는 그림이 되는데요. 뭔가 가지고(with) 오라(come across)는 그림입니다. 많이 쓰는 표현이니 꼭 익혀두세요.

> You better come across with what you have when you meet a mugger in New York. 뉴욕에서 강도를 만나면 달라는 대로 다 주는 게 좋을 거야.

02 get across 일직선으로 움직이거나 건너다

I got across the river on a boat. 배를 타고 강을 건넜다.

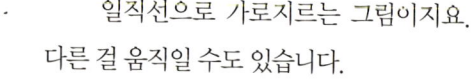

일직선으로 가로지르는 그림이지요. 다른 걸 움직일 수도 있습니다.

Let's get these cars across the bridge as soon as possible.
가능한 한 빨리 이 차들 강 건너로 보내자구.

사람의 머리를 가로지르면 이해시키는 그림이지요. 머리를 가로지르지 못하고 막히면 이해 못하는 겁니다. 가로지르는 대상을 to로 나타낼 수도 있고, to가 없으면 문맥에서 누구에게 이해시키는 건지 추정해야 합니다.

I couldn't get my message across to that idiot.
그 멍청한 놈 말귀를 알아들어야 말이지.
She just couldn't get it across. 도저히 이해시킬 수가 없었다.

03 go across 일직선으로 건너다

It took an hour for us to go across the river. 강 건너는 데 한 시간이 걸렸어.

잠깐 퀴즈! 이 말을 듣는 사람은 강의 어느 쪽에 있을까요? 강 건너에 있는 사람이라면 go across가 아니라 come across를 썼겠지요. 강 건너에 있는 사람에겐 가까워진 것이니까요.

목적지를 나타내려면 to를 쓰면 됩니다. 도착점이나 방향을 나타내는 전치사가 to니까요.

They went across the Banpo Bridge to Jongno.
반포대교를 건너 종로로 향했지.

동사와 전치사의 만남
after

걷기 운동을 한번 더 해보지요. 주변에 누군가 걸어가고 있으면 따라가 보세요. after의 그림입니다. go after하고 있는 겁니다. 순서상 뒤를 가리키지요. 걷기가 귀찮으면 눈으로 따라가세요. look after하는 거지요. look after에 '돌보다' 라는 뜻이 있는 건 누군가를 뒤쫓아 다니면서 이것저것 챙겨주기 때문입니다.

After breakfast, I went shopping. 아침 먹고 쇼핑 갔어.
Give the form to me after filling it out. 양식 다 기입하고 절 주세요.
I'll leave here the day after tomorrow. 모레 여기 떠나요.
It's a quarter after four. 4시 15분이네.
I heard that you were after me for a favor. 나한테 부탁할 게 있어서 따라다녔다며?

순서가 생기는 건 after breakfast, after filling it out처럼 행동이 될 수도 있고 after tomorrow나 a quarter after four처럼 시간이 될 수도 있습니다. 누군가 또는 뭔가의 뒤를 졸졸 쫓아다니는 것도 뒤에 있는 것이므로 after를 씁니다. after money라고 하면 돈을 쫓는 그림이 그려지는 것도 이 때문입니다.

01 come after 뒤따라 오다

Let's split before the police come after us. 경찰이 쫓아오기 전에 튀자.
Damn! Run for your life! The dog is coming after us!
제길! 죽어라 뛰에! 개가 쫓아온단 말야!

02 get after 뒤따라 움직이다

Why do you get after me all the time? 왜 졸졸 따라다니면서 귀찮게 해?
The police got after me. 경찰이 날 쫓기 시작했어.

03 go after 뒤따라 가다

움직여서 누군가 또는 뭔가의 뒤를 쫓는다는 말입니다. 공격을 하는 것일 수도 있습니다.

The dogs went after the robber. 개들이 도둑놈을 쫓아갔다.
The lion went after the hunters. 사자가 사냥꾼들을 공격했다.

사건을 수사하다가 용의자를 잡아 추적하는 것도 go after입니다. 이것도 어차피 쫓는 것이니까요.

The police went after Rudy first knowing that he was involved in the killing.
경찰은 살인사건에 연루됐다는 것을 알고는 루디를 쫓기 시작했다. (루디를 수사하기 시작했다.)

그림을 한번 그려보세요. 누군가 먼저 가고, 내가 나중에 가면 그게 go after 입니다.

Please go first. I'll go after you. 먼저 가세요. 뒤따라 가지요.

04 make after 뒤따라 움직이다

The police made after the robber in the car. 경찰이 차로 강도를 뒤쫓았다.

05 take after 뒤따라 형태를 취하다

생김새나 행동, 성격 등을 물려받는 그림이지요.

You don't take after your father. 넌 아버지 안 닮았어.
If you took after your mom, you'd be a real beauty.
엄마 닮았으면 정말 예쁠 텐데.

동사와 전치사의 만남
against

힘을 좀 써볼까요? 벽을 한번 밀어보세요. 판자로 만든 벽이 아니라면 안 밀리겠지요. against의 그림입니다. 벽에는 곧게 서 있으려는 힘이 작용합니다. 미는 힘과 반대로 작용하는 것이지요. 이 반대의 힘이 against입니다. 벽에 기대도 좋습니다. 벽이 없다면 넘어지겠지요. 벽이 서 있으려는 힘으로 넘어지려는 힘과 싸우는 거지요.

Don't lean against the window. 창문에 기대 있지 마.
The rain's beating against the window. 창문에 빗방울이 부딪히는군.
I'm against the plan. 난 그 계획 반대야.
Why are they protesting against the government?
왜 반정부 시위를 하고 있는 거지?
We won't force you to do anything against your will.
니가 하고 싶지 않은 일을 시키진 않을 거야.

Some say wine helps protect against heart disease.
포도주를 마시면 심장병 예방에 좋다고 하는 사람들도 있더군.
Hey, that's against the rules. 이봐, 그건 규칙에 어긋난다구.
The Korean Won is down against the US dollar.
달러화 대비 원화가 약세를 보였다.

뭔가에 기대려면 반대 힘이 있어야 합니다. 벽을 주먹으로 친다면 주먹은 더 나아가려 하지만 벽에 걸리지요. 빗방울도 그렇습니다. 창문이 없다면 방 안으로 들어오겠지요. 창문이 빗방울을 막아주는 반대 힘을 내는 겁니다. 계획에 찬성하면 순순히 따라가는 거지만, 반대하면 계획을 거스르는 겁니다. against가 역방향 이라면 순방향은 for로 나타냅니다. 반정부 시위를 하려면 정부에 반대해야 하고, 하고 싶지 않은 일을 하려면 자신의 의지를 거슬러야 합니다. 심장병 예방처럼 뭔가 막아주려면 역시 반대의 힘이 필요합니다. 규칙이나 법을 어기면 순순히 응하지 않고 대드는 것이 지요. 환율은 두 가지 통화를 비교해서 하나가 다른 하나에 비해 그 가치가 떨어졌다는 것입니다. 비교를 할 때 against를 쓰는 이유입니다. 비교 대상에 대봐야 하니까.

against 01 break against 반대의 힘에 부딪혀 깨지다

깨지는 그림과 반대의 힘이 작용하는 그림이 겹쳐 있습니다.

The waves broke against the rocks. 바위에 파도가 부서지는군.
He wanted to scream and break things against the wall.
소리치며 물건들을 벽에 던져 깨버리고 싶었다.

He dropped the shell and it almost broke against the floor.
조개 껍질을 떨어뜨렸는데 마루에 부딪혀 거의 부서질 뻔했지.

02 bring against 가져다가 누군가에 대다

Criminal charges were brought against the government official thought to be involved in the scandal.
스캔들에 연루된 것으로 알려진 정부 관리에게 형사 고발이 이루어졌다.

charges는 죄목을 따지는 겁니다. 이걸 누군가에게 가져다 주는 그림인데 against가 덧붙여져 있습니다. 혐의를 누군가에게 들이대는 그림입니다.

03 go against 가다가 반대의 힘에 부딪히다

What if the trial goes against us? 재판이 우리한테 불리하게 돌아가면 어쩌지?
What you have proposed just goes against the grain.
니 제안이 나한텐 안 맞는 것 같다.

grain은 '결' 입니다. 나무 결은 wood grain이라고 하지요. 결을 거스르면 기분이 안 좋지요. 가르마 탄 머리를 거꾸로 쓰다듬는 것처럼 기분이 나쁩니다. 그래서 go against the grain이라고 하면 '성질을 건드리다' 가 됩니다.

04 have against 반대하는 뭔가를 갖다

I don't have anything personal against you, but you're not qualified for this job. 개인적으로 너한테 반감이 있는 건 아니지만, 넌 이 일을 할 자격이 없어.

against
05 turn against 뭔가를 대상으로 돌리다

I stepped outside and turned my jacket collar up against the wind.
밖에 나갔는데 바람이 불어 잠바 옷깃을 올려세웠다.

옷깃을 올리는 건 바람을 거스르기 위해서지요. 돌리는(turn) 대상(against)이 무엇이냐는 겁니다. 사람을 돌려세우면 특정 대상에 악감정을 품게 만드는 겁니다. 맞서(against) 싸워야 하니까요.

My stepmom turned my father against me.
계모의 계략으로 아버지는 날 미워하게 됐지.

As Einstein said, Hitler's fault was that he turned the whole world against him.
아인슈타인이 얘기했듯 히틀러의 잘못은 세상 전체를 적으로 만들었다는 것이다.

Isn't it amazing how quickly everyone can turn against you?
사람들이 어떻게 그렇게 빨리 등을 돌리는지 놀랍지 않아?

How could you turn against me after all we've been through?
그 고생을 같이 하고 나서 날 배신할 수 있는 거야?

동사와 전치사의 만남
ahead

힘을 썼으니 다시 숨 좀 돌리지요. 그냥 멍하니 앞을 바라보세요. ahead의 그림입니다. 위치 또는 순서상 앞쪽이 ahead입니다. 시간상으로도 앞을 가리킵니다. look ahead라고 하면 그냥 앞을 보는 것일 수도 있고, 우리말처럼 앞을 내다보고 뭔가를 예측하는 것일 수도 있습니다.

Look ahead. 앞을 보세요.
We'll go ahead with the plan. 계획을 추진하기로 했어.
Your kid is at least a year ahead in reading and writing.
자녀분께서 읽기와 쓰기는 일 년 정도 앞서 있습니다.
A much more difficult task is ahead for you. 너한테 더 어려운 과제가 남아있어.
Plan ahead. 미리 준비해.

go ahead with는 번역을 '추진'이라는 어려운 말을 썼지만, 결국 계획을 앞으로 밀고 나간다는 말이지요. 앞서 나가는 것도 순서상 다른 사람보다 앞에 있다는 의미구요. 시간으로 따져 앞쪽이면 미래를 나타내지요.

01 get ahead 앞서 움직이다

Who wouldn't want to get ahead on the job?
직장에서 남보다 앞서 가길 바라지 않는 사람이 어디 있겠어?
Everyone wants to get ahead in life. 누구나 성공하길 원하지. (앞서 나가길 바라지.)
You can't get ahead of everyone else in everything.
모든 일에서 남들보다 앞서 나갈 순 없는 거야.
This new program helps you get ahead of your work schedule.
이 새 프로그램을 활용하면 계획보다 일을 빨리 진행할 수 있을 거야.

02 go ahead 앞서 가다

Let him go ahead of you. 먼저 가게 내버려둬.

그냥 go ahead라고 말하면 '어서 그렇게 하라'는 말이 됩니다. 여러분이 복도에서 길을 막고 있어서 누군가 못 가고 서 있다고 생각해 보세요. 살짝 비키면서 이렇게 말해주면 됩니다.

Please, go ahead. 어서 지나가세요.

여기서 한 발 더 나아가 추상적인 의미로 '허락'을 의미하기도 합니다.

May I go ahead with these plans? 이 계획 추진해도 되겠습니까?

명사형으로 go-ahead라고 하면 '허락'이라는 뜻입니다.

Who gave you the go-ahead to kill Jack? 누가 너보고 잭 죽이라고 했어?

실제로 뭔가를 가지고 먼저 가라는 뜻도 됩니다.

Go ahead with the cake. I'll bring some drinks in a minute.
케이크 들고 먼저 가세요. 곧 마실 거 가지고 갈게요.

동사와 전치사의 만남
along

손가락 운동도 좀 해볼까요? 책상 끝을 따라 손가락을 왔다 갔다 해보세요. along의 그림입니다. 졸졸 따라가는 거지요. 누군가를 따라 걸어가면 go along이 됩니다.

Who's that guy walking along the street? 길을 따라 걷고 있는 쟤 누구야?
Will you come along? 같이 갈래?
She's been cheating on me all along. 줄곧 바람을 피웠더라구.

일직선이든 꼬불꼬불한 선이든 하나의 선으로 된 무언가를 졸졸 따라가는 것이 along입니다. 사람을 따라가도 그 사람이 가는 길을 쫓아가는 것이라 along을 씁니다. 시간도 하나의 선(timeline)이지요. 그걸 줄곧 따라가면 all along이 됩니다.

01 bring along 데리고 오다

I brought my wife along to the party. What was I thinking? Look at those girls! 파티에 마누라를 데려왔어. 무슨 생각으로 그랬는지 원. 저기 저 여자애들 좀 봐!

남편이 파티에 갑니다. 같이 가려면 따라 가야지요. 같이 움직이는 그림이 along이니까요.

02 come along 졸졸 따라 오다

Oh, I'm going there right now. Why don't you come along with me?
어, 나 거기 가는 중인데. 같이 가지 않을래요?

03 get along 졸졸 따라 움직이다

사람이 같이 움직이면 오순도순 잘 사는 것이지요. 세월을 따라 움직이면 늙는 것이고, 세상과 함께 움직이면 그럭저럭 살아나가는 겁니다.

Can we just get along? (이제 그만 싸우고) 함께 잘 지낼 수 없을까요?
My father is getting along in years. 아버지가 나이가 드시는 것 같애.
We can't get along on what you earn. 니가 버는 돈 가지고는 살 수가 없어.
She always tries to get along with everyone. 모두랑 친하려고 노력하지.

with를 쓰면 누군가와 함께 잘 사는 그림입니다. 반대로 without을 쓰면? 누군가 또는 뭔가가 없으면 잘 못사는 그림이 되겠지요.

How can I get along without you? 너 없이 내가 어떻게 살아?

04 go along 졸졸 따라가다

멀어지면서 따라가는 그림입니다. 어떤 일이 되어가는 상상의 길이 있어 모든 게 이 길을 따라 간다면(go along) 참 일이 잘 되겠지요?

I hope everything is going along well. 모든 게 다 잘 됐으면 좋겠는데.

실제로 따라가 볼까요? 사람을 따라가는 것도 go along입니다.

If you're going to her place, can I go along? 걔 집에 갈거면 나 따라가도 돼?

추상적으로도 따라갈 수 있습니다. 동의한다는 말입니다.

OK. I'll go along with you on this one. 좋아. 이번 건 내가 널 따라가지.

Why should we always go along with the boss's decisions?
왜 우린 언제나 사장 결정을 따라야 돼?

물건을 살 때 '선택'을 한다는 의미도 있습니다. 여러 가지 상품을 놓고 결국 한 상품을 따라가는 것이지요.

He will probably go along with IBM computers. He's not familiar with Mac's.
걔 결국 IBM 컴퓨터 살 거야. 매킨토시는 잘 모르거든.

05 take along 데리고 가다

bring along과 반대로 멀어지며 데리고 가는 그림입니다. take와 bring은 관점상 상대 동사라고 했지요.

Take my daughter along to the party. 내 딸 파티에 데려가 줘.

동사와 전치사의 만남
apart

apart에서 part는 부분을 말합니다. 둘 이상의 부분으로 갈라지는 그림이 apart입니다.

apart 01 come apart 움직여 분리되다

The missile came apart in midair. 공중에서 미사일이 터졌다.
If two people come apart, don't you think therapy's just a big waste of time? 두 사람이 갈라서면, 상담치료 받는 건 엄청난 시간낭비 아니니?
I tied a rope to the boat and pulled until I thought my arms would come apart and my head would explode.
보트에 밧줄을 묶고 팔 떨어지고 머리 터지도록 당겼다.

움직여서 그 결과 분리가 됐다면 부서지거나 망가지는 걸 말합니다.

What if your beat-up car comes apart in the middle of the road?
니 똥차 길 한가운데서 부서지면 어떻게 해?

여기에 at the seams라는 표현이 따라올 수 있는데요. seams는 솔기를 말하지요. 갈라지는 지점(at)이 솔기라는 뜻입니다. 비유적으로 '사물이 견디지 못하고 터지다, 사람의 감정이 완전히 무너지다'의 뜻으로 쓰입니다.

The restaurant is coming apart at the seams with zillions of customers!
저 식당 손님이 너무 많아서 미어터질 지경이래.

My whole sense of values came apart at the seams when I heard that story. 그 얘길 듣자 내 가치관이 무너져 내렸다.

apart 02 take apart 잡아서 분리시키다

스스로 분리하는 게 아니라 외부의 힘에 의해 떨어져 나가는 그림입니다.

You have to take the machine apart before you can clean it.
기계를 분해해야 청소를 할 수 있어.

글 따위를 잡아 분리시키면 꼼꼼히 분석해 잘못된 걸 찾아내는 그림이 됩니다.

Did you have to take my essay apart like that?
꼭 내 에세이를 그렇게 난도질 했어야 했니?

동사와 전치사의 만남
around

about과 비슷하지만 '동그라미'가 추가된다는 점이 다르다고 했습니다.

We don't have enough food to go around. 음식이 다 돌아가지 못할 것 같은데.
What comes around goes around. 오는 게 있으면 가는 게 있지.
I'll be back around noon. 정오쯤에 돌아올게.

about과 크게 다르지 않지요. 그림을 그릴 때 동그라미만 있으면 됩니다. 파티를 한다고 생각하고 손님들한테 음식을 나눠줘 보세요. 돌아가면서 한 명씩 줘야 하지요. 여기서도 동그라미가 그려집니다. go around를 '음식을 나눠주다'로 외우지 않아도 around의 기본그림과 go의 기본그림만 알면 의미를 쉽게 익힐 수가 있지요. 시간으로 봐도 around는 about과 마찬가지로 정확한 시각의 주변을 가리킵니다.

01 bring around 주변으로 가져오다

가까운 곳까지 데려오는 걸 말합니다. 여기서 여러 가지 의미가 파생됩니다.

It took hours for the doctor to bring the patient around. 의사 선생님이 환자 정신 들게 하는 데 몇 시간이 걸렸어.

의사가 정신이 나갔거나 죽어가는 사람을, 다시 말해 우리 곁을 떠나려던 사람을 데려와서 되살리는 거지요.

We brought her around by slapping her face. 따귀를 때려서 정신 들게 했어.

우리랑 생각이 다르다면 우리 곁에 있지 않는 사람이지요. 그런 사람을 우리 곁에 오게 하면 그 사람은 생각을 바꿔 우리와 같은 생각을 하게 되는 겁니다.

After hours of persuasion, we finally brought him around to our way of thinking. 몇 시간을 설득한 끝에 결국 그 사람 마음을 우리 생각대로 돌이켜 놨지.

about과 마찬가지로 데려오는 그림이 있습니다.

Bring your wife around to our place sometime. 언제 부인도 데려오지 그래.

around는 동그랗다고 했습니다. 그래서 한 바퀴 돌면 방향이 바뀌지요.

I'll bring the car around. Wait here. 차 돌려 올 테니 기다려.

차의 방향을 바꿔 온다는 말입니다. 가져가서 한 바퀴 돈다는 말이니 어렵지 않게 이해되지요.

빙 돌리는 것도 around입니다.

Please bring the chips around to us. 우리한테도 과자 좀 나눠줘.

around 02 call around 주변을 돌며 전화해대다

You call around about Jack and see if you can find out anything.
백방으로 전화해서 잭이라는 놈에 대해서 알아내.

around 03 come around 돌아 오거나 주변으로 오다

A trim, bald man came around the corner, hustling toward the elevator.
마르고 머리가 벗겨진 사람이 코너를 돌아 엘리베이터 쪽으로 황급히 움직였다.
When I entered the room, Bundy came around his desk to shake my hand. 방에 들어가니까 번디가 책상을 돌아나와 악수를 했다.

come의 경우는 내 쪽으로 오는 것이기 때문에 around와 함께 쓰면 빙 돌아서 온다는 뜻이 됩니다. '결국 동의하다', '제정신을 차리다'의 비유적인 의미도 가능하지요. 우리말의 '마음을 돌리다'와 비슷합니다.

I knew you would come around in the end. 결국 니가 마음을 돌릴 줄 알았어.
At long last, the president came around and agreed to the terms.
결국, 대통령도 마음을 돌려 조건에 동의했다.
At first I didn't like him, but soon I came round to him.
처음엔 그 인간 안 좋아했는데, 곧 괜찮아지더라.
You won't understand how I came round to his way of thinking.
내가 왜 그 인간 생각을 받아들였는지 넌 이해 못 할 거야.
Just as paleontologists have come around to the idea that dinosaurs were probably warm-blooded, a lot of us are starting to think some of them might have been quite intelligent, too. But nobody knows for sure.
고생물학자들이 공룡들도 온혈동물이었을지 모른다고 생각을 바꾼 것처럼 우리도 일부 공룡은 지능도 높았을 수 있다고 생각하게 됐다. 하지만 아무도 확신을 하는 건 아니고.

반복적으로 일어나는 일도 결국 돌아오는 거지요.

The prices soar when the election comes around.
선거 때가 돌아오면 물가가 치솟는다.
She came around immediately when we threw cold water in her face.
찬물을 끼얹자 정신이 들었다. (정신이 나갔다가 빙 돌아서 다시 오면 정신을 되찾는 거지요.)
After a few weeks, I came around to cleaning the basement.
몇 주가 지나서야 겨우 지하실 치우는 일을 하기로 했다.

바로 위의 예문처럼 질질 끌다 결국 뭔가를 하기로 합의하는 것도 come around입니다. 그전까지는 망설이거나 안 한다고 버팅겼다는 뜻이지요. 아래 예문은 어느 장소로 간다는 간단한 뜻으로 쓰인 것입니다. come만 쓸 때보다 부드러운 뉘앙스로 '언제 한번 놀러와' 같은 표현에 어울리지요.

Why don't you come around to our place sometime?
언제 한번 놀러오지 그래?
Please come around to visit next week. 다음 주 한번 오지 그래.

around 04 get around 빙 돌아 움직이다

get의 이어 동사는 전치사에서 모든 의미가 나옵니다. get은 움직임을 추가해주는 기능밖에 하지 않습니다.

They got around me and started congratulating me on winning the first prize. 나를 빙 둘러싸더니 대상을 차지한 걸 축하해줬다.

장애물을 만나면 어떻게 하나요? 피해서 빙 돌아갑니다.

We couldn't get around a huge hole in the road.
도로에 구멍이 하도 크게 나서 돌아갈 수가 없었어.
I found a way to get around this regulation.
이 규정을 피해갈 수 있는 방법을 찾았어.

I'll get around to you in a second. Please wait.
곧 돌아올게요. 잠시만 기다려주세요. (빙 돌아서 도착하는 대상을 to로 나타냅니다.)

around 05 go around 주변을 원을 그리며 움직이다

He went around me and sat down. 내 주변을 빙 돌아서 옆에 앉았다.
There is a strange rumor about you going around. 너에 관해 이상한 소문이 돌고 있던데. (말이 도는 것도 go around지요. about으로 바꿔 쓸 수도 있다고 했습니다.)
What's this nonsense about your wife that I hear going about?
니 마누라에 대해서 말도 안 되는 소리가 돌고 있는데 어쩐 일이야?

특별한 사람과 같이 다니는 것도 go around입니다. 결국 그 사람과 사귀는 것이지요. 우리말에도 누구누구와 같이 다닌다고 하면 사귄다는 의미가 있잖아요.

Are you still going around with Jim? 아직도 짐하고 다니니?

사람이 여럿 있다고 상상해보세요. 빙 둘러 앉아 있습니다. 커피를 한 잔씩 타 주려는데 한 잔씩 다 돌아갈 만큼(go around) 커피가 남아 있는지 물어볼까요?

Is there enough coffee to go around? 사람들한테 다 돌아갈 정도로 커피 남았어?

go around는 우리말처럼 '쟨 순 거짓말만 하고 돌아다녀' 식으로 돌아다니는 것일 수도 있습니다.

He keeps going around telling lies about me.
걘 나에 대한 거짓말만 하고 돌아다닌다니까.
Stop going around scaring the hell out of the kids. 애들 겁주면서 다니지 좀 마요.
They went around in circles until they ran out of fuel.
(비행기들이) 연료 다 떨어질 때까지 빙빙 돌기만 하더라구.
(정말 원을 그리며 움직이는 경우이므로 go around in circles를 씁니다.)

사람도 원을 그리며 움직일 때가 있습니다. 안절부절못하면서 초조하게 누굴 기다린다든지 할 때 말입니다.

> Why are the kids going around in circles? Are they waiting for some one? 애들이 왜 저렇게 안절부절못해? 누구 기다리나?

누군가의 주변을 빙 돌아서 움직인다면 그 누군가를 피하는 것이지요. 문맥에 따라 의미를 잘 파악해야 합니다.

> I think Jack's going around you. Did something happen between you two? 잭이 널 피하는 것 같아. 니네 둘 무슨 일 있었니?

around 06 take around 주변으로 데리고 가다

bring around가 주변으로 데리고 오는 것이라면 take around는 주변으로 데리고 가는 그림입니다.

> He took me around his house and showed me some of his best collections. 자신의 집으로 데려가 가장 아끼는 수집품들을 보여줬다.

around 07 turn around 돌아가다

> This road isn't leading us anywhere. I think you should turn around and go back to the crossroads. 이 길로 가면 안 되겠네. 차 돌려서 교차로로 되돌아가자구.
> I turned her around to face me. 그 여자 몸을 돌려 나를 바라보게 했다.
> He turned the truck around and disappeared down the street.
> 트럭을 돌려서 길 아래쪽으로 사라졌다.

경제나 경기, 회사 등이 turn around를 하면 나빠지던 것이 방향을 틀어 좋아지기 시작한다는 겁니다.

How could you turn around the economy in a month? 어떻게 한 달만에 경제를 회복시키겠다는 거야?

How could you do this to me, Chris?! This role could have turned my whole career around! 크리스 어떻게 나한테 이럴 수 있지? 그 배역만 맡았으면 나도 잘 나갈 수 있었다구! (지금까지 내리막길이었다는 의미)

명사로도 쓸 수 있습니다.

Without a dramatic turnaround in the economy, we are headed for deep water. 극적인 경기회복이 없다면 수렁으로 빠져들 수밖에 없다.

This year's turnaround in the stock market has also boosted the value of stock options for thousands of Silicon Valley workers. 올해 주식시장의 반등으로 실리콘 밸리 업체 직원들의 스톡옵션 가치도 크게 높아졌다. (turnaround 전에는 주식시장이 하락장이었다는 의미)

돌려서 변화시킬 수도 있지요.

So by putting it in the third person I can turn it around a bit and make it funny. 3인칭으로 말을 하면 변화를 줘서 재미있게 만들 수 있지.

동사와 전치사의 만남
at

시력 검사도 한번 해보지요. 주변에 있는 아무 사물이나 손가락으로 가리켜 보세요. 콕 짚어 가리키는 것이 at의 그림입니다. 주변에는 손가락으로 콕 짚을 수 있는 사물이 무지 많지요? 그 중 하나, 또는 한 지점이 at입니다. 시간으로 따지자면 정확한 시각을 나타냅니다.

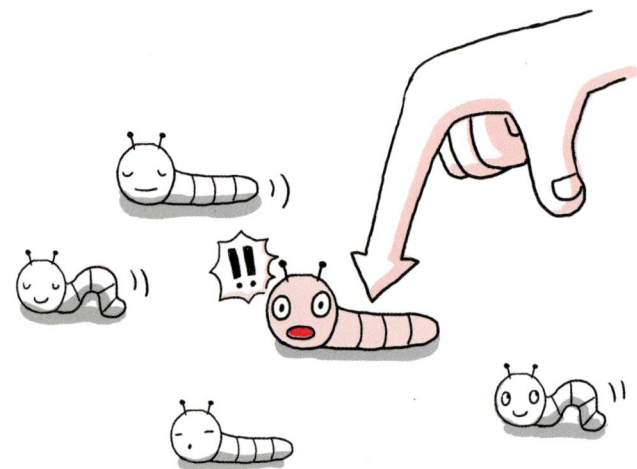

Who's at the door? 문 앞에 있는 거 누구야?
There's a truck at the end of the road. 도로 끝에 트럭이 있네.
I'll be at home next week. 다음 주 집에 있을 거야.
I looked at her and smiled. 그 여자 보고 웃었지.
I'll meet him at 3 p.m. 3시에 걔 만나기로 했어.
I like to stay up at night. 밤늦게까지 안 자는 편이야.

위치나 공간의 한 지점을 at으로 나타냅니다. 우리말로는 '문 앞'이라고 했지만 위에서 내려다 봤을 때 집 주변에서 콕 짚어 볼 수 있는 문 앞이라는 지점에 사람이 서 있습니다. 그래서 at을 사용합니다. 도로의 끝을 보세요. 끝은 한 지점을 가리킵니다. 그래서 at the end of the road가 됩니다. 집이라는 공간은 in을 써야 하겠지만, 내가 있을 수 있는 넓디 넓은 공간을 기준으로 보면 집은 한 지점에 불과합니다. 지도를 펴보세요. 그 넓은 땅에 나의 집은 한 점으로 나타날 겁니다. I'll be at home.은 위치를 가리키는 것이지 집이라는 공간을 가리키는 것이 아니지요. 누군가를 바라보는 것도 마찬가집니다. 눈을 고정시킬 수 있는 공간은 참 많지요. 그 중에 딱 한 군데를 찍어 초점을 맞춰 보는 겁니다. 시간이라는 공간에서도 꼭 짚어 몇 시라고 할 때, 또는 하루를 기준으로 낮과 밤을 나눌 때 at을 씁니다. 시간은 on으로도 나타내지만 하루 미만일 때는 at을 씁니다.

01 come at 콕 짚어 한 지점으로 오다

The dog came at the cat. 개가 고양이를 덮쳤다.

고양이가 속해 있는 그 넓은 공간에서 고양이를 콕 짚어 달려드는 거지요. 따라서 come at의 기본 의미는 공격하는 태도를 취하지만 정말 전력을 다해 공격했다는 의미는 아닙니다. 공격을 했다는 의미로 쓰일 경우에는 대개 뒤에 정말 공격하는 행동이 따라옵니다.

The cat came at the mouse and pounced on it.
고양이가 쥐에게 달려들더니 덮쳐버렸지.

02 get at 콕 짚어 한 지점으로 움직이다

I want to get at that bastard who stole my money.
내 돈 훔쳐간 자식을 잡고 말 거야.

대화에는 주제가 있겠지요. 말을 주고받는 건 그 주제, 또는 핵심을 향해 가는 겁니다.

What are you getting at? 도대체 뭘 말하려고 그러는 거야?
Let's try to get at the heart of the problem. 문제의 핵심을 파헤쳐 보자구.

03 go at 콕 짚어 한 지점으로 가다

바짝 쫓거나 공격하는 게 go at입니다.

Jack went at the mugger and beat the hell out of him.
잭이 강도를 쫓아가더니 죽도록 패줬지.

동사와 전치사의 만남
away

한 곳만 집중해서 쳐다보면 눈이 아프지요? 손가락으로 가리켜 바라보고 있던 사물에서 눈을 떼서 다른 곳을 보세요. away의 그림입니다. 손가락으로 가리키고 있던 사물의 입장에서 보면 여러분의 눈이 다른 곳으로 가버린 것입니다. 뭔가에서 떨어져 멀어지는 그림이 away입니다.

He walked away from me. 그 사람 가버렸어.
She's away on a business trip. 출장 갔어요.
Don't look away. Look into my eyes! 딴 데 보지 말고 내 눈을 똑바로 봐!
Would you please file these memos away for me?
이 메모들 파일로 정리해줄래요?
The meeting is just two weeks away. 모임이 2주밖에 안 남았어.
The fridge keeps ice from melting away. 냉장고는 얼음이 녹는 걸 막아주지.
She was singing away in the bath. 욕조에서 노래를 불러댔다.
We've been working away all day. 하루 종일 일만 했다.

멀어져 가버리는 것이니 만큼 '멀어지다'는 요소와 '없어진다'는 요소가 포함됩니다. 나한테서 멀어지면 결국 사라지지요. 얼음이 녹으면 사라지듯이 말입니다. 다른 곳으로 가고 없는 사람도 가버린 것이니까 away구요. 잘 정리해서 다른 곳에 놓아두는 것도 away지요. 우리말에도 '잘 치워두다'는 말이 있듯이 말이지요. away에는 또 '중단없이 계속되는 움직임'을 나타내기도 합니다. 칙칙 폭폭 기차가 역에서 멀어져가는(away) 그림을 먼저 떠올립니다. 연기를 내뿜으며 앞으로 나아가는 기차처럼 사람이 노래를 부르며 음표를 연기처럼 내뿜거나 사람이 땀방울을 내뿜으며 삽질을 해서 앞으로 나아가는

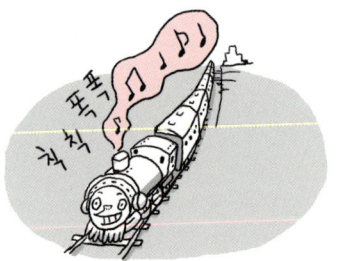

그림을 그리면 됩니다. 같은 행동을 반복하며 출발시점에서 멀어져가는(away) 그림이지요. 이 그림에 해당하는 이어 동사는 주로 2권에서 다루는 동사에 많이 나옵니다.

away 01 break away 깨서 멀어지다

I tried to break away from him, but he was holding me too tight.
벗어나려고 애썼지만 그 놈이 너무 꽉 잡고 있었어.
She broke a bit away and popped it into her mouth.
한 조각 떼어내더니 입에 던져넣더군.
I found it hard to break away from my mother.
엄마한테서 독립하기가 쉽지 않더군.

from은 출발점이나 근원의 그림입니다. away from을 붙여 쓰면, 당연히 어떤 곳에서부터 멀어지는 걸 말하겠지요. 어떤 상태를 깨고(break) 빠져나오는 것(away from)을 말하며, 여기서 출발해 여러 가지 파생의미가 생깁니다.

I can point to plenty of famous religious leaders who broke away from the pack because they felt that the mainstream was terribly wrong.
주류 종교인들이 잘못됐다고 생각해서 떨어져 나온 유명 종교 지도자들이 꽤 있지.
A breakaway group of assembly members disgruntled with the

management has set up a new political party. 지도부에 불만을 품은 일부 의원들이 탈당해 새 정당을 만들었다. (형용사적으로 사용할 수도 있습니다.)

away from을 free from, loose from으로 대체해 사용할 수 있습니다.

She broke free from him, at last. 결국 그놈 손아귀에서 벗어났지.
I broke the gun free from his grasp and fired. 총을 빼앗아 쏴버렸다.
I could not break loose from the terrorists.
그 테러범들한테서 빠져나올 수가 없었어.
A piece of rock broke free from the wall. 벽에서 돌조각이 떨어져 나왔다.

추상적인 의미로 일에서 잠시 떨어져 휴식을 취하는 것도 나타낼 수 있습니다.

I broke away from my writing long enough to have a cup of tea.
글 쓰기를 잠시 중단하고 차를 한 잔 마셨다.
Try to break yourself away from your work for a few days. Enjoy your life! 며칠간이라도 일 좀 쉬라구. 삶을 즐길 줄 알아야지!

away 02 bring away 멀리 떨어뜨려 가져오다

Please bring the gas tanks away from the fire. They might explode!
가스 탱크 좀 불에서 멀리 해. 터질라!
The candle is too near the drapes. Please bring it away.
촛불이 커튼에 너무 가깝네. 좀 떨어뜨려 놓게.
I brought some valuable advice away from the lecture.
강연회에서 값진 교훈을 얻었어. (우리 사고방식으로는 이해가 잘 안 가는 뜻일 수도 있습니다.)

bring away가 '뭔가를 얻어 오다' 라는 의미로 쓰였습니다. 여기서 교훈을 놓고 보면 강연회에서 떨어져 나온 것이고(away from the lecture) 말하는 사람은 그걸 가져온 겁니다(bring). 교훈이 이동하는 그림을 그려보면 bring away의 의미를 어렵지 않게 이해할 수 있을 겁니다.

Was anything of any use brought away from the conference?
회의에서 뭐 쓸 만한 걸 좀 얻었나?
The cop who went undercover brought away no information whatsoever. 잠입 수사를 벌였던 형사는 아무런 정보도 얻어내지 못했다.

03 call away 불러서 멀어지게 하다

The boss called John away from his office a couple of minutes ago.
존은 조금 전에 사장한테 불려갔어.

사장이 불러서(call) 존은 결국 자신의 사무실에서 멀어지게 됩니다(away from his office).

04 come away 멀어져 다가오다

Please come away from the fire. You might get burned!
불에서 떨어져. 데겠다!
Come away with me and we'll get married.
나랑 함께 떠나. 그리고 결혼하는 거야.
I don't want to come away empty-handed.
빈손으로 돌아오고 싶지 않아.

empty-handed를 쓰면 '빈손으로 오다'의 뜻이 되겠지요. 다시 말해, 떨어져 오고 보니 '빈손이다'는 뜻입니다.

05 do away 거시기 해서 사라지게 하다

Please do away with that broken TV. 고장 난 TV 좀 갖다 버리렴.

258 * 기본동사와 전치사의 만남 – 이어동사

When Gerth wanted to do away with you, I held him back!
거스가 널 죽이려고 했을 때도 내가 말렸어!

My son would never think of doing away with himself!
내 아들은 자살할 놈이 아니야!

어떤 행위로 자기 자신에게서 멀어지면 '목숨을 끊는 것'이 될 수도 있습니다. 다른 사람이라면 그 사람을 '죽이거나 멀어지게 하는 것'일 수 있고, 사물을 대상으로 하면 '없애버리는 것'이 됩니다. 모두 away에서 뜻이 나옵니다. 주체로부터 멀어지는 것이 원뜻입니다.

If the economic downturn continues, we will have to do away with more people in our department.
경기 침체가 계속되면, 우리 부서에서도 사람을 더 잘라야 할거야.

That law should have been done away with decades ago.
그 법은 벌써 수십 년 전에 없어졌어야 돼.

away 06 get away 움직여 멀어지다

Get away! You jerk! 저리 꺼져! 이 멍청아!

같은 뜻이지만 어디로부터 멀어지라는 건지 밝혀줄 땐 from을 써주면 되겠지요?

Get away from me! 저리 꺼져!

I couldn't get away from the phone all day!
하루 종일 전화 때문에 죽을 지경이었어. (전화통에서 벗어나질 못했으니까.)

He got away from the police. 경찰을 피해 달아났어.

Get the kid away from the fire!
애 불가에 못 가게 해! (다른 사람을 움직여 어디에선가 멀어지게 할 수도 있겠지요.)

이것저것 다 버리고 떠나 버릴 수도 있습니다. 일상 생활에서 벗어나 여행을 떠나거나 휴식을 갖는다는 의미입니다. get away from it all 또는 줄여 get away만 쓰기도 합니다.

> Did you get away during the vacation? 휴가 때 여행이라도 다녀왔니?
> Everyone needs to get away from it all from time to time.
> 누구든지 한 번쯤 일상 생활에서 벗어날 필요가 있어.
> The robber got away with diamonds!
> 강도가 다이아몬드를 가져갔어! (누군가와 함께(with) 멀어지는 경우이죠.)

살인을 하고도 도망갈 수 있습니다. 비유적으로 아주 나쁜 짓을 하고도 무사하다는 의미로 씁니다. get away with murder는 진짜 살인을 한 것이 아니라 그만큼 나쁜 짓이라는 의미입니다.

> What makes you think you can get away with murder?
> 어떻게 그런 짓을 하고도 무사하리라고 생각할 수 있어?

07 give away 줘버리다

가장 먼저 그냥 줘버리는 경우를 보지요. 줘버려서(give) 멀어지는(away) 그림입니다.

> She has given away jewelry worth millions of dollars.
> 수백만 달러에 달하는 보석을 기꺼이 내놓았다.

후원금 같은 걸로 그냥 준다는 의미입니다. 그래서 공짜로 주는 걸 giveaways 라고 합니다.

> They offer giveaways to entice new customers. 손님 끌려고 경품 준대.
> I don't feel like giving away more information than I have to.
> 필요 이상으로 정보를 주고 싶진 않아. (나만 알고 있어야 할 것을 남에게 알려주는 것도 줘버리는 경우지요.)
> It's your clothing that gives you away as tourists instead of locals.
> 당신들 옷만 봐도 이 곳 사람이 아니라 관광객이라는 걸 알겠네요.

I was too afraid that I might give myself away by saying or doing something stupid.
어리석은 말을 하거나 바보같은 짓을 해서 내 정체를 드러낼까봐 얼마나 무서웠다구.

Don't wear tennis shoes because that gives you away as an American.
테니스 신발 신지 마. 미국 사람인 거 들통나니까.

Don't give away the answer. 답 가르쳐 주지 마.

giveaway처럼 명사로도 쓸 수 있습니다.

Bundy was a soldier anyone could recognize instantly; the haircut was a giveaway.
번디가 군인이라는 건 단박에 알아챌 수 있었지. 머리 깎은 것만 봐도 알 수 있었어.

Judy is definitely not from this area. Her accent is a giveaway.
주디는 이 지역 출신이 아닌 게 분명해. 말투를 보면 알 수 있지.

결혼식장에서 신부를 신랑에게 줘버리는 것도 give away라고 합니다. 아버지나 아버지를 대신하는 사람이 신부를 데리고 들어와서 신랑에게 넘겨주잖아요.

Her elder brother will give Judy away.
결혼식 때 오빠가 주디를 데리고 들어갈 거야.

08 go away 멀어져 가다

Please go away and leave me alone. 제발 가라. 나 좀 내버려둬.

가장 간단한 의미로는 '가버리는 것' 입니다. 원래 있는 곳에서 떨어져 다른 곳으로 간다는 뜻이겠지요. 출장을 가는 것도 go away로 씁니다.

I'd have to go away for a month or two. 한두 달 가 있을 거야. (출장 따위)

for는 멀어져가는 행위와 가져오는 사람이나 사물을 교환하는 것으로 움직임의 대가를 나타냅니다.

He went away for a Coke. He'll be right back. 콜라 가지러 갔어요. 곧 올 거예요.
(갔다 온 대가가 콜라)

그냥 막연히 떠난다는 의미도 있습니다.

I saw him go away with Judy. 주디랑 떠나더라구.

사람이나 사물을 데리고 가는 건 with를 쓰겠지요? 동사들은 모두 하는 짓이 똑같습니다. 가지러 가는 거면 for, 데리고 가는 거면 with, 도착하는 거면 to… 공통적인 부분을 눈여겨 보세요.

He went away with the kid. 그 아이 데리고 가버렸어.

09 make away 움직여 멀어지다

with와 함께 써서 사물이나 사람과 함께 멀어져가는 그림을 그립니다. 훔치거나 도망가는 것이지요.

Jack made away with all the money we found.
잭이 우리가 찾은 돈을 몽땅 가지고 달아났어.
That bastard made away with my daughter last night.
간밤에 그 자식이 내 딸을 데리고 도망쳤어.

10 take away 데리고 가버리다

Take this kid away from me! 이 애 좀 데려가요!
They took away all I had 내가 가진 걸 모두 빼앗아 갔어.
Every privilege as a member of the committee was taken away from me. 위원회 위원으로서의 모든 특권을 빼앗겼어.
Will you take me away to some other place?
날 다른 곳으로 좀 데려다 줄래요?

Jane was taken away by the police. 경찰이 제인을 데려갔어.

사람만 데려가는 주체가 될 수 있는 건 아닙니다.

My husband's job took him away from me.
남편은 일 때문에 내 곁에 없었어요.

가져가면 있던 자리에서 없어집니다.

Nothing seems to take away your appetite.
니 식욕을 떨어뜨릴 만한 건 없겠구나.

His jokes took away some of the terror from the operation.
수술 받을 때 무서웠는데 걔가 농담을 해줘서 그나마 나았어.

I will let no one take you away from me, honey.
자기, 아무도 당신을 빼앗아 가지 못하게 하겠어.

경험이나 상황에서 뭔가를 얻어 가는 것일 수도 있습니다. bring away와 관점만 다르겠지요?

They took away a lot from the conference.
그 회의에서 많은 것을 얻고 돌아갔다.

가치 따위를 뺏어가는 것일 수도 있습니다.

The plot was intriguing, but the poor performance of Al Green, a supporting actor, takes a lot away from the film.
내용은 재미있던데, 조연 배우인 알 그린의 연기가 엉망이어서 영화를 망치더군.

11 turn away 돌아서 멀어지다

몸을 틀어 있던 자리에서 빠져나가는 것도 turn away겠지요.

I had to turn away to avoid letting him see my smile.
웃는 걸 안 보여주려고 몸을 돌려야 했지.

타동사로 쓰면 누군가를 돌려 보낸다는 뜻이 되겠지요. 우리말과 참 비슷하지요? 돌려(turn) 보낸다(away).

We had to turn away hundreds of students who couldn't afford the hefty fees for tuition and accommodation.
엄청난 수업료와 숙박비를 낼 수 없는 수백 명의 학생들을 돌려보내야 했다.

뭘 돌려서 어디에서 멀어지는 건지 나타낼 수도 있습니다.

Kate turned her eyes away from me.
케이트가 나한테서 눈을 돌리더라구.

비유적인 의미로 쓰인다면 관심을 돌리는 것입니다.

Let us now turn away from the technical issues to the political issues.
자, 이제 기술적인 문제에서 정치적인 문제로 관심을 돌려봅시다.

동사와 전치사의 만남
back

원래 위치에서 멀어졌다 다시 돌아오거나 뒤로 움직이는 그림이 back 입니다.

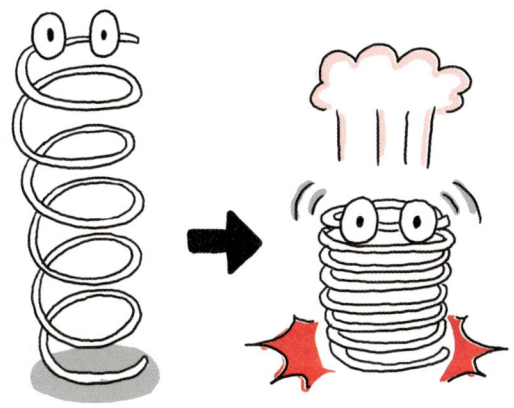

01 bring back 원래 있던 곳으로 데려오다

She was brought back out repeatedly for curtain calls.
관객들은 여배우를 계속 무대 밖으로 불러냈다.

curtain call은 연극이 끝나고 막이 내린 다음에도 감동을 잊지 못해 배우를 불러내는 걸 말합니다. 음악으로 따진다면 앵콜을 외치는 것과 같겠지요.
무대 뒤에서 여배우를 다시 불러내서 무대 위에 오게 하는 게 back입니다. 무대 밖으로 나오는 것이니까 out이 붙습니다. 스스로 나오는 게 아니고 관객이 나오게 만드는 것이라 bring이 쓰인 것이지요.

Sarah was brought back to reality by the news.
사라는 그 소식을 듣고 제정신을 차렸다.

정신이 없거나 환상에 젖어 있을 때 다시 현실로 돌아오게 하면 제정신이 드는 겁니다. '소식'을 주어로 문장을 쓰면 The news brought Sarah back to reality. 가 되겠지요.

누군가 죽으면 죽은 사람이 원래 있던 위치는 살아 있는 상태겠지요.

There was nothing we could do to bring your dog back.
니 개를 되살릴 방법이 없었어.

개가 어디론가 팔려간 문맥이라면 '다시 데려오다'의 뜻이겠지만 문맥상 개가 죽은 것이라면 '되살리다' 라는 뜻이 됩니다. 그래서 문맥이 중요합니다.

Stop torturing yourself. This won't bring your daughter back.
자학 좀 그만 해. 그런다고 니 딸이 살아 돌아오는 건 아니잖아.

Would you please bring your wife back? 부인을 다시 데려오시겠습니까?

말하는 사람이 있던 위치에 언젠가 부인이 왔었을 겁니다. 다시 오게 한다면 bring her back 이지요.

I left her because I couldn't bring back all that pain to her life again.
다시 그런 심한 고통을 주지 않으려고 그녀 곁을 떠났다.

여기서 bring back은 예전에 고통을 줬었다는 힌트가 됩니다.

시간이나 기억도 다시 가져올 수 있지요.

Is there anything we can do to bring the good old days back?
옛날 좋은 시절을 돌이킬 수 있는 방법이 없을까?

The picture brought memories back. 사진을 보니 옛 기억이 되살아났다.

I hope the country air will bring back my strength.
시골 공기를 맡고 원기를 되찾았으면 좋겠는데.

사람은 힘이 빠져나가면 병이 들지요. 몸이 다시 건강해지려면 힘을 제자리로 돌려놓아야 하구요.

> We should not go up there merely to bring back a few pounds of moonstuff. 달 조각 몇 개 가져오려고 달 탐사를 가서는 안 된다.

달 탐사를 떠날 때 한 과학 잡지에 실렸던 기사 내용으로 여기서 back은 지구를 가리킵니다. 우주비행사의 입장에서는 원래 있던 위치가 지구니까요.

back 02 call back 되부르거나 다시 전화 걸다

> I'm afraid he's not here at the moment. Could you call back later? 그 분 지금 안 계시는 것 같은데요. 다시 걸어주시겠습니까?
> Please have him call back. 저한테 전화 달라고 전해주세요.

두 가지 그림이 나오지요? 전화를 다시 거는 것과, 전화 건 사람한테 전화를 달라고 하는 것.
그럼 다시 불러봅시다.

> I was about to leave when the clerk called me back. 나가려고 하는데 점원이 다시 부르더군.

back 03 come back 돌아오다

> When will you come back from the US? 언제 미국에서 돌아오는데?

비유적으로 '다시 과거의 입장(유리하거나, 화려했거나 등)이 되다'의 의미가 될 수 있습니다.

> He practiced his playing every single day, hoping to come back in a glory some day. 언젠가 멋지게 컴백할 것이란 기대를 갖고 매일 연습했다.

사람뿐 아니라 사물이나 추상적인 개념도 돌아옵니다. 우리말과 비슷하지요.

Good old memories came back to me when I saw her.
그 여자 보자마자 좋았던 기억이 되살아나더군.

comeback이라고 명사로 쓰면 말대꾸가 될 수 있습니다. 받은 걸 돌려주는 것이니까요.

A number of comebacks came to mind, but Judy chose silence.
대꾸할 말이 여러 가지 떠올랐지만 주디는 침묵을 지켰다.

back 04 give back 되돌려 주다

If I didn't need the money, I would give it back.
그 돈이 필요없다면 돌려주겠지.
If you don't like the DVD player, the shop will give you your money back.
DVD 플레이어가 마음에 안 들면 상점에서 환불해줍니다.

당연히 내 것인데도 남이 가지고 있을 경우 그걸 돌려받는 것도 give back입니다.

We don't need anything else from you. We just want you to give us our freedom back!
당신들한테 다른 걸 바라는 게 아닙니다. 그저 우리의 자유를 되찾자는 것뿐입니다!

back 05 get back 원위치로 움직이다

Wait till I get back home. 집에 돌아올 때까지 기다려.

뭔가를 움직여서 제자리에 갖다 놓을 수도 있습니다.

Get my money back! 내 돈 내놔!

대화를 중단하고 다시 이어갈 때도 get back을 쓸 수 있습니다.

Sorry, I'll get back to you later. Something came up.
미안해, 나중에 다시 얘기하지. 일이 좀 생겼어.

비유적으로 복수를 하는 그림도 됩니다.

She'll get back at you someday. 그 여자 언젠가 너한테 복수할거야.

 go back 되돌아 가다

I don't want to go back. 돌아가고 싶지 않아.

'말에 대해서 돌아가면' 말을 바꾸거나 약속을 어기는 겁니다.

How can I trust you? You always go back on your promises at the last minute! 내가 널 어떻게 믿냐? 늘 약속해 놓고 막판에 발 빼버리면서!

도착점을 나타내는 전치사 to와 함께 써서 go back to라고 하면 돌아가는 대상을 나타낼 수 있습니다.

She went back to her husband after a few months.
몇 달 전에 남편한테 돌아갔어. (이혼하거나 도망쳤다가 다시 합쳤다는 의미)

take back 제자리에 가져다 놓다

Please take this report back to Bundy. 이 보고서 번디에게 다시 가져다 줘요.
Will you take me back to the hotel? 호텔에 다시 데려다 주시겠어요?

돌려주는 그림일 수도 있습니다.

When will you take that book back to the library?
언제 그 책 도서관에 반납할래?
They're not what I wanted. Take them back to the shop.
내가 원하던 게 아니예요. 가게에 도로 갖다 줘요.

되돌려 받는 것도 가능합니다.

> We don't take back sold goods unless they're defective.
> 한번 판 물건은 하자가 없는 한 반품이 안 됩니다.
> Let's take back our lost money. 잃은 돈을 되찾자.

감정적으로 다시 받아들이는 것도 됩니다.

> I don't expect that my wife would take me back after my affair.
> 바람을 피웠는데 아내가 날 다시 받아줄 거라곤 기대 안 해.

일단 한 말을 다시 가져가면 취소하는 거지요.

> I take back what I said. You're right. 내가 한 말 취소할게. 네가 옳아.
> Take that back or I'll kill you! 그 말 취소하지 않으면 죽여버리겠어!

과거로 데려갈 수도 있습니다.

> He took us back to his childhood. 어렸을 적 얘기를 해줬다.
> The song took me back to the time when I was with Jane.
> 그 노래를 들으니 제인과 함께 있었을 때가 생각났어.

08 turn back 뒤로 돌아가거나 뒤로 돌리다

> The snow started to fall, so we turned back. 눈이 오기 시작해서 되돌아왔다.
> I knew then and there that there could be no turning back.
> 그제서야 돌이킬 수 없다는 걸 알게 됐지.
> A lot of the travelers had been turned back at the border.
> 많은 여행객을 국경에서 되돌려 보냈다.

'돌아가세요!' 라며 등 떠밀어 몸을 돌려 세우는 그림을 그리면 이해하기 쉽습니다. 단순히 뒤쪽을 뜻할 수도 있습니다.

She was holding two papers but they were turned back so I couldn't see. 그 여자 서류 두 장을 들고 있었는데 뒷면으로 돌려져 있어서 보지 못했어.

시계를 돌릴 수도 있습니다. 비유적으로는 시간을 되돌리는 그림이 되지요. 얼마나 돌릴지 말하려면 by를 덧붙여 줍니다.

I'd give anything to turn back the clock.
시간을 되돌릴 수만 있다면 뭐든지 하겠어.
Well, 256MB is only sufficient if we were to turn back the clock by a few years! 몇 년 전으로 돌아간다면야 256메가 정도면 충분하겠지!

동사와 전치사의 만남
before

이번 건 운동 안 해도 되겠네요. before는 순서나 위치로 볼 때 앞쪽을 가리키니까요. 시간으로 따지면 먼저 일어나는 일을 나타냅니다.

> The car stopped before the crosswalk. 횡단보도 앞에 차가 멈췄다.
> The mayor will appear before the committee next week.
> 다음 주 시장이 위원회에 출석한다.
> My wife comes before you. 너보다 내 아내가 우선이야.
> I was born before the Korean War. 한국전쟁이 터지기 전에 태어났지.
> He lived in Korea before moving to the US. 미국으로 오기 전에 한국에 살았어.
> I've been there before. 전에 가본 적이 있는데. (전에 경험한 바 있지.)

피카소의 추상화는 이해하기 힘들지요. 전치사나 기본 동사도 추상화를 그릴 때가 어렵습니다. 우리말로 어렵게 '출석하다' 라는 말을 썼지만 결국 위치상 위원회의 앞에 서게 되는 거지요. '법정에 섰다' 는 말이 단순히 법정에 서 있다는 뜻이 아니라 재판을 받는다는 뜻이 되듯이요. 시간으로 보면 before는 먼저 일어난 일을 가리킵니다.

01 bring before 앞에 가져다 놓다

> They brought the pilot before the committee for his explanation on the accident. 사고 경위 설명을 위해 조종사를 위원회에 출두시켰다.

그림을 그리지 않고는 '출두시키다' 라고 외울 수 밖에 없지만 조종사를 데려다(bring) 위원회 앞(before)에 세워 놓는 그림일 뿐입니다. 조종사의 입장에서 문장을 다시 쓴다면 수동태가 되겠지요.

> The pilot was brought before the committee for his explanation on the accident. → The pilot went[came] before the committee.
> (누구의 입장에서 말하느냐에 따라) 사고 경위 설명을 위해 조종사를 위원회에 출두시켰다.
> What's the point of bringing before a bribed court a pre-judged case?
> 뇌물을 먹은 재판정에 사건을 맡겨본들 결과는 뻔하지 않은가?
> The prisoners were brought before witnesses in a line-up.
> 죄수들은 줄지어 목격자들 앞에 섰다.

line-up은 목격자들이 범인을 가려내기 위해 용의자들을 한 줄로 죽 세워놓는 걸 말합니다. a police line-up의 줄임말입니다. 다음 문장은 before가 두 번 들어가는데 뒤에 나온 before는 시간상 '앞'을 가리킵니다.

> I wanted to bring this matter before you before it got any worse.
> 문제가 심각해지기 전에 당신한테 알리는 게 좋을 것 같아서요.

어려운 우리말로 하자면 문제를 '제기'하는 겁니다. 문제를 누군가의 앞에 가져다 놓으면 그 사람은 문제를 알게 되겠지요. 대부분 문제를 해결해 달라고 알리는 것을 뜻합니다.

before 02 come before 앞에 오다

> Thank you for coming before this committee with your testimony.
> 위원회에 출석해 증언해 주셔서 감사합니다.

예문처럼 '어디어디에 나오다'는 뜻도 결국 그 앞에 나왔으니까 그렇게 해석되는 것이지요.

> The judge said you'd have to come before him again next week.
> 판사 말이 다음 주 다시 출두해야 할 거라더군.
> The question came before the board of directors at long last.

그 문제는 결국 이사회까지 갔다. (이사회가 다루게 됐다.)

That comes before this one. 그건 이거보다 먼저인데요.

여기서 that/this는 책의 특정 부분이 될 수도 있고, 위치가 될 수도 있고, 우선순위가 될 수도 있습니다. 순서를 정하는 거라 중요도를 나타낼 수도 있습니다.

I was a fool to think that any ideology could come before my family.
어떤 이념도 가족보다 중요할 수는 없는 건데 내가 바보였어.

03 go before 앞에 가다

You've got to go before him and wait, OK?
걔보다 먼저 가서 기다려야 돼, 알았지?

before의 비유적인 의미는 '앞에 가서 대면하다' 입니다. before the court라고 하면 재판정에 서는 것이지요. before의 이런 성질을 안다면 동사를 붙여주기만 하면 됩니다. come[go] before the court면 재판정에 서는 것을 관점에 따라 표현하는 것이고, bring him before the court라고 하면 재판정에 세우는 것입니다. 더 나아가서 throw him before the court라고 하면 아예 던져버리는 겁니다.

I have to go before the entire board of directors. I'm scared to death.
전 이사진 앞에 나서야 돼. 무서워 죽겠어.

go에 '죽는 그림' 이 있지요? '그 사람 갔어' 에 죽었다는 뜻이 있는 것과 같습니다. '먼저 갔지' 라고 하면 뭘까요? 먼저 죽었다는 뜻입니다.

Her husband went before her by a few years.
남편이 아내보다 몇 년 더 일찍 죽었지.

동사와 전치사의 만남
behind

여러분이 책 읽고 있는 모습이 너무 멋져서 누군가 뒤에서 쳐다보지 않을까요? 한번 뒤돌아 보세요. behind의 그림입니다. 위치나 순서로 볼 때 뒤쪽을 말합니다. 몸을 감추려면 어떻게 합니까? 어딘가 뒤로 가서 숨어야지요. 그래서 숨을 때도 behind입니다.

I parked my car behind the van. 밴 뒤에 차 세웠는데.
He was shot behind. 뒤에서 총 맞았어.
She was sitting behind a big desk. 큰 책상에 앉아 있었다.
Tell me who's behind the scam. 사기극 배후가 누구야?
We're behind you, man. 니 뒤엔 우리가 있어. (널 지지하고 있어.)
The rents are more than six months behind. 집세가 6개월 이상 밀렸어.

책상 앞에 앉아있는 걸 앞에서는 before를 썼었지요. 여기선 왜 behind일까요?

보는 관점이 다르기 때문입니다. 책상 건너편에 있는 곳에서 보면 책상 뒤에 앉아 있는 게 되니까 behind지요. 어떤 행위를 숨어서 하는 것도 behind겠지요. 배후라는 말도 뒤를 가리키니까. 누군가를 지지하려면 뒤에서 팍팍 밀어줘야 합니다. 시간으로 따질 경우엔 '뒤쳐져 있는' 그림이 됩니다.

01 get behind 누군가의 뒤쪽으로 움직이다

누군가의 뒤에 서서 밀어주면 힘이 돼 줄 수 있지요.

I promise I'll get behind you no matter what.
무슨 일이 있어도 널 지지할 거야.

02 go behind 누군가의 뒤쪽으로 가다

He went behind her back and put a gun to her head.
뒤로 돌아가서 뒤통수에 총을 겨누었다.

go behind one's back이라고 하면 '누구 모르게 등 뒤에서 뭔가를 하다' 란 의미를 갖습니다.

Why did you have to go behind my back and do such a thing?
왜 나 모르게 그런 일을 했지?

동사와 전치사의 만남
below

above와 반대로 기준점 아래가 below지요.

Titanic sunk below the surface of the water.
타이타닉호는 수면 아래로 가라앉았다.

It's 10 degrees below zero.
영하 10도야.

For details, see below.
자세한 건 아래를 보세요.

He's below me in the office.
사무실 부하 직원이야.

위아래 개념이 있는 건 모두 below를 쓸 수 있지요. 영하라는 말도 결국 0도 아래라는 말입니다. 책을 읽다가도 앞쪽이 있고 뒤쪽이 있지요. 또는 위쪽이 되기도 하고 아래쪽이 되기도 하지요. 아랫사람이라는 말이 있듯이 직책이나 계급에도 위아래가 있습니다.

below 01 go below 아래쪽으로 가다

Go below and check the engine. 내려가서 엔진 좀 점검해봐.

배와 관련된 문맥이라면 갑판 아래로 내려간다는 뜻이겠지요.

동사와 전치사의 만남
between

양 손으로 이 책을 들어보세요. 그리고 두 손을 한번 보세요. 책이 어디 있지요? between의 그림입니다. between의 공간이 생기려면 적어도 두 가지 사물이 있어야 합니다. 그래야 사이 공간이 생기니까요. 시간으로 따져도 두 시점이 있어야 합니다.

That's Bundy standing between Jim and Tom.
짐하고 톰 사이에 서 있는 게 번디야.

She travels a lot between Seoul and Tokyo. 서울하고 도쿄간 여행을 자주 하지.

There's a big difference between him and me. 걔하고 나하고는 천지 차이야.

The war broke out between 1980 and 1985.
전쟁이 1980년부터 1985년 사이에 일어났지.

You need to choose between me, Jane and Karen for your assistant.
니 보조로 나하고 제인, 카렌 중에 하나를 골라야 돼.

Nothing can come between him and me.
나하고 걔하고 사이를 갈라놓을 건 없지.

사이 공간은 꼭 둘 사이에만 생기지는 않습니다. between을 적어도 두 가지 사물의 사이 공간이라고 한 건 이 때문입니다. 셋이 될 수도 있고, 그 이상이 될 수도 있습니다. 시간으로는 두 시점 사이에 일어난 사건을 가리킵니다. 또, 다정하게 지내는 두 사람 사이에 끼어들어 훼방을 놓는 그림이 될 수도 있습니다.

01 come between 사이 공간으로 오다

B comes between A and C. B는 A와 C 사이에 오지.

이간질을 시키는 그림을 보지요.

Why do you always have to come between us? 왜 맨날 우릴 이간질하는 거야?
I don't want you to come between my wife and my mother. 제발 좀 아내하구 어머니 사이에 끼어들지 마. (이간질 하지 마.)

이간질은 이간질인데 사람이 아닌 경우도 있습니다.

I vowed to never let a man come between me and my career.
남자 때문에 일을 그르치는 일 없도록 하겠다고 맹세했지.
Nothing comes between a pregnant lady and a meal.
임신한 여자한테서 먹는 즐거움을 뺏을 수는 없지.

02 get between 사이 공간으로 움직이다

A motorcycle got between my car and my friend's.
오토바이 한 대가 내 차와 친구 차 사이에 끼어들었다.

실제로 눈에 보이지 않게 끼어들 수 있습니다.

I won't let you get between me and my career.
너 때문에 내 일을 망치진 않을 거야.

03 **go between** 사이 공간으로 가다

The rat went between me and the wall.
고놈의 쥐새끼가 나하구 벽 사이로 빠져나갔어.

'빗나갔다' 는 의미까지 생깁니다.

The bullet went between Bundy and Judy. 총알이 번디랑 주디 사이로 빠져나갔지.

명사형으로 go-between을 써서, 사이를 왔다갔다하면서 중재하는 사람을 가리키기도 합니다.

Bundy acts as a go-between for American manufacturers, who do not have a presence in Korea, and Korea distributors.
번디는 한국에 들어와있지 않은 미국 제조사랑 한국 유통업체 간에 중개인 역할을 하지.

동사와 전치사의 만남
beyond

beyond는 저 멀리 넘어가는 그림입니다. 그래서 건너편의 의미도 포함되지요.

beyond 01 get beyond 건너편으로 움직이다

You can't come back once you get beyond this river.
이 강 한번 건너가면 다시 돌아오지 못해.

비유적으로 장애물 따위를 건너가면 문제가 해결되지요.

We have to work together to get beyond this problem.
우리 모두 합심해서 이 문제를 해결해야 돼.

beyond 02 go beyond 건너편으로 넘어가다

지나쳐 간다는 의미도 됩니다.

He went beyond me half a block before he remembered who I was.
Then he came back and smiled at me.
날 못 알아보고 반 블럭이나 지나쳐가더니 다시 돌아와서 빙긋이 웃더라구.

They went beyond the town and lost their way.
마을을 지나쳐버려서 길을 잃었지.

beyond는 비유적으로 '지나침'의 의미를 갖습니다.

You don't have to go beyond what's required of you.
니가 할 일만 해. 더 이상 안 해도 돼.

동사와 전치사의 만남
by

옆에 누가 있는지 살펴보세요. 맘에 드는 사람을 골라 그 옆에 앉아 보세요. by의 그림입니다. 바로 옆에 있는 그림입니다. 누군가의 바로 옆에 앉으면 sit by하는 것이고, 바로 옆을 지나가면 walk by하는 겁니다. 수동태에서 by를 쓰는 것도 행동과 행위자가 바로 붙어 있기 때문입니다. 어떤 기준을 말할 때도 by를 쓰지요. 잣대를 쓰려면 바로 옆에 대봐야 하니까요.

You know that guy standing by the door? 문간에 서 있는 저 사람 알아?
A strange guy passed by me. 이상한 놈이 옆을 지나가더라구.
I was amazed by their service. 그 사람들 서비스 기가 막히더군.
The books by Bundy are a must-buy. 번디가 쓴 책은 꼭 사야 돼.
I came here by car. 차로 왔어.
She's kind by nature. 천성이 착해.
I'm Korean by birth. 난 한국 태생이야.
He's a doctor by profession. 그 사람 직업이 의사지.
The sales increased by 10%. 매출이 10% 올랐어.

I caught her by the sleeve and turned her around. 소매를 잡아 돌려 세웠지.
I have to stop by his office this afternoon. 오늘 낮에 걔 사무실에 들러야 돼.
We have to finish it by the end of the month. 월말까지 끝내야 돼.

옆에 바짝 붙어 있는 그림을 그리면 행위자나 원인을 나타내는 by, 작품을 만든 사람을 나타내는 by도 쉽게 이해할 수 있습니다. 수단을 나타내는 by도 마찬가지입니다. 뭔가 평가를 할 때 기준이 있지요. 잣대를 생각해 보세요. 옆에다 놓고 대봐야 합니다. 성격이 잣대이건, 태생이 잣대이건, 직업이 잣대이건, 수치가 잣대이건 옆에 놓고 대봐야 하기 때문에 by를 씁니다. 어딘가 방문했을 때도 방문하는 행동이 멈추는 건 목적지 바로 옆이지요. 시간으로 따지자면 정해놓은 마감 시한 바로 옆입니다. 그래서 '언제 언제까지' 라고 번역을 합니다.

01 call by 뭔가로 부르다

누군가를 부르면 그 호칭은 바로 옆에 따라붙지요.

Stop calling me by that silly nickname! 제발 그 이상한 별명으로 부르지 좀 매

02 come by 뭔가의 옆으로 움직이다

by는 '옆' 의 그림이니 장소가 따라오면 그 장소 옆으로 움직이는 것을 말하고 다른 사물이 온다면 그 사물 옆으로 움직여 '소유' 하는 걸 말합니다.

Please come by sometime. 언제 한번 들르지 그래.
I come by all these ideas from my own experience.
경험에서 얻은 생각들이라구요.
Did you come by this money honestly?
이거 정직하게 번 돈이야? (상속받은 돈이야?)

come by honestly라는 말은 자신의 의지와 상관없이 얻게되는 걸 말합니다. 문맥에 따라 상속받는 걸 뜻하기도 하지요. 유전적으로 물려받는 것도 마찬가집니다.

I realize you are concerned for your daughter's anger problem, but she may actually come by it honestly.
따님이 화를 잘 내서 걱정이신가 본데 유전일 수도 있습니다.

03 do by 옆에서 뭔가를 하다

The landlord did fine by me. 집주인이 나한테 잘 해줬어.

가까이에서 행동을 하는데 fine이었다면 '잘 해줬다'는 말이 되지요.

She did badly by me. She never cooked for me!
걔가 날 얼마나 엉망으로 대접했는데. 밥도 안 차려줬다니깐!

04 get by 옆에서 움직이거나 지나가다

Would you please let me get by? 지나가게 해주실래요?

좁은 통로 따위를 어렵사리 옆으로 지나가는 그림은 비유적으로 그럭저럭 살아가는 그림도 되지요.

No one can get by on that chicken feed! 그런 쥐꼬리만한 월급으로 어떻게 살아!
I can't get by without my notebook. 노트북 컴퓨터 없으면 난 못 살아.

뭔가를 움직이게 해줄 수도 있겠지요. 지나갈 수 있게 한다는 그림입니다.

You can't get adult film titles by the customs office.
성인 영화 타이틀은 세관 통과 못 해.

05 go by 옆으로 지나가다

He went by me without even noticing me. 나를 못 알아보고 옆으로 지나가더라구.

그냥 지나치는 걸 go-by라는 명사로 쓰기도 합니다.

She always gives me the go-by. 걘 날 꼭 모른 체하더라.

부정문에 without과 함께 쓰면 '~하지 않고 지나치는 법이 없다'는 뜻이 됩니다.

She never goes by the store without shopping.
물건 안 사고 가게 지나치는 법이 없지. (참새가 방앗간 그냥 지나가냐는 말)

by the name을 쓰면 '무슨 무슨 이름으로 통한다'는 뜻입니다. 항상 그 이름을 옆에(by) 달고 다닌다(go)는 뜻이지요.

He goes by the name of Jack Simmons. 잭 시몬스라는 이름으로 통하지.

동사와 전치사의 만남
down

아래쪽을 내려다 보세요. down의 그림입니다. 손을 위로 들었다 아래로 내려 보세요. 역시 down의 그림입니다. 경기가 안 좋으면 침체된다고 하지요. 이것도 down의 그림입니다. 비행기 추락하는 것도 하늘에서 아래로 떨어지니까 down입니다. 기분이 울적하면 활동성도 떨어지고, 몸도 축 늘어지고, 모든 게 아래로 내려가지요. 기분이 '다운된다'는 말까지 쓰지요. 역시 down입니다. 반대는 up이지요. down이 들어갈 상황에 up을 쓰면 당연히 반대말이 됩니다. 다시 한번 관점을 생각해봅시다. 세로로 위아래야 어려울 게 없는데 가로로 위아래가 어렵지요. 강은 상류에서 하류로 흐릅니다. 강 위쪽으로 올라가면 up the river고 아래쪽으로 내려오면 down the river지요. 상류쪽이 위로 가도록 고개를 옆으로 세워 강을 보면 위아래가 보입니다. 길거리를 살펴봅시다. 말하는 사람의 생각에 따라 위아래가 바뀝니다. 내가 있는 쪽이 위인 경우도 있지만, 큰 건물이나 사거리가 있는 쪽을 위로 생각할 수도 있습니다. 어느 경우건 '위'라고 생각하는 곳으로 이동하면 up the street지만 아래쪽이면 down the street 지요. 멀리 있는 사람이 점점 여러분 앞으로 다가옵니다. 바짝 다가오는 up의 그림입니다. 아래위를 나타내는 수직선을 옆으로 뉘어 수평선을 만들었다고 생각하면 됩니다. 그래서 내 쪽으로 바짝 다가오면 He came up to me. 와 같은 표현을 쓰게 됩니다.

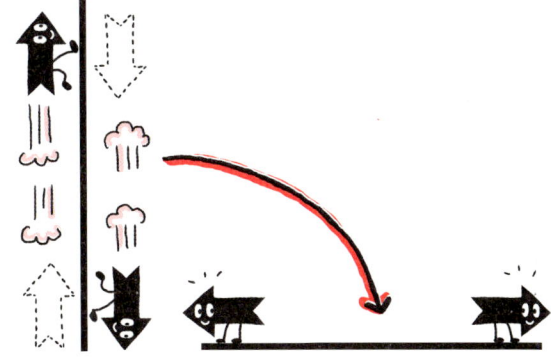

She's coming down the stairs. 계단을 내려오고 있어.
Tears are running down my cheeks. 볼에 눈물이 흐르네.
The plane went down. 비행기가 추락했어.
Shoot it down! 쏴버려!
I looked down at him. 그 사람을 내려다 봤어.
Put down the phone. 전화 내려놔.
Officer down! 경찰관이 쓰러졌다!
I went down to my hometown. 고향에 내려갔어.
Interest rates went down again. 금리가 또 내렸어.
Two down, four to go. 두 개 끝냈고, 네 개 남았다.
She came down with the flu. 독감 걸렸어.
Down with dictatorship! 독재 타도!

건물 아래쪽에서 건물 옥상에 있는 사람을 보려면 look up해야 합니다. 옥상에서 내려다보면 look down해야지요. 그냥 바로 앞에 있는 사람이면 look at만 써도 되겠지요. 내려 놓으려면 아래쪽으로 움직여야 합니다. 전화 수화기도 내려놓고, 무기도 내려놓습니다. 사람이 다치거나 죽으면 아래로 쓰러집니다. 경찰 영화를 보면 자주 등장하는 말이 Officer down!이라는 말이지요. 경찰이 다쳤다는 말입니다. Man down!이라는 말도 씁니다. 사람이 다쳤다는 말이지요. 서울로는 올라오고 지방으로는 내려갑니다. 이 개념은 영어도 마찬가집니다. 수치도 올라가고 내려가지요. 일을 하나하나 처리하면 이미 처리한 일은 접어두지요. 접어두는 것도 아래로 내려 놓는 것과 같습니다. 병에 걸리면 앓아 눕습니다. 역시 아래로 움직입니다. 정권을 타도하면 아래로 무너집니다.

01 break down 깨서 아래로 내려가게 하다

It wasn't necessary to break the door down. It was open.
문을 부술 필요는 없었는데. 열려 있었거든.
The car broke down in the middle of the road.
도로 한가운데서 차가 고장났어.

break를 기계에 적용하면 망가지는 것인데 down은 이 의미를 강조해 줍니다. 뭔가 부서져 풀썩 주저앉는 그림을 그려보면 됩니다. 감정에 적용한다면 평온하던 감정이 깨져 엉망이 되는 걸 말합니다.
명사형으로 breakdown을 쓸 수 있습니다.

In case of a breakdown on the road, he had to make hasty repairs, often improvising with the limited amount of parts and tools available to him.
운행 중에 차가 고장나면 제한된 수의 부품과 도구를 가지고 급하게 수리를 하곤 했다.
When his father died, he broke down totally.
아버지가 죽자 그 사람 완전히 제정신이 아니었지. (너무 슬퍼서)
I was afraid I would break down and cry.
슬픔에 못 이겨 이성을 잃고 울음을 터뜨릴까봐 겁이 났다.

break down을 사람에게 쓰면 위의 예문처럼 슬픔이나 고통으로 마음을 상하는 것일 수도 있지만, 아래 예문처럼 의지를 잃는 것일 수도 있습니다.

Willy finally broke down and talked his brains out.
윌리가 드디어 더 버티지 못하고 까발렸더군.
The police broke her down, and she confessed.
경찰의 설득에 못 이겨 결국 입을 열었어.
I've never had a PDA before and with all the talk of PDA's lately at school, I finally broke down and purchased one. PDA를 가져본 적이 없는데 학교에서 최근 PDA 얘기를 하도 많이 해서 결국 참지 못하고 하나 샀다.

역시 명사형을 쓸 수 있습니다.

　　She suffers a nervous breakdown. 신경쇠약으로 고생하고 있지.
　　They often seem depressed and close to emotional breakdown.
　　그 사람들 때로 우울해 보이고 신경쇠약에 걸린 것 같기도 했어요.

의미 그대로 부숴버린다는 뜻으로도 쓰입니다.

　　The government broke a few legal barriers down this week.
　　정부는 이번 주 몇 가지 법적 규제를 없애버렸다.

스스로 무너져 내리는 것일 수도 있습니다.

　　The talks broke down over the issue of national security.
　　국가 안보 문제로 회담이 무산됐다.
　　When a marriage breaks down, children's well-being is the primary consideration. 결혼이 파경에 이르면 아이들이 가장 문제지.

역시 명사형이 가능합니다.

　　Seek stocks that could survive a breakdown of the economy.
　　경제가 무너져도 살아남을 만한 주식을 사라구.
　　He argues that the breakdown in the legal system has spawned a black market. 그는 법체계가 엉망이라 암시장이 성행한다고 주장했다.
　　When there is a breakdown in the relationship, it is in the best interest of both the physician and the patient to terminate the relationship.
　　의사와 환자 관계가 무너지면 양쪽 모두를 위해 관계를 끊는 게 낫지.

뭔가를 깨면 조각이 나지요. 그래서 서로 다른 조각으로 나눠진다는 의미도 있습니다.

　　Heat will break this down into sodium and a few gasses.
　　열을 가하면 나트륨하고 몇몇 기체로 분해되지.
　　Let's break this problem down into its parts and deal with each one

separately. 문제를 부분으로 나눠 개별적으로 다뤄보는 게 어때.

명사형을 살펴봅시다.

Tumor cells use glucose from the breakdown of sugar as their primary energy source. 종양 세포는 당이 분해될 때 나오는 글루코오스를 주 에너지원으로 삼는다.
Could you give us a breakdown of the changes by sector in operating profit between the first and second quarters?
1분기와 2분기 영업 이익 변화를 부문별로 세분화해서 설명해주시겠습니까?

02 bring down 내려 놓다

Please bring your kids down so we can have dinner together.
저녁 같이 먹게 아이들 데리고 내려오세요.

이 문장만 보고도 아이들이 같은 층이 아닌 2층이나 3층 정도에 있다는 걸 알 수 있어야 제대로 그림을 그리는 겁니다.

Why don't you bring your wife down for a visit this weekend?
이번 주말 부인도 데리고 오시지 그래요?

이 문장에서 down은 말하는 사람 머릿속에 그려져 있는 지도를 은연중에 나타내는 겁니다. down이 없어도 의미상 차이는 없거든요.

Why the long face? What you've told me brought me down. I thought you were my friend!
왜 울상이냐구? 네가 한 말 때문에 기분 잡쳤어. 난 네가 내 친구인 줄 알았다구!

별다른 변화가 없는 평범한 기분을 기준으로 위아래를 따지면 down은 기분이 나빠지거나, 상하거나, 우울해지는 것 등입니다.

I hate to be the one to bring you down to earth, but things aren't as good as you think. 내 입으로 이런 말 하는 게 마음에 걸리지만, 사정이 니 생각만큼 좋지 않아.

bring down to earth는 정말 공중에 붕 떠서 현실을 모르는 사람을 땅에 내려오게 해서 현실을 제대로 보게 하는 겁니다.

> The death of my father brought my whole world crashing down.
> 아버지가 돌아가셔서 내 삶은 엉망이 됐어.

우리도 감정이나 삶이 무너진다는 말을 하는데 crashing down은 박살이 나면서 무너지는 걸 말합니다.

> The senator pledged to bring income taxes down.
> 상원의원은 소득세 인하를 공약했다.

가격이나 세금도 위아래가 있어서 끌어내리면 싸집니다.

> The sex scandal might bring down the whole government, I guess.
> 성추문으로 행정부 전체가 무너질지도 모르지, 아마.

제대로 잘 돌아가던 조직이나 기구를 무너뜨리면 망가지는 것이지요. 그 조직이 정부라면 물러나거나 타도되는 겁니다.

> Please speak English. Bring all this down to my level.
> 알아듣기 쉬운 말로 해줘. 눈높이를 나한테 맞추라구.

speak English라는 말은 도대체 우리말(미국인에겐 영어가 우리말이겠지요?)을 하는데도 못 알아들을 때 씁니다. 쉬운 말로 해달라는 거지요. 말하는 수준을 my level까지 끌어내리면 내가 이해할 수 있게 됩니다. 우리가 잘 쓰는 '눈높이를 맞추는 것' 입니다.

> Teachers need to be brought down to the children's level.
> 선생님들은 아이들에게 눈높이를 맞춰야 한다.

명사형으로 bring-down을 써도 역시 끌어내리는 그림이 살아있습니다.

> While the T-shirts were groovy, the buttons were a real bring-down.
> 티셔츠는 죽이는데 단추가 영 꽝이야. (셔츠의 수준을 끌어내림)

The harmony is very nice. The vocal is pretty nice, too. But the song lyrics are a real bring-down for me.
화음도 좋고 보컬도 괜찮은데 가사가 영 꽝이야. (노래의 수준을 끌어내림)
Man, making a fool of yourself in front of chicks, what a bring-down!
여자애들 앞에서 바보가 되다니. 기분 꽝이겠다. (기분을 끌어내림)

^{down} 03 call down 불러 내리다

The principal called me down to her office. 교장선생님이 나를 교장실로 불러내렸다.

말하는 사람의 관점에서 내가 위쪽에 있고 교장실은 아래쪽이라는 걸 알 수 있지요.
마구 소리를 쳐서(call) 주눅이 들게 하는 것(down)일 수도 있습니다.

The boss called me down for being late. 사장한테 늦었다고 얼마나 혼났는지.

하늘에 대고 소리를 쳐서 뭔가 내려오게 할 수도 있지요.

The sorcerer called down a plague on the town.
마법사가 마을에 재앙을 불러왔다.

아래를 내려다보고(down) 뭔가 소리치는 그림도 그릴 수 있습니다.

The police called a warning down to the people below.
경찰이 밑에 있는 사람들에게 조심하라고 소리치더군.

^{down} 04 come down 내려 오다

Come down for a minute! (위에 있는 사람에게) 잠깐 내려와!
I greeted Mr. Sexton as soon as he came down the steps of the plane.
섹스턴 씨가 비행기에서 내려오는 걸 보고 인사를 건넸다.

지도에서 볼 때 아래쪽인 경우도 down을 씁니다. 호주의 별칭이 down under인 것도 지도에서 보면 미국과 유럽 저 아래쪽에 있기 때문입니다.

> I wish you could come down to our place sometime.
> 언제 한번 내려올 수 있으면 좋으련만. (서울에 사는 사람에게 지방에 사는 사람이 하는 말일 수 있지요.)

비유적으로 사람을 대상으로 쓰면 '아래로 깔고 뭉개는 것'이 되지요. 그래서 중압감을 준다는 뜻입니다.

> The professor came down hard on the cheaters.
> 그 교수님 커닝한 애들한텐 얄짤없지.
> He has come down quite a bit. He's just a salesperson now.
> 그 사람 엄청 지위가 떨어졌지. 이제는 영업사원일 뿐이야.

실질적인 위치뿐 아니라 추상적으로 아래로 움직였음을 뜻할 수도 있습니다. in the world라는 표현이 따라오는 경우도 있는데 지위나 계급이 추락했음을 뜻합니다.

> From his appearance, you could see he has really come down in the world. 겉모습만 봐도 그 사람 신세가 처량해졌다는 걸 알 수 있지.

to earth가 따라오면 하늘에 붕 떠있다가 땅으로 내려와서 제정신을 차린다는 뜻이 됩니다.

> When will you come down to earth and face reality?
> 언제 꿈 깨고 현실을 제대로 볼래?

'이것저것 다 빼고 요약을 한다'는 의미로도 쓰입니다.

> It comes down to this: you're fired. 요약하면 이렇게 되지. 너 해고야.

사람이 병에 걸리면 눕게 되지요. 이것도 아래로 움직이는 것입니다. 질병 이름은 with와 함께 써줍니다.

> She came down with the flu again. 걔 또 감기 걸렸어.

05 get down 아래로 움직이다

Get down! They're shooting at us! 엎드려! 총을 쏘고 있어!

누군가를 움직여 아래로 내려오게 할 수도 있습니다.

Get him down from the tree. 나무에서 내려오게 해.

자리에 앉아서 진지하게 뭔가 하는 그림도 나옵니다.

Let's get down to business. 일 시작하자구.

글씨는 종이에 씁니다. 말을 잡아다 종이 위에 내려다 놓는 겁니다. 잡는 그림이 있는 get과 take에 모두 글을 쓴다는 그림이 있습니다. take down도 마찬가지 의미로 쓰입니다.

Let me get this down (on paper). Please tell me again.
이거 적어놔야겠다. 다시 말해봐.
I want to get it down in black and white. 종이에 계약서 써줘.

in black and white가 붙어 종이 위에 검정 글씨로 쓴다는 말입니다. 말로는 못 믿겠으니 글로 남겨달라는 말이지요.

06 go down 내려가다

She went down the ladder very carefully.
조심스럽게 사다리를 내려왔다.

비행기가 밑으로 내려가면 추락하는 것이지요.

The plane went down in flames. 비행기가 불이 붙어서 추락했어.

말 그대로 떨어질 수 있는 것은 모두 go down을 쓸 수 있습니다.

My fever went down.
열이 내려갔어.

The price went down last week. 지난 주 가격이 내렸습니다.

목구멍으로 떨어져 내려가면 삼키는 것이겠지요?

The pill goes down the esophagus and through the stomach to the blood stream. 이 알약은 식도를 내려가 위장을 지나 혈액에 흡수됩니다.

Nothing would go down. I'm going to starve!
아무것도 삼키질 못하니 이러다 굶어죽겠어!

사람이 떨어지면 바닥에 쓰러지는 것이겠지요.

Jack went down when he was hit on the chin.
잭이 턱에 한 방 맞더니 뻗어버리더라구.

사람들이 죽 늘어서 있는 광경을 생각해 보세요. 누군가가 앞사람부터 죽 따라 내려가며 껌을 팝니다. 그럼 그 사람은 뭐하는 걸까요? '줄을 따라 내려가는 것'이지요?

She went down the line, asking everyone for money.
줄서있는 사람들에게 구걸을 했다.

지도에서 위아래도 down이라고 했지요.

We went down to Uncle Chulsoo's in Gwangju.
광주에 있는 철수 아저씨 댁에 내려 갔었지.

떨어지거나 내려간 다음의 도착점은 역시

to로 나타냅니다.

> His temperature has gone down to normal.
> 온도가 정상으로 떨어졌어.

go down은 비유적인 뜻이 많습니다. 풀이 팍 죽는 것도 go down입니다. 기운이 떨어지는 것이지요.

> The team went down in defeat again. 그 팀 또 져서 완전히 맛이 갔지.

계획 따위가 풀썩 주저앉으면 실패하는 것입니다.

> The whole project went down in flames. 그 계획 완전히 수포로 돌아갔지.

역사를 공간으로 본다면 미래가 아래쪽을 뜻합니다. 따라서 앞으로 '~으로 기억될 것' 이라는 의미로 go down을 씁니다.

> He will go down in history as the most stupid man ever lived.
> 그 사람 아마 세상에서 제일 멍청한 인간으로 역사에 남을 거야.

풀썩 주저앉으면서 무릎을 꿇는다면 용서를 빌거나 기도를 하는 것이겠지요?

> We need to go down on our knees before the Godfather.
> 대부 앞에 가서 무릎을 꿇고 도움을 바래야지.
> Years of work went down the drain. 몇 년 공들인 게 다 헛수고가 됐어.

the drain이란 수채통을 말합니다. 이 수채통을 타고 내려가면 완전히 버리는 것이지요. go down the drain, go down the chute, go down the tube(s) 모두 같은 뜻입니다.

사람이 쓰러지는데 병으로 쓰러진다면 with로 그 병을 나타낼 수 있습니다.

> He went down with the flu. 감기 걸려 앓아 누웠지.

down 07 take down 데리고 내려가다

Hold my hands. I'll take you down the stairs. 내 손 잡고 계단 내려가자.
I took your books down to the study.
당신 책 서재에 가져다 놨어. (서재가 아래쪽에 있을 때)
He took down a book from the top shelf. 선반 꼭대기에서 책을 한 권 꺼냈어.
Take your pants down to your knees. 무릎까지 바지 내리세요.

붙어 있는 걸 뜯어낼 수도 있습니다.

Let me help you take down the wallpaper. 벽지 뜯어내는 거 도와줄게.

부숴버리는 그림도 됩니다. 부서진 게 아래로 내려가니까요.

They're taking down the old building next week. 다음 주에 낡은 건물 철거한대.

get down에서도 봤듯이 말을 잡아 종이에 내려 놓으면 쓰는 겁니다.

You should take down whatever he says during the meeting.
회의중에 그 사람이 하는 말 몽땅 적어.

down 08 turn down 돌려서 내려놓다

수치화할 수 있는 것(온도, 볼륨 등)을 돌려서 내려 놓는 건 스위치를 수치가 낮은 쪽으로(down) 돌리는 그림을 그려야 합니다.

If you are hot you can turn the heating down.
너무 더우면 온도를 낮추면 됩니다.

Could you turn down the radio? I can't study.
라디오 좀 줄여줄래? 공부를 할 수가 없잖아.

Judy turned down the room lights. 주디가 방 불빛을 낮췄다.

turn out the lights면 완전히 끄는 것이지만 turn down하면 불빛의 세기만 낮추는 겁니다.

비유적으로는 제안 따위를 돌려서 내려 놓는 그림을 그릴 수 있습니다.

I was invited to be chairman but I turned it down.
의장직을 제안받았지만 거절했어.

원래 움직이던 방향에서 선회해 떨어지는 것도 turn down입니다. 이걸 명사로 downturn이라고 합니다. 반대말은 upturn이지요. 예를 들어, 이윤 따위가 올라가면 upturn이지요. 잘 올라가다가 방향을 바꿔 떨어지면? downturn이지요.

The company blamed its downturn on interest rates.
회사는 이윤 하락이 금리 탓이라고 하더군.

말 그대로 뭔가를 돌려서 아래로 내려놓는 경우도 있습니다. 옷깃을 내리는 것도 turn down입니다. 옷깃을 내리려면 접어야 하니까.

She won't turn down the collar of her coat. 옷깃을 죽어라고 안 내리더라구.

동사와 전치사의 만남
for

여러분이 누군가를 사랑하면 그 대가로 얻는 것은 무엇일까요? 바로 사랑하는 그 사람입니다. love를 명사로 쓸 경우 흔히 love of knowledge라고 잘못 쓰지요. 사랑을 주고 지식을 얻습니다. 그래서 love for knowledge처럼 for를 씁니다. for의 기본그림이 '교환' 이니까요. 백 원을 주고 사탕을 사먹습니다. 백 원과 사탕을 맞바꾸는 거지요. 이때도 100 won for a candy 처럼 for를 씁니다.

'교환' 은 '원인' 으로 이어집니다. 원인의 자리에 결과가 자리를 잡기 때문입니다. 원인과 결과가 자리를 바꾸는 거지요.

친구를 데리러 친구집에 갑니다. 가는 행동의 대가로 얻는 건 친구지요. '왜 갔니?' 라고 물었을 때 '친구 데리러' 라는 말을 하는 건 행동의 대가를 말해주는 겁니다. 역시 행동을 하고 그 대가를 얻는 '교환' 의 의미입니다.

뭔가 교환을 하려면 반감이 없어야 합니다. 순순히 맞바꿀 수 있으려면 마음에 들어야지요. 마음에 드는 선택을 하는 것도 for입니다. 마음에 들려면 순순히 그 방향으로 움직여야 합니다. 반대로 움직이면 against지요. 그래서 순방향의 그림인 for는 찬성의 의미, 역방향의 그림인 against는 반대의 의미가 됩니다. '순순히 따라 움직이는 방향성' 도 염두에 두세요.

I bought this book for you. 너 줄려고 산 책이야.
We need a table for three. 3명 앉을 자리가 있어야 되는데.
I'm responsible for your safety. 니 안전은 내 책임이야.
It's a mere word-for-word translation. 단어 짝짓기로 번역을 해 놓은 거네.
For details, call us at 555-5555. 자세한 건 555-5555로 전화 주세요.
I'd die for your kiss. 너하고 키스할 수만 있다면 죽어도 좋아.

I've been standing here for hours! 여기서 몇 시간이나 서 있었다구!
He was fired for lack of skill. 기술이 달려서 짤렸지.
You need to drive for a couple of miles to get there.
거기 닿으려면 몇 마일 더 가야 돼.
I bought this car for two thousand dollars. 2천 달러 주고 차 샀어.
The show is scheduled for 6 p.m. 그 쇼는 오후 6시로 일정이 잡혀있다.
He left for Seoul. 서울로 떠났어.
Are you for or against the plan? 계획에 찬성이야 반대야?

책을 산 건 결과지요. 원인은 너 때문입니다. 3명이 됐든 그 이하 또는 이상이 됐든 앞을 자리가 있어야 하기 때문에 테이블이 필요한 거구요. 내가 책임감이 생기는 이유는 니가 안전해야 하기 때문입니다. 일대일 대응을 시켜 외국어와 모국어 단어를 맞바꾸는 잘못된 번역을 word-for-word translation이라고 합니다. 단어와 단어를 교환하는 것이니까요. 전화를 거는 이유는 자세한 정보를 얻기 위해서구요. 키스 한 번과 죽음을 맞바꿀 수 있는 정열적인 남자도 있습니다. 기술이 달린다는 이유로 짤리는 남자도 있겠지요. 서 있으면 시간이 흘러갑니다. 서 있는 행동과 시간을 바꾸는 겁니다. 운전을 하는 행위로 얻는 건 몇 마일 더 가는 것이고, 2천 달러와 차를 맞바꿀 수도 있습니다. 그 많은 시간 중에 여섯 시라는 자리에 쇼를 집어넣기 위해 일정을 짭니다. 여섯 시라는 자리를 쇼와 바꾸는 거지요. 순방향도 for라고 했습니다. 방향이 서울인 것이고, 계획에 반감이 없이 순순히 선택해 따라가면 찬성을 하는 겁니다.

01 break for 대가를 얻으려고 깨다

Why don't we break now for lunch? 잠깐 쉬면서 점심 먹는 게 어때?

여기서 for는 하던 일을 중단하고 얻는 것이 점심임을 알려줍니다.
다음 문장에서 for는 방향을 나타냅니다. 따라서, 갑자기 어떤 방향으로 움직인다는 의미가 있습니다.

The robber broke for the front door and ran away.
강도는 현관을 향해 내닫더니 도망갔다.

02 call for 대가를 얻으려고 소리치다

I sat down on the floor and called for the dog. 마루에 앉아 개를 불렀다.

마루에 앉아서 소리를 칩니다. 소리치는 행동으로 얻는 대가는 개가 내 쪽으로 오는 겁니다.

I called for a tow truck and waited about an hour in the pouring rain for the truck to come. 견인차를 부르고 폭우 속에서 한 시간이나 기다렸다.
Evans picked up the phone and dialed 911, called for an ambulance to his address. 에반스는 911에 전화를 걸어 집으로 구급차를 불렀다.
I called at the pharmacy for some medicine. 약국 가서 약 좀 샀어.

약국에 가는 행동으로 얻는 대가는 약을 사는 것이지요.
비유적인 그림을 봅시다.

The peace conference called for an immediate ceasefire.
평화 회담을 통해 즉각 휴전할 것을 촉구했다.

평화회담에 참석한 사람들이 소리를 지릅니다. '그만 좀 싸워!' 라고 소리쳐서 얻고자 하는 대가는 휴전입니다.

좀더 상상력을 필요로 하는 그림을 봅시다.

Managing a website calls for all your computing skills.
웹사이트 관리하려면 온갖 컴퓨터 기술을 다 알아야지.

번역이야 이렇게 하지만 그림을 그려보면 '웹사이트를 관리하는 것' 이라는 개념이 소리를 지릅니다. '니가 갖고 있는 컴퓨터 기술 몽땅 다 내놔!'

03 come for 대가를 얻으려고 오다

오는 행동에 대한 대가를 for로 나타내 줍니다.

I've come for Judy. Is she here? 주디 데리러 왔는데 있나요?
She came for her children. 엄마가 아이들 데리러 왔는데.

04 do for 행동으로 뭔가를 얻다

do하는 걸로 얻는 대가는 for 다음이라는 것이지요.

I think these pencils will do nicely for a pair of chopsticks.
이 연필이면 젓가락 대용으로 좋겠네.

연필이 do하는 건 젓가락이 없어 그 자리를 메우기(for) 위한 겁니다.
원인과 결과로 생각을 해보세요. 각 주어가 do하는 이유가 for 다음에 나옵니다.

Will $100 do for you? 100달러면 되겠어?
What can I do for you? 어떻게 도와드릴까요?

A couple of boxes will do for me. 두 상자 정도면 충분하겠네요.
This shirt does fine for me. 이 셔츠면 되겠는데요.
That will do OK for me. 그거면 충분하겠네요.

05 give for 줘서 뭔가를 얻다

Your stupid remarks will give cause for further investigation.
니가 바보 같은 소릴 해서 수사가 더 확대될 거야.

바보 같은 소리가 원인(cause)을 주고, 받는 것은(for) 수사 확대입니다. 우리 말로 하자면 수사 확대의 빌미를 제공한다고 하면 되겠지요.
give하는 원인을 for로 나타낼 수도 있습니다.

I think you have to give him credit for finding the solution.
해결책을 찾아낸 데 대해 그 사람 공로를 인정해줘야 한다고 생각해.

credit을 주는 이유가 나옵니다. 왜 주는가? 해결책을 찾았으니까.

We give her a lot of credit for her ability to get people to work out their differences. 사람들이 서로의 다른 점을 극복할 수 있었던 건 다 그 여자 덕분이지요.

credit은 또 신용 거래 가능 한도나 예치금 같은 걸 뜻하기도 합니다.

I will give you credit for the returned merchandise.
반품하신 상품 가격 만큼 신용 한도를 인정해 드립니다.

06 go for 가서 뭔가를 얻다

I'm going for some beer. You need anything else from the store?
맥주 사러 가는데. 뭐 필요한 거 없수?
He went for Judy. 주디 데리러 갔어.

go for의 한 가지 특이한 의미는 '~라면 사족을 못쓴다' 는 것입니다. 그래서 언제나 그걸 가지러 간다(go for)는 의미지요. 여기서 for는 순방향의 그림입니다.

He does go for all kinds of chocolate. 초콜릿이라면 사족을 못써.

He really goes for Judy in a big way. 주디한테 푹 빠졌지.

go for 다음에 대상이 오고 명령형태로 쓰면 '뭔가를 갖기 위해 최선을 다해라' 의 뜻입니다.

Keep going! Go for the gold! 뛰어! 금메달 따야지!

그래서 굳어진 표현이 go for it!입니다. '한번 해봐! 열심히 해봐!' 의 뜻입니다. 거시기 it은 문맥에서 추정해야 한다고 했습니다.

Go for it! 잘 해봐!

07 make for 어딘가를 향해 움직이다

for의 순방향 그림입니다.

It's time for us to make for the top of the mountain.
산 꼭대기로 움직일 때가 됐어.

I hope the agreement would make for peace.
이번 합의로 평화가 찾아오길 바랍니다. (평화를 향해 움직이므로.)

동사와 전치사의 만남
forward · forth · backward

앞으로 걸어나가 보세요. forward의 그림입니다. 갑자기 튀어나가 보세요. forth의 그림입니다. 몸을 돌리지 말고 뒷걸음을 쳐보세요. backward의 그림입니다. 앞뒤 개념에 그쪽 방향으로 움직이는 그림이 겹쳐져 있습니다. forward/forth를 쓰면 앞서 나가거나 발전한다는 의미가 생기고 backward를 쓰면 퇴보한다는 의미가 생기는 것도 이 때문입니다.

Walking backward is good for your health. 뒤로 걷는 게 몸에 좋대.
I'm looking forward to meeting you. 뵙기를 고대합니다.
She came forth to greet me. 인사하러 앞으로 나왔다.

본다는 조각그림(look)과 앞으로 향하는 그림(forward), 바라보는 대상을 나타내는 전치사 to가 있으니 학수고대라는 말이 되는 겁니다. 목이 빠져라 기다리는 그림이 look forward to지요. to가 전치사라 동사가 아닌 명사형을 사용하게 되는 거구요.

01 bring forth [forward] 앞쪽으로 데리고 오다

Bring the prisoners forth! 죄수들을 앞으로 데려오도록!
The chairman was brought forth at the last minute.
회장님은 맨 마지막에 등장하셨어.
Please bring him forward so that we can have a closer look.
자세히 좀 보게 앞으로 데려와 봐.
The evidence was brought forward as the judge requested.
재판장의 요구대로 증거물을 앞으로 가져갔다.

02 call forth 앞쪽으로 불러내다

The teacher called me forth. 선생님이 앞으로 나오라고 했어.

비유적으로 마음 속에서 뭔가를 불러내는 그림도 있습니다.

The mission called forth great courage.
그 임무 수행하는 데는 큰 용기가 필요했어.
The writer fails to call forth much emotion from his readers.
그 작가 독자들 마음에서 뭔가 우러나오게 하질 못해.

03 come forth [forward] 앞으로 나오다

If anyone has any different ideas, please come forth.
다른 생각 있으신 분은 앞으로 나오세요.
All the actors and actresses came forth to receive applause.
배우들이 모두 나와 찬사에 답례했다.
Please come forward and greet the president.
이리 나와서 회장님께 인사하지.

재판 과정에서 '증인으로 나서거나 증거를 제시하다' 의 의미로 come forward를 씁니다.

I was afraid to come forward during the trial. 재판 중에 나서기가 겁났어요.

with를 쓰면 무언가를 갖고 나선다는 의미가 됩니다. 정보가 될 수도 있지요.

She came forward with a new idea. 그 여자가 새 아이디어를 제시했지.

04 give forth 앞으로 내주다

받는 대상이 나오질 않으니 받는 건 give forth하는 사람 이외의 모든 사람이 될 겁니다. 소리를 지르는 경우를 가정하면, 소리를 듣는 모든 사람이 받는 사람이 되지요.

The kids in the street gave forth with cries of excitement.
거리에서 아이들이 신이 나서 소리를 질러댔다.

05 go forward 앞으로 나가다

여기에 with가 붙으면 뭔가를 가지고 전진한다는 말이지요. 끝까지 밀고 나가겠다는 뜻이 됩니다.

We'll go forward with our plans. 계획대로 추진할 겁니다.

동사와 전치사의 만남
from

손을 주머니에 넣어보세요. 다시 빼보세요. from의 그림입니다. 어디서 움직여 나오는가, 즉 출발점을 나타냅니다. 안에서 밖으로 나오면 거리가 생기지요. from은 거리를 떨어뜨리는 그림도 됩니다.

Get away from him! 그 사람한테서 떨어져!
I come from Korea. 한국인입니다.
Five from eight leaves three. 8빼기 5는 3이지.
What's that hanging from the ceiling? 천장에 매달려 있는 게 뭐야?
The theater is 5 miles from here. 극장은 여기서 5마일 떨어진 곳에 있어.
We'll talk about everything from finance to marketing.
지금 조달에서 마케팅까지 모든 걸 논의하게 될 겁니다.
Do I know you from somewhere? 어디서 뵌 분 아닌가요?
Keep him from coming to my house. 우리집에 못 오게 하세요.

어디서 나오는가만 생각해보면 어렵지 않은 예문들입니다. five from eight이 8빼기 5가 되는 건 여덟에서 다섯이 떨어져 나오기 때문입니다. 매달리려면 매달아 놓을 곳이 필요합니다. 거기서 출발해 대롱대롱 매달리지요. 거리를 나타낼 때 출발점으로 사용할 수도 있습니다. 출발점이 from이라면 도착점은 to입니다. 경험에서 나오는 기억이나 지식도 출처를 from으로 밝힐 수 있지요. 마지막 예문도 그림을 그리세요. 그 사람을 잡고 있는 조각그림(keep him)과 그 사람이 우리집으로 오려는 행위에서 떨어뜨리는 조각그림(from coming to my house)을 연결하면 우리집에 못 오게 하는 전체 그림이 나옵니다.

from 01 come from 어디에서 오다

Where did this letter come from? 이 편지 어디서 온 거야?
I come from Busan. 저 부산 출신인데요.

come할 수 있는 것은 너무나 다양하기 때문에 보이는 대로 익히는 수밖에 없습니다.

That order comes directly from the President. 대통령이 직접 내린 명령이야.
Part of my income comes from illegitimate businesses.
내 소득의 일부는 불법적인 일로 벌고 있지.
My belief in aliens comes from firsthand experience.
내가 외계인을 믿는 이유는 직접 경험했기 때문이야.
No good can come from having a relationship with the girlfriend of your friend's! 니 여자친구의 친구랑 사귀어서 좋을 게 뭐가 있냐?

behind가 붙으면 뒤에서 나왔다는 말이겠지요? 비유적으로 '역전시키다'의 의미로 쓰입니다.

The Bulls came from behind to win the game. 시카고 불스가 역전승을 거뒀다.

열심히 노력해서 앞서 나간다는 뜻이 되기도 합니다. 이 때 up을 넣기도 합니다.

He worked so hard to come up from behind.
판세를 뒤집기 위해 위해 무지 애썼다.

far and wide가 따라 붙으면 '도처에서 오다' 의 의미가 됩니다.

People came from far and wide to see the miracle.
기적을 보기 위해 도처에서 사람들이 몰려들었다.

02 go from 어디서 시작해 가다

움직임의 출발점을 나타내기 위한 그림입니다. 출발점이 있으면 도착점이 있지요. 도착점 하면 to지요? go from ~ to ~는 비유적으로 많이 사용됩니다.

Things went from bad to worse in a matter of days.
며칠 만에 상황이 더 악화됐다.

나쁜 것(bad)에서 더 나쁜 것(worse)로 갔으니 악화된 것이겠지요.

Nothing is smooth here. Things go from one extreme to another.
여기선 순탄하게 되는 게 없어. 늘 극과 극을 오가지.

go from one extreme to another도 굳어진 표현인데요. extreme은 극단적인 상황을 나타냅니다.

동사와 전치사의 만남
in

운동하다가 뭐 떨어뜨리지 않았는지 주머니에 손을 넣어 확인해 보세요. in의 그림입니다. in이라고 하면 '~ 안에'라고 외우다보니 넓은 공간만 생각하기 쉽습니다. in이 나타내는 공간은 네모든 세모든, 동그랗든, 기다랗든 다른 사물이 들어갈 수 있으면 그만입니다. 추상적인 공간도 모두 in입니다. 하루 24시간도 시간상의 공간입니다. 하루라는 개념을 끼워 넣을 수도 있고, 하루 동안 활동하는 상황을 끼워넣을 수도 있는 공간입니다.

He's in jail. 감옥에 있어.
I've got $10 in my pocket. 주머니에 10달러밖에 없어.
He's in the U.S. 걔 미국에 있어.
You know the lady in black? 검은 옷 입은 여자 알아?
He was covered in mud. 온통 진흙 투성이더라구.
There's a hole in the ceiling. 천장에 구멍났어.
I'll be back in an hour. 한 시간 안으로 돌아올게.

감옥, 주머니 등 공간이면 모두 in을 씁니다. 미국은 지도상에서 보면 평면이기 때문에 on을 쓸 것 같지만, 나라도 하나의 공간이고 그 안에 들어가 생활을 하는 겁니다. 옷을 입으려면 옷 속으로 들어가야 하기 때문에 옷 입은 상태를 in으로 나타냅니다. 진흙이 온몸에 묻어 있으면 진흙 옷을 입은 것처럼 진흙 안에 들어가 있다고 표현합니다. 천장은 평면이지만 구멍을 내면 천장 안으로 구멍이 들어가 in의 공간이 만들어집니다. 시간의 선에서 기간은 선으로 나타내지만 그 기간에 활동하는 건 상상 속의 공간으로 봅니다. 한 시간이라고 말하면 한 시간의 활동 공간이 만들어지니까요.

01 break in 깨고 들어가다

If somebody breaks in through a room with a sensor, the alarm would go off. 누군가 센서가 달린 방을 통해 침입해 들어오면 경보가 울리지.
They broke in from the basement window and left the front door open. 지하실 창문을 깨고 들어와서 정문을 열어 놓았더라구.

through나 from으로 어디서 깨고 들어왔는지를 알려주지요.
break-in처럼 명사로 쓰면 '침입'의 뜻이 됩니다.

The break-in had occurred just before midnight. 자정 바로 전에 침입 사건이 있었다.
He maintained he didn't know about the last night's break-in. 그는 지난밤 침입 사건에 대해 전혀 알지 못한다고 주장했다.

into는 in과 달리 행동, 즉 움직임의 의미가 강합니다. -to가 들어가 있으므로 도착점이 있는 것이 당연하지요. 그래서 어딘가 침입했다고 하려면 into를 쓰게 됩니다.

The thugs broke into the liquor store. 깡패놈들이 술집에 침입했어.
The police broke in on him at his home and arrested him. 경찰이 집에 쳐들어와 그 사람 잡아갔어.

on은 접촉의 그림입니다. 부수고 들어가서(in) 뭔가에 접촉하는 것(on)을 말합니다. 그래서 뭔가에 침입하거나 끼어든다는 의미가 생깁니다.

If you need to talk to me, just break in on me. 할 말 있으면 언제든지 말하라구. (내 말 끊고 니 말을 해라.)
I didn't mean to break in on your discussion. 회의에 끼어들 생각은 아니었는데.

구두를 처음 사면 딱딱하지요. 길들이려면 구두의 딱딱한 부분이 조금씩 안으로 들어가야 합니다. break in에 이런 그림이 있습니다.

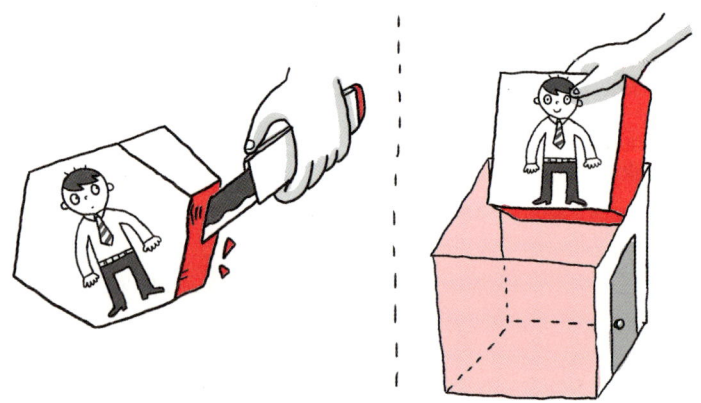

I hate to break in new shoes.
새 신발 길들이기가 얼마나 짜증나는데.
Who will break the new employee in? 누가 새 직원 교육 좀 시켜줄까?
I can't go on the highway until I break this car in.
차 길들이기 전엔 고속 도로 못 나가.

02 bring in 안으로 데리고 오다

in의 공간은 문맥에서 결정되니까 거시기 이론을 적용하세요.

I'm going to have to bring more experts in on this project.
프로젝트에 전문가들을 더 끌어들여야 할 것 같아.

프로젝트를 추진하면 프로젝트를 담당하는 사람들끼리 작업 공간 또는 소속감이 생기지요. 그 공간을 in으로 표현한 겁니다.

My part time translation job brings in an average hundred bucks every week. 부업으로 번역을 해서 매주 평균 100달러는 벌지.

여기서의 in은 쉽게 생각하면 우리집입니다. 수입이 생기면 내 집으로 돈이 들어오니까.

The live coverage of the flood victims helped bring in a lot of contributions. 수재민들을 생방송으로 보여줬더니 성금이 많이 들어왔어.

성금을 받는 쪽에서 보면 역시 돈이 내가 속해 있는 곳으로 들어오는 것입니다.

When will the jury bring a verdict in? 언제 배심원들이 평결을 내리지?

배심원들은 평결을 내리기 위해 재판정을 나가 따로 떨어진 방에서 논의를 하고 평결이 완성되면 종이에 평결 내용을 적어 재판정으로 들어옵니다. 다시 말해, 여기서 in의 공간은 재판정입니다. 그래서 bring in a verdict라는 말을 씁니다.

in 03 call in 불러들이거나 안에 대고 소리치다

누군가를 불러서 안으로 들어오게 하거나 안에다 대고 소리를 지르는 겁니다.

The principal called me in for an explanation.
교장 선생님이 부르더니 어떻게 된 거냐고 물으시더군.

사람만 불러들일 수 있는 건 아닙니다.

The software maker called most of the defective CD's back in.
소프트웨어 제작사에서 불량 CD를 대부분 회수해 갔어.
We called in the police for help. 경찰에 도움을 요청했다.

집 같은 우리가 있는 곳 내부로 들어오라고 하는 그림입니다.

We called in a counselor for a consultation. 상담원을 불러 상담을 했다.
I have to call in sick today. 아파서 못 나간다고 전화해야겠어.

자기 직장 안으로(in) 전화를 걸어서(call) 내가 아프다고(I'm sick) 말하는 겁니다.

> I have to call in to the office every two hours.
> 두 시간마다 사무실에 전화로 보고해야 돼.

전화를 내부로 겁니다(call in). 전화 거는 행위의 도착점은(to) 사무실이구요. 전화를 해서 일 돌아가는 상황을 보고한다는 뜻입니다.

04 come in 안으로 들어오다

> Please come in. 들어오세요.

in의 공간은 문맥에 따라 그림이 달라집니다.

> New models come in every week. 매주 새 모델이 들어옵니다. (매장의 공간)
> The election results came in early in the evening.
> 선거 결과가 오늘 아침 일찍 나왔습니다. (선거 결과가 발표되거나 처리되는 공간)
> Can you hear me? How am I coming in?
> 내 말 들립니까? 소리 어때요? (수신을 받는 공간)
> You're coming in all right. 잘 들려요. (수신을 받는 공간)
> Your views came in for a lot of criticism at the meeting.
> 회의에서 당신 견해가 난도질 당했지.

어딘가 들어왔는데(come in) 그 대가로 뭔가 기다리고 있었다는(for) 뜻인데요. 어떤 결과를 맞닥뜨렸다는 뜻이 됩니다.
come을 빼고 그냥 in for만 쓰는 경우도 있습니다.

> You're in for a lot of trouble, man. 너 고생 좀 하게 생겼다.
> You'll come in for an extra grand. 덤으로 천 달러 더 받게 될 거야.
> The pocket-knife came in handy. 주머니칼 유용하게 썼지.

들어오고 나서 그 결과 또는 상태를 형용사로 표현하는 겁니다. handy가 유용하다는 뜻이니까 뭔가가 유용하게 쓰인다는 의미입니다. useful을 써도 됩니다.

That might come in useful some day. 유용하게 쓸 수도 있겠네.
Will you come in on this deal? 너도 낄래?

들어와서(come in) 접촉한다(on)는 뜻입니다. 어떤 행동이나 계획 등에 낀다는 말이지요.

I think you better come in on this with me. 너도 끼는 게 좋을 것 같애.

out of the rain을 쓰면 '비를 피해 들어오다' 는 뜻이겠지요?

Can't you tell them to come in out of the rain?
비오는데 좀 들어오라고 하면 안 되요?

순위를 나타낼 때도 come in을 쓸 수 있습니다.

He came in second in the race. 달리기에서 2등을 했다.

05 do in 안으로 넣다

Two hours' walking did me in. 두 시간 걸었더니 녹초가 됐어.

완전한 형태에서 안으로 들어간다면(in) 제모습을 잃는 것입니다. 뭔가 행위를 해서(do) 다른 것의 제모습을 잃게 한다면(in) 망쳐놓는 것이지요. 심지어 죽인다는 의미까지 만들어집니다.

Rick did my son in. 릭이 내 아들을 죽인 거야.
I did myself in running all the way up the street.
거리를 내내 달렸더니 지쳐버렸다.
Your son did my car in! 당신네 아들이 내 차를 망가뜨렸단 말야!
He gambled away all his money and did himself in.
도박으로 가진 돈 다 날리고 신세 망쳤지 뭐.

06 get in 안으로 움직여 들어가다

He got in but said nothing. 그 사람 들어와서 아무말도 안 했어.

사람도 외출했다 집에 들어오고, 기차도 역에 들어옵니다. 내부 공간에 들어오면 도착한다는 그림이 그려집니다.

He wanted you to give him a call when you got in.
들어오면 전화달라고 하던데요.
When does the train get in? 언제 기차가 도착하지요?

안으로 가지고 들어가는 그림도 있습니다.

It's raining. Get the kids in. 비가 온다. 애들 데리고 들어가.

비상시를 대비해 뭔가 안에다 들여다 놓기도 하지요.

I think we should get more food in for the party.
파티에 쓸 음식을 좀 더 사놔야겠어.

말하는 도중에 끼어드는 것도 get in입니다.

"Let me tell you something...," I got in, "We don't have any money to do that." "있잖아…" 내가 끼어들어 한 마디 했어. "우리 그럴 돈 없어."

어떤 일에 끼어드는 것도 get in입니다. 끼어들어 접촉하기 때문에 on과 함께 씁니다.

I want to get in on the project. Let me in.
나도 프로젝트에 참여하고 싶어. 끼워줘.

come, bring, get 동사를 바꿔 활용할 수 있다는 걸 염두에 두세요.

I came in on the project. They will bring me in on the project.

사람들 사이에 끼어들어 알랑거리는 그림도 get in입니다. 특히 아부하면서 친한 척 하는 그림이지요. good과 함께 쓰기도 합니다.

> She's just trying to get in (good) with the boss.
> 사장한테 잘 보이려고 알랑거리는 것뿐이야.

개념상의 공간으로 들어갈 수도 있습니다.

> Your kid got in my way.
> 당신 애가 길을 가로막잖아요. (내가 가는 길에 끼어들어 방해를 하는 그림)
> I tried to get in touch with you, but you didn't answer the phone.
> 연락을 하려고 했는데 전화를 안 받더라구. (너와 접촉하는 공간으로 들어가는 그림)

in 07 give in 내부 공간을 주다

달라면 주는 게 give입니다. in은 공간의 내부를 가리키니까 얼마만큼의 공간을 내놓으라고 하면 내놓는 게 give in입니다.

> The tin drum gave in where I kicked in.
> 양철북을 발로 찼더니 쑥 들어갔어.

발로 차는 힘만큼의 공간을 내주는 그림입니다.

> We will never give in to a terrorist threat.
> 테러 위협에 굴복하는 일은 절대 없을 거야.

위협을 하면 먹혀 들어가야 합니다. 먹혀들지 않으면 상대방이 굴복하질 않지요. 굴복을 한다는 건 그만큼 달라는 걸 내준다는 뜻입니다.

> We expected the other side to give in. 상대편이 굴복할 줄 알았지.

줄다리기할 때 공간을 내주면 지는 겁니다. 굴복한다는 말은 이런 그림에서 나옵니다. 말 그대로 '안으로(in) 주다(give)'라는 그림도 있습니다. 숙제 같은 걸 제출한다는 의미지요.

You have to give in your report by the end of next week.
다음 주 말까지 보고서 제출해야 합니다.

08 go in 안으로 들어가다

The rat kept going in and out of its hole.
쥐새끼가 쥐구멍을 들어갔다 나왔다 하는구만.

for가 달라붙으면 '~을 굉장히 좋아하다'는 의미가 됩니다. 들어가는 대가가 바로 for 다음에 오는 것이라는 의미가 되니까요.

Bundy goes in for swimming and running. 번디는 수영하고 달리기를 좋아하지.

go는 진행 상황을 나타내기도 하지요.

The game was going in our favor during the second half.
후반전에 게임이 우리편에 유리하게 진행됐지.

Are you sure we are going in the right direction?
우리 지금 가는 방향 맞는 거야?

Everything seems to be going in the right direction.
모든 일이 제대로 진행되고 있는 것 같아.

go in에 with가 따라오면 누군가와 동의한다는 말입니다. 말 그대로 하자면 누군가와 함께 들어가는 것이지요.

I'd be happy to go in with you on this plan.
이 계획에 대해 너랑 생각이 같아서 기뻐. (너랑 같이 이 일을 추진하게 돼 기뻐.)

in 09 take in 안으로 데리고 가다

I took my son in to meet his new tutor. 아들놈을 새 과외 선생님을 만나게 하려고 안으로 데리고 들어갔어.
Judy, would you please take in the milk? 주디, 우유 좀 가지고 들어올래?

품안에 안을 수도 있지요. 품이나 손도 내부 공간이 만들어지니까요.

He took the gun in his right hand. 오른쪽 손에 총을 쥐었다.
I took her in my arms and kissed her. 품에 안고 키스했다.

사람을 집안에 들이면 집안에서 살게 하는 겁니다.

It was Aunt Dorothy who took me in when my parents passed away. 부모님이 돌아가셨을 때 날 거둬주신 분은 도로시 숙모였어.
In our time of need, they have taken us in and sheltered us, and I am deeply grateful for their hospitality. 우리가 곤경에 빠져있을 때 우리를 받아주고 피난처를 제공해주었지요. 환대에 정말 감사드립니다.

조직이 누군가를 받아들일 수도 있습니다.

The English Department takes in about 40 students a semester. 한 학기당 영어과에는 40명의 학생이 입학해.

경찰이 데리고 들어가면 잡아넣는 것이지요.

The police took him in for questioning. 경찰이 심문하러 그 사람 데려갔어.

누군가를 잡아서 '내 손안에 있소이다!' 하면 내 맘대로 하는 거지요. 속인다는 의미입니다.

I'm not to be taken in by this silly trick. 이런 어리석은 속임수로 날 속일 순 없어.

눈이나 귀, 온몸으로 뭔가를 받아들일 수도 있습니다.

She wasn't taking in what I was saying. 내가 하는 말을 듣지 않았다.

I'm sick of him taking me in from head to foot.
날 아래위로 훑어보는데 정말 진절머리가 나.

I'm planning to take in Kyungju on my way back from the trip.
여행하고 돌아오는 길에 경주도 둘러볼 생각이야.

I've taken in all the horror films by the director.
그 감독 공포 영화는 다 봤어.

어떤 집합 안으로 끌어들일 수도 있습니다. 포함하는 그림입니다.

There'll be an international conference that takes in all the countries in Asia.
아시아 각국을 포함하는 국제회의가 있을 거야.

일거리를 집안으로 가지고 들어와 재택근무를 할 수도 있습니다.

My wife's taking in translation work at home. 집사람은 집에서 번역일을 해.

기계 따위를 가지고 안으로 들어가면 고치러 가는 겁니다. 여기서 in의 공간은 기계를 고쳐주는 곳이 됩니다.

I'll take my car in tomorrow. 내일 차 고치러 가야겠어.

숨을 들이마시거나 음식물을 삼키는 것도 take in입니다. 몸 안으로 들어가니까요.

He was standing on the beach taking in breaths of fresh air.
해변에서 신선한 공기를 들이마시고 있었다.

The patient was taking in food through the tubes.
그 환자는 튜브를 통해 음식을 섭취하더군.

옷감을 안으로 들여놓으면 줄이는 겁니다.

I'll have my wife take in these pants. 집사람한테 이 바지 좀 줄여달라고 해야겠어.

10 turn in 돌아서 들어가거나 뭔가를 돌려 들어가게 하다

잠자리에 드는 그림을 그려봅시다. 대부분 이불을 들어 올리고 몸을 돌려 포근하게 눕지요? 그래서 turn in입니다.

I don't drink coffee before I turn in. 난 자기 전에 커피 안 마셔.

누군가를 고발한다는 의미도 있는데요. 누군가를 등 떠밀어서 (경찰서에 안 들어가려는 사람을 들어가게 하려면 몸의 방향을 바꿔야 하지요.) 밀어 넣는(in) 그림을 그려보면 됩니다.

Can you trust him? Don't you think he might turn you in?
걜 어떻게 믿어? 너 꼰지르면 어쩌려구?

뭔가 제출하는 것도 마찬가집니다. 내 쪽으로 돌려져 있던 걸 상대방 쪽으로 방향을 틀어(turn) 내야(in) 하니까요.

They agreed to turn in their guns. 총기류를 신고하기로 했다.
Turn in your badge and your weapon. I don't want to see you anywhere near this investigation.
경찰배지랑 무기 반납해. 이번 수사엔 근처에도 얼씬거리지 말라구.
Don't forget to turn in your paper by next Friday.
다음 주 금요일까지 리포트 내는 거 잊지 마.

동사와 전치사의 만남
into

옆에 있는 사람 눈을 뚫어져라 바라보세요. 이걸 look into one's eyes라고 합니다. in에 to가 붙어 만들어진 전치사입니다. to는 방향성이 있습니다. 따라서 in이 상태를 가리킨다면 into는 안으로 들어가는 동작을 가리킵니다. on과 onto도 마찬가집니다. on이 단순히 붙어 있는 것이라면 onto는 찰싹 달라붙는 동작이 포함됩니다. 그래서 into와 onto 모두 put과 같이 뭔가를 움직이는 동사와 잘 사용됩니다.

Put them into a jar. 항아리에 넣어.
How did you get into the office? 어떻게 사무실에 들어갔어?
The money went into her pockets. 그 돈 그 여자 주머니로 들어갔지 뭐.
He got into his underwear. 속옷을 입었다.

You better not try talking me into going out with you.
너랑 데이트하자고 꼬시지 않는 게 좋아.
He went into politics. 정치에 뛰어들었다.

뭔가를 움직이거나 스스로 이동하는 동사들과 어울린다는 걸 알 수 있습니다. 집어서 항아리에 넣어야 하고, 움직여서 사무실로 들어가야 하고, 돈도 움직여서 주머니에 들어가고, 옷도 몸을 집어넣어야 합니다. 감언이설로 꼬셔서 데이트하는 행위로 밀어넣으려고 하는 거구요. 정치인이 되려면 정치권 안으로 들어가야 합니다.

into 01 break into 깨고 들어가다

Someone broke into my office and went through my computer files.
누가 사무실에 침입해서 내 컴퓨터 파일을 뒤졌어.
Cindy broke into tears when she saw her son.
자기 아들을 보더니 신디가 갑자기 울음을 터트리더라구.

가만히 있는 상태를 깨고 우는 상태로 들어가는 걸 말합니다. 모두 갑작스런 행동을 취한다는 뜻입니다.
갑자기 어떤 상태로 들어갈 수도 있습니다.

He broke into a cold sweat. 갑자기 식은땀을 흘렸다.
He broke into a sudden wide grin. 느닷없이 씩 웃었다.
The horse dropped her to the ground and broke into a slow trot.
말이 그 여자를 내려놓더니 갑자기 총총 걸음을 걷기 시작했어.

완전한 걸 잘라서 조각으로 만드는 것도 break into입니다.

I broke the candy bar into three pieces. 사탕을 세 조각 냈지.

저금통에 손을 집어넣는 그림도 그릴 수 있습니다.

동사를 알면 죽은 영어도 살린다 *325

I might even have to break into my savings to sort the problem out.
그 문제 해결하려면 저축한 돈 손대야 할지도 몰라.

음식물에 손을 댈 수도 있지요.

For my 19th birthday, I broke into a bottle of wine and spent the day at home. 열아홉 살 생일 때는 와인 한 병을 비우고 그냥 집에서 보냈지.

02 bring into 데리고 들어오다

You see the doc over there? He's the one who brought me into the world. 저기 의사 보이지? 저 분이 나 태어날 때 받아준 분이야.

산부인과 의사가 산모를 도와 아이를 이 세상으로 데려오는 그림입니다. 이 예문에서도 보듯이 into 다음에 오는 말, 다시 말해 어떤 공간이냐에 따라 bring into의 뜻은 천차만별입니다.

Don't make me bring your father into this. 니 아버지까지 끌어들이게 하지 마.
The murder of the senator brought the FBI into action.
상원의원이 살해돼 FBI가 수사에 착수했다.

into의 공간이 추상적인 개념도 될 수 있다는 걸 보여줍니다. FBI의 action이라면 사건을 수사하는 것이겠지요. bring into action이라고 해서 모두 '수사에 착수하다'의 뜻은 아닙니다. action의 구체적 의미는 문맥으로 추정해야 하지요.

A hard kick in the side brought the television set into action.
옆을 세게 찼더니 TV가 나오더구만.

TV가 행동을 한다면 TV의 움직임은 당연히 화면을 보여주고 TV로서의 역할을 다하는 겁니다. 따라서 제대로 작동하는 걸 말합니다.

His testimony brought the entire bureau into disrepute.
그 놈 증언으로 우리 부서 전체가 불명예를 안게 됐어.

어떤 부서를 불명예 속으로 데리고 들어가는 그림입니다.

He brought himself into disrepute when he was caught committing adultery. 간통 현장을 들키는 바람에 망신살이 뻗쳤지.

Would you please bring the books into line with the others on the shelf?
책을 선반의 다른 책들과 가지런히 좀 놓아 줄래요?

line은 줄이지요. 다른 책들과 한 줄을 만들면 가지런해집니다. 간단한 그림이지요. 그런데 이런 간단한 그림이 비유적으로 사용될 수 있습니다.

We brought the rookie into line with the guidelines.
신참이 규정을 지키도록 만들었어.

규정과 한 줄이 된다면 그 규정을 따르는 겁니다. 줄에서 벗어나면 삐뚤어지겠지요? 규정을 따르지 않는다는 말입니다.

The prisoner was brought into line by the guard's threatening look.
간수의 위협적인 표정을 보더니 재소자의 태도가 얌전해졌다.

다른 말이 없이 line 하나만으로도 '올바르다' 는 의미가 있습니다. 우리도 '선을 지켜야 한다' 는 말을 하는 것처럼. 정도를 벗어난 사람에게 이렇게 말하기도 합니다.

You're way out of line! 너 너무 심해!

여기서 way는 강조하는 말이지 길이 아닙니다.

Adam, would it be too much trouble if I ask you to bring that punk into line? 아담, 그 자식 버릇 좀 고쳐줄 수 있겠나?
That gadget he invented brought Bundy into national prominence.
번디는 그 장비를 개발해서 전국적으로 유명해졌지.

prominence는 눈에 확 띄는 걸 말하는데 전국적으로 눈에 띈다면 전국적으로 유명해지는 겁니다. 이런 상태로 가져다주는 그림이 bring into지요. bring과 사용법은 같지만 뉘앙스가 다른 동사로 바꿔봅시다.

That gadget he invented catapulted Sam into national prominence.
샘은 그 장비를 개발해서 졸지에 전국적인 유명인사가 됐지.

catapult는 새총을 말합니다. 커다란 투석기도 catapult라고 합니다. bring이 catapult로 바뀌면 어떤 그림이 나올까요? 단순히 가져오는 정도가 아니라 새총으로 돌을 쏘듯 엄청나게 빠른 속도로 유명해졌다는 의미가 됩니다. 그림을 그릴 줄 안다면 bring은 얼마든지 다른 동사로 바꿔 쓸 수 있다는 뜻입니다.

A bright light brought the sleeping baby into view.
아주 밝은 빛이 잠자는 아기를 비춰 주었다.

view는 눈으로 볼 수 있는 상태를 말합니다. 이 상태로 가지고 들어오면 '보이는 것' 이지요.

Where in the hell did you get the idea you'd be able to bring that silly scheme into being?

도대체 그 따위 어리석은 계획을 성공시킬 거라는 생각을 어떻게 하게 된 거야?

being은 존재를 뜻합니다. 존재하는 상태로 뭔가를 가져오면 태어나는 겁니다.

> Water the plants everyday. That'll help bring them into blossom.
> 매일 물을 주라구. 그럼 꽃이 필 거야.

blossom은 활짝 꽃이 핀 상태입니다.

> I adjusted the lens until I brought the scene sharply into focus.
> 렌즈를 조정해서 정확히 초점을 맞췄다.

focus는 초점을 뜻합니다. focus가 맞으면 선명하게 보이지요.
우리말 '초점'도 그렇듯이 focus에도 비유적인 뜻이 있습니다.

> Why don't we stop rambling and let Bundy say a few words to bring the issue more sharply into focus?
> 헛소리 그만 주절대고 번디한테 문제를 좀더 명확히 설명해달라고 하는 게 어때?

문제 따위도 초점이 안 맞으면 이해하기 힘듭니다. 초점을 맞춰야 명확히 이해할 수 있지요.

> Please try to bring your major point into focus earlier in the essay.
> 에세이 초반에 말하고자 하는 핵심을 분명히 해주는 게 좋아.
> Working as a team often brings creative solutions into play.
> 여러 사람이 한 팀을 이뤄 일을 하면 창의적인 해결책을 만들어내는 경우가 많지.

play가 action과 다른 점이라면 player가 있어야 한다는 겁니다. 예를 들어 bring the FBI into action이라고 하면 FBI가 직접 움직이는 것이지만, bring solutions into play라고 하면 solutions를 가지고 움직이는 행동 주체가 따로 있다는 뜻입니다. 위 문장에서는 player가 팀원들이겠지요. 팀원들이 노는 곳에 solutions가 들어오는 그림을 그리면 됩니다. 다시 말해 solutions는 팀원들의 장난감이 되는 겁니다.

The recent drop in the value of K&C stock brought the company into play. 주가 하락으로 K&C사도 매물로 나왔다.

주식시장에서 쓰는 말입니다. 주식시장의 player는 주식을 사고 파는 사람들이겠지요. 투자가들이 노는 곳에 장난감으로 들어가면 매매 대상이 되는 겁니다.

What you have just told me brings the whole deal into question.
니 말을 듣고 보니 계약 자체가 문제가 될 것 같군.

문제 없는 것으로 생각했던 것을 문제있는 상태로 가지고 들어가면 '문제거리' 가 되겠지요?

When will that sub be brought into service? 저 잠수함 언제 취역하지?

우리말이 더 어렵지요. 기계 따위를 service 상태로 가지고 들어가면 움직일 수 있는 상태, 가동이 가능한 상태가 됩니다. 배를 만들어 service를 시작하면 사용하기 시작하는 걸 말합니다. 배가 낡아 더 이상 사용하지 않게 된다면 out of service겠지요.

They will bring the new elevator into service next month.
다음 달 새 승강기를 가동한대.

Don't even think about bringing her into contact with Roy. She's not the kid's mother anymore!
그 여자랑 로이를 만나게 할 생각은 하지도 말게. 더 이상 아이의 엄마가 아니야!

contact는 만남이지요. 만남의 상태로 들어오면 만나는 거지요 뭐.

03 call into 안으로 불러 들이다

Please call Jack into the house 잭 집안으로 불러 들여.

비유적으로 추상적인 개념의 내부로 불러들일 수도 있습니다.

This calls everything you've preached into question.
니가 주장했던 모든 게 의심이 갈 수밖에 없어.

불러서 의심(question) 안으로 들어가면 고개를 갸우뚱하게 될 겁니다.

I was a manager at a big company until I was called into service in 1950 to train officers.
큰 회사의 관리자였는데 1950년 나라의 부름을 받고 장교들을 훈련시켰지.

여기서 service란 군대의 의무를 말합니다.

into 04 come into 안으로 들어오다

When did the UN come into being? UN이 언제 생겼지?

come into 다음에 오는 명사에 따라 갖가지 뜻이 파생됩니다. 대부분 굳어진 표현이지요. into에 따라오는 명사를 동사로 생각해 뜻을 파악하면 쉽게 이해할 수 있습니다.
come이 스스로 움직이는 것이니 누가 움직이게 하는 것이면 bring을 쓰면 되겠지요. 상대 개념이니 눈여겨 보세요.

Who brought the UN into being? 누가 UN을 만든거야?

다음 문장들에서 X 는 bring하는 주체를 가리킵니다.

The rose comes into bloom in the summer. → X brings the rose into blossom. 이 장미는 여름에 피지.
The President came into conflict with the Congress. → X brought the president into conflict with the Congress. 대통령은 의회와 갈등을 빚게 됐다.
The law comes into effect next month. → X brings the law into effect.
이 법은 내달 발효된다.
The society came into existence in the late 60's. → X brought the society

into existence. 이 학회는 지난 60년대 후반 생겨났다.

I don't think that design would ever come into fashion. → X brings that design into fashion.

저런 디자인이 유행할 거라는 생각은 안 드는데. (인기있는 패션으로 인정을 받게 되다)

The band came into its own in the 70's. → X brought the band into its own. 그 밴드 인정받기 시작한 게 70년대지.

into one's own은 '존재를 인정받는 그림' 입니다.

What if he refuses to sign? That is when threatening comes into play. → X brings threatening into play.

사인 안 하겠다면 어쩌냐구? 협박은 됐다 뭐 하냐.

The military dictator came into power last year. → X brought the military dictator into power. 군사 독재자가 지난해 집권했다. (권력을 잡다)

Dakota Fanning came into prominence with Spielberg's TV Series Taken. → X brought Dakota Fanning into prominence.

다코타 패닝은 스필버그가 만든 TV 시리즈 〈Taken〉으로 유명해졌지.

As many different fruits come into season, consumers tend to eat less meat. 다양한 과일들이 제철을 맞으면 소비자들은 고기를 덜 먹는 경향이 있다.

I think tanks came into service during World War II. → X brought tanks into service. 탱크가 등장한 게 아마 2차 대전 때지. (사용되다)

The gigantic statue of the late president came into sight. → X brought the statue into sight.

고인이 된 대통령의 대형 동상이 눈에 들어왔다. (come into view와 같은 뜻)

I came into a lot of money when my father died. → X brought me into a lot of money. 아버지가 돌아가셨을 때 돈벼락을 맞았지.

come into money는 예상치 않은 돈을 갖게 됐을 때 씁니다.

How did a 19-year-old kid who doesn't have a job come into that much money? 직장도 없는 열 아홉살 애가 무슨 수로 그렇게 많은 돈을 벌었다는 거야?

A very sensitive piece of information you might be interested in came into my possession. → X brought the information into my possession.
자네가 관심 가질 만한 아주 민감한 정보가 손에 들어왔는데 말이야.

My son came into the world on a very hot summer day. → X brought my son into the world. 엄청 더운 여름에 내 아들이 태어났지. (태어나다)

How many people have come into contact with you? → X brought many people into contact with you. 몇 명이나 접촉해왔지?

Rust is a scientific term for a chemical reaction occurring when iron comes into contact with moisture.
녹이란 쇠가 습기와 만날 때 일어나는 화학 반응을 가리키는 과학 용어이다.

05 get into 안으로 움직여 들어가다

Turn the lights off and get into bed. 불 끄고 잠자리에 들거라.

행동의 공간으로 들어가면 그 행동을 시작하는 겁니다.

Why do you want to get into politics? 왜 정치를 하려는 거야?
Never get into arguments with your customers.
절대 손님들하고 말다툼하지 마.

상황 속으로 들어갈 수도 있습니다. 우리말로는 '상황에 빠지다'라고 하지요.

You seem to have gotten into a real mess. 엄청 고생하게 생겼구만.
When did you get into debt? 언제 빚지기 시작한 거야?

조직 안으로 들어가면 그 조직의 일원이 되는 거겠지요.

You'll never get into law school. 넌 죽어도 법대 못 가.

옷을 비집고 들어가면 입는 거지요.

I gained too much weight that I couldn't get into any of my clothes.

얼마나 살이 쪘는지 옷이 하나도 안 맞더라구.

사람 속에도 뭐가 들어갈 수 있지요.

What's got into him these days? 도대체 걔 요즘 왜 그래?

'뭐가 들어갔길래 그래? 귀신이 씌였나?' 정도의 의미지요.

06 go into 안으로 들어가다

The needle went into the vein smoothly and painlessly.
주사 바늘이 부드럽고 아프지 않게 혈관으로 들어갔다.

into 다음에 어떤 표현이 오느냐에 따라 의미가 다양해집니다. come과 바꿔 쓰면 관찰하는 관점이 바뀌겠지요.

We went into a huddle to plan our strategy. 전략을 짜기 위해 한자리로 모였다.

huddle은 무리를 지어 모인다는 뜻입니다. 축구장 같은 데서 선수들이 한데 모여 전략을 짜는 모습을 떠올려보세요.

The players will go into a huddle and decide what to do.
선수들이 어떻게 할지를 결정하기 위해 머리를 맞댈 것이다.

action이 따라오면 그 행동으로 들어가는 것이니까 우리말로 하자면 '행동에 옮기다, 착수하다'의 뜻입니다.

We went into action when we heard the whistle.
휘파람 소리를 듣자 행동을 시작했다.

action과 act는 의미가 다른데요. act로 들어간다면 연기를 시작한다는 뜻입니다.

The curtain rose and Jack went into his act.
커튼이 올라가고 잭이 연기를 시작했다.

I went into my act and they thought I was back to normal.
평소때 모습처럼 연기를 했더니 모두들 내가 정상으로 돌아온 것으로 생각했다.

orbit은 '궤도'를 뜻하지요. 궤도에 들어가는 대표적인 것이 인공위성일 겁니다.

The satellite went into orbit just as planned.
계획대로 인공위성이 제 궤도에 올랐다.

사람도 궤도에 오를 수 있습니다. 물론 비유적으로요. 너무 열이 받았을 때 쓰는 표현이지요.

He was so angry, he went into orbit. 너무 열받아서 제정신이 아니더라구.

service로 들어가면 기계의 경우 작동을 시작한다는 말이고, 가게라면 사업을 시작한다는 뜻이지요.

The new elevator will go into service next week.
새 승강기는 다음 주 운행됩니다.

service에는 또다른 의미가 있는데요. 바로 군대입니다.

He went into the service when he was a sophomore. 2학년때 군대갔어.

law enforcement를 쓰면 경찰이 됐다는 뜻입니다.

Bundy went into law enforcement when he was 20.
번디는 스무 살때 경찰관이 됐지.

문제로 들어가면 그 문제를 꼼꼼히 따져보는 겁니다.

When we have time, we need to go into this question more thoroughly.
시간 있을 때 이 문제 다시 한번 철저히 따져보자구.

07 make into 움직여 안으로 들어가게 하다

전혀 다른 뭔가로 변화시키는 그림입니다.

His life story has been made into a movie. 그 사람 일대기를 영화로 만들었지.
They tore down almost half that forest to make it into farmlands.
농경지로 만들려고 숲을 절반 이상 없애버렸어.
I'll try to make Ryan into more of a soldier.
라이언을 군인답게 만들어 놓겠습니다.

08 take into 안으로 데리고 들어가다

He tried to take her into his house.
그 여잘 자기 집안으로 데리고 들어가려고 애썼지.
He offered Bundy to take him into his company.
번디를 자기 회사로 데려가겠다고 제안했어.
I'd rather die than take the cigarette smoke into my lungs.
담배 연기를 마시느니 차라리 죽겠다.
What took you into politics anyway? 어떻게 정치를 하게 됐지요?
Years of mismanagement took the company into bankruptcy.
수년간 부실 경영으로 회사가 부도를 맞았다.

시간상 미래로 데려갈 수도 있습니다.

The president's policies will take us into the next century in prosperity.
대통령의 정책으로 우리는 다음 세기까지 번영할 것이다.

into 09 turn into 뭔가를 변화시키다

뭔가 만드는 그림의 turn과 함께 쓰이면 변화를 뜻합니다. 발판을 돌려 반죽을 해서 도자기를 빚는 그림을 그려보면 쉽지요.

Having a gun can turn a coward into a dangerous criminal.
총을 가지면 겁쟁이도 위험천만한 범죄자가 될 수 있지.

동사와 전치사의 만남
of

여러분 몸을 잘 보세요. 눈, 코, 입, 팔, 다리… 모두 여러분 것이지요. of의 그림입니다. of는 '약한 분리'를 뜻합니다. 몸이라는 큰 덩어리에서 구성 요소를 하나 둘씩 분리해 내면 of가 됩니다. 그렇다고 완전히 떨어뜨리는 것이 아니라 단일 요소를 분류해 내는 것뿐입니다. 완전히 떨어지면 off지요(괜히 f가 하나 더 붙어 있는 게 아닙니다). of를 보면 '전체 중의 일부'를 생각하면 됩니다.

What's the purpose of this survey? 이 여론조사 왜 하는 건데?
The death of her father made her quit school.
아버지가 돌아가셔서 학교를 그만뒀지.
It's nice of you to say so. 그렇게 말해주니 참 좋은 분이네요.
Who's the president of the United States? 미국 대통령이 누구야?
I'll have a cup of tea. 차 한 잔 마실게요.

Go to the other end of the room. 방 다른 쪽 끝으로 가봐.
She's getting married on the 10th of Dec. 12월 10일에 결혼한대.
Thanks for thinking of me. 내 생각을 해줘서 고마워.

여론조사가 갖는 특징은 여러 가지가 있겠지요. 여론조사의 제목도 있을 것이고, 조사를 실시한 사람, 조사 대상자도 있을 겁니다. 이런 전체 특징에서 목적이라는 한 가지 특징만 분리해 내면 the purpose of the survey가 되지요. 아버지도 무지 많은 특징이 있고 아버지가 가진 것도 많을 것이고, 행동도 수만 가지겠지요. 그 중 죽음만을 분리해냈기 때문에 the death of her father라고 합니다.

부정사를 공부할 때 for를 의미상의 주어라고 배웠지요. 그리고는 성격 따위를 나타낼 때는 of를 쓴다고 '외웠습니다.' 왜 그럴까요? 성격은 한 사람의 여러 가지 특징 중 한가지일 뿐이거든요. 그것만 분리해 내려니까 of를 써서 it's nice of you가 되는 겁니다. 차를 마셔도 그렇습니다. 그 많은 차를 다 마시지 않고 조금만 분리해 내서 컵에 담아 마십니다(a cup of tea). tea라고만 하면 이 세상에 널린 차 전체가 되니까요. 방의 끝부분이 최소한 두 개 이상이지요. 그 중 하나에 서서 다른 쪽 끝을 말하는 것이기 때문에 the other end of the room이구요. 12월에는 31일이나 있습니다. 그 중 10일만 분리해내는 것이니 the 10th of December가 되지요.

우리도 '생각해 줘서 고마워' 라는 말을 합니다. 누군가를 생각할 때 그 사람의 모든 것을 생각할 순 없습니다. 기억에 남는 특징이나 생김새, 그 사람에게 어울리고 해주고 싶은 뭔가 등 일부만 생각을 하지요. 그래서 사람을 기억해준다는 의미로는 주로 think of를 씁니다.

01 break of 깨서 분리시키다

We're working hard to break the dog of making a mess on the carpet.
개가 카페트에 실례하지 못하도록 하려고 애쓰고 있어.

깨서(break) 떨어져 나오도록(of) 하는 것이 break of입니다. 나쁜 버릇에서 떨어져 나오도록 하는 것도 break of지요. 완전히 떨어져 나온다는 의미로 쓰려면 off를 씁니다.

02 come of 분리돼 나오다

I don't think that much will come of this. 이걸로는 별 소득이 없을 것 같은데.

움직여서(come) 떨어져 나오는 것(of), 즉 '어떤 결과가 생겨나는 것'의 뜻입니다.

Can anything good come of this plan? 이 계획으로 무슨 좋은 일이 생길 것 같아?

03 do of 행위를 해서 분리시키다

Are you trying to do me out of what's rightfully mine?
정당하게 내 건데 가로챌려고?

행위를 해서(do) 뭔가의 바깥으로(out) 끌어내 놓는다면 바로 그 뭔가를 잃게 하는 것입니다. 우리말과 좀 다르게 영어에서는 사람이 먼저 나오고 out of (또는 of) 다음에 잃는 것이 나오지요.

04 give of 분리해서 주다

give of oneself라고 하면 자신의 일부를 떼어내 주는 걸 말합니다. 아무리 바빠도 시간과 노력을 떼어내 주는 그림이지요.

Bundy always gives of himself when he is needed.
번디는 언제나 필요하다면 자기일 제쳐두고 도와주지.

05 make of 움직여서 분리시키다

of 다음에 나오는 것을 재료 삼아 새로운 것을 만드는 그림입니다. 재료의 성분이 아예 바뀌면 from을 씁니다.

We make bottles of glass.
유리로 병을 만들지. (병으로 만들어진 다음에도 유리는 유리임)

The cake is made from butter and eggs.
이 케이크 버터랑 계란으로 만든 거야. (케이크가 된 다음에는 버터나 계란이 남지 않음)

I won't let you make a fool of me.
날 바보로 만들도록 내버려두지 않겠어. (나를 재료로 삼아 바보를 만들어냄)

What do you make of their protest?
저들의 시위를 어떻게 생각하세요? (시위로부터 이해 또는 판단을 이끌어 내는 그림)

He's the only one among us that I don't know what to make of.
우리 중에는 쟤가 유일하게 도대체 어떻게 생겨먹었는지 모를 인간이야.

동사와 전치사의 만남
off

머리카락을 하나 잡아보세요. 머리카락은 여러분 머리와 of의 상태에 있습니다. 좀 아프겠지만 뽑아보세요. 더 이상 여러분 머리에 속한 머리카락이 아니지요. 완전히 분리돼 버렸습니다. 이게 off의 그림입니다. 단순히 떨어져 있는 상태만 off가 아니라 잡아뽑는 순간부터 off의 그림입니다. off의 특징 중 하나는 '강한 움직임'이라 심지어 off를 동사로 쓰기도 합니다.

    Bundy offed his enemies. 번디가 자신의 적을 죽였다.
    He was on the cliff. / He ran off the cliff. 낭떠러지에 있었다. / 뛰어내렸다.

on the cliff라고 하면 그냥 서 있는 느낌이지만 ran이란 동사가 없다고 하더라도 off the cliff 만으로도 낭떠러지에서 강하게 떨어져 나가는 그림이 그려집니다. 전치사 off를 보면 단순히 떨어져 있는 그림이 아니라 '원래 붙어있던 것을 떼어버리는' 그림을 그려야 하는 이유입니다.

    Hey, take your feet off the desk. 야, 책상에서 발 내려놔.
    She wiped the blood off his nose. 코에서 피를 닦아냈다.
    Get off at the next stop. 다음 정거장에서 내려.

Keep off the green. 잔디에 들어가지 마세요.
I took off my glasses. 안경을 벗었다.
I'm off tomorrow. 내일 비번이야.
Turn the radio off. 라디오 꺼.

책상에서 발을 내려놓으려면 발과 책상을 분리시켜야 합니다. 코에서 피를 닦아내려고 해도 코와 피를 분리시켜야 하고, 정거장에서 내리려면 버스와 내리는 사람이 분리돼야 합니다. 잔디에 안들어 가려면 잔디와 내가 떨어져 있어야 하고, 안경을 벗으려면 안경과 내가 떨어져야 합니다. 비번이면 직장 또는 일거리에서 떨어집니다. 라디오를 끄려면 전기를 분리시켜야 하겠지요?

01 break off 깨서 분리시키다

The statue broke off from the wall. 조각상이 벽에서 떨어져 나왔어요.

off from 같이 전치사가 겹치면 고민을 하는 분들이 많은데요. 의미대로 새겨보면 됩니다. 깨거나 깨집니다(break). 그래서 떨어져 나오지요(off). 어디서? 벽에서 (from).

스스로 떨어지기도 하지만 외부의 힘에 의해 떨어지기도 합니다.

He broke off a piece of stone from the wall. 돌조각을 벽에서 떼어냈다.
Mom broke off a chunk of pie and dropped it into my dish.
엄마가 파이 한 조각을 떼서 내 접시에 담아주셨다.

말을 하다가 중단하는 것도 break off로 표현합니다. 단절의 그림이니까요.

Bundy started to speak but broke off as he heard a car engine approach. 번디가 뭔가 말하려다 차가 오는 소리가 들리자 그만뒀다.

비유적으로 단절하는 것일 수도 있지요.

Firms must know when to make investments in loyalty or when to break off relationships with unprofitable customers. 회사는 언제 고객 로열티에 투자해야 하고 언제 돈이 되지 않는 고객을 잘라버려야 하는지를 알아야 한다.

02 bring off 분리시키다

The chemical helps bring the rust off the beam.
이 약품을 쓰면 철제빔에서 녹을 제거하기가 쉽지.

녹이 철제빔에 붙어 있습니다. on 상태지요. 이걸 떨어뜨리려면 잡아서(bring) 분리시켜야(off)합니다.

Will this solvent bring the paint off the railing?
이 용액을 쓰면 난간에 묻은 페인트 제거할 수 있나요?

좀 특이한 off의 그림을 살펴봅시다.

Well, I'm sure you'll bring the project off. 프로젝트 잘 성사시킬 걸로 믿네.

로켓이 발사되려면 땅에서 떨어져 off의 상태가 돼야 합니다. 일을 하는 경우에도 일이 제대로 추진되려면 시작단계에서 떨어져 나와 진행단계, 더 나아가 완성단계로 이어져야 하지요. 그래서 off입니다. 미사일이나 로켓 그림을 그리면 쉽게 이해할 수 있습니다.

I'm glad we brought off the plan without a hitch!
아무 문제 없이 계획을 성공시켜 기쁘네.

03 call off 불러서 분리시키다

Please call your dogs off of me! 개 좀 불러가요!

구어체에서는 off에 of가 따라 붙는 경우가 많습니다. 나한테 분리돼서(of) 떨어져 나간다(off)는 그림을 그리기 때문입니다. 네이티브가 이런 표현들을 외우지 않고 머릿속에 그림으로 담고 있다는 증거이기도 합니다.

Will you call your spies off if I come along with your offer?
내가 제안을 받아들이면 첩자들을 철수시킬 겁니까?

일이 진행될 수 있는 건 끊임없이 이어지기 때문입니다. 영어로 하자면 on인 것이지요. 이걸 끊어버리면 일이 중단됩니다. 그래서 off를 씁니다. 불러서 중단을 시키면 취소하는 게 되지요.

Why are you here? The meeting has been called off. Didn't you hear?
왜 여기 있어? 모임 취소됐잖아. 못 들었어?
The fighters have been in a holding pattern since the president called off the attack. 대통령이 공격 명령을 취소한 후 전투기들이 제자리를 맴돌고 있다.
The game was called off because of the rain. 비가 와서 경기가 취소됐어.

04 come off 떨어져 나오다

come off에 of가 따라붙으면 어디서 떨어지는 것인지를 강조해줍니다.

This piece came off of the wall. 이 조각이 벽에서 떨어져 나왔는데요.
One of the buttons in back came off. 등 뒤 단추 하나가 떨어졌어.
Hey, come off of that fence! 야, 담장에서 내려와!
Come off it, man. Don't insult my intelligence.
그만둬, 임마. 내가 바보인줄 알아.

come off it은 관용표현으로 지금 하는 짓(말이나 행동)에서 떨어져 나오라, 즉 그만두라는 말입니다. come off 만으로도 행동을 그만두라는 그림을 그릴 수 있습니다.

> Come off that arrogant attitude! 거만 좀 떨지 매
> Stocks were coming off a sell-off in the previous session sparked by worries that high oil prices might weigh on the economy. 이전 장에서 고유가로 경제가 타격을 입지 모른다는 우려로 촉발됐던 투매가 진정세를 보이고 있다.

주식들이 투매에서 떨어져(off a sell-off) 나오는 그림이어서 투매가 진정되고 있다는 뜻이 됩니다.

> Did the plan come off okay? 계획 성공했니?

앞에 나온 bring off와 관점만 다릅니다. 로케트가 발사되는 것처럼 '생각했던 바'가 제대로 '생각의 단계에서' 떨어져 나와 현실이 됐기 때문에 성공의 의미가 되는 겁니다.

사건 따위가 제자리를 떠나면(off) 시작하는 거지요.

> When is the concert going to come off? 콘서트 언제 열리는데?

05 get off 움직여 떨어지다

> When should I get off the bus? 어디서 버스 내려야 돼요?
> Get off at the Neo Theater. 네오 극장에서 내리세요.
> Get off the bed! 침대에서 내려와!
> Did he get off? 걔 떠났어?

분리되는 곳이 어딘지 나타나 있지 않으면 문맥으로 어디선가 떠났다는 그림을 그려야 합니다. 꺼지란 말도 됩니다.

> Get off! 꺼져!

A cop came and told the boy to get off the street.
경찰이 오더니 그 놈한테 길거리에서 서성이지 말라고 하더군.
Hey, get off the phone! I'm waiting for an important call.
야, 전화 그만 써! 중요한 전화 기다리고 있는 중이란 말야.

누군가 움직여서 떨어져 나오게 할 수도 있겠지요.

It'll help you get stains off your skin. 피부에 묻은 얼룩 제거에 도움이 될 거야.
It's a real drag to get the children off to school.
애들 학교 보내기가 여간 고역이 아니야.
Get your hands off of me! 내 몸에서 손 떼!

시간을 떼어내서 분리시키면 일 안 하고 노는 겁니다.

I'll get tomorrow off. Let's go shopping. 내일 쉬니까 쇼핑 가자구.

뭔가 잘못을 저지르고 get off 하면 큰 벌을 받지 않는 겁니다.

I got off with a small fine. 벌금 조금 물고 끝났어.
You wouldn't get off so easily this time, punk.
이번엔 그렇게 쉽게 끝나지 않을 거야, 쨔샤.
Can you get my son off? Money is no object here.
내 아들 좀 빼낼 수 있어요? 돈 걱정은 안 해도 돼요.

대화를 할 때 get off하면 어떤 주제를 벗어나는 겁니다.

You're getting off the point again, Jack. 또 핵심을 벗어나고 있어, 잭.
Why don't we get off politics and get onto something else?
정치 얘기 그만하고 다른 얘기 하는 게 어때?

06 give off 강하게 떼어 팍팍 주다

받는 사람은 역시 일반적인 대상이겠지요.

The gas gives off light. In a darkened room it glows beautifully.
이 가스는 빛을 발하지. 어두운 방에서는 예쁘게 빛난다구.

분위기를 풍기는 것도 give off라고 합니다. 풀풀 냄새를 풍기고 다니는 사람을 생각해보세요. 냄새가 뚝뚝 떨어지는(off) 느낌이 들지요.

Politicians always give off an air of importance.
정치인들은 언제나 허세를 부린다니까.

07 go off 떨어져 나가다

계획 따위가 출발점에서 완전히 떨어져 나가면 성공하는 것이라고 했지요.

The project went off as scheduled. 프로젝트가 계획대로 잘 진행됐다.
The party went off as planned. 계획대로 파티가 진행됐다.

폭탄 따위가 완전히 떨어져 나가면 터지는 겁니다.

The bomb went off and did a lot of damage. 폭탄이 터져서 큰 피해를 입혔다.

시끄러운 소리를 내는 것은 소리가 팍팍 나기 때문이구요.

The alarm went off at 7 a.m. 알람이 일곱 시에 울렸다.

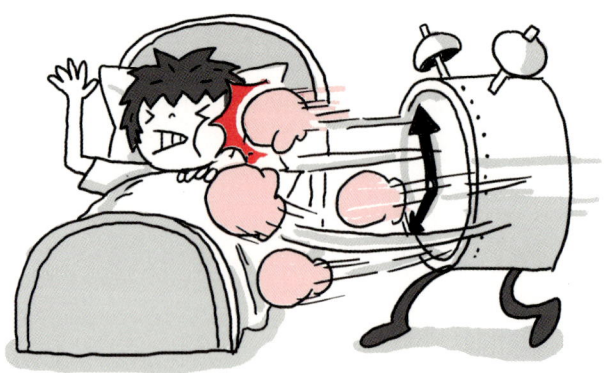

The siren goes off at noon every day. 매일 정오가 되면 사이렌이 울리지.

사람이 완전히 떨어져 나가면 원래 있던 자리에서 도망치는 것일 수 있습니다.

She went off by herself where no one could find her.
그 여자 아무도 찾지 못할 곳으로 숨어버렸어.
I have to go off and think about this.
한적한 데 가서 (혼자 가서) 이 문제 생각해봐야겠어.

go off half-cocked라는 재미있는 표현이 있습니다. half-cocked는 설익었다는 뜻입니다. 뭔가를 완전히 이해하지 못하고 행동하는 걸 말합니다.

Please don't go off half-cocked. 제대로 알지도 못하고 행동하지 마.

떠나서 어디로 가는지를 나타낼 수도 있습니다. army라면 군대가는 것이지요.

He went off into the army. 군대에 가버렸다.

우리말에서도 '가다' 와 '가버리다' 의 의미가 다르듯이 go into와 go off into의 뉘앙스가 다른 것을 알 수 있을 겁니다.
누군가와 함께(with) 떠날 수도 있습니다.

He went off with Jill. 질과 함께 떠났지. (도망치다)

08 make off 움직여 분리되다

make away와 그림이 비슷합니다.

He made off with that girl he was in love with. 지가 사랑하는 여자랑 튀었어.

09 take off 잡아서 떼어내다

Take the label off before you put the jacket on.
잠바 입기 전에 딱지나 좀 떼라.

옷을 몸에서 떼어내면 벗는 겁니다.

Take off your shoes and socks and make fist with your toes.
신발이랑 양말을 벗고 발가락을 움켜쥐세요.

어디서 떨어지는 건지 문맥에서 결정되는 경우도 많습니다. 날 것이 take off 하면 앉아있던 곳에서 떨어져 날아가는 것이겠지요.

Two fighter jets took off from the aircraft carrier.
항공모함에서 전투기 두 대가 이륙했다.

비유적인 그림을 그릴 수도 있습니다.

What do you think we should do to take traffic off Seoul roads?
서울의 교통량을 줄이기 위해 무엇을 해야 할까요?
Doctor Johnson took me off insulin. 존슨 박사가 나 인슐린 그만 맞으라더군.

우리도 뭔가 성공하면 '떴다!' 하지요.

This new technology will take off in a couple of years.
이 신기술 몇 년 안에 뜰 거야.

지금 있는 자리를 떠나는 것도 됩니다.

He took off on a business trip yesterday. 어제 출장 갔는데요.

현재 있는 곳에서 떼어내 다른 곳으로 데리고 갈 수도 있습니다. 도착점이 있어야 하니 to가 붙습니다.

Let Bundy take this bastard off to his cell.
번디한테 이 자식 감방에 처넣으라고 해.

시간을 떼어내면 쉬는 겁니다.

I'm going to take tomorrow off. 내일 쉴 거야.

숫자를 떼어낼 수도 있습니다.

Points will be taken off for grammatical mistakes.
문법이 올바르지 않으면 감점이야.

누군가의 생김새나 행동을 떼어내서 흉내를 낼 수도 있습니다.

Bundy can take off the president to perfection.
번디는 대통령 흉내를 완벽하게 내지.

교통 수단을 운행지에서 떼어내면 운행을 중단하는 것이겠지요.

The train was taken off for the winter. 겨울에는 열차 운행을 안 해요.

off 10 turn off 돌아서 떨어져 나오거나 돌려서 분리시키다

We turned off the main road onto the dirt road that led to the campground.
간선 도로에서 빠져 나와 흙길을 달려 야영지로 향했다.

도로에서 빠져나오는 길을 turnoff라고 합니다.

Due to the heavy rain, we missed our turnoff.
비가 너무 많이 와서 출구를 지나쳤어.

성낄 돌려서 뭔가를 분리시키는 그림도 됩니다.

Turn the gas fire off when you leave the room. 방 나갈 때 가스 불 좀 꺼주렴.
She turned off the tap. 수도를 잠궜다.
I was waiting so long in traffic the other day that I turned off the engine and had a nap. 지난번에 차가 얼마나 막히던지 시동 끄고 잤다니까.
Would you mind turning off the heat? I'm roasting.
불 좀 끌래? 너무 더워서 익겠다.

비유적인 그림을 봅시다. 우리도 관심이 가지 않는 것에 '신경 끄다' 라는 표현을 씁니다. turn off도 이런 의미가 있습니다. 관심을 끊어버리는 겁니다.

The lecture was so boring that I just turned off.
강의가 얼마나 재미 없던지 신경 꺼버렸어.

명사로 turnoff라고 하면 그렇게 질리게 만드는 뭔가를 뜻하지요.

Endless rambling meetings are a real turnoff to successful people.
성공한 사람들한테는 끝도 없이 주절대는 회의가 얼마나 짜증나는 일인줄 아니.
Extremely long or uncut nails are a real turnoff.
엄청 길고 깎지 않은 손톱을 보면 어찌나 징그러운지.
Such an abundance of pop-ups may be a turnoff for your visitors.
팝업창 너무 많이 띄우면 방문객들이 짜증내.

동사와 전치사의 만남
on

손바닥을 펴서 책상 위에 놓으세요. on의 그림입니다. 아주 쉽지만, 주의해야 합니다. '위' 라는 그림이 아니라 '접촉' 의 그림이기 때문입니다. 책상 밑에 손을 넣어 책상을 만져보세요. 우리말로는 책상 밑에 손이 있지만 책상에 붙어 있기 때문에 여전히 on입니다. 책상 끝에 손을 붙여도 on이고 옆에 붙여도 on입니다. 옷, 화장품, 양말, 신발, 향수 등등 몸에 붙는 건 몽땅 on을 쓰는 이유도 on이 '접촉' 의 그림이기 때문입니다.

What? You parked your car on Olympic Boulevard?
뭐? 차를 올림픽대로에 주차했다구?
Hang it on the wall. 벽에 걸어.
Put on your jacket. 잠바 걸쳐.

Did you put on your makeup? 화장했니?
His eyes were fixed on Judy. 주디만 뚫어지게 보더구만.
Kiss her on the lips. 입 맞춰줘.
Turn the radio on. 라디오 켜.
You're not on the list. 명단에 없는데요.
The movie came out on video. 비디오로 나왔어.
I'd rather not see you from this moment on. 이제부터 너 안 봤으면 좋겠다.
I was born on June, 24th. 6월 24일에 태어났어.

on은 일정 공간의 표면에 접촉해 있는 그림입니다. 차는 도로에 붙어 있어서 on을 씁니다. 벽에 옷을 걸어 놓으면 벽과 접촉하니까 on입니다. 물리적으로 접촉돼 있지 않더라도 바라보는 것처럼 개념상 접촉하는 것이라면 on을 씁니다. 입술이 접촉해야 키스가 되고 라디오를 켜려면 전기를 연결해야 합니다. 명단에 있으려면 명단에 이름이 올라 있어야 하고 영화는 비디오 테이프 표면에 기록합니다. 시간상으로 볼 때도 특정 시간을 가리키면 시간이라는 공간 위에 접촉해 있는 것이기 때문에 on을 씁니다. 주의해야 할 것은 '일정 공간의 표면적'이 있어야 한다는 겁니다. 시간이라는 공간에 이 정도 표면적이 생기려면 '하루, 이틀' 정도의 날을 기준으로 해야 합니다. 시각까지 나타내면 at의 개념입니다. at은 콕 짚어 한 지점을 가리키니까요.

01 bring on 가져다 붙이다

It's time to bring on the clowns. The audience will love it.
이제 광대들을 등장시켜야지. 관객들이 좋아할 거야.

여기서 bring on은 무대에 배우 등을 등장시키는 걸 말합니다. 데려다가(bring) 어디다 접촉(on)을 시키는 걸까요? 물론 무대지요. 무대와 붙어 있어야지 등장을 하는 것이니까요.

Hey, stop trying to bring Kelly on! She might leave!
켈리한테 추근대지 좀 마. 가버리면 어쩌려구!

추근대는 목적은 간단합니다. 어떻게 해서라도 한건 올리려는 거지요. 여기서 on은 성적인 접촉을 뜻합니다. 남녀가 이런 목적을 달성하려면(?) 접촉이 필요하니까요.

The mayor helped bring this event on.
이 행사가 있을 수 있었던 건 시장님 덕택이지.

어떤 행사나 사건, 상황을 발생시키는 게 bring on입니다. bring은 사건이나 상황을 움직이고 on은 진행된다는 의미입니다. 끊어지지 않고 이어져 있어야(on) 진행이 되겠지요. 그래서 뭔가 발생하는 그림이 생기는 겁니다.

Your lifestyle will surely bring on a heart attack or something, John. Cut down on fat you eat!
너 그렇게 살다가는 심장마비라도 걸릴 거다, 존. 기름진 것 좀 작작 먹어!

질병이나 통증도 bring on을 씁니다. 가져다가(bring) 몸에 접촉시키는 것(on)이지요. 그래야 병에 걸리고 통증도 느끼니까.

A puff on that cigar brought on his coughing spell.
저 시가 한 모금 빨더니 기침을 해대기 시작하대.

coughing spell 또는 coughing fit은 기침을 멈추지 못하고 계속 해대는 걸 말합니다.

You brought it on yourself. Don't complain.
니가 자초한 일이야. 불평할 것 없어.

뭔가를 가져다가 몸에 붙이면(bring something on someone) 떠안아야 합니다. 그래서 문제 따위를 떠안는다는 의미가 생깁니다.

That useless piece of shit! Mike brought this problem on all of us!
그 아무짝에도 쓸모 없는 자식! 마이크 때문에 우리 모두 이 문제를 떠안게 됐잖아!

02 call on 잡고 부르다

사람 멱살을 잡고 얼굴에 대고 마구 소리치는 만화를 그려보세요. 말 한마디 한마디가 그 사람 얼굴에 떨어져 붙는 겁니다. call on은 우리말로는 '촉구하다' '요구하다' 식으로 번역되는데 멱살 잡고 소리치는 그림이 훨씬 기억에 오래 남을 겁니다.

> The opposition called on the ruling party to stop the ongoing investigation.
> 야당은 여당에 현재 진행중인 수사를 중단하라고 촉구했다.
> The teacher called on me for an answer to her question.
> 선생님이 나한테 질문에 답하라고 했다.

비유적인 그림도 있겠지요.

> This project calls on all the creative skills you can gather together.
> 이 프로젝트를 완수하려면 온갖 독창적 기술을 총동원해야돼.

서울에서 그냥 소리를 질러서 부산에 있는 사람을 부를 수는 없습니다. 결국 직접 가서 불러야 합니다. 그래서 방문하는 걸 call on[at] someone이라고 합니다.

> Why don't we call on grandma when we go down to Busan?
> 부산에 내려가면 할머니댁에 들리는 게 어때?

03 come on 와서 붙다

> Come on! Hurry up! 이봐! 서둘러!

come on은 재촉 또는 만류의 뜻으로 쓰입니다. 뭔가 빨리 하려면 현재 진행 상황에 붙어 있어야(on)합니다.

> Come on! Don't do that. 제발. 그러지 마.

come on in은 어디로 들어오라는 말을 재촉하며 하는 것입니다.

> Hey, come on in. Good to see you. 야, 어서 들어와. 반가워.

전기가 on되면 접촉되는 것이므로 켜지는 것이고, 물이 on이면 흐르는 것이라고 했습니다. 움직여서(come) 접촉한다면(on) 켜지거나 흐르는 것이지요. 방송이라면 전파를 타는 거지요.

> The lights came back on after a while. 얼마 있다 불이 다시 들어왔다.
> The heat comes on around midnight. 자정은 돼야 난방이 되는데.
> When does the show come on? 그 프로 언제 방송되는데?
> When I switched on the TV, Tom Brokaw came on and said that an attempt had been made on the life of the President.
> TV를 켰더니 톰 브로커가 나와서 대통령에 대한 암살 기도가 있었다고 보도했다.

무대와 접촉(on)을 하면 무대에 서는 겁니다.

> You're supposed to come on when you hear your cue.
> 큐 싸인 받으면 무대로 나오라구.

고통이나 질병도 접촉을 합니다.

> I felt the sharp pain coming on again. My whole body was trembling.
> 날카로운 고통을 다시 느꼈어. 온몸이 떨리더군.

마치 TV 화면이 서서히 켜지듯(on) 사람이나 사물의 이미지가 서서히 눈앞에 드러나는 그림도 됩니다.

> The president comes on as a friend, but we all know better.
> 대통령이 친한 척하지만, 그걸 믿을 정도로 우리가 바보는 아니지.
> He comes on as a happy camper, but he's just putting it on.

행복한 것처럼 보이지만 그런 척하는 것일 뿐이야. (happy camper : 언제나 밝게 행동하는 사람 / put something on : 가면을 쓰듯 거짓행동을 하는 것)

사람에게 접촉하려 들면 '추근대는 것' 이지요. to를 덧붙여 대상을 나타낼 수도 있습니다.

What, are you trying to come on to me? Take a hike, bozo.
뭐야 지금? 나한테 추근대는 거야? 꺼지라구, 멍청이 양반.
I couldn't imagine any man in his right mind coming on to Sally.
제정신인 남자면 샐리 같은 여자한테 추근대지 않을걸.

사람이나 사물에 직접 접촉을 하면 (추근대는 경우는 접촉을 시도하는 것이기 때문에 to를 쓰지만, 이 경우는 정말 접촉을 하는 것) 우연히 발견하는 것이 됩니다.

I came on a music store that sells lots of heavy metal CD's.
헤비메탈 CD를 엄청 많이 파는 음반 가게를 찾았지.
I heard that you came on your old flame downtown yesterday.
시내에서 어제 옛사랑을 만났다며.

명사형으로 come-on이 되면 추근대는 행동이나 미끼 따위를 말합니다.

It's a cultural thing, we tend to stare and smile a lot more and it is not necessarily a come-on. Too bad in America it's always considered a come-on. 문화적인 거라구. 우리가 사람을 잘 쳐다보고 많이 웃고 하지만 그게 꼭 추근대는 건 아니야. 안타깝게도 미국에선 그런 게 꼭 작업거는 걸로 받아들여지지만 말이야.
Most ISPs offer free web space as a come-on to sell Internet access accounts. 대부분의 인터넷 서비스 제공업체들이 인터넷 접속 계정을 파느라 무료 웹 공간을 미끼로 삼고 있지.

04 get on 움직여 붙다

Get on the train! It's leaving! 올라타! 기차 떠난다!

움직여 전화에 붙게 만들면 전화를 하는 것이지요.

>Get Bundy on the phone, right now!
>당장 번디 바꿔!

옷을 가져다 몸에 붙이면 입는 겁니다. put on과 같습니다.

>Get something on, OK?
>뭣 좀 걸쳐, 알았어?

어떤 활동에 달라붙으면 적극적으로 시작하거나 계속 하는 것이지요.

>Let me get on with my work! 나 일 좀 하게 내버려둬!
>How is my kid getting on at school? 내 아이가 학교 생활을 잘 하나요?
>The project will get on better without Jack.
>잭이 없는 게 프로젝트 진행에 더 좋겠어.

get along과 마찬가지로 사람과 get on 한다면 잘 지낸다는 의미입니다.

>They're brothers, man. They should get on with each other.
>걔네들 형제잖아. 서로 잘 지내야 할 거 아냐.

조직이나 방송 따위에 get on하면 성공적으로 조직원이 되거나 방송을 타는 겁니다.

>She's getting on the board of directors next year.
>그 여자 내년에 이사가 된다더군.
>I'm dying to get on that talk show. 저 대담 프로 나가면 얼마나 좋을까.

along이나 on 둘 다 시간과 함께 쓰면 진행을 뜻합니다. 나이를 생각하면 늙는 것이지요.

> Hey, I'm getting on (in years). Don't expect too much of me.
> 야, 나도 늙어가고 있어. 너무 많은 걸 기대하지 마.

get on to 또는 get onto로 계속 진행을 해서(on) 어디엔가 도착하는(to) 그림을 나타낼 수도 있습니다.

> I don't even know how we got onto this.
> 왜 이런 얘기까지 하고 있는지 모르겠네요.
> OK, I'll get on to the witness, right now. 알았어요. 당장 증인을 만나보지요.

우리말에 꼬리를 밟는다는 표현이 있지요. 누군가 하는 일을 바짝 쫓아 다닌다는 뜻입니다. onto someone 이란 말 자체로 '꼬리를 밟다' 는 의미가 있으니 get onto someone/something 이라고 하면 움직여 뒤를 캐내는 것이겠지요.

> The cops got onto him. 걔 경찰한테 꼬리 밟혔어.

05 on **go on** 계속 붙어서 가다

시간이 계속 이어지면 진행을 뜻하겠지요. go on이라면 계속 움직이는 것이지요. 말이나 행동 모두 뜻합니다.

> Please go on. 계속해.

이 경우 말을 계속하라는 뜻일 수도 있고 하던 일을 계속 하라는 뜻일 수도 있습니다. 어떤 일이 발생하는 것도 go on입니다. 사건이나 상황은 계속 움직여야 발생할 수 있으니까요.

> What went on here last night?
> 간밤에 무슨 일 있었어?

on and on이라면 주절주절 계속하는 걸 말합니다.

> She just went on and on about her new dress.

자기 새 드레스 샀다고 주절주절 자랑만 해대더라구.

주절주절 말하는 대상을 나타낼 수도 있습니다. at이 따라붙지요. go on at은 그냥 말로 주절주절거리는 것이 아니라 소리를 치고 비명을 질러대는 걸 뜻합니다.

I wish you'd stop going on at me. 제발 고함 좀 치지 마.

지나치게 오래 계속되는 걸 표현하려면 go on 다음에 적절한 어구를 써주면 되겠지요?

The movie seemed to go on for an age (for ages.) 그 영화 한도 끝도 없더라.
The lecture went on for what seemed like days. 그놈의 강의 끝이 안 나더군.

접촉의 대상(on)을 나타내면 그 대상과 연결된다는 뜻이겠지요? diet라면 다이어트를 한다는 것이고 rampage라면 실성한 듯 소란을 피운다는 의미가 됩니다.

I went on a diet for the second time this month.
이번 달 들어 두 번째 다이어트를 했지.

He went on a rampage and broke everything in the room.
난리를 피우면서 방 안에 있던 걸 다 부쉈어.

on 다음에 정보에 해당하는 표현이 오면 그 정보를 가지고(on) 행동을 취한다는 뜻입니다.

We can't go on this! We need more information before we can act on this matter.
이걸 갖고 어떻게 행동에 착수해! 이 문제에 대해 조치를 취하려면 정보가 더 필요하다구.

tour가 오면 음악하는 사람들이나 극단 등이 순회 공연을 한다는 뜻입니다.

Metallica went on tour. 메탈리카가 투어를 시작했어.

계속 뭔가를 한 다음 도착점(to)을 나타낼 수도 있습니다.

He went on to start his own business. 걔 결국에는 자기 사업 차렸지.

with가 따라붙으면 뭔가를 가지고 계속하는 그림이지요. 행동을 계속할 수 있는 자원을 뜻합니다.

I can't go on with this. I have to take a rest.
이래 가지고는 계속 못 하겠어. 좀 쉬어야지.

go on with you는 꺼지라는 말입니다. 명령어로 쓰지요.

Go on with you! Get yourself home. 꺼져! 집에 가라구.

행동의 정도를 나타낼 수도 있는데요. go easy on이라고 하면 평소 때보다 행동 수준을 낮추라는 뜻입니다.

Go easy on him. He's just a kid. 살살해. 애한테 무슨 짓이야.
Go easy on the water. There's a water shortage.
물 좀 아껴 써. 물이 부족하다잖아.

06 have on 접촉해 갖고 있다

He has a black hat on. 검은 모자를 쓰고 있어. (몸에 붙어 있음)
You shouldn't have the stereo on at full blast at this time of the night!
이렇게 늦은 시간에 오디오를 그렇게 크게 틀어놓고 있으면 안 돼! (전기가 연결된 상태)

We don't have anything on this guy. We'll have to let him go.
이 놈에 대해 아는 게 없어요. 보내줘야 해요.

마지막 문장은 누군가에 대한 정보를 갖고 있다는 의미입니다. 경찰이 말하는 단서 따위도 해당됩니다.

07 take on 잡아서 붙이다 | 잡아서 내 것으로 만들다

You should have thought about it more carefully before you took the job on. 일을 떠맡기 전에 심사숙고 했어야지.
The word 'peace' is taking on a new meaning.
'평화'라는 말이 새로운 의미를 갖게 됐다.
I think it's a good idea to take on a couple of new editors. 편집자 몇 명 더 고용하는 게 좋겠어. (회사의 입장에서 사람을 내 것으로 만들면 고용하는 겁니다.)

상대방과 멱살 잡고 싸우는 그림도 있습니다. 잡아서(take) 멱살에 붙는 것(on)이지요. 싸우는 그림입니다. 기름을 넣으면 기름이 차에 접촉하고, 사람을 태우면 사람이 차에 접촉하지요.

Study them before you take on your opponents.
적을 상대하기 전에 연구를 해야지.
The bus stopped to take on fuel. 연료를 넣기 위해 버스가 멈췄다.
We can't take on any more passengers. 승객을 더 태울 수 없어요.

다음 문장은 일거리를 떠맡는 그림을 그려보세요.

I can't take it on myself to give you that information.
너 한테 그 정보를 줄 수가 없어.

08 turn on 돌려서 접촉시키다

Shall I turn the light on? 불을 켤까요?
She turned on the shower. 샤워기를 틀었다.
Turn on the TV, will you? There's a good show on channel 7.
TV 좀 켜줄래? 7번에서 재미있는 거 하는데.

사람도 스위치가 있습니다. 사람한테 전기가 통하면 뿅 가겠지요. 흥분을 한다는 뜻입니다.

Who says women are turned on by the smell and feel of leather?
가죽 냄새를 맡거나 만지면 여자들이 흥분한다고 누가 그래?
Her red hair turned me on. She's some piece of work.
그 여자 빨간 머리 죽이던데. 끝내주는 여자라니까.

turnon이라는 명사형은 뿅가게 만드는 무엇의 의미입니다.

Men in power are just a real turnon for me. 힘있는 사람 보면 정말 뿅가지.
I've always liked Bundy. I thought he was a fabulous singer, and he wasn't bad looking either. The fact that he can speak English well was a turnon to me. 난 번디를 늘 좋아했어. 노래도 멋지게 부르는데다가 생긴 것도 괜찮고. 영어를 잘하는 것도 나한테 참 짜릿했지.

비유적으로도 사용됩니다.

Maternal behavior couldn't be turned on and off at will.
모성이란 마음대로 껐다 켰다 할 수 있는 게 아니야.

turn과 on의 그림 그대로도 쓰입니다. 돌아서(turn) 몸을 접촉(on)하는 겁니다. 달려드는 것일 수도 있습니다.

His dogs turned on their master and tore him to pieces.
개들이 주인한테 달려들어 물어뜯었다니까.

She turned on the men. "How can you treat your wives like this!"
그 여자, 아내를 어떻게 이렇게 다루냐며 남자들에게 대들더군.

무엇인가를 축으로(on) 도는 것(turn)일 수도 있지요. 빙 돌려면 중심점(on하는 곳)이 있어야 하니까요.

His own future will turn on whether or not he can convince enough voters. 그 사람 미래는 충분한 수의 유권자를 설득할 수 있느냐에 달려 있지.

The conversation turned on the question of patriotism.
대화는 애국심을 주제로 돌아갔다.

He turned a frosty glance on me.
그 사람 나한테 쌀쌀맞은 눈초리를 보냈어. (무엇을 어디다 돌려 접촉시키는지를 나타냅니다.)

Firefighters turned their hoses on the flames.
소방수들이 호스를 불길이 솟는 곳으로 돌렸다.

동사와 전치사의 만남
onto

into와 마찬가지로 on과 to가 결합돼 만들어진 전치사입니다. 스스로 움직이거나 뭔가 움직이는 동사와 함께 씁니다.

She jumped onto the bed. 침대 위로 뛰어올랐다.
He fell onto his face. 그는 엎어졌다.

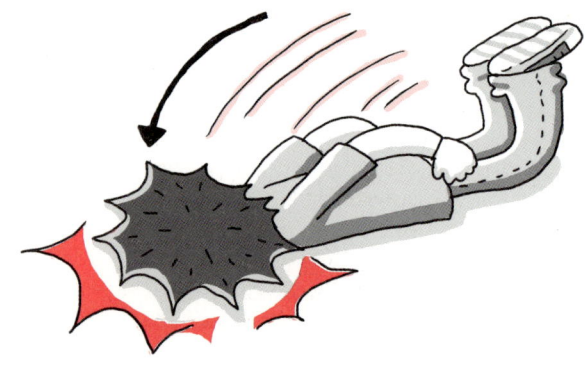

Hang onto the rail! 난간 잡고 버텨!
Let's move onto the next subject. 다음 주제로 넘어갑시다.

to는 동작의 방향 또는 도착점을 나타냅니다. 어디론가 움직여(to) 달라붙는(on) 그림입니다. 뛰어서 달라붙는데 그 방향이 침대인 것이고, 쓰러져서 땅에 닿는데 방향이 얼굴이라는 말이고, 꼭 잡고 버티려고 하는데 잡는 곳이 난간이라는 말입니다. 토론을 끊지 않고 계속하는(on) 그 도착점이(to) 다음 주제인 것이지요.

동사와 전치사의 만남
out

잠시 산책 한번 하지요. 방 밖으로 나가보세요. out의 그림입니다. out하기 전의 상태는 in이겠지요. in의 공간 이외의 공간이 out입니다.

Get out of the room! 방에서 나가!
He took some money out of his pocket and gave it to me.
주머니에서 돈을 꺼내더니 날 줬어.
The lights went out. 불이 나갔어.

Out of sight, out of mind. 안 보면 잊혀지게 마련이지.

첫 번째 예문의 of는 방에서 분리돼서 밖으로 나가는 것입니다. 방이라는 out의 출처를 밝히지 않고 그냥 Get out!이라고만 쓸 수도 있지요. out과 out of의 차이는 어디서 나오는가를 밝히느냐 안 밝히느냐뿐입니다. 우리도 불이 나간다고 하는데 영어로도 go out을 씁니다. 주변에 전등이 있다면 한번 보세요. 여러분이 앉아 있는 공간에 전기불도 들어와 있는 겁니다. 정전이 돼서 불이 나가면 그 공간에서 밖으로 나가는 것이지요. 앞을 보세요. 여러분 시야에 들어오는 건 모두 눈에 보이는 in 공간에 있는 겁니다. 시야에서 벗어나면 시야 밖의 공간으로 나가기 때문에 out이 됩니다. 마음 속도 in의 공간이 있으니 잊혀지면 마음에서 떠나기 때문에 out이지요. 야구에서 타자나 주자가 죽으면 왜 out이라고 할까요? 필드 밖으로 나가야 되니까요.

01 break out 깨고 나오다

She broke the gemstone out from the cliff carefully.
절벽에서 조심스럽게 보석을 떼어냈다.
The magician broke out of the box. 마술사가 상자를 깨고 나왔다.

우리도 무슨 사건이 '터졌다'고 하는데 영어에서도 없던 상태를 깨고(break) 밖으로 나오기(out) 때문에 break out을 씁니다.

Fighting broke out again in the street. 거리에서 또 싸움이 벌어졌어.
Chicken pox broke out in my school.
우리 학교에서 천연두가 돌았어. (질병이 도는 것입니다.)

사건이나 질병이 아니라 사람이 주어가 되기도 합니다. 변한 후의 상태는 in이나 with로 설명을 합니다.

I was so frightened I broke out in a cold sweat.
너무 겁이 나서 등골이 오싹하더군. (식은땀이 갑자기 터져 나온 것)
Our baby broke out in a rash all the time.
우리 애기는 부스럼이 떠날 날이 없었어. (부스럼도 없던 것이 터져 나오는 것)
They both broke out with chicken pox. 둘 다 수두에 걸렸어.

갑작스런 행동도 나타내줍니다.

The kids broke out with a cheer. 아이들이 갑자기 환호성을 질러댔어.
He broke out laughing out loud. 갑자기 큰 소리로 웃어댔다.
Just looking at myself in the mirror made me break out into a fresh new wave of tears.
거울에 비친 내 모습을 보는 것만으로도 새삼스레 울음이 터져 나왔다.

갑자기 밖으로 꺼내는 것도 break out입니다.

When the war was over, everyone began breaking out the national flags. 전쟁이 끝나자 모두 품안에 감춰뒀던 국기를 꺼내기 시작했다.

02 bring out 데리고 나오다

bring out의 가장 기본적인 그림은 끄집어 내는 것입니다.

The explosion brought the people out of their home.
폭발로 사람들이 집에서 뛰쳐 나왔다.

우리말로는 이렇게 번역하지만 네이티브 머릿속에는 '폭발음이 사람들을 집에서 끄집어 냈다'는 그림이 그려집니다. 원인에 초점이 맞춰지니까요.

A loud gun report brought the students out in droves. 총소리가 크게 나자 학생들이 무더기로 몰려 나왔다. (in droves는 떼를 지어 움직인다는 뜻입니다.)
This special ink can only be brought out with heat.
이건 특별한 잉크라서 열을 가해야 볼 수 있지.
He's a good guy but seems to be so shy. What shall I do to bring him out of his shell?
사람은 좋은 것 같은데 수줍음을 많이 타더라구. 어떻게 하면 벽을 허물고 나오게 할 수 있을까?

우렁이처럼 껍질 속에 쏙 들어가 있는 내향적인 사람을 바깥으로 끌어내는 게 bring out of one's shell입니다.
뭔가를 끄집어내면 돋보이게 할 수 있습니다.

Simple eye makeup can really bring out your eyes.
간단하게 눈화장만 해도 눈을 돋보이게 할 수 있다니까.

Good weather brings out the best in me. 난 날씨만 좋으면 최상의 컨디션이지.

best는 최고를 말하지요. 누군가 또는 뭔가에서 최고를 끄집어낸다는 말입니다. 최상의 상태를 만든다는 것이지요. 응용해서 쓰면 참 쓸모가 많은 그림입니다.

A good boss should always try to bring out the best in his staff.
좋은 상사는 직원들의 능력을 최대한 끌어내도록 늘 노력해야 한다.

This microphone brings out the best in your voice. 이 마이크를 사용하면 최상의 목소리를 낼 수 있어.

Some fine butter brings out the best in this Italian meal.
이 이태리 요리는 질 좋은 버터를 좀 넣으면 맛이 최고지.

best가 나왔으면 worst도 나올 수 있겠지요?

That's going to bring the worst out. 아마도 최악의 사태를 불러올걸.

The good news brought me out of my depression.
좋은 소식을 들으니 기운이 났다.

역시 네이티브는 '좋은 소식이 우울함에서 나를 끄집어 내줬다' 는 그림을 그립니다.

Bring the man out on stage again! 무대 위로 다시 나오게 해! (말 그대로 끄집어 내는 겁니다. 무대 위로 나온다는 의미는 on stage에서 생깁니다.)

Bundy is bringing new books out this year. 올해 번디가 새 책 낸다.

우리말로 거창하게 하면 '출판하다' 라서 그런지 책을 낸다면 대부분 publish라는 단어를 쓰지만, 우리말로도 쉽게 '책을 내다' 라고 하는 것처럼 영어로도 bring out이나 put out이 많이 쓰입니다. bring out은 끄집어 내서 독자에게 가져다 주는 그림이, put out은 책을 내미는 그림이 그려집니다.

> When they brought the videotape out into the open, public trust in the president fell. 비디오테이프가 공개되자 대통령에 대한 국민들의 신뢰가 떨어졌다.

끄집어내는 공간이 into the open이라고 하면 일반에 공개한다는 말이 됩니다.

> We threatened we'd hurt her son and that brought the truth out of her.
> 아이가 다칠 것이라고 협박해서 사실을 밝혀냈지.

'협박이 여자에게서 진실을 끄집어내는 것' 이 그림의 내용이지요.

03 call out 밖을 향해 소리치거나 밖으로 불러내다

그냥 call과 다른 점은 소리를 치는 대상이 좀 멀리 떨어져 있다는 것이지요.

> 'Where shall I put them?' I called out. '이거 어디다 놓을까요?' 라고 소리쳤다.

또 다른 그림은 누군가 또는 뭔가를 불러 내는 겁니다. 소리를 질러서 '너 나와!' 하는 것이지요.

> Bundy called him out, but he stayed inside.
> 번디가 나오라고 불렀지만 걔 그냥 안에 있었어.
> The boss called me out for the job. 두목이 날 불러서 일을 시켰어.
> A SEAL team has been called out. 네이비 씰이 동원됐다.

대기중이던 특전 부대 네이비 씰 대원들이 부름을 받고 마구 달려나오는 그림이 떠올라야 합니다. 특전 부대인만큼 그 임무는 대충 짐작할 수 있겠지요.
구급차는 왜 불러낼까요? 환자 수송하라는 것이겠지요.

> An ambulance has been called out. 구급차가 동원됐다.

동사를 알면 죽은 영어도 살린다 *371

04 come out 밖으로 나오다

He came out and walked away. 밖으로 나오더니 가버렸어.
When they come out, arrest them right away. 나오거든 당장 체포하라구.
I can't believe that those words came out of my mouth.
그런 말이 내 입에서 튀어나오다니.
The kid just came out of the army. 걔 이제 막 제대했어.
As chief financial officer, you oversee all the money that comes in and out of the company, right?
수석 재무 담당이니까 회사에 돈 들어오고 나가는 걸 모두 관장하겠네요?

결과도 나오지요. okay 같은 긍정적인 형용사를 덧붙여 성공이다는 의미를 줍니다. badly 같은 형용사가 오면 결과가 나쁘다는 것이겠지요. 결과라는 뜻의 outcome은 come out에서 만들어진 명사입니다.

I hope everything will come out all right. 다 잘 돼야 할 텐데.
I had an affair with an older woman, and it came out badly.
나이든 여자랑 사귀었는데 끝이 안 좋았지.
He came out of surgery all right, but he's in pain.
수술은 잘 끝냈는데 통증이 심해.

출판물이나 음반 등도 세상에 나옵니다.

A sequel to the novel comes out next month. 그 소설 속편이 다음 달 나온대.

안 보이던 것이 나오면 보이게 됩니다.

His anger came out in his curt refusal to answer.
무뚝뚝하게 대답을 거부하는 데서 화가 나 있음이 드러났다.

자신이 동성애자임을 밝히는 것도 come out입니다.

The whole family was shocked when John came out.
존이 동성애자임을 밝혔을 때 가족 전체가 놀라지 않을 수 없었다.

누군가 또는 뭔가에 반대하며(against) 나오면 그 사람이나 뭔가에 반대 입장을 표명하는 것이지요.

The opposition party came out against the ruling party on the question of immigration. 야당은 이민 문제에 대해 여당과 다른 입장을 보였다.

against의 반대는 for 또는 in favor of입니다. '찬성하다'의 뜻을 갖겠지요.

Senator Jones came out in favor of the project.
존스 상원의원은 이 계획에 찬성하고 나섰다.

나온 다음의 상태가 '앞선 것(ahead)'이라면 순서상 앞서거나 이득을 봤다는 뜻입니다.

All of us will come out ahead in the end. Don't worry.
결국 우리 모두에게 득이 될 거야. 걱정 말라구.

The opposition candidate came out ahead of the incumbent president in the presidential election. 대선에서 야당 후보가 현직 대통령을 앞섰다.

불쑥 나타나서(come out) 누군가 또는 뭔가를 향한다면(at) 공격하는 것입니다. 갑작스럽겠지요?

Dozens of rats came out at us. 수십 마리 쥐가 난데없이 나타나 우리에게 달려들었다.

come out at은 또 '결과가 나왔는데 어느 수준이더라(at)'의 뜻으로도 쓰입니다. 이 경우 at은 to로도 쓸 수 있습니다.

The bill came out at[to] far more than we expected.
요금이 우리 예상보다 너무 많이 나왔다.

in을 옷가지와 함께 쓰면 입고 있는 것이지요. come out과 in이 합쳐지면 뭔가 입고 나온다는 뜻이 됩니다.

John! You don't want to come out in shorts!
존! 속옷만 입고 나오려는 건 아니겠지!

발진 등을 일으키는 것도 in을 붙여 사용합니다.

During the field trip, he came out in a horrible rash.
소풍 가서 발진이 심하게 났어.

on과 함께 쓰면 어떤 결과를 나타내는지 알 수 있습니다.

How did you come out on that project? 그 프로젝트 결과가 어땠니?

out of는 어디서 나오는 것인지 분명히 밝혀두는 것입니다. of는 from으로 쓸 수도 있습니다.

A wave of people came out of the theater. → A wave of people came out from the theater. 극장에서 사람들이 물밀듯이 터져 나왔다.

결과를 낸 출처를 밝히는 데도 사용됩니다.

No concrete agreement came out of the meeting.
그 모임에서 확실한 합의는 아무것도 이뤄지지 않았지.

to be를 덧붙여 결과물이 어떤 형태인지를 나타낼 수 있습니다.

When I write a computer program, I seldom know what it will come out to be. 컴퓨터 프로그램을 짤 때면, 그게 어떤 모습으로 나올지는 알기 힘들죠.

with를 덧붙이면 출판물을 가리키거나 표현하고자 하는 바가 무엇이었는지 가리킵니다.

I hope the writer will come out with a sequel.
그 작가 속편을 썼으면 좋겠는데.

He came out with a strong disapproval. 그는 강하게 반대했다.

05 get out 움직여 나가다

Get out of the car! 차에서 나와!

꼭 장소가 아니라도 out할 수 있는 개념이나 상황이면 나갈 수 있습니다. 우리가 어떤 상황을 벗어날 수 있듯이 말입니다.

Since you got me into this mess, you must get me out of it too!
니가 날 이 지경으로 만들었으니 책임지고 해결해줘야 할 거 아냐!

단순히 집에 있지 않고 나다니는 그림일 수도 있습니다.

Get out and make friends. 나가서 친구도 사귀고 그래.

밖으로 끄집어내 봅시다.

Get me out of here! 나 여기서 나가게 해줘!
I got my gun out of the pocket. 주머니에서 총을 꺼냈다.
Can you get the stain out of this silk blouse?
이 실크 브라우스에 묻은 얼룩 제거할 수 있나요?
Bundy got his new book out last year. 지난해 번디가 새로운 책을 냈어.
Don't sweat it. You won't get anything out of me.
소용 없어. 나한테선 아무것도 알아내지 못해.
I was so shocked that I couldn't get anything out.
너무 놀라서 아무 말도 할 수가 없더라구.

말도 밖으로 나오면 돌게 되지요.

The news got out before we could do anything about it.
손도 쓰기 전에 뉴스가 퍼져버렸다.

The word got out that the boss would resign.
사장이 물러날 거라는 소문이 있던데.

어디서 끄집어 내는 것인지를 나타내려면 of를 붙여 쓰면 되겠지요.

I got a lot of fun out of working with you.
너랑 일하면서 얼마나 재미있었는지 몰라.

out 06 give out 밖으로 내주다

문맥에 따라 여러 가지 그림이 그려지니까 '거시기 이론'을 적용하세요.

Will you give out drinks to the guests? 손님들한테 술 좀 나눠드릴래?

여러 사람에게 나눠주는 그림을 그리면 됩니다.

They also give out information about English courses.
영어 강좌에 대한 정보도 알려준대.

주머니에 정보가 담겨있고 조금씩 꺼내 나눠주는 그림을 그리세요.

Jack gave out the information about us!
잭이 우리에 대한 정보를 발설했어!

여기선 나쁜 의미입니다. 안에 들어 있어야 할 것을 끄집어내서 줘버리는 것이니까요.

> What if the tires would give out during the trip?
> 여행 도중에 타이어가 펑크 나면 어떻게 해?

달라면 주는 give의 경우입니다. 타이어는 바람이 새나가지 않아야 정상이지요. 타이어 속의 공기는 나가려고 발버둥칩니다. 여기에 굴복하고 힘을 내줘버리면 터지지요.

> My legs gave out and I went down to my knees.
> 다리가 말을 안 들어서 무릎을 꿇어야 했다.
> Turn all the taps on until the water gives out.
> 물이 다 나올 때까지 수도 몽땅 틀어.

말 그대로 바깥으로 내주는 그림도 그릴 수 있습니다.

> The stove still gave out a dying heat. 난로에서는 아직도 열기가 대단했다.

난로 입장에서 보면 열기를 내뿜는 것이지요.

07 go out 밖으로 나가다

> Call me later. I'm going out now. 나중에 전화해. 나 지금 나가.
> I went out of there feeling sorry for myself.
> 내 자신이 불쌍하다고 느끼며 그곳을 나왔다.
> She went out of the house for the last time and did not even look back once. 여인은 마지막으로 집을 나와 뒤도 돌아보지 않았다.

훨훨 타는 불이나 전기도 생각해 보세요. 속해 있던 공간이 '타는 상태', '연결된 상태' 입니다. 여기서 밖으로 나가버리면 꺼지는 겁니다.

> The fire finally went out. 불이 드디어 꺼졌다.

The lights went out and left us in the dark.
전기불이 나가서 어둠 속에서 지내야 했다.

나가는 이유를 설명하려면 for를 씁니다. 나가는 행동의 대가가 뭘 얻으려 하는지를 나타내니까요. 다음 문장에서는 그 대가가 바로 the kid입니다. 그래서 찾으러 나간다는 말이 되지요.

They went all out for the kid. We haven't seen him for days.
모두 애 찾으러 나갔었어. 며칠 눈에 안 보여서.
He went out for a newspaper. 신문 가지러 갔어.
He went out for his mother. She was preparing the dinner in the kitchen. 엄마 부르러 갔어. 부엌에서 음식 장만하고 계셨거든.

일반적으로 '나가는 행위'를 뜻할 수도 있습니다. 실내에서 돌지 않고 밖에서 활동을 한다는 말입니다. 여기에도 for가 붙을 수 있습니다.

You ever go out for any sports? 운동하러 나가긴 하니?

위 문장에서 go out은 규칙적인 행동을 말합니다.

Jack went out for football in his junior years.
잭은 고등학교 때 축구를 했지. (축구 선수를 했든가 축구를 즐겨 했든가)

우리도 '정신이 나간다'라고 하는데 영어로도 go out을 씁니다.

Pat hit Max on the head, and he went out like a light.
팻이 맥스 머리통을 한 대 치니까 나가 떨어지더라구. (정신을 잃었다.)

어디서 나갔는지를 나타낼 수도 있습니다. out of bounds는 스포츠에서 규정된 라인 밖을 말합니다. 비유적으로도 쓸 수 있지요. 사업하는 행위 밖으로 나가버리면 망하는 거지요. 패션에서 나가버리면 더 이상 인기를 끌지 못하는 것일테지요. 패션을 쓰지 않더라도 한물 간 걸 나타낼 수 있습니다.

The ball went out of bounds just at the end of the game.
경기가 막 끝날 때 쯤에 공이 라인 밖으로 나가버렸어.
The barber shop went out of business last month.
저 이발소 지난 달에 문 닫았어.
That style went out of fashion a long time ago. 그런 스타일 예전에 한물 갔어.
That kind of hat went out years ago.
사람들이 그런 모자 안 쓰기 시작한 지 오래 됐어.

초점 밖으로 나가면 흐릿해지는 것입니다. 머리 밖으로 나가버리면 제정신이 아니겠지요.

I stepped back and the scene went out of focus, and I had to adjust the camera. 뒤로 물러났더니 초점이 안 맞아서 카메라를 조정했어.
I needed new glasses because everything was always going out of focus. 안경을 새로 맞춰야겠어. 뭐든지 흐릿하게 초점이 안 맞으니.
If I have to stay around here much longer, I'll go out of my head.
여기 더 있다가는 돌아버리겠어.
Whenever he drinks he almost goes out of his head.
그 자식 술만 먹으면 제정신이 아니란 말야.

가던 길을 벗어나서 돌아가면 더 오래 걸어야지요. 누군가를 위해 가까운 길을 마다하고 돌아간다면 지나치게 신경쓰는 겁니다.

Please don't go out of your way to do it. 그렇다고 너무 신경쓰지는 마세요.
I went out of my way to make that appointment for you!
너 위해서 약속 잡아줬더니!

'경기중인(play) 상태' 에서 나가 버리면 심판은 경기를 중지시켜야 합니다.

The whistle was blown when the ball went out of play.
심판의 휘슬이 울렸고 경기는 중단됐다.

서비스하는 상태에서 나 버리면 작동을 안 하는 것이고 into service면 작동을 시작하는 겁니다.

This elevator went out of service last week. 지난 주에 승강기 고장났어.

'보이는 상태' 에서 나가면 안 보일 겁니다.

The rocket went out of sight before we could focus our cameras on it.
카메라 초점 맞추기도 전에 로케트가 날아가서 안 보이더라구.

가격도 보이지 않을 정도로 올라갈 수 있습니다.

The oil price is going out of sight. 유가가 천정부지로 치솟고 있다.

가격이라는 말을 쓰지 않을 때도 있습니다.

Food is going out of sight these days. 음식 값이 요즘 장난이 아니구만.

나가서 도착한 곳은 to로 말해주겠지요.

Jack went out to the car waiting in the parking lot.
잭은 주차장에 세워놓은 차로 갔어.

내가 가진 모든 동정심이 마음을 나서서 그 여자한테 도착을 한다면 무지하게 불쌍한 감정을 느낄겁니다.

All of my sympathy went out to her. I knew just how she felt.
그 여자 정말 불쌍하더라구. 얼마나 상심이 컸을지 알겠더라니까.

동반의 의미는 with로 나타내구요.

Will you go out with me next Sunday? 다음 주 일요일 나랑 데이트하지 않을래?

함께 나가는 상대가 아주 오래된 것이어서 더 이상 사용되지 않는 것일 때는 그만큼 낡아빠졌다는 뜻이 됩니다. 예를 들어 말은 요즘 교통 수단으로 쓰이진 않지요.

> Your thinking went out with the horse. 그런 낡아빠진 사고방식으로 뭘 할래.

08 have out 밖으로 내보내다

> You have to go to the hospital to have your tonsils out.
> 병원에 가서 편도선 잘라내야 돼.

탁 털어놓고 얘기하는 그림도 있습니다. 쌓였던 감정을 내놓는 것이지요.

> I'll have it out with her if I see her tonight.
> 오늘 그 여자 만나면 터놓고 얘기 좀 해야겠어.

09 make out 움직여서 나오거나 끄집어내다

모르는 걸 끄집어내면 제대로 알게 되는 것이지요.

> I couldn't make out how it had happened.
> 어떻게 그런 일이 일어났는지 이해할 수가 없더라구.
> I'm not that selfish as you make me out to be.
> 니 생각처럼 그렇게 이기적인 놈 아니야.

남들이 볼 수 있도록 밖에 내놓는 그림도 있습니다. 자신의 주장을 펴는 것일 수도 있지요.

> It's not that easy as some of you make out. 니들 말대로 그렇게 쉽지가 않아.

겉보기에만 뭔가 하는 척하는 것일 수도 있습니다.

> He made out to be looking for something in the room.
> 방 안에서 뭔가 찾는 척했다.

남들 다 보도록 내놓고 양식 따위를 작성하는 것일 수도 있습니다.

I made a check out for two thousand dollars. 2천 달러짜리 수표를 써줬어.

구어체로 남녀간 진한 스킨십을 뜻하기도 합니다.

If you want to make out with her, get into the room!
그 여자랑 그럴려면 방으로 들어가!

10 take out 데리고 나가다

She took her purse out of her bag. 가방에서 지갑을 꺼냈다.

완전한 것에서 일부를 외부로 가져가면 없애는 겁니다. 데리고 나가 밥을 먹거나 영화를 보거나 할 수도 있지요. 문맥에서 결정됩니다. 시야에서 사람을 빼버릴 수도 있습니다. 죽여버리는 거지요.

They want us to take that scene out of the film. 영화에서 저 장면 자르래요.
You're their father. Take your kids out from time to time.
당신은 애들 아빠예요. 애들 좀 데리고 나가고 그래요.
I'll take her out for dinner. 데리고 나가서 저녁 먹으려고.
I have a good shot. I can take him out now.
시야에 깨끗하게 들어왔어요. 지금 쏴버릴 수 있어요.

사물을 take out하면 부숴버리는 거지요. 은행에서 돈을 꺼내갈 수도 있습니다. 도서관에 가서 책을 꺼내올 수도 있겠지요. 일상적인 일정에서 시간을 빼내 다른 일을 할 수도 있습니다.

The bomb took out most of the town. 폭탄이 터져 마을 대부분이 날라갔다.
I'll take out some money at the bank.
은행 가서 돈을 좀 찾아야겠어.
It's not a popular book. No one has taken it out yet.
이 책 인기 없어요. 아직 아무도 안 빌려갔어요.
Let's take time out for some coffee. 커피 마시면서 좀 쉬자구.

진을 빼놓는 것일 수도 있구요. 감정을 꺼내서(take out) 다른 사람에게 붙이려하면(on) 분풀이를 하는 겁니다.

Hours of walk took so much out of me. 몇 시간 걸었더니 녹초가 됐어.
Why do you always have to take it out on me? 왜 맨날 나한테 화풀이야?
You shouldn't take your misery out on your friends.
니 비참한 꼴을 친구 탓을 하면 못 써.

11 turn out 돌아 나오거나 돌려서 밖으로 내놓다

turn in은 안쪽에서(in) 뭔가 빙빙 도는 겁니다(turn). 돌다가 짠~ 하고 밖으로 나오지요(out). turn out은 이 그림에서 출발합니다.

Nothing ever turned out right. 아무것도 제대로 된 게 없어.

일이 돌고 돌아 어떤 결과를 내놓는 그림입니다. 결과는 right이나 badly 등으로 설명합니다.

The transaction turned out badly. 거래 결과가 별로 안 좋았어.
If I had been rich, things would have turned out differently between you and me, right? 내가 부자였다면 너랑 나 사이도 달랐을 텐데, 그렇지?

It turned out that the message sent to him had been intercepted.
그 사람한테 보낸 메시지를 누군가 가로챘더군.
We believed his story, but it turned out that he had made the whole thing up. 그 사람 말을 믿었는데 알고 보니 다 꾸며낸 거더라구.

여기서도 어떤 일이 벌어진 건 마찬가지구요(turn out). 도대체 어떤 일이었을까를 that절 이하가 알려주고 있습니다.

His house turned out to be a gambling house.
걔네 집 알고 보니 도박장이었더라구.

돌려서(turn) 밖으로 내보내는(out) 그림도 그릴 수 있겠지요.

She didn't bother to turn the light out when she went out of the room.
그 여자 방에서 나가면서 불도 안 끄더라구.

turn off와 뜻이 같습니다. 스위치를 돌려서(turn) 전기를 끊어버리나(off), 스위치를 돌려서(turn) 전기를 밖으로 내보내버리나(out) 의미는 같으니까요.

She wouldn't want to turn you out of the house with your son ill.
그 여자 애가 아픈데 널 집에서 쫓아내진 않을 거야.

우리말로는 쫓아낸다고 했지만 그림을 보면 몸을 틀어서(turn) 밖으로 내보내는 것(out)이지요.

I have turned out the box under the stairs.
계단 밑에서 상자를 꺼냈다. (역시 돌려서(turn) 밖으로(out) 끄집어내는 겁니다.)
Neo University is turning out excellent students.
네오 대학에선 좋은 인재들을 배출한다.

'배출한다'는 어려운 말을 썼지만 역시 밖으로 뽑아내는 것이지요. 물건을 만들어내거나 생산한다는 의미가 나오는 건 뭔가를 돌려서(기계가 됐든 학교 운영이 됐든) 밖으로 뽑아내기(out) 때문입니다.

스스로 움직여 볼까요? 단순히 밖으로 나오는 그림을 그리면 됩니다.

Voters turned out in extraordinary numbers for the election.
유권자들이 대거 투표에 참가했다.

유권자 중 투표에 참여한 비율, 즉 투표율을 turnout이라고 합니다.

According to a survey, the turnout of male voters was almost 50 percent while that of female voters was 25 percent.
한 조사에 따르면 여성 투표자는 25%인데 비해 남성 투표율은 50%에 달했다.

나온 다음의 상태를 나타낼 수도 있습니다. 복장을 묘사할 때 많이 쓰지요.

Officers turned out in black hats. 장교들은 검은 모자를 쓰고 나왔다.

turn에는 뒤집는 그림도 있습니다. 주머니 같은 걸 뒤집어보세요. 속이 밖으로 나오지요.

Come on everyone, turn out your pockets! 자, 모두 주머니 비워!

동사와 전치사의 만남
over

손을 들어 머리 위로 저어보세요. over의 그림입니다. 손을 머리 위에 가만히 들고 있으면 above의 그림이지만, 포물선을 그리면 over의 그림입니다. 다시 말해, over가 차지하는 공간이 above보다 넓습니다. 파리 한 마리가 머리 위에서 날아다닌다면 above보다 over에 가깝습니다. 별이나 달처럼 머리 위에 고정돼 있다면 above를 쓰겠지요. over가 포물선을 그린다는 말은 포물선을 그리며 이동을 한다는 뜻입니다. over는 포물선을 이리 갔다 저리 갔다 할 수도 있습니다. 그래서 반복의 의미가 있습니다.

Who's that over the table? 테이블 건너편에 있는 거 누구야?
Choppers are flying low over the crowd.
헬리콥터들이 사람들 위에서 낮게 날고 있군.
I'll take it over from here. 이제부터 내가 담당하겠어.
She leaned over to open the window. 몸을 기울여 창문을 열었다.
Come over to my place. 나 있는 데로 와.
A kid is looking over your shoulder. 어떤 아이가 어깨 너머로 보고 있어.
He was knocked over by a motorcycle. 오토바이에 치어 넘어졌다.
We travel all over the country. 전국 방방곡곡을 누비고 다니지.

건너편이라고 할 때 across는 곧장 일직선의 그림이지만 over는 포물선의 그림입니다. across보다는 좀 더 떨어져 있을 가능성이 크지요. 우리도 가끔 '여기로 건너와' 라는 말을 씁니다. 무의식중에 포물선 이동의 그림을 그리는 겁니다. 멀리 떨어져 있는 사람이 여러분 집으로 온다면 대개 포물선을 그리며 이동하는 걸로 생각합니다. 어깨 너머로 보려면 눈이 포물선을 그려야 하구요. 넘어지는 것도 포물선을 그리며 넘어집니다. 전국 방방곡곡을 누비는 그림 역시 지도를 떠올린다면 이동할 때마다 포물선이 그려집니다. 일직선을 그리지 않는 이유는 이동하는 지점 사이에 산이나 강 등 지형 장애물이 있는 것으로 무의식적으로 생각하기 때문입니다.

over 01 bring over 포물선을 그리며 데리고 오다

We brought a specialist over from Korea. 한국에서 전문가를 데려왔습니다.

brought만 써도 되지만 over를 쓰면 포물선 그림이 추가됩니다. 한국에서 미국으로 데려왔다면 비행기를 타고 오더라도 바다를 건너야 합니다. 한 지점에서 다른 지점으로 손으로 포물선을 그리며 이동하는 그림이 over입니다.

A hit man was brought over from the States. 미국에서 암살범을 공수해왔지.
Why don't you bring her over to our place for a visit?
언제 여자분도 한번 모셔오지 그래?

along · around · over

데려온다는 말을 참 여러 가지로 합니다. along, around, over 모두 의미는 같지만 뉘앙스는 다릅니다. 이런 말을 하는 사람의 머릿속에 들어있는 그림이 다르기 때문입니다.

Why don't you bring her along?

along은 졸졸 따라 움직이는 것입니다. 그래서 말하는 사람의 머릿속에는 '듣는 사람(you)이 올 때 따라오는 여자(her)' 의 그림이 그려집니다.

Why don't you bring her around?

around는 주변이라고 했습니다. 말하는 사람의 머릿속에는 '여자가(her) 와서 내 주변에 있는(around)' 그림이 그려집니다. 결국, 곁으로 데려오라는 말이지요.

Why don't you bring her over?

over를 쓰면 말하는 사람의 머릿속에는 '건너 온다'는 그림이 그려집니다. 여자가 강 건너, 또는 바다 건너 살 경우일 수도 있고, 단순히 머릿속에 여자가 건너오는 그림을 그리는 것일 수도 있습니다.
이처럼 전치사를 어떤 걸 쓰느냐에 따라 뉘앙스가 달라집니다. 무조건 외우기 보다는 각 전치사의 기본그림을 감상할 줄만 알면 됩니다. 자신이 말을 할 때도 강남에 있다면(강 건너) 강북에 있는 외국인에게 Why don't you come over?라는 말을 할 수 있을테니까요.

Please bring your wife over to dinner sometime.
언제 사모님도 모시고 와서 저녁 식사 같이 하시지요.

02 come over 포물선을 그리며 오다

Come over to my place. 내 쪽으로 오지 그래.
Would you please come over tomorrow? 내일 좀 와줄래요?
A hurricane came over the city and did a great deal of damage.
허리케인이 도시에 엄청난 피해를 가져다 주었다.
Something terrible came over me when I entered the room.
방 안에 들어섰을 때 뭔가 무서운 기운이 덮쳐오는 걸 느꼈다. (사람의 위로 움직인다면 압도하는 것이지요.)
A cloud of sadness came over her face. 슬픔이 구름처럼 그녀의 얼굴을 덮었다.

over the intercom, over the radio 등의 표현은 전파나 전선을 타고 움직이는 그림입니다.

The voice of the pilot came over the intercom to announce that they would be landing in Seoul in ten minutes.
인터콤을 통해 10분 후 서울에 착륙할 것이라는 조종사의 목소리가 들려왔다.

대치하고 있는 양쪽 중 한쪽으로 넘어갔다는 뜻으로도 쓰입니다. 경계선을 뛰어 넘는 것이기 때문에 over를 씁니다. 대개 to one's side가 따라붙습니다.

He came over to our side. 우리 편이 됐다.
I hope Jane will come over. 제인이 우리 편이 됐으면 좋겠는데.

A를 쓰다가 B로 바꾸는 것도 come over입니다. A를 건너 뛰어 B로 넘어가는 것이니까요.

I think I'll come over to a diesel-powered car. 디젤 차로 바꿀까 해.

동사를 알면 죽은 영어도 살린다 *389

over 03 do over 다시 혹은 새롭게 하다

over에는 반복의 그림도 있습니다. to와 함께 사용하면 넘어가서 도착하는 곳을 나타낼 수 있습니다. 건네 주는 그림이 될 수도 있지요.

> Damn! Do I have to do it over again? 제길! 다시 하란 말야?
> Would you please do that over again? 다시 한번 해줄래?
> We're going to do our house over. 집 단장 다시 할려구.

반복의 뜻을 강조하기 위해 again이 따라붙을 때가 많습니다. over and over나 over and over again은 같은 말입니다. 단지 후자가 좀 더 강조하는 의미가 있지요.

> I think we'll have to do our living room over. It's beginning to look drab.
> 거실 인테리어 좀 다시 해야겠어. 우중충한 것 같애.

사람을 치장해서 딴 사람으로 만들어 놓는 것도 do over라고 합니다. make over라는 말을 쓰기도 합니다. 촌스럽던 여자를 화장 예쁘게 시키고 옷도 세련되게 입혀서 딴 사람으로 만드는 것. 이런 걸 make over 또는 do over라고 합니다.

> Jill always looked tacky. But when they did her over, she looked like a top model. 질 언제나 촌스러웠잖아. 근데 꽃단장을 해줬더니 일류 모델 뺨치더라구.

over 04 get over 움직여 넘어가다

어려움이나 질병 따위를 뛰어 넘어가면 극복하는 겁니다.

> You got over your cold yet? 아직 감기 안 나았니?
> Talk to your mom. She'll help you get over this problem.
> 엄마랑 얘기해봐. 이 문제 해결하는 거 도와주실 거야.

Get over to the other side of the road. 길 반대편으로 건너가.
Would you please get this memo over to Bundy?
번디한테 이 쪽지 좀 건네줄래?

아이디어를 전해주는 것일 수도 있습니다. 그럼 이해를 시키는 거지요. 건너편으로 넘겨버리면 끝내는 것일 수도 있습니다. 특이하게 with가 따라붙습니다.

How can I get my message over to you?
어떻게 하면 무슨 말인지 너한테 이해시킬 수 있을까?
Let's just get this thing over with once and for all.
이거 이 참에 끝내버리자구.

over 05 give over 넘겨 주다

Give the bag over to me. 가방 나한테 넘겨줘.

그냥 주는게 아니라 포물선을 그리며 가방을 '넘겨 주는' 그림을 그려야 합니다.

The response was so great that a whole page had to be given over to readers' letters. 반응이 너무도 좋아서 신문 한 면을 모두 독자 투고란으로 할애해야 했다.

I'm not quite ready to give the business over to my son.
아직 아들에게 사업을 물려줄 준비가 안 됐어.

자기 자신을 넘겨준다면 스스로 걸어들어가는 것이지요. 자제력을 잃고 탐닉하는 경우도 자기 자신을 넘겨줘버리는 경우입니다.

You have no choice but to give yourself over to the police.
경찰에 자수하는 길밖에 없어.
Jim gave himself over to an orgy of pleasure. 짐은 쾌락을 탐닉하게 됐다.

06 go over 넘어 가다

John went over to the other side of the stadium.
존은 경기장 건너편으로 넘어갔다.
We went over to his place and spent the night having fun.
그 사람 집에 (놀러) 가서 하룻밤 재밌게 놀았지.

책 등을 눈으로 훑는 것도 over라고 하지요. 눈을 책에 붙이고(on) 보지는 않잖아요. 그래서 기본적으로 살펴본다는 뜻이 있습니다.

The doctor will go over you soon. 의사 선생님이 곧 진찰을 해주실 거예요.
I went over the papers and found nothing wrong.
서류 살펴봤는데 잘못된 게 없더라구.
She went over the vocabulary before the French test.
불어 시험 보기 전에 단어를 다시 한번 살펴봤다.

going-over라는 명사형을 쓰기도 합니다. 뭔가가 포물선 그리며 장애물을 건너간다면 제대로 진행이 된 겁니다.

The doctor gave the man a good going-over. 의사 선생님이 잘 진찰해 주셨어.
The party went over very well. 파티가 성공적이었어. (잘 진행됐어.)

사람을 넘어가면 '도저히 너랑 말이 안 통하니까 니 윗사람이랑 얘기할래'와 같습니다. 짓밟고 올라가는 거지요.

I don't want to go over your head, but I will if necessary.
당신 무시하고 당신 상사한테 따지고 싶진 않지만 계속 이러면 어쩔 수 없어요.

이런 뜻에서는 over와 above는 의미가 같기 때문에 above로 바꿔 쓰기도 합니다.

My boss wouldn't listen to my complaint, so I went above him.
상사가 말을 들어줘야지. 그래서 더 높은 사람한테 갔지 뭐.

over 07 make over 움직여 다시 하다

새단장을 하는 그림입니다. 사람도 마찬가집니다. 예를 들어, 촌스러운 여자가 갑자기 세련된 여자로 바뀝니다.

I'd like to make my house over this spring. 올 봄에 집을 새단장했으면 좋겠어.
Let's make her over. She looks terrible. 쟤 치장 좀 해주자. 엉망이잖아.

over 08 take over 빼앗아 오다

건물을 넘겨받으면 그 안에서 사는 겁니다. 일이나 책임을 떠맡을 수도 있지요.

Let me take him over to his place. 내가 집에 데려다 줄게.
Some people approached me and wanted to take over my business.
몇몇이 나한테 접근해서 회사를 인수하려고 했어.
Rambo took over the town all by himself in the movie! What a nonsense! 영화에서 람보가 혼자 마을을 점령한다니깨! 말도 안 되지!
They took over the building for weeks in protest.
항의 표시로 몇 주 동안 빌딩을 점거했다.

You may take over my house while I'm in the U.S.
미국에 있는 동안 우리 집에서 살아도 돼.
The FBI will take it over from here. 여기서부터 FBI가 맡겠습니다.

감정이나 일 따위가 사람을 빼앗으면 막대한 영향을 받는 거지요.

His work took him over for weeks.
일 때문에 몇 주 동안 꼼짝 못했다.
Don't let the thought of her take you over.
그 여자 생각 때문에 몸 축내지 마.

09 turn over 뒤집다 | 넘겨주다

이리 저리 뒤집는 것도 over입니다. 누군가에게 넘겨주는 것도 turn over입니다. 뭔가 넘겨주려면 포물선을 그립니다.

You must turn over the potato before it burns. 감자가 타기 전에 뒤집어야 돼.
Going home that night, I turned over Bundy's proposal.
그날 집에 가면서 번디의 제안을 생각해 봤다. (마음 속에서 이리 뒤집고 저리 뒤집는 그림입니다.)
He refused to turn over funds that belonged to me.
내 자금을 넘겨주길 거부했다.

경찰 등 당국에 넘겨주는 것도 turn over입니다. 단순히 넘겨준다는 그림에서 여러 의미가 파생됩니다. 기본그림은 똑같습니다. 채널을 돌리는 것도 turn over입니다. 빙빙 도는 것도 turn over지요. 반복해서 도는 것이니까요.

> If he'd suspected him, he'd have turned the man over right away.
> 그 사람을 의심했다면 당장 신고했을 거야.
> The automobile industry had to turn their production facilities over to the creation of weapons. 자동차 업계는 생산시설을 무기 제작을 위해 사용했다. (번역은 이렇게 했지만 사실은 생산시설을 무기 제작에 넘겼다는 것이지요.)
> Turn over, I can't stand this program. (채널) 돌려, 이 프로그램 도저히 못 봐주겠다.
> The car engines turn over, ready for the race.
> 경주를 치르려는 차들이 시동을 걸고 있습니다. (엔진이 돈다)

발칵 뒤집는 것도 결국 뒤집는 겁니다.

> They turned the room over. It looked as if a tornado had hit it.
> 방을 발칵 뒤집어 놨어. 폭풍이 지나간 것 같더라구.

turnover라는 명사형도 빙빙 돌리는 회전의 의미가 있습니다.

> Generally, a high inventory turnover is an indicator of good inventory management. 일반적으로 재고 회전율이 높다는 건 재고 관리를 잘 한다는 뜻이다.
> The larger trading costs associated with a high portfolio turnover rate will reduce the fund's performance.
> 포트폴리오 회전율이 높으면 거래 비용 역시 커져서 펀드의 수익률을 갉아먹는다.

동사와 전치사의 만남
through

왼손 검지와 엄지로 OK 사인을 만들어 보세요. 그리고 오른손 검지를 쏙 넣어보세요. 왼손으로 만든 동그라미를 뚫고 지나갑니다. through의 그림입니다. 뚫고 지나간다는 말을 기억하시기 바랍니다. 완전히 지나가야 through의 그림을 제대로 그린 겁니다. 또 뚫고 지나갈 만한 장애물이 있어야 합니다.

Go through that door and you'll find a receptionist.
저 문을 지나가면 접수 보는 사람이 있어요.
The bullet cut through the flesh but not the bones.
총알이 관통했지만 뼈에는 이상이 없군.

Let him through! 그 사람 지나가게 해줘!
I could hear loud music through the walls.
벽을 타고 두들겨 부시는 음악소리가 들리더라구.
Why did you keep quiet all through the meeting?
왜 모임 내내 한 마디도 안 했어?
I'm through with you. 너랑 이제 끝이야.
One million up front, and another million when it's through.
선금으로 백만 달러 주고, 일 끝나면 다시 백만 달러 주지.
We want to get this bill through the Congress by the end of this month.
이번달 말까지 이 법안이 의회를 통과했으면 합니다.

예문 모두 '장애물 완전 통과'의 그림입니다. 문을 완전히 지나가야 접수 보는 사람이 있고, 총알도 몸을 꿰뚫고 지나갑니다. 사람이 많으면 지나가기 힘들지요. 이걸 뚫고 지나가는 것도 through입니다. 눈에 보이지 않는 소리도 벽을 뚫고 나올 수 있구요. 시간이 걸리는 사건을 뚫고 지나가면 줄곧 어떤 행위를 했음을 나타냅니다. 관계가 through되면 이미 다 지나온 것이기 때문에 더 이상 관계가 있을 수 없습니다. 어떤 일을 완전히 통과해 버리면 그 일이 끝나는 겁니다. 의회를 통과하는 것도 법안의 입장에서는 뚫고 지나가는 겁니다.

through 01 break through 깨서 뚫고 지나가다

Can this bullet break through the bullet-proof glass?
이 총알 방탄 유리 뚫을 수 있어?
The fire fighters broke through the wall easily.
소방수들이 쉽게 벽을 깨고 들어갔다.
The miners broke through to their trapped friends.
광부들은 동료들이 갇혀 있는 곳까지 뚫고 들어갔다.
They broke through with no difficulty. 어려움 없이 뚫고 지나갔다.

어려움도 through하면 무난히 견디고 지나가는 것을 말하지요.

> Often, an expression of anger is needed to break through a problem.
> 종종 화를 내야 문제가 해결되는 경우가 있다니까.

획기적인 일을 breakthrough라는 명사형으로 표현하는 것도 지금까지 난관이라고 여겼던 뭔가를 뚫어버렸기 때문이지요.

> A 300% increase in battery life would be a huge breakthrough in an industry that normally sees only about a 5% increase each year. 매년 5% 증가율밖에 보이지 못했는데 배터리 수명을 300% 늘렸다는 건 엄청나게 획기적인 일이다.
> The people behind this movie are acting like their story is a huge breakthrough in cinema. Okay, it is a good story but not that great.
> 이 영화 만든 사람들은 영화사에 길이 남을 대단히 획기적인 내용인 것처럼 떠들더군. 뭐, 좋은 내용이긴 하지만 그렇게 훌륭한 건 아니거든.

02 bring through 뚫고 지나갈 수 있게 해주다

뚫고 지나갈 수 있도록 도와주는 그림입니다.

> The doctor brought me through sickness.
> 병이 낫도록 의사 선생님이 도와주셨어.

우리말로 하면 원래 그림이 싹 사라져 버립니다. 원래 그림을 본다면 '의사 선생님이 나를 데리고 병을 뚫고 지나갔다' 지요. 그러니 병이 나았다는 뜻일 것이고, 도와준 사람은 의사지요.

> It was my mother who brought me through the ordeal.
> 이 시련을 극복할 수 있게 해준 건 우리 엄마야.

03 come through 뚫고 오다

장애물을 뚫고 지나가면(through) 성공하는 것입니다. 사람을 뚫고 지나가는 것이나 난관도 뚫고 지나간다는 의미, 즉 극복하는 의미에도 come through를 씁니다.

You can't come through without a boarding pass.
탑승권 없이는 못 지나갑니다.
Excuse me, coming through!
미안합니다, 좀 지나갈게요! (사람이 너무 많아 못 지나갈 때 이렇게들 말합니다.)
Korea came through the Asian economic crisis much faster than had been generally expected.
한국은 아시아 경제 위기를 일반적인 예상보다 훨씬 빨리 극복했다.
If the loan comes through, we can own the house.
융자가 잘 되면 집을 살 수 있어.

융자도 돈이 나오기까지 장애물이 많습니다. 그걸 다 뚫는 그림입니다.
for를 사용해 대상을 나타내면 그 대상이 기대하는 것을 장애물을 극복하고 해낸다는 뜻입니다.

I'll come through for you. Don't worry. 너한테 한 약속 지킬 테니까, 걱정 마.

어떤 약속이었는지를 나타내려면 with를 씁니다. 장애물을 극복하고 나서 가져다 주는 것(with)이 무엇인지를 나타냅니다.

He came through with the money he had promised.
약속했던 돈을 가져왔다.

04 get through 뚫고 움직이다

Can you get me through the front door? 정문만 통과하게 해줄 수 있어?
Bundy got me through. 번디가 어려움을 극복하게 도와줬어.

상황이나 일거리를 뚫고 지나가면 잘 끝내버리는 것이겠지요.

We got through the meeting early. 일찍 모임을 마쳤어.
You don't expect me to get through so much work in a couple of hours, do you? 이 많은 일을 몇 시간만에 끝내라는 건 아니겠지?

뚫고 지나가 사람이나 장소에 도착하면(to) 사람과 접촉하거나 장소에 도착하는 겁니다.

The secret got through to our enemies somehow.
어찌된 건지 비밀이 적들에게 새나갔어.
The real emergencies were not getting through to the hospital.
진짜 응급 환자는 병원에 들어가지도 못했다.
How did he get through to the final? 걔가 어떻게 결승까지 올라간 거야?

It was only luck that got us through to the final round.
마지막 라운드까지 간 건 순전히 운이었어.

시험을 뚫고 지나가면 합격하는 것이지요.

He qualifies if he gets through two subjects this year.
걔 올해 두 과목 통과하면 자격이 생겨.

It't hard work and nothing else that gets you through the exams.
시험에 통과하려면 열심히 공부하는 길밖에 없어.

I got through all my money and went back to my parents. 돈을 다 써버려서 결국 부모님께 돌아갔지. (수치나 양을 뚫고 지나가면 다 써버리는 것이겠지요.)

의회나 위원회 같은 뭔가 승인을 하는 조직을 뚫고 지나가면 승인이 되는 거지요.

We hope the bill gets through the Congress next week.
다음 주에 의회에서 법안이 통과되길 바랍니다.

The opposition finally got the bill through. 마침내 야당이 법안을 통과시켰다.

05 go through 뚫고 가다

말하는 사람이 봤을 때 뚫고 지나가는 것으로 생각되는 건 모두 through입니다.

The sword went through him cleanly. 칼이 완전히 관통했다.
The table wouldn't go through the door. 탁자가 문 밖으로 나가질 않더라구.
The nail went through all three boards. 못이 나무판 세 개를 모두 관통했다.
I hope the amendment goes through.
이번 수정안이 통과됐으면 좋겠는데. (의회를 뚫고 지나감)

The proposal failed to go through.
제안이 받아들여지지 않았다. (제안을 받아들여야 할 상대를 뚫고 지나가지 못함)

I can't give you the permission you seek. You'll have to go through our main office. 허락해 줄 수 없네요. 본사에서 절차를 밟으세요. (본사를 거쳐야 한다.)

I have to go through the treasurer for all expenditures.

모든 지출은 재무 담당을 거쳐야 한다니까.

뒤적뒤적 손을 넣었다 뺐다 살펴보는 것도 시점만 다를 뿐 관통의 뜻입니다.

> She went through his pants pockets looking for his wallet.
> 바지 주머니를 뒤져 지갑을 찾았다.

쌓아 놓았던 물품을 다 지나가 버리면 다 써버린 거지요.

> We have gone through all the aspirin. 아스피린 다 먹었네.
> How can you go through your allowance so fast?
> 용돈을 어쩜 그렇게 빨리 써버리니?

과정을 거치는 것도 through입니다.

> The pickles go through a number of processes before they are packed.
> 피클은 여러 과정을 거친 다음에 포장을 하지.
> The kid is going through a phase where he wants everything his way.
> 저맘 때면 뭐든지 지 맘대로 할려고 하지.
> I went through my story again, carefully and in great detail.
> 다시 한번 주의를 기울여 자세히 얘기를 했다. (이야기도 펼쳐놓고 보면 거쳐 지나갈 수 있지요.)

경험도 거쳐 지나가는 겁니다. 주로 부정적인 경험을 나타냅니다.

You won't believe what I've gone through.
내가 어떤 경험을 했는지 년 못 믿을 거야.
She has gone through a lot lately. 그 여자 요즘 고생 많이 했지.

연습이라는 건 한번 하고 나면 다음 번엔 그 과정을 또 거치는 겁니다.

They went through the second act a number of times.
두 번째 악장(또는 제 2막)을 여러 번 연습했다.
He's really been going through the changes lately.
그 사람 요즘 사는 게 뭔지 몸소 느끼고 있다니까. (인생 역경을 겪다.)

the changes라는 말은 '변화무쌍한 많은 것'이라는 의미입니다. 삶의 역경을 거친다는 말이지요.

물레방아 같은 걸 사람이 지나가면 떡이 되겠지요?

You look as if you've really gone through the mill.
너 고생 엄청 한 것처럼 보인다 얘.

겉모습만 뭔가 하는 것처럼 보여준다면 뺀질대는 겁니다. 일 안 하고 하는 척한다거나, 경기장에 나가서 뛰는 척만 할 경우에 go through the motions라고 합니다.

You don't seem to be doing your job. You're just going through the motions. 일을 제대로 안 하는 거 같애. 하는 척만 하고.

절차를 거치거나 수순을 밟아야 한다는 의미로 거의 굳어진 표현이 go through the proper channels입니다.

I'm sorry. I can't help you. You'll have to go through the proper channels.
죄송하지만 도와드릴 수가 없네요. 올바른 절차를 밟으셔야지요.

비유적으로 천장을 뚫고 지나가면 화가 나서 펄쩍 뛰는 겁니다.

My father went through the roof when he saw what I did to his car.
내가 자동차 망가뜨린 거 보시더니 아버님이 노발대발 하셨지.

These days, prices are going through the roof.
요즘 정말 물가가 하늘 높은 줄 모르고 뛰는구만.

될지 안될지 모르지만 부딪쳐 본다는 말도 있습니다. 지금 가진 걸로는 부족하지만 어쩔 수 없다는 의미지요. 가진 걸 나타내려면 with를 씁니다.

I have to go through with what I've got, no matter what.
어쨌든 지금 가진 것만으로 부딪쳐 보는 수밖에.

through 06 take through 뚫고 지나가게 하다

어떤 과정이나 일 따위를 뚫고 지나가게 하면 알려주는 겁니다.

Jack will take the new employees through the schedule.
잭이 신참들에게 일정을 알려줄 겁니다.

Jack, take Bruce through the final scene again.
잭, 브루스한테 마지막 장면 다시 한번 설명해줘.

동사와 전치사의 만남
to

방 안의 한 지점을 목적지로 삼아 걸어가 보세요. to의 그림입니다. 예를 들어, 문 쪽으로 움직였다면, 문 쪽으로 움직이는 방향성과 움직임의 도착점이 문이라는 결과가 생깁니다. 이것이 to의 그림입니다.

When will you go to the office? 언제 사무실 가?
Walk to the end of the road and turn to the left.
도로 끝까지 걸어가서 왼쪽으로 돌아.
It's miles from my parents' house to mine.
부모님 댁에서 우리 집까지 엄청 멀어.
The movie began at quarter to ten. 9시 45분에 영화 시작했어.
It's four days to my birthday. 생일까지 나흘 남았다.

to는 움직임의 방향과 목적지를 가리키므로 어디로, 왜 움직이는가라는 질문에 대한 답을 to로 한다고 보면 됩니다. 도로의 끝 한 지점을 가리킬 때는 at이지만, 도로의 끝을 향해 움직인다는 방향성을 줄 때는 to를 씁니다. 부모님 집에서 우리집이라고 할 때 from은 출발점을 to는 도착점을 가리킵니다. 시간이라는 공간에서는 출발점에서 도착점을 향해 시간이 가고 있음을 그려줍니다. quarter to ten이 9시 45분이 되는 건 9시 45분에서 시작해 10시를 향해(to ten) 시간이 가고 있음을 그려주기 때문입니다. 생일까지 나흘 남았다는 것도 생일 4일 전인 오늘을 기준으로 시간이 생일을 향해(to my birthday) 가고 있기 때문입니다.

01 bring to 도착점에 데려다 주다

come을 쓰면 스스로 움직여 도착하는 겁니다.

> Jerry, the funniest comedian I've ever known, brought the audience to its feet last night. → The audience came to its feet.
> 제리라는 친구 내가 아는 코미디언 중에 제일 웃긴대, 어젯밤 기립박수를 받았지.

제리의 코미디가 관객을 움직이고, 움직임의 도착점이 발(feet)이라는 겁니다. 기립박수를 받을 정도로 연기를 잘했다는 겁니다.

> A real hard kick in your ass might bring you to your senses, huh? → You come to your senses. 자네 한 대 세게 걷어차면 정신이 들라나 모르겠군!

역시 움직에게 해서(bring) 도착점이(to) 제정신(one's senses)인 겁니다. to 다음에 오는 도착점을 바꾸면 색다른 그림들이 그려집니다.

> The driver swung the car around and brought it to a stop in front of the glass building. → The car came to a stop.
> 운전사가 차를 돌려 유리 건물 앞에 세웠다.
> First, you must bring the soup to a boil. → The soup came to a boil.
> 먼저 스프를 끓여야 돼.

끓는 상태(boil)로 가져간다는 말인데요. 사람을 열받게 하는 것도 bring to a boil입니다.

I think it is time to bring this matter to a close. → This matter comes to a close. 이 문제를 마무리 지을 때가 된 것 같군요.
The accident brought the project to a dead end. → The project comes to a dead end. 그 사고로 프로젝트가 난관에 부딪혔다.
The general strike brought construction to a standstill. → Construction came to a standstill. 총파업으로 공사가 전면 중단됐다.
They brought the conference to a successful conclusion. → The conference came to a successful conclusion. 회담을 성공적으로 마쳤다.
The scandal brought many unexpected issues to a head. → Unexpected issues came to a head.
스캔들로 예상치 못했던 많은 일들이 대두됐다.

a head는 the fore로 바꿔쓰기도 합니다. 모두 '전방'을 뜻합니다.

When do you think you can bring your plan to fruition? → Your plan comes to fruition. 언제쯤 자네 계획이 결실을 맺겠나?

fruition은 열매를 맺는 걸 말합니다. 열매를 맺는 상태로 뭔가를 가져가면 우리가 말하는 '결실'이 되지요.

Bundy brought the car to rest against the curb and waited for Judy. → The car came to rest. 번디는 도로 가장자리에 차를 세우고 주디를 기다렸다.

rest도 stop이나 standstill과 다를 바 없지요. 멈춘다는 말입니다. 잠시 쉰다는 뉘앙스만 다르지요.

A fine doctor was brought to my aid. → A doctor came to his aid. 좋은 의사 선생님이 도와주셨지.

come to one's aid/come to one's rescue라는 표현도 마찬가지 뜻을 갖습니다. 스스로 움직인다는 것만 다릅니다. 움직인 다음의 도착점이 '누군가의 도움이 되는 행위(aid) 또는 구조 행위(rescue)'인 그림을 그리면 됩니다.

Nobody came to my rescue when I was in trouble.
내가 곤경에 처했을 때 구하러 온 사람은 아무도 없었어.
Well, a little bit more action would have brought the film to life. → The film comes to life.
글쎄, 조금만 액션을 더 넣었다면 생동감이 넘치는 영화가 됐을 텐데 말이야.

우리도 생동감이 넘친다느니, 생생하다느니, 생기가 넘친다느니 하는 말을 하는데 영어로도 life는 살아있음을 뜻합니다. 무생물을 살아있는 상태로 가져오면 생동감이 넘치는 것이지요.

The newspaper story brought the scandal to light. → The scandal came to light. 신문 발표로 스캔들이 밝혀졌다.

어둠에 불을 밝히면 뭔가 드러나서 세상에 알려지는 겁니다. come to light라고 하면 스스로 밝혀지는 것이겠지요.

Thank you for bringing my son's problems to my attention, but don't you think you're slightly out of line?
내 자식 문제를 알려준 건 고맙네만 좀 주제 넘는다는 생각 안 드나?
I will not stop until all those scumbags are brought to trial.
이 지역 쓰레기 같은 놈들을 모두 법정에 세우기 전에는 멈추지 않을 거야.
The board of directors decided to bring John to account.
이사회에서 존에게 책임을 묻기로 결정했대.

account는 뭔가를 설명하는 겁니다. 누군가를 움직여서(bring) 뭔가를 설명하게 한다면(account) 책임을 묻는 겁니다. '이게 도대체 어찌 된 일이야?'라고 묻는 것이지요.

My father always tries to bring me to heel, but I have a mind of my own.
아버진 맨날 나보고 복종만 강요해. 나도 나름대로 생각이 있는데 말이야.

누군가를 움직여서 발뒤꿈치로 가게 한다면(to heel) 무릎을 꿇려서 말을 잘 듣게 하는 겁니다.
to의 특이한 그림을 생각해봅시다. to 하나로도 제정신으로 돌아오는 그림을 그릴 수 있습니다. come to도 마찬가집니다. bring to와 다른 점은 스스로 움직인다는 것뿐입니다.

We gotta bring him to before he goes into shock. / He came to.
쇼크 상태로 빠지기 전에 제정신이 들게 해야돼. / 정신이 들었다.

to 부정사라는 것도 전치사 to처럼 도착점이나 결과로 생각하면 편하다고 했지요. 전치사는 명사나 명사구가 오는 반면에 동사가 온다는 것만 신경쓰면 됩니다.

What brought you to do this? 왜 이런 짓을 한 거야?

bring은 너를(you) 움직이게 하지요. 그 도착점은(to) 이 짓을 하는 것(do this)입니다.

부정사 to와 함께 쓰이는 bring은 '마음을 움직이다'는 의미가 강합니다.

I just couldn't bring myself to admit that I was wrong.
잘못을 인정할 만한 용기가 없었던 것뿐이야.

마음을 움직여서 잘못을 인정하는 행위로 가지 못한다면 그만큼 용기가 부족한 것이겠지요.

What you just said brings home to me how serious the problem is.
지금 말씀하신 걸 들으니 문제가 얼마나 심각한지 뼈저리게 느끼겠군요.

bring home과 bring to someone의 그림이 겹쳐져 있는 겁니다. 여기서 home은 단순한 집이 아니라 마음 속 가장 깊은 곳이 home입니다. 못을 아주 깊숙히 박는 것도 drive a nail home이라고 합니다. 뭔가가 hits home/strikes home한다면 마음 속 아주 깊은 곳을 치는 겁니다. 뼈저리게 느낀다는 뜻이지요.

02 call to 불러서 도착하게 하다

The governor called the police officer to account.
주지사는 경찰관에게 책임을 물었다.

우리말로는 이렇게 번역하지만, 그림을 그려보면 경찰관을 불러다가 '이게 어찌된 일인지 설명하세요(account)' 라고 말하는 겁니다.

The commander called us to attention. 사령관이 차렷 자세를 명령했다.

여기서 attention은 차렷 자세를 말합니다. '관심' 이라는 의미의 attention과 함께 쓰면 전혀 다른 뜻을 갖습니다.

May I call your attention to this diagram. 이 그림을 좀 봐주시겠습니까?

to 다음에 어떤 말이 오느냐에 따라 의미는 달라지지만 기본그림은 같습니다. 누군가의 관심을 불러다가 그림에 가져다 놓는 것입니다.

My old diary called some unpleasant memories to mind.
옛날 일기장을 보니 불쾌했던 기억이 되살아났다.

This picture calls to mind the time we spent at college.
이 사진을 보니 우리 대학시절 생각이 나는구나.
The chairman called the meeting to order at noon.
12시가 되자 의장이 개회를 선언했다.
We must call a halt to this childish behavior.
우리 이제 이 따위 유치한 짓 좀 그만해야 돼.

03 come to 어딘가에 도착하다

The war came to an end. 전쟁이 끝났다.

뭔가가 움직여서 어떤 결과를 낳았는지를 보여줍니다. to 다음에 오는 명사의 의미를 파악하면 쉽게 이해할 수 있습니다. 자질이나 품질 면에서 무엇과 가깝다는 뜻으로 쓰입니다.

Come close to me. 가까이 와.
You don't come close to Judy in caring for me.
날 위해주는 건 주디를 못 따라가.
The movie came close to the novel in popularity.
영화도 소설만큼이나 인기를 모았다.

home이 끼어들면 '확실히 알게 되다'의 뜻입니다.

Suddenly, it came home to me that she didn't love me anymore.
문득, 날 사랑하지 않는다는 걸 절실히 느꼈다.

come to는 굳어진 표현이 상당히 많습니다. 살펴보지요. to 다음에 오는 명사형에는 갖가지 관련 형용사를 붙일 수 있습니다.

I always knew he'd come to a bad end.
그 사람 말로가 좋지 않을 거란 걸 옛날부터 알고 있었지.

The chef waited for the soup to come to a boil.
주방장은 스프가 끓기를 기다렸다.
I could see he was coming to a boil.
화가 머리끝까지 난 걸 느꼈다. (비유적으로 끓다)
When he announced he'd step down as president, things came to a boil.
대통령직에서 물러나겠다고 발표하자 장안이 발칵 뒤집혔다.
The movie came to a climax when the hero avenged his father's death.
주인공이 아버지의 복수를 했을 때 영화는 절정에 달했다.
I came to a conclusion that you killed Bruno.
니가 브루노를 죽였다는 결론을 내렸지.
The novel finally came to a conclusion. 소설이 드디어 끝을 맺었다.
I could see the road coming to a dead end. 막다른 길을 가고 있는 걸 알았다.
The car came to a sudden halt. 차가 갑자기 멈췄다.
The scandal came to a head when Sarah turned the state's witness.
사라가 마음을 바꿔 검찰측 증인이 되자 스캔들 전모가 드러나기 시작했다. (come to a head는 어떤 문제가 가장 중요한 시점에 달했다는 의미입니다. 절정에 달했다는 의미로도 쓰입니다.)
Everything comes to a standstill when the darkness falls.
어둠이 내리면 세상이 조용해지지.
I think we came to a turning point and ought to find someone more eligible for this matter.
이제 전환기를 맞은 것 같애. 이 문제에 더 적합한 인물을 찾아야 할 것 같다구.
The negotiations came to an impasse.
협상은 난관에 부딪쳤다.
The scientist came to an untimely end.
과학자는 요절했다.
Seeing the officer coming toward him, the private came to attention.
장교가 다가오자, 일등병은 차렷 자세를 취했다.
We don't need to come to blows over these trivial things.
이런 사소한 일로 싸움을 벌여서야 되겠나.

Our hard work will some day come to fruition.
언젠가 우리가 노력한 만큼의 결실을 꼭 맺고 말겁니다.
We must all come to grips with this crisis.
모두 이 위기에 대처해야 합니다.
When the lights came on, the beautiful sculpture came to life.
불이 켜지자 아름다운 조각품이 살아나는 것 같았다.
The party came to life when the band began playing.
밴드의 음악이 시작되자 파티는 생기를 띠었다.
Nothing new has come to light since the investigation started.
수사가 시작된 이후 새롭게 밝혀진 것이 없어.
One very important thing has just come to mind. Do I know you?
아주 중요한 게 떠올랐어. 너 대체 누구야?
The bill didn't come to much.
계산서 별로 안 나왔네. (돈이 많이 나오다)
We thought he wouldn't come to much. We were wrong.
그 사람 별거 아닐 줄 알았어. 큰 오해였지. (중요하다)
All my efforts came to naught[nothing].
모든 노력이 수포로 돌아갔다.
You will come to no good in the end if you keep making troubles. 계속 말썽 피우면 결국 좋지 않은 꼴을 당하게 될 거야.
I began to come to myself and realize what I had done.
제정신을 차리고 내가 무슨 짓을 저질렀는지 깨달았다. (come to oneself는 보통 때의 자신으로 돌아가는 걸 말합니다.)
I don't think that'll actually come to pass.
난 그게 실제로 일어날 수 있다고 생각하지 않아. (come to pass는 '발생하다')
I hope someone will come to my assistance. 누가 날 도와주면 좋으련만.
It has come to my attention[notice] that you disobeyed me.
알고 보니 내 말을 거역했더군. (알게 되다)

A young man came to my rescue. 한 젊은이가 날 구해줬어.
Both of them came to terms about what course of action should be taken next. 다음으로 어떤 조치를 취할지 양측이 합의를 봤다.
The issue came to the fore again as the presidential election neared.
대선이 가까워지자 그 문제가 다시 대두됐다.
I'm waiting for you to come to the point.
문제의 핵심을 얘기할 때까지 기다리는 걸세.
I never thought it would come to this.
이 지경이 될 줄 꿈에도 생각 못했는데. (come to this의 형태로 쓰임)
It all comes to the same thing whether he vetoes it or not.
거부권을 행사하든 안 하든 결과는 똑같아.

04 get to 움직여 도착하다

to를 포함한 장소 부사 here, there 등과 함께 사용되면 to가 사라집니다.

It was 10 p.m. when we got to his place. 걔네 집에 도착했을 때 밤 10시였어.
How long did it take for you to get here? 여기 오는 데 얼마나 걸렸니?
I got to know him better after the meeting.
그 모임 이후로 그 사람을 더 잘 알게 됐지. (행동에 도착을 하면 그 행동을 시작하는 겁니다.)

Don't let what he said get to you.
걔가 한 말 때문에 마음 상하지 마.
(추상적인 개념이나 감정 따위가 사람에게 도착하면 고민하거나 감정을 느끼는 겁니다.)
The horror of war was beginning to get to me.
전쟁의 공포가 밀려오기 시작했다.

05 give to 누군가에게 주다

이어 동사라고 하기에는 너무 광범위한 경우입니다. 무엇을 주는 건지 비유적으로도 생각을 해본다면 쉽게 그림을 그릴 수 있지만 단어 그대로 받아들이면 이해하기 힘듭니다. 예를 들어 귀를 준다(give an ear)고 하면 공포 영화도 아닌데 정말 귀를 떼어내서 주는 건 아니겠지요. 말을 '듣다'의 그림일 겁니다. give 다음에 오는 명사가 할 수 있는 일을 생각해 보세요.

Pop wants you to give an ear to him before you leave.
아빠가 너 가기 전에 하실 말씀이 있으시대. (ear - 듣는 것)
Please give an ear to what he's saying. 걔 말 좀 들어줘요.
You sometimes hear stories about pregnant women who give birth in taxis or elevators.
임신한 여자들이 택시나 승강기에서 아이 낳는다는 얘기를 가끔 듣지. (birth - 태어나는 것)
The company gave birth to a new technology.
그 회사에서 새로운 기술을 만들어냈지.
The police gave chase to the robbers for a few blocks.
경찰은 몇 블럭 강도들을 추적했다. (chase - 쫓는 것)
How can you give credence to a person like Jack?
어떻게 잭 같은 놈을 믿냐? (credence - 믿는 것)
His actions gave currency to the rumor that he was about to resign.
그의 행동때문에 사임할지도 모른다는 소문이 돌게 됐다. (currency - 통용되는 것)
The scandal gave rise to endless arguments.
스캔들이 발생하자 논쟁이 끊이지 않았다. (rise - 일어나는 것)
The severe penalty really gives teeth to the law.
법이 억제력이 있으려면 엄한 처벌이 필요하다구. (teeth - 이를 드러내는 것)

'이빨 빠진 호랑이'라는 말을 보면 알 수 있듯이 호랑이가 무서우려면 이빨이 있어야 합니다. give teeth는 그런 힘을 갖게 하는 겁니다.

The evidence gives the lie to your testimony.
이 증거만 봐도 당신 증언이 거짓이라는 걸 알 수 있어. (lie – 거짓말하는 것)
Finally, she gave voice to her concerns.
마침내 우려를 표명했다. (voice – 목소리를 내는 것)
Cars should give way to pedestrians.
차들이 당연히 보행자에게 양보해야지. (way – 길을 내주는 것)
I give a lot of weight to your opinion.
당신 의견을 중요하게 생각해요. (weight – 무게를 달아보는 것)
The boss gave us free rein with the new project.
사장님이 새 프로젝트에 관해 우리한테 자유재량을 줬다.

rein은 말을 제어하기 위한 고삐를 말합니다. 이걸 놓아주면 마음껏 달리겠지요.

06 go to 어딘가를 향해 가서 도착하다

Are you going to the bank? 너 은행 가니?

도착점은 사람이 될 수도 있습니다. 일반적인 사물 또는 개념일 경우도 있습니다. go to bed는 또 우리말의 '관계를 맺다' 와 같은 의미로 쓰입니다. 꼭 침실이 아니더라도 쓸 수 있습니다.

I went to the boss about the new secretary. 새 비서 문제로 사장을 찾아갔다.
I'm going to bed. 나 자러 가.
Did you go to bed with her? 너 그 여자랑 잤니?
I'm going to the bathroom. 화장실 가.

비유적인 개념의 도착점은 go to 다음에 오는 말을 새겨보면 알 수 있겠지요. 움직임의 결과가 바로 go to 다음에 오는 말이라는 겁니다.

Let's not go to extremes to get that done.
그 일 하자고 극단적인 방법을 쓰진 말자구. (움직인 결과 → 극단적인 것)

The vase went to pieces when I dropped it on the floor.
꽃병을 바닥에 떨어뜨렸는데 박살이 났어. (움직인 결과 → 산산조각)
His plan went to pieces. 계획이 무산됐지.
Jane went to pieces after her divorce.
제인이 이혼하더니 사는 게 말이 아니더군.
The book went to press last week.
지난 주에 책이 출판됐지. (움직인 결과 → 인쇄)
The reporter went to press with the rumor without checking any of his usual sources.
그 기자 여느 때하고 다르게 취재원들에게 묻지도 않고 소문을 그냥 신문에 실었더군.
I went to sea at an early age.
어렸을 때부터 바다로 나갔지. (움직인 결과 → 선원이 되거나 바다와 관련된 일을 하는 것)
The orange went to seed and we couldn't eat it.
오렌지에 씨가 생겨서 못 먹게 됐어. (움직인 결과 → 씨가 생기는 것)

씨가 생기면 못 먹는 과일들이 있지요. 여기서 뭔가가 못쓰게 된다는 뜻이 나왔습니다.

You've got to mow the grass. It's going to seed.
잔디 좀 깎아라. 씨 맺히기 전에.
This old dress is going to seed. I'll buy a new one.
이 낡은 드레스 완전히 맛이 가고 있네. 새 걸 사야지.

뭔가가 머리로 가면 머리가 커집니다. 잔뜩 바람이 들지요. 그럼 건방져집니다.

Don't let all this praise go to your head. 다들 칭찬한다고 건방 떨지 마.

술 같은 건 위로 가서 내려가야 하는데 머리로 가면 굉장히 취하겠지요.

That last glass of wine went right to her head.
그 여자 좀 전에 먹은 와인에 완전히 취했더라구.

미국 사람들은 개를 그렇게 좋아하는데 이상하게도 개와 관련된 표현은 좋은 게 거의 없습니다. dogs라고 하면 정말 개판인 겁니다. 엉망진창이라는 뜻입니다.

When everything seems to be going to the dogs, it's time for vacation.
모든 게 엉망진창이다 싶을 때는 좀 쉬는 게 좋지.

우리도 심장부라는 말을 씁니다. 그만큼 중요한 핵심이라는 뜻입니다. 문제의 핵심을 그래서 the heart of the matter라고 하지요.

I hope his speech will go to the heart of the matter.
그 사람 문제의 핵심을 찌르는 연설을 했으면 좋겠는데.
The nation goes to the polls in December.
12월 전국적으로 투표가 실시된다. (the polls는 투표를 말하지요.)
Please don't go to the trouble of cooking a big dinner.
괜히 저녁상 크게 차린다고 고생하시지 마세요. (the trouble은 신경쓰는 겁니다.)
She went to a lot of trouble to plan this party.
이 파티 준비하느라고 얼마나 고생했는데.

벽에 부딪히면 막다른 데까지 간 것이지요. 그래서 끝까지 간다는 말입니다. trial로 가면 재판하러 가는 거지요. 전쟁으로 가면 싸우는 거지요. 의사 선생님에게는 수술하는 것이 될 수도 있습니다.

I'll go to the wall on this point. 이 문제에 대해서는 끝까지 가보겠어.
It's a very important matter and I'll go to the wall if necessary.
중요한 일이니까 필요하다면 갈 데까지 갈 거야.
Will this case go to trial? 이번 사건이 재판까지 갈까?
We go to trial next week. 다음 주 재판에 들어간다.
We aren't going to go to war over this, are we?
이것 때문에 싸우자는 건 아니겠지?
I hope all this pizza doesn't go to waste.
이 피자 버리면 안 되는데. (쓰레기로 가면 버리는 겁니다.)
He went to work. 출근했어. (work는 일반적인 일터를 말합니다.)

The surgeons went to work on the patient.
외과 의사들이 환자의 수술을 시작했다.

07 take to 어딘가 데려가거나 달라붙다

Please take me to a nearest police station. 가까운 경찰서로 데려가 줘요.

자동사로 쓰면 잡는(take) 방향(to)을 나타냅니다. 뭔가를 좋아하면 달라붙게 됩니다.

You'll take to the job as a duck takes to the water.
오리가 물을 만난 듯 이 일 좋아하게 될 거야.
I never thought I'd take to him.
걔 좋아하게 될 줄 누가 알았겠어. (달라붙어서 어떤 행동을 하면 좋아하는 겁니다.)
As I grow older, I took to eating fish. 나이가 들면서 생선이 좋아지더라구.

08 turn to 어딘가를 향해 돌거나 돌리다

There's no one to turn to. 의지할 사람이 없어.

역시 번역과 그림은 천지 차입니다. 그림을 그려보면 의지하려는 사람 쪽으로 몸을 돌리는 것입니다. 울면서 '엄마~' 하고 달려오는 아이를 그려보세요. 관심을 돌리는 것도 결국 그쪽을 바라보는 겁니다.

Let us turn to a completely different country, Korea.
그럼 전혀 새로운 소식을 살펴봅시다. 한국 얘기입니다.

It's time to turn our attention to the new project.
새 프로젝트로 관심을 돌릴 때이다.

동사와 전치사의 만남
together

두 손을 잡아보세요. together의 그림입니다. 실제로 박수를 put your hands together라고 쓰기도 합니다. '함께 한다' 는 그림이 중요합니다.

We studied together. 같이 공부했어.
You idiot! You can't stick a broken window back together again!
이 바보야! 어떻게 깨진 창문을 다시 붙이냐!
We are together on this issue.
이 문제에 대해 우린 입장이 같습니다.
Love and marriage go together like a horse and carriage.
사랑과 결혼은 말과 마차처럼 뗄 수 없는 불가분의 관계지.

반드시 둘이 모이는 것만 together라고 하지는 않습니다. '함께' 라는 그림만 있으면 됩니다. 깨져서 산산조각 난 유리나 꽃병을 붙이려면 조각들을 다시 함께 있는 상태로 만들어야 합니다. 사람이 뜻이 맞으면 의견도 함께 할 수 있지요. 떨어지지 않고 항상 같이 있는 것, 불가분의 관계라는 어려운 말도 알고 보면 함께 있다는 말이지요.

together 01 bring together 함께 모으다

He brought everyone together in the living room.
모든 사람을 거실에 모이게 했다.

단순히 몸만 함께 있는 것일 수도 있지만 의견이나 생각을 함께 할 수도 있습니다.

I tried to bring them together, but they were too stubborn.
합의를 이끌어내려고 노력했지만 고집이 너무 세더라구.
The two sides couldn't be brought together on the price of the machine.
양측은 기계 값에 대해 이견을 보였다.

조립식 장난감을 완성하려면 모든 부품을 한 곳에 모이게 해야 합니다. bring together에도 이런 그림이 있습니다. 완성시키거나 성사시킨다는 그림이지요.

The project was a great success. Bundy was the one who brought it all together. 프로젝트는 대성공입니다. 번디가 이 모든 걸 성사시킨 거지요.
Bundy brought everything together so we could begin work.
번디가 모든 걸 준비해 줘서 일을 시작할 수 있었다.
First, bring together all the tools needed.
먼저 필요한 연장들을 모두 한 곳에 모아.

02 call together 불러 모으다

Please call everyone together. I have something to discuss.
다 불러 모아. 의논할 게 있어.

03 come together 함께 오다

Did they come together? 같이 왔니?

together는 '함께' 하는 것이니까 비유적으로 '동의하다'의 그림이 됩니다.

I hope we can come together on this.
이 문제에 대해 합의를 이룰 수 있으면 좋겠는데.

04 get together 함께 움직이거나 모이다

Why don't we get together this weekend? 이번 주말에 한번 모이는 게 어때?
Teachers and students got together to discuss school violence.
선생님과 학생들이 한자리에 모여 학교 폭력에 대해 논의했다.

한 곳으로 모을 수도 있습니다. 계획이나 모임 따위를 한데 모으면 잘 추스리는 게 되지요. 자기 자신을 한데 모으면 몸을 추스리는 게 됩니다. 정신을 차리는 거지요.

Get those kids together. 애들 불러 모아.
I got all my stuff together and left. 내 물건을 모두 챙겨 떠났다.
Why don't you get a meeting together sometime next week?
다음 주쯤 모임을 한번 갖는 게 어때?
You should get yourself together for your kids.
아이들을 위해서라도 정신을 좀 차려야지.

05 go together 함께 가다

같이 가면 보기 좋지요. 잘 어울리니까.

This tie and that jacket don't go together.
이 넥타이하고 잠바하고 안 어울린다 얘.

사람이 같이 가면 사귀는 겁니다.

They've been going together for years.
걔네들 몇 년째 만나고 있어.

동사와 전치사의 만남
toward

방향성을 나타내는 to의 그림을 강조해 줍니다. to와 다른 점은 '도착점'보다 '방향성'을 강조한다는 겁니다.

01 bring toward 어딘가로 데려오다

해당 방향으로 함께 움직여 오는 그림입니다.

Bring your knees toward chest and place both hands on them.
무릎을 가슴 쪽으로 당기고 두 손을 무릎에 올려 놓으세요.

추상적으로도 데려올 수 있습니다.

Such an incident brings negative attitudes toward black people.
저런 사고 때문에 흑인들에게 부정적인 태도를 갖게 되는 거다.

02 go toward 어딘가로 가다

어느 쪽으로 움직여 가는 그림입니다.

The kid went toward the open door. 애가 문 쪽으로 갔다.

역시 추상적인 그림이 가능합니다.

That conversation with John went a long way toward swaying my opinion about the President.
존과 대화를 나눠 보고 대통령에 대한 내 생각이 많이 바뀌었지.

동사와 전치사의 만남
under

정상적으로 책상에 앉아 있다면 여러분 발은 책상 밑에 있겠지요. under의 그림입니다. under와 below의 차이는 공간입니다. below가 일직선을 그리고 아래위를 따진다면 under는 아래쪽 공간을 말합니다. 우산 쓰는 걸 under the umbrella라고 하는 것도 우산이 만들어 주는 공간이 있기 때문입니다.

There's something under the tree. 나무 밑에 뭐가 있어.
The ship passed under the bridge. 배가 다리 밑으로 지나갔어.
What are you wearing under your jacket? 잠바 안에 뭐 입었니?
The scandal is under investigation. 그 스캔들 수사중이야.
The country suffered for decades under a brutal dictatorship.
그 나라는 잔인한 독재 정권 아래 수십 년 동안 신음을 했지.

You'll be working under me next year. 내년에는 내 밑에서 일하게 될 거야.

다른 표현은 쉽게 이해가 가지만, 역시 추상화가 문제지요. 뭔가 조사를 하려면 밑에 놓고 봐야 합니다. 그래야 자세히 보이지요. 돋보기 아래에 놓고 보는 그림을 그리면 이해가 쉬울 겁니다. 개념상 정권은 국민을 아래에 놓고 통치를 합니다. 또 윗사람은 아랫사람을 부리지요. 계급상으로 아래인 경우도 under입니다.

under 01 bring under 밑으로 데려오다

Did they bring the fire under control yet? 불길을 잡았대?

이 문장에서 깔리는 대상은 the fire입니다. 깔고 앉는 것은 control이지요. the fire를 control이 깔고 있으니 불을 제어할 수 있게 됐다는 말이겠지요.

I gave up. I couldn't bring him under my control.
나 손들었어. 그놈 어쩌질 못하겠더라구.
The boss brought the accounting department under the legal department. 사장이 회계부서를 법률부서 직속으로 뒀어.

역시 위아래가 있습니다. legal department가 위고 accounting department가 아래지요. 상하관계를 가리킵니다. 사람도 마찬가지입니다.

I think I'll have to bring you under me, so I could keep an eye on your work. 아무래도 널 내 밑에 둬야겠어. 일을 어떻게 하는지 살펴봐야겠거든.

under 02 come under 밑으로 오다

The police came under attack from the demonstrators.
경찰이 시위대의 공격을 받았다.

움직이고 나서 보니 뭔가의 아래(under)에 있다는 뜻이지요. 바로 그 무엇을

'당하고 있다' 의 뜻이 됩니다.

The president came under heavy pressure to resign.
대통령은 엄청난 사퇴 압력을 받았다.
His relationship with the spy came under scrutiny.
스파이와의 관계를 철저히 조사 받았다.

03 get under 밑으로 움직이다

A rat ran out and got under the sofa.
생쥐가 한 마리 튀어나오더니 소파 밑으로 들어갔어.

get을 타동사로 써서 뭔가를 밑으로 움직일 수도 있지요.

Get this box under the table. 이 상자 책상 밑에 놔.

04 go under 밑으로 가다

The ship went under very slowly. 배가 서서히 가라 앉았다.

회사도 내려갑니다. 무너지는 것이겠지요. 부도났다고 할 때 쓰는 표현입니다.

The company went under a year after it opened.
창업한 지 일년 만에 회사가 망했다.

사람이 아래로 내려가면 눕는 거지요. 수술대 위에 눕는다는 말입니다. 원래 go under the knife라는 표현에서 유래됐습니다. 칼 밑으로 들어가는 거니까. 일반적으로 어디 밑에 놓는다는 뜻도 있습니다. '이름 아래' 라는 말도 있습니다. 그 이름을 덮고 다니는 것이니까 '무슨 무슨 이름으로 통한다' 는 뜻입니다.

Jack went under and the operation began.
잭이 수술대 위에 눕자 수술이 시작됐다.

He goes under the knife tomorrow for his bladder.
내일 방광 수술을 받는대.

She goes under the name of Jane. 그 여자 제인이라는 이름을 쓰고 다닌다네.

문맥을 봐야 합니다. 아래와 같은 예에서는 정말 그냥 밑으로 지나가는 겁니다.

The boat went under us as we stood on the bridge.
다리 위에 서 있는데 아래로 배가 지나갔다.

That box goes under the bed. 그 상자는 침대 밑에다 놓아야지.

동사와 전치사의 만남
up

손을 위로 올려보세요. 간단히 up의 그림이 그려집니다. 기분이 좋아도 up이고, 경기가 좋아도 up입니다. 모든 게 올라가니까요. 위로 올라가는 up의 그림에서 '완전하다' '바짝 붙는다' 는 의미도 파생됩니다. 직선을 긋고 0에서 10까지 수치를 매긴 다음, 수치가 올라가는 그림을 그리면 이해하기 쉽습니다. 멀리 있던 사람이 바짝 다가오면 0에서 10 쪽으로 수치가 올라가는 것이고 완전한 행동을 하는 것도 0에서 10 쪽으로 수치가 올라가는 그림이니까요. above/below와 up/down의 가장 큰 차이는 움직임입니다. above/below가 어떤 기준선의 위 아래를 나타낸다면 up/down은 원래 아래 또는 위에 있던 것이 위나 아래로 움직이는 느낌이 강합니다.

I went up to his room at 7 p.m. 저녁 일곱 시에 그 사람 방으로 갔어요.
Put your hands up! 손 들어!
He ran up the river. 강을 따라 뛰었다.
Keep your head up. 용기를 내라구.
I got up at six in the morning. 아침 여섯 시에 일어났어.
Sorry I'm late. Something came up. 늦어서 미안해. 일이 좀 생겨서.

Interest rates went up drastically. 금리가 대폭 인상됐어.
Time's up. 시간 다 됐어.

첫 번째 예문은 그 사람 방이 어디에 있는지 실마리를 던져줍니다. 내가 있던 곳보다는 위쪽에 있겠지요. 아래쪽이었다면 went down to his room이라고 했을 겁니다. 세로로 아래위가 아니더라도 아래위의 개념이 적용되는 건 모두 쓴다는 걸 ran up the river를 보고 알 수 있습니다. 고개를 떨군 사람보다 고개를 든 사람이 씩씩하지요. 잠에서 깨는 건 wake up이라고 합니다. 정신이 드는 것이구요. 잠자리에서 일어나는 건 get up이지요. 위로 일어나니까요. 없던 일이 생기면 갑자기 시야에 들어옵니다. 나한테 바짝 다가오지요. 그래서 up을 씁니다. 없던 게 생기는 건 아래에서 위로 튀어나오는 그림이니까요. 누군가 자리에 없다가 나타나면 She showed up. 식으로 말하지요. 수치도 올라가고 내려갈 수 있구요. 시간이나 양이 up되면 없어지는 겁니다. 1시간을 예로 들면 마감 시한이 째깍째깍 정해진 시간까지 다 가버리면 끝나지요. 다 써버리는 걸 use up이라고 하는 이유도 남아 있던 뭔가가 정해진 수치에 바짝바짝 다가가고 결국 다 오면 바닥이 나는 것이기 때문입니다.

01 break up 완전히 깨버리다

서로 붙어있는 것을 완전히 떼버리는 그림이 break up입니다.

OK, guys, break it up. 얘들아, 그만 떨어져. (싸우는 애들 말릴 때)
We broke the crackers up into much smaller pieces. 과자를 잘게 부쉈다.
The crowd broke up into pairs and headed for the platform.
사람들이 짝을 지어 플랫폼으로 향했다.
The glass broke up into a thousand pieces. 유리가 산산조각 났다.

두 사람이 갈라지는 것도 완전히 관계를 끊는 것이므로 break up을 씁니다.

John and Jill broke up. Did you hear? 존하고 질이 끝냈대. 들었어?
She broke up with John. 걔 존하고 끝냈대.
The marriage finally broke up. 결혼 생활이 결국 파국에 이르렀다.
Who the hell broke up the pavement?
누가 보도를 다 깨서 뒤집어놨지? (깨서 뒤집어 놓는 것도 break up입니다.)

on이 있으면 접촉의 의미가 있겠지요. 그래서 어딘가 부딪혀 완전히 부서졌다는 뜻이 됩니다.

In the storm, the ship broke up on the reef.
폭풍우 속에서 배가 암초에 부딪혀 좌초됐다.
The Justice Department said it would no longer seek a breakup of software giant Microsoft.
법무부는 더 이상 소프트웨어업계 거물인 마이크로소프트의 분할을 시도하지 않을 것이라고 밝혔다. (breakup을 명사로 쓰면 분해의 의미가 됩니다.)
There are many ways to break up boredom of every day exercising.
매일 운동만 하는 단조로움을 깰 수 있는 방법이 여러 가지 있다. (추상적인 것을 깰 수도 있습니다.)
He liked to break up his day by indulging in video games and online poker. 그 사람 비디오 게임이나 온라인 고스톱에 빠져서 지루한 일상을 깨곤 하지.

TV 드라마에서 심각한 장면에서 어두운 표정으로 대사를 읊던 연기자가 갑자기 엉뚱한 엔지를 내서 웃음이 터지며 떼굴떼굴 구르는 장면을 떠올리면 break up의 의미를 알 수 있을 겁니다. 가만히 있던 상태에서 완전히 벗어나서(break up) 웃어대고 있지요.

Everything he says just breaks me up. 걔 하는 말은 뭐든지 웃겨.
I always break up when I hear her sing. She's so bad.
그 여자 노래만 들으면 웃겨 죽겠어. 엄청난 음치라니까.

 02 bring up 위로 데리고 오다

Bring the kids up. 애들 데리고 올라와.

말하는 사람이 위치상 위쪽에 있겠지요. 아이들은 아래쪽에 있을 겁니다. 움직여서 (bring) 위로(up) 이동시키는 겁니다. 가장 기본적인 그림입니다.

얘기 도중에 새로운 화제를 던지려면 사람들 관심권으로 끌어올려 놓아야 하지요.

Why did you have to bring that up?
왜 그 얘기 꺼낸 거야? (존재하지 않던 것이 생기는 것도 위로 올라와야 합니다. 그래야 볼 수 있으니까요.)

A : What kept you so long?
B : I'm sorry. Something came up.
A : 왜 이렇게 늦었어?
B : 미안해. 일이 좀 생겼어.

something은 위로 올라오기(up) 전에는 존재하질 않습니다. 네이티브의 눈높이보다 아래에 있으니까 볼 수가 없는 겁니다. 사람을 끄집어 올릴 수도 있습니다. 그럼 다른 사람의 관심을 끌게 되지요. 부정적인 그림입니다. 사람은 어느 방향으로 클까요? 밑으로 자라는 사람은 없을 겁니다. 위로 자라지요.

You don't have to bring yourself up again and again. What a self-centered bastard you are!
너 잘났다고 말하는 거 지겹지도 않냐. 지밖에 모르는 놈이라니깐!

My grandma brought me up. 할머니가 날 키워주셨어.

You shouldn't bring your children up on fast food.
애들을 패스트푸드로 키워선 안 돼.

We brought the office up to date with a little paint and some modern furniture. 페인트칠 좀 하고 가구도 현대적인 걸로 놔서 사무실을 요즘 분위기가 나게 바꿨어.
(수준도 끌어 올릴 수 있습니다.)

office를 끌어올린 결과는 to 이하로 알 수 있습니다. 수준이 올라가서 (up)

432 *기본동사와 전치사의 만남 - 이어동사

도착점이(to) 가장 최근(date)이 되는 겁니다. 이 그림을 그릴 수 있으면 up과 to가 들어가는 다른 표현도 쉽게 이해할 수 있습니다.

Let me bring you up to date on what's happening.
지금 돌아가는 상황을 알려주지.
What do I have to do to bring John up to your level?
존을 니 수준까지 끌어올리려면 어떻게 해야 돼?
I'm sure you could bring yourself up to the required level of competence in no time. 곧 니 능력을 필요한 수준까지 끌어올릴 수 있을 거라고 믿어.
I did everything I could to bring my workers up to speed, but couldn't.
직원들 작업 속도를 높이려고 별짓을 다 해봤지만 안 되더라구.

to가 끌어올린 다음 도착점을 나타낸다면 for는 왜 끌어올리려는지를 나타냅니다.

I would like to bring Judy up for vice president.
주디를 부회장 후보로 내세우고 싶어.
Ted always brings himself up for head of the department.
테드는 언제나 지를 부서장 후보로 내세운단 말야.
You know what? I was brought up for promotion.
있잖아. 나 승진 대상이 됐어.
The applause brought the actor up on the stage again.
박수갈채를 받고 배우가 다시 무대로 나오더군. (박수갈채가 배우를 끌어 올립니다(bring up). 올라가는 위치는 on the stage지요.)
See if you can get your kid to bring up the toy coin.
아이가 장난감 동전을 토하도록 해 보세요. (먹은 걸 다시 올라오게 하면 토하는 것이지요.)

03 call up 불러서 바짝 다가오게 하다

The teacher called me up to do the next question.
선생님이 날 불러내서 다음 문제를 풀게 했다.

I forgot to call Jack up and tell him about the party.
잭한테 전화해서 파티 얘기 하는 걸 까먹었다.

전화로 얘기를 하면 바로 옆에 두고 얘기하는 것 같지요. call과 다를 바 없는 뜻이지만 이런 뉘앙스를 강조하기 위해 up을 씁니다.

I was lucky not to be called up at wartime.
전시에 입대를 하지 않다니 행운이었지.

우리도 군대갈 때 '나라의 부름을 받았다'고 말하지요. 나라가 부르면 군복무를 해야지요.

흐릿한 기억을 불러내는 그림도 있습니다.

The picture called up memories of my childhood.
그 사진을 보니 어릴 때 생각이 나더군.

At the click of a button, you can call up any information stored in this database. 버튼만 클릭하면 이 데이터베이스에 저장된 어떤 정보도 불러올 수 있어요.
(컴퓨터에 저장된 정보를 불러내는 것도 call up입니다.)

Bundy got out his laptop and called up some files on the screen.
번디가 노트북을 꺼내더니 화면에 파일 몇 개를 불러오더라구.

04 come up 위로 올라오거나 바짝 다가오다

Hey, come on up! Enjoy the view! 야, 이리 올라와서 경치 좀 봐!
You can come up now. They left. 이제 올라와도 돼. 다들 갔어.

〈Up Close and Personal〉이라는 영화가 있었는데, 이는 바짝 다가서서 개인적으로만 보라는 말로 '비밀'에 해당합니다. '몸에 바짝 가져다 대고 혼자만 봐라'는 뜻입니다. For your eyes only와 비슷하지요.

He came up and began to whisper into my ears.
바짝 다가서서 귓속말을 하기 시작했다.

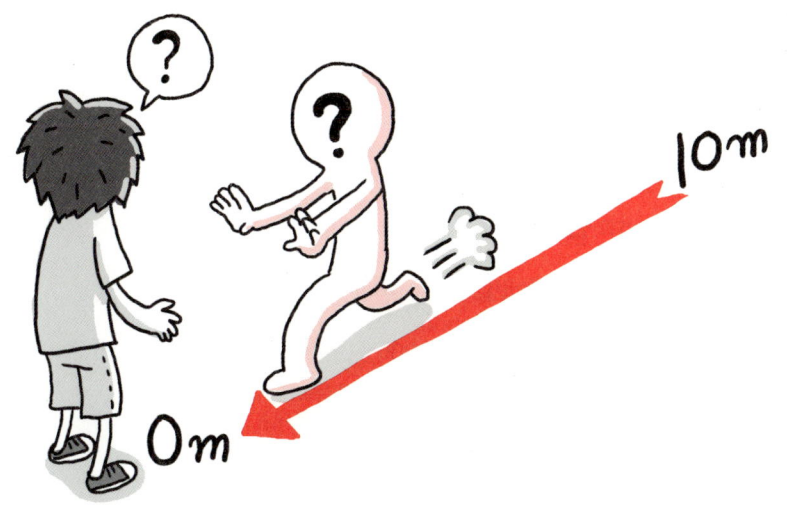

불쑥 튀어나오는 걸 뜻하기도 합니다. 갑자기 눈에 띄는 것이지요.

The question of who will talk to the president didn't come up in the meeting. 누가 대통령에게 말을 할 것인지는 아무도 언급하지 않았다

I've come up against someone I can't quite handle. 다루기 참 힘든 사람과 대립하게 됐다. (up에 against가 붙으면 어떤 장애물에 바짝 다가서는 것입니다.)

He comes up for reelection in Dec. 12월에 재선에 도전한다. (come up에 for가 붙으면 무엇을 하려고 나타나는 것인지 알려줍니다.)

My business license comes up for renewal every five years.
사업 허가증을 5년마다 갱신해야 한다.

Does this computer come up to your standards?
이 컴퓨터, 생각하는 수준에 맞나요? (to가 따라붙으면 수준이 같은지를 나타냅니다.)

His speech didn't come up to my expectation. 연설이 내 기대에 못 미쳤다.

with가 따라붙으면 뭔가를 생각해 낸다는 뜻입니다. 나타나는데 뭘 가지고(with) 나타나는 것이니까요. 비유적인 뜻으로 많이 사용됩니다.

I hope you can come up with someone to fill this post.

당신이 이 직책에 적임자를 찾아낼 수 있었으면 좋겠군요.
I'll try to come up with some ideas to solve the problem.
이 문제의 해결책을 찾아내도록 노력하겠습니다.

05 do up 완전하게 하다

사람에게 do up을 쓰면 완벽하게 치장을 해준다는 의미가 됩니다. 단추 따위를 완전히 잠궈 버린다는 의미도 갖습니다. 포장을 해서 묶는 것도 '선물' 에 대해서는 끝을 내는 것이겠지요?

Mom did me up for the prom. 무도회에 갈 수 있게 엄마가 치장해줬어.
Do my buttons up in back. 뒤 단추 좀 잠궈 줄래?
Do up Bundy's birthday present before he comes.
번디 오기 전에 생일 선물 포장해둬.
You mean John really did up his room?
정말 존이 자기 방을 치웠단 말야? (방 따위를 완전하게 하는 건 청소나 정리 정돈이 될 수 있습니다.)

06 get up 위로 움직이다

I usually get up at 6 a.m. 대개 아침 6시에 일어나지요.
Will you get up the mountain tomorrow? 내일 산에 올라갈 거야?
Get him up if he's not drunk. 안 취했으면 일으켜 세워.

get him up은 말 그대로 일으켜 세우라는 말도 되지만, 문맥상 그 사람이 자고 있다면 깨워서 일어나게 하라는 말입니다. 또 그 사람이 아래층에 있었다면 위층으로 올라오게 하라는 말이 되겠지요?
뭔가를 위해 준비시키는 그림도 나옵니다.

I think he's not ready for the race. We need more time to get him up for it. 걔 아직 경기 준비가 안 된 것 같아. 준비시키려면 시간이 좀더 필요해.

to로 올라간 다음 도착점을 나타낼 수 있습니다.

I'll get up to your room in a minute.
곧 니 방으로 올라갈게.

to를 포함한 부사 here나 there가 오면 to가 사라지구요.

Get up here. You'll get a better view. 이리 올라와. 더 잘 보일 거야.

뭔가를 모으는 그림도 있습니다. 모으면 바닥에서 시작해 위로 쌓여 올라가니까요. 감정도 모을 수 있지요.

You need to get up a lot of courage to say what you think before your boss. 상사 앞에서 자기 생각을 말하려면 대단한 용기가 필요하지.

They were got up in stupid outfits.
우스운 복장을 하고 있었다. (옷을 입고 서 있는 상태를 수동태로 나타냅니다.)

Jack was in that stupid get-up. 잭이 그 바보 같은 복장을 하고 있었어. (차림새를 나타내는 get-up이라는 명사는 바로 이 이어 동사에서 나왔습니다.)

 07 give up 위로 내던지다

두손 들고 포기하는 그림입니다.

You'll get cancer if you don't give up smoking. 담배 안 끊으면 암에 걸릴 거야.
She never completely gave up hope. 아직 완전히 희망을 버린 건 아니야.
Women expect men to give their seats up to them in buses.
여자들은 버스에서 남자들이 자리를 양보해야 된다고 생각한단 말야. (내 것을 포기하고 남에게 줘버리는 그림입니다.)
She gave up her time to help the newcomers like me.
그 여자 자기 시간 버려가며 나 같은 신참들 도와주는 거라구.

So many women give up on men after pursuing them.
여자들이 기껏 쫓아다닌 남자한테 두손드는 경우가 허다하지. (진짜 두손 드는 그림입니다.)
I won't give up on you! 절대 너 포기하지 않아!

give you up과는 전혀 다른 그림입니다. give you up한다면 너(you)를 포기하는 거지만, give up on you는 사실 '내가 갖고 있는 희망 또는 기대를 포기하는 것' 이니까요. 희망 또는 기대라는 말이 숨어 있지요.

자기 스스로를 포기하면?

The police urged him to give himself up. 경찰은 자수를 권유했다.

사람을 포기하는 그림도 있습니다. 배후에 숨겨진 사람을 포기하고 '그래, 너 가져라' 며 내주는 거죠. 시쳇말로 '불어버리는' 거지요. for가 따라붙는 경우도 있는데 포기하는 이유를 나타냅니다.

They threatened to put her in jail, but still she wouldn't give me up.
그 여자 말야, 경찰이 감옥에 처넣겠다고 협박을 했는데도 날 넘겨주지 않았다니까.
We gave her up for lost. 실종된 것으로 여겨버렸다.
We were so delighted to see you. We had almost given you up for dead.
너 보고 얼마나 기뻤는지. 너 죽은 줄로 알았다니까.

끝까지 버티는 그림은 the fight나 the struggle로 나타냅니다.

Don't give up the fight[struggle]. Keep trying.
싸움 포기하지 마. 끝까지 싸워야지.

08 go up 위로 가다

올라갈 수 있는 건 다 올라가지요. up against라고 하면 바짝 다가서서 뭔가와 맞닥뜨리는 겁니다. 불에 타면 건물도 올라갈 수 있습니다. 잿더미가 되면 날아가니까. in flames 또는 in smoke를 씁니다. 비유적인 뜻으로도 사용합니다.

Gasoline prices are going up. 휘발유 가격이 상승했다.
She's going up against Jane in the race. 걔 제인 상대로 경주한대.
The entire building went up in flames. 건물 전체가 불에 탔다.
Everything we own has gone up in flames. 우리가 가진 모든 것을 잃었다.
You will go up in the world. I can tell. 넌 출세할 거야. 난 안다구.
He went up the ladder very carefully. 조심스레 사다리를 올라갔다. (정말 사다리를 올라갈 수도, 비유적으로 사회생활에서 '승승장구하다, 출세하다' 일 수도 있습니다.)
The temperature went up to near thirty today.
오늘 기온이 거의 30도 가까이 됐다. (to는 도착점입니다.)

09 make up 완성하다

완전함을 나타내는 up의 그림입니다. 명사형 make-up으로 구성을 나타낼 수 있습니다. 사람의 성격이나 성질도 여러 요소로 구성되지요.

The committee is made up of women. 여자들로 구성된 위원회야.
Make up your mind by this weekend. 이번 주 말까지 결정해.
If you would like to change the make-up of your panel you should speak to your supervisor. 자신의 패널 구성원을 바꾸고 싶으면 감독관에게 말하세요.
It runs in my family. It's part of my make-up to get very depressed at times. 우리집 내력이야. 난 때때로 우울증 증세를 보이는 측면이 있어.

여자가 완성되려면 화장을 해야 한다네요.

It's time for you to start making up for the show.
쇼 시작하기 전에 화장 시작해야지요.
My wife spends hours making herself up.
우리 마누라는 화장하는 데 몇 시간이 들어.

I stopped putting my make-up on for a second and looked at him with a question-mark upon my face.
화장하는 걸 잠시 멈추고 물음표를 띈 얼굴로 그를 쳐다봤다.

싸우고 나서 화해를 하는 그림도 됩니다. 잘못된 부분을 다시 완전하게 해야 하니까요.

Hey, you guys, make up with each other. 이봐, 서로 화해하라구.
I don't want to make up with him. 쟤랑 화해하기 싫어.

뭔가 잘못했거나 해줘야 할 걸 다 못 해줬으면 보상을 해야지요. 모자라는 부분을 완성하는 것(up)입니다. make it up to someone의 형태로 씁니다.

I'm sorry I forgot your birthday. I'll make it up to you.
생일 잊어서 미안해. 다 갚아줄게.
I ran and ran to make up for the minutes I had missed.
놓친 시간을 메꾸려고 계속 뛰었어. (for를 쓰면 손해를 끼친 걸 다시 메워 주는 그림입니다.)
What can we do to make up for the loss in the first quarter?
1분기 손실을 메우려면 어떻게 해야 되지?
The rain fell in waves, as if trying to make up for two weeks of dry weather. 마치 2주간의 건조한 날씨를 보상이라도 하려는 듯 엄청난 폭우가 내렸다.

만회하는 것을 make-up이란 명사형으로 쓸 수도 있습니다. 없던 걸 위로 끌어올려 꾸며내는 그림도 됩니다. make의 움직임을 나타내는 그림과 함께 사용되면 앞으로 바짝 다가가는 그림이 됩니다. 알랑거리는 것이지요.

One who takes a make-up test is not likely to obtain a higher score.
재시험을 보는 사람은 고득점하기 어렵다.
You're making up that story, huh? 너 그거 꾸며낸 얘기지, 그치?
Do you really have to make up to the boss like that?
너 정말 그렇게 사장한테 알랑거려야 되겠니?

10 take up 잡아 올리다

잡아서 데리고 위로 올라가거나 멱살을 잡듯 바짝 앞으로 끌어당기는 그림입니다. up의 기본그림에 주목해야 합니다. 행동이나 일거리 따위를 바짝 잡아 당기면 마음먹고 하는 것이지요. 생각 따위를 잡아 위로 올려 놓으면 다른 사람의 관심이 쏠리겠지요. 제안이나 기회를 탁 낚아채면 받아들이는 것이지요. 태도나 생각 따위를 취하는 것일 수도 있습니다.

Lora! Take the kids up! 로라! 애들 데리고 올라가!
What do you think about taking up fishing as a hobby?
취미로 낚시하는 거 어때?
I'll take up law as a career. 법조계로 나갈 거야.
The committee is expected to take up the question of the government's role in education.
위원회는 교육 문제에서의 정부의 역할 문제를 다룰 걸로 보인다.
I want you to take up Bundy's offer. 네가 번디 제안을 받아들였으면 좋겠어.
They took up the opportunity and stepped into the European market.
기회를 잡아 유럽 시장에 진출했다.
I hate it when he takes up that uncompromising attitude.
쟤가 저렇게 비타협적인 태도를 취할 때가 제일 싫어.
The talk show took up a whole new style.
그 대담 프로 스타일이 완전히 바뀌었던데.

수치나 양을 잡아 올리면 그만큼 차지하는 겁니다.

Those boxes take up too much space.
이 상자들 공간을 너무 많이 차지해.

Babies take up all your energy and attention.
아기는 모든 열정과 관심을 쏟아줘야 돼.

장소를 차지하면 그곳으로 이동하는 것일 수도 있습니다.

Let Bundy take up a position near the building.
번디한테 빌딩 근처에 자리 잡으라고 해.

I don't like these pants that long. Can you take them up?
바지가 너무 길어요. 줄여줄 수 있어요? (옷감을 잡아 올리면 길이를 줄이는 겁니다.)

Take it up a couple of times and they'll look just fine.
한두 번 접어 올려. 그럼 보기 좋을 거야.

Cotton balls will take up the moisture.
탈지면으로 습기를 제거할 수 있어. (액체나 기체를 빨아들이는 것도 take up입니다.)

Red blood cells take up oxygen. 적혈구는 산소를 필요로 하지.

사람을 잡아 올리면 두 가지 그림이 있습니다. 그 사람의 제안 따위를 탁 채가서 받아들이는 경우와 진짜 멱살을 잡아 올리며 따지는 경우입니다. 제안이나 따지는 이유는 on으로 나타냅니다.

I'll take you up on that offer. 그 제안 받아들이지요.
I'm going to take Jack up on what he said.
잭이 왜 그런 말을 했는지 따져야겠어.

Judy is the first girl I've ever taken up with. 주디가 내가 사귄 첫 여자야.
He seemed to have taken up with a bunch of thugs.
깡패들이랑 어울렸던 것 같아요.

시간을 써버리는 그림이 될 수도 있습니다. with와 함께 사용되면 함께 많은 시간을 보내는 것이지요. 또 움직이지 못하도록 붙잡혀 있는 그림도 가능합니다. 일 따위가 나를 잡고 있는 그림을 그릴 수 있지요.

I was too taken up with my own work to pay any attention to yours. 내 일이 바빠서 니 일에는 신경 못 썼어.

11 turn up 위로 돌리거나 돌아서 위로 나오다

뿅 튀어나오는 그림을 봅시다.

He turned up at rehearsal the next day looking awful.
다음 날 리허설에 나타났는데 꼴이 말이 아니더라구.

앞에 아무도 없었는데 뭔가 움직입니다. 뿅~ 하고 위로(up) 올라옵니다. 그럼 보이겠지요.

You must be willing to take a job as soon as one turns up.
일자리가 생기면 기꺼이 취직할 준비가 돼 있어야 돼.

변화가 생겨(turn) 시야에 들어오는(up) 그림을 그린다면 따로 외울 필요가 없지요.

Protein turns up in almost every food. 단백질은 거의 모든 음식에서 발견된다.
If your name turns up linked to the incident in any way, I'll kill you.
이 사건이랑 관련해서 니 이름이 거론되면 죽여버릴 거야.

나타난 다음의 상태를 형용사로 묘사해줄 수도 있습니다.

Somebody blackmails the CIA and turns up dead a few days later and you're saying that the agency is not responsible?
누군가 CIA를 협박하고 며칠 있다 시체로 발견됐는데 넌 CIA가 관련이 없다는 거야?

일부러 끄집어 내서(up) 눈에 보이게 할 수도 있습니다.

Scientists have turned up no useful information in the research.
과학자들은 그 연구에서 딱히 쓸 만한 걸 밝혀내지 못했다.
If nothing turns up, run the search again. 아무것도 안 나오면 다시 검색해봐.
The investigation turned up evidence that you were in the victim's house at the time of murder. 수사과정에서 당신이 살인사건이 발생한 시각에 피해자 집에 있었다는 증거가 드러났습니다.

돌려서(turn) 올릴 수도 있습니다(up).

　　Turn the volume control up. 볼륨 좀 높여.

꼭 스위치만 올릴 수 있는 건 아니지요. 돌려서 올릴 수 있는 건 다 올라갑니다.

　　She turned up her collar against the cold. 추워서 옷깃을 올렸다.

바지 단이 길면 잘라 버리거나 조금 말아서(turn up) 꿰매면 되지요. 길이를 줄인다는 뜻입니다.

　　Will you turn my jeans up for me? 청바지 길이 좀 줄여줄래요?

동사와 전치사의 만남
with

연인에게 다가가보세요. with의 그림입니다. 가장 예쁜 그림일 수 있겠네요. together와 비슷하지만, 같이 움직이지 않고 한쪽이 움직여 둘이 될 수도 있다는 것이 다릅니다.

Stay with me. 나랑 같이 있어.
Keep in touch with me. 계속 연락해.
She killed him with a gun. 총으로 쐈죽였어.
Bundy came in with a big cake. 번디가 큰 케이크를 들고 들어오더라구.
Are you still with me? 이해가 가?
I'm always with you. 난 언제나 널 믿어.

머무는 그림과 with의 그림을 연결하면 함께 있는 것이 됩니다. 죽이는 그림과 총을 가진 그림을 연결하면 총으로 죽이게 되지요. 번디가 방으로 들어오는 그림은 케이크를 들고 있는 그림과 연결됩니다. 누군가의 말을 이해하려면 계속 따라가야지요. 논리를 중간에 놓쳐버리면 이해하지 못합니다. Are you with me? 라는 표현을 이럴 때 씁니다. 누군가를 밀어주고 의견을 같이 하려면 함께 해야 하지요. with 하나로도 이런 그림을 그릴 수 있습니다.

01 break with 같이 있다 깨지다

여기서 with는 break 전의 상태를 그립니다. 깨지기 전에 같이 있었다는 말이지요. 떨어져 나오는 걸 강조하기 위해 off가 붙기도 합니다.

John has broken off with Jill. 존이 질하고 헤어졌대.
Did you break off with John? 너 존하고 끝냈니?
He broke with his party on the question of abortion.
낙태 문제에 대해서는 자기 당과 입장을 달리 했다.

02 come with 함께 오다

Come with me if you want to live. 살고 싶으면 날 따라와.
Are you going to come with your mom?
엄마랑 같이 올래?

살아있는 것만 오지는 않습니다.

This DVD player comes with a thick manual.
이 DVD 플레이어에는 두꺼운 설명서가 따라와.

03 do with 함께 하다

You'll have to do with what you have right now with no more money coming in. 수입이 없으니 지금 가진 돈으로 버텨야지 뭐.

움직임을 계속할 수 있다면 지탱할 수 있다는 말이지요. with가 오면 '무엇인가를 가지고' 지탱을 하는 거고 without이 오면 '뭔가가 없이도' 지탱을 한다는 말이 됩니다.

I think I'll just do with the computer I now have.
지금 있는 컴퓨터 그냥 써야 할까봐.

I guess I'll have to do without a car for the time being.
당분간은 차 없이 지내야 될 것 같애.

with 04 get with 함께 움직이다

주로 거시기 it과 함께 써서 세상 물정과 함께하는 그림을 나타냅니다.

Get with it guys! We're living in the new millennium!
세상 물정 좀 알아라! 새천년에 살면서!

with 05 go with 함께 움직이다

함께 가는데 잘 가면 well이고 잘 못 가면 badly겠지요.

I hope that things are not still going badly with you. 이제는 너 하는 일 잘 풀렸으면 좋겠는데. (니가 하는 일과 너 자신이 함께 잘 움직였으면 좋겠다는 뜻)

Things are going very well with the project.
이번 프로젝트 잘 진행되고 있습니다.

사람과 사람이 같이 가면 사귀는 것입니다.

She's been going with Bundy for over ten years.
걔 번디하고 사귄 지 10년이 넘어.

I don't want to go with you. 너랑 사귀기 싫어. (문맥에 따라 '너랑 가기 싫어')

동사와 전치사의 만남
within

다시 왼손 엄지와 검지로 OK 사인을 그리고 오른손 검지 손가락을 넣어보세요. 밖으로 나가지 않게 움직여 보세요. within의 그림입니다. 제한된 공간 속에서의 움직임을 나타냅니다.

The project should be done within its budget.
예산에 맞춰 프로젝트 끝내야 돼.
He was within a few meters of me. 나랑 몇 미터 떨어지지 않은 곳에 있었어.
I couldn't hear what they said. I was not within earshot.
걔네들 뭐라고 하는지 못 들었어. 안 들리는 데 있었거든.

예산도 제한된 것이지요. 그 안에서만 프로젝트를 끝내야 하는 그림입니다. 나와 그 사람 사이에 몇 미터 공간이 있고 그 제한된 공간 속에 사람이 있을 경우도 within 입니다. 사람의 귀도 한계가 있지요. 멀리 떨어져 있으면 들리지 않습니다. 이 제한된 들을 수 있는 공간을 earshot이라고 하고, 들리는 곳에 있으면 within earshot이 되는 것이지요.

within 01 bring within 제한된 공간으로 데려 오다

Don't bring the kids within the range of the hunters' gun sights.
사냥꾼들 사정거리 안으로 아이들 데려가지 마.
Bring your cholesterol within the normal range.
콜레스테롤을 정상 수준으로 유지하세요.

within 02 come within 제한된 공간 속으로 오다

It doesn't come within my area of expertise.
이건 내 전문 분야가 아니네. (움직여서 어떤 영향권 내에 속하게 되는 것(within)입니다.)

어떤 한계 내에 있다는 뜻도 됩니다.

Well, it comes within my price range. I'll take it. 가격도 맞네요. 살게요.

within 03 get within 제한된 공간 속으로 움직이다

As soon as I got within earshot of the music, I decided that I didn't belong there. 음악 소리가 들리는 곳으로 가자 내가 있을 곳이 아니란 걸 알았지.

동사와 전치사의 만남
without

붕어빵엔 붕어가 없지요. 뭔가 빠져 있는 그림이 without 입니다. 있어야 하거나 있을 법 한데 빠져 있다는 뉘앙스가 강합니다.

How can you eat ramyon without kimchi? 어떻게 김치 없이 라면을 먹어?
I pressed my pants without a wrinkle. 주름 한 자락 없이 바지를 다려놨지.
You shouldn't have been there without asking me first!
나한테 물어보지도 않고 가는 게 아니었어!
Bundy's a genius without a doubt. 번디는 천재임에 틀림 없어.
What could I do anything without you? 너 없이 내가 뭘 할 수 있겠니?

01 go without 있어야 할 것이 없는 상태에서 가다

go with가 함께 가는 것이라면 go without은 함께 가지 않는 것이겠지요. go는 진행을 뜻하니까 뭔가가 없이 진행을 하는 겁니다.

I just can't go without my car. 차 없이 어떻게 살라구.
We can go without food for only a couple of days.
먹을 것 없이는 이틀 정도밖에 못 버텨.

If
you
play
soccer, you
find that it is
necessary to make
frequent changes in
direction or that you need
sudden bursts of speed as you dribble or pass the ball. The studs help your feet to grip the
grassy surface. The greater measure of friction allows for more propulsion. Depending on the
condition of the field or the skills of the player, the shoe will have 6, 12, 35, or 53 studs. In particular,
6 studded shoes are made to prevent slippage for a certain type of lawn and are longer than other studs.
Many high school and college students whose school fields use 12-studded shoes, because they can be
used on any type of surface, either grass or bare ground. For people who play mainly on bare ground,
35-studded shoes are preferred. Beginners or children should start off with 53-studded shoes; the higher
number of studs provides amateur players with greater stability on the ground and breaks less the ankles.
Soccer shoes for everyday wear! Considering the high possibility of injury due to falls or injury to ankles,
it is recommended that use of the shoes be limited to the soccer field. Women's Soccer! In 16th
century England, women played soccer as much as men did. The first formal tournament was held
in 18th century, a team of married women against a team of unmarried women in Scotland. The
first international tournament was held in England in 1920 between France and England and
drew in over 10,000
spectators to the
event. In Korea,
Kim Hwa-Jib
coached the
first

4부에서는 기본동사의 이디엄과, 파생표현, 속어를 통해 기본그림을 확장하는 방법을 알아봅니다. 4부에 나오는 표현을 다 알아야 한다는 강박관념은 갖지 마세요. 우리도 우리말 관용표현이나 속담을 모두 알지 못하고, 써야 할 때 기억나지 않을 때가 있듯 네이티브도 마찬가지입니다. 다만 이런 표현을 이해하는 방법을 익혀 새로운 것이 나와도 당황하지 않을 준비가 되면 그만입니다.

04*
상상의 나래를 펴자
기본그림의 확장편

이디엄 · 파생표현 · 속어
확장 그림을 보는 바른 태도

앞장에서 알게 된 기본 동사와 전치사에 대한 이해력은 관용 표현이나, 파생 표현, 속어의 그림을 그리는 데도 도움이 됩니다. 그림이 전혀 그려지지 않는데 억지로 그리려 하진 마세요. 그림을 그리는 것 역시 다른 여타 수단처럼 말을 이해하는 수단이지 그 자체가 목적은 아니까요.

▶나무를 보지 말고 숲을 보자 – 이디엄

이디엄은 관용 표현이라고 하지요. 오랜 세월동안 많은 사람들이 써온 굳어진 표현을 말합니다. 언뜻 봐도 쉽게 이해되는 관용 표현이 있는가 하면, 뜻을 모르면 감조차 잡을 수 없는 표현도 있습니다. 관용 표현을 익힐 때는 나무보다는 숲을 봐야 합니다.

It's a piece of cake. 식은죽 먹기야.

우리말로도 '왜 식은 죽일까?' 를 생각하지는 않습니다. 물론 굳이 따지자면 뜨거운 죽보다 식은 죽이 먹기 편하겠지요. '왜 하필이면 밥도 아니고 죽일까?' 를 따지지도 않습니다. 영어로도 '작은 케이크 조각은 한 입에 쏙 들어가니 먹기 편하다' 정도로 이해하면 그만입니다. '왜 하필이면 케이크일까?' 를 따질 필요는 없습니다. 오랜 세월에 거쳐 입에서 입으로 전해진 표현인데 일일이 어원을 따질 필요는 없으니까요.

우리말로 동에 번쩍 서에 번쩍하는 사람을 홍길동 같다고 합니다. 우리나라 사람이니까 홍길동이 누군지 알지 미국 사람이라면 이해하기 어려울 겁니다.

오히려 '홍길동 같다'는 말이 어떤 문맥에서 사용되는지를 이해하는 게 더 빠르겠지요.

I'll be back before you can say Jack Robinson. 잽싸게 돌아올게.

before you can say Jack Robinson이란 'Jack Robinson이란 말을 하기도 전에 금방' 이라는 뜻으로 '눈 깜짝할 사이에'를 뜻합니다. Jack Robinson이 누굴까요? 홍길동처럼 의미가 없는 이름이지요. 우리가 양식 범례를 보여줄 때 이름에 '홍길동'이라고 쓰는 것과 비슷합니다. Jack Robinson이 누굴까 고민하기 보다 before you can say Jack Robinson의 느낌, 이 표현이 사용된 문맥을 받아들이는 게 먼저입니다.

특히 관용 표현을 문법적으로 분석하려는 것은 무리가 있습니다. '귀신 씨나락 까먹는 소리'에서 왜 현재 시제로 '까먹는'을 쓰고, 미래 시제인 '까먹을'은 못쓸까하고 고민하는 것과 같습니다. 관용 표현을 두고 왜 정관사를 안 쓰고 부정관사 또는 무관사를 쓰는가 같은 현학적인 고민을 하지 말라는 겁니다.

I was just trying to make conversation with her. 대화를 좀 하려고 했던 것뿐이야.

부정관사를 붙일 수 있는 conversation에 왜 a를 붙이지 않고 make conversation이라고 하는 걸까 하고 고민하지 마세요. make conversation의 그림을 받아들여 '대화를 하는 그림'으로 머릿속에 담아두면 그만입니다. 돌아버린다는 의미를 갖는 go bananas나 go nuts에서 banana나 nut는 명사인데 왜 형용사로 쓰이느냐고 괴로워 할 필요도 없습니다. 그 모습 그대로 인정해 주면 그만입니다.

▶ 기본 동사가 새끼를 친다 – 파생표현

파생 표현이란 기본 동사의 명사형(turn이나 call 등), 이어 동사의 명사형

(looking-into, get-together, intake 등), 형용사처럼 쓰는 분사(going, coming), 완전한 문장 형태의 표현(Do tell! 등) 을 말합니다.

기본 동사의 명사형이나 이어 동사의 명사형은 이미 해당 동사와 이어 동사가 등장할 때마다 소개를 했었지요. 동사가 아닌 다른 품사로 사용된다고 기본 동사의 그림이 사라지는 건 아닙니다.

That'll take some looking-into.
조사를 좀 해봐야 알겠네요. (look into의 동명사형)

You'd better reduce your salt intake.
소금 섭취량을 줄이는 게 좋을 거야. (take in을 뒤집어 놓은 명사형)

That's one of the coming generation of computer chips.
앞으로 사용될 차세대 컴퓨터 칩 중 하나지. (동사 come이 현재 분사 coming이 된 예)

Do I have to paint a picture?
그림으로 그려줘야 이해하겠냐? (do가 들어가는 문장형 관용 표현)

명사형이든 형용사형이든 문장형이든 모두 기본그림에서 출발한다는 걸 알 수 있습니다. 기본그림만 알면 파생표현은 어렵지 않게 익힐 수 있다는 것이지요. 바꿔 말하면 그만큼 기본그림이 중요하니까 제대로 연습해야 한다는 뜻입니다.

▶ 가깝고도 먼 당신 – 속어

기본 동사와 관련된 속어는 대부분 이어 동사에서 나옵니다. 기본 동사의 관용 표현과 파생 표현에서 나오는 그림도 있긴 하지만 이어 동사만큼 많지는 않습니다. 이어 동사의 기본그림을 그릴 수 있다면 속어 표현도 어렵지 않게 이해할 수 있습니다.

속어라고 하면 무조건 거부감부터 느낄 필요는 없습니다. 부자간에도 쓸 수 있는 정도의 속어도 무수히 많아 어느 나라 말을 배우면서 속어를 완전히 배제할 수는 없기 때문입니다. 실제로 어느 정도의 속어 실력이 없다면 일반 소설, 영화나 드라마를 일정 수준 이상 이해한다는 건 불가능하다고 해도 과언이 아닙니다. 속어의 상당수는 오히려 우리가 흔히 말하는 구어체 표현에 가깝습니다.

속어는 수위 조절만 하면 오히려 약이 됩니다. 예를 들어, 일상생활에서도 쓸 만한 구어체 표현이라면 활용할 수 있을 정도로 꼼꼼히 익혀두는 게 좋고 욕, 마약이나 성과 관련된 표현 등은 영화를 보거나 통속 소설을 읽기 위한 수단으로 '알아두는 정도'로 정리해두면 됩니다.

예를 들어 다음 표현들은 사전에서 informal하거나 구어체, 속어라고 흔히 소개하는 것들이지만 일상적인 구어체 표현이고 상식적으로 생각해도 상황에 맞게 충분히 활용해 먹을 수 있는 경우지요. 제 2권에서 다룰 run이라는 기본 동사에서 파생된 표현들입니다. 아래로 갈수록 수위가 조금씩 높아지지만 비속어가 아닌 구어체에 가깝습니다.

> That's gonna run you a thousand dollars. (기본동사 run → cost의 의미)
> 그거 천 달러 들어요.
> Throughout this entire film, you never understand why she would ever stay with him as he ran around on her and partied all the time.
> 영화 내내 주인공 여자가 왜 맨날 바람이나 피우고 파티나 해대는 놈이랑 끝까지 버티고 사는지 이해가 안 된다니까.

We better run that bastard in before he kills again.
걔 또 사람 죽이기 전에 처넣읍시다.
Don't you just hate it when people go running off at the mouth about something they don't have one fucking clue about?
도대체 졸라 알지도 못하는 일에 대해 게거품 무는 사람들 보면 짱나지 않냐?
I don't want to get it on with you, boy. 너랑 그 짓 하고 싶지 않어.

남녀가 접촉을 하는 그림이라 성관계를 뜻하기 때문에 직접 활용할 일은 없겠지만 방송에서도 가끔 들을 수 있을 정도로 크게 문제가 되는 말은 아닙니다. 수동적으로 이해할 때는 필요한 표현들일 수도 있다는 말입니다.

이디엄·파생표현·속어
기본그림 그리기

사전을 들춰보면 이어 동사만큼이나 이디엄과 파생표현, 속어가 많습니다. 엄두가 안날지도 모릅니다. 하지만, 어차피 기본 동사 그림의 연장선상에 있는 표현들이기 때문에 기본 동사의 이디엄, 파생 표현, 속어도 어려울 건 없습니다. 관련 표현을 익히는 데 도우미 역할을 할 수 있는 패턴을 살펴보도록 하지요.

▶ 입장 바꿔 뒤집어 보자

일부 이디엄은 입장을 바꿔 뒤집어 볼 수 있습니다. 주면 받아야 하고(give와 get), 오면 가야 하니까요(come과 go). 예를 들어, get을 포함한 이디엄은 give와 연결시켜 생각할 수 있습니다. 「get + 명사형」은 「give + 명사형」으로 호환되는 경우가 많습니다.

He gave me a black eye. → I got a black eye.
걔가 나 때려서 눈에 멍들었어.

누구한테 맞아 눈에 멍이 들었다는 말입니다. 때린 사람이 멍을 주고 맞는 사람은 받지요.

That gave me a bright idea! → I got a bright idea!
덕분에 좋은 생각이 났어!

He has proved unsatisfactory. I decided to give him his walking papers.
→ He got his walking papers. 그 사람 만족스럽지 않더군. 내보내야 할 것 같아.

walking papers는 해고당한 사람에게 주는 서류입니다. 따라서 해고한다는 뜻이 되지요. the sack, the axe나 gate도 마찬가지 의미로 쓰입니다. 자르는 입장에서는 주는 거지만, 잘리는 입장에서는 받는 것이니까 get을 쓰면 입장이 바뀝니다.

> I'm here to get my share. Give me what's coming to me. → I'll get what's coming to me. 내 몫 찾으려 왔어. 내 것 내놔.

give one what's coming to one은 당연히 줘야 할 것을 준다는 뜻이지요. 받는 입장에서는 get what's come to one 이 됩니다.

bang이나 charge, kick 모두 신나는 일을 말하는데요. 주는 입장에서는 give지만 받는 입장에서는 역시 get입니다.

> He always gives me a bang[charge; kick] → I always get a bang[charge; kick] out of him. 걔하고 같이 있으면 참 재미있어.
>
> When I left for the US, all my brothers and sisters came to the airport to give me a big send-off. → I got a big send-off.
> 미국으로 떠날 때 형들이랑 누나들이 모두 공항에 나와 배웅해줬어. (send-off는 마중 나가는 걸 말합니다. 역시 주고받을 수 있습니다.)
>
> She gave me a dirty look. → I got a dirty look from her. 그 여자 곱지 않은 눈으로 쳐다보더라구. (눈살을 찌푸리며 쳐다보는 dirty look도 주고받을 수 있습니다.)

▶ 호환이 되는 기본동사

비슷한 그림의 동사는 이디엄 속에서 호환이 될 수 있습니다. 예를 들어, get이 '잡다' 또는 '갖다' 의 그림으로 사용될 때는 비슷한 그림이 있는 have나 take와 바꿔쓸 수 있습니다.

I can't get a fix on your location. → I can't have a fix on your location.
니 위치를 정확히 파악 못하겠어.
You need to get a grasp of the principles. → You need to have a grasp of the principles. 원칙부터 파악하라구.

get은 뭔가를 갖게 되는 과정도 그림 속에 들어 있습니다. get a grasp of something이라면 뭔가를 제대로 이해하는 과정의 그림이 숨어있는 것이지요. have a grasp of something이라면 그 과정은 사라지고 이해했다는 그림만 남습니다. 이처럼 get과 have는 뉘앙스를 생각해 바꿔 써야 합니다.
get을 take로 바꿔쓸 수 있는 경우는 능동적으로 행동을 취하는 경우입니다.

Get a load off your feet. → Take a load off your feet. 앉아서 좀 쉬라구.

get a load off one's feet 은 능동적으로 앉아서 쉬면서 다리의 피로를 덜어내는 그림입니다. 그래서 take와 바꿔 쓸 수 있습니다. 또, 참아내는 그림의 get도 take와 바꿔 쓸 수 있습니다.

I got a shellacking for the mistake. → I took a shellacking for the mistake. 실수했다고 된통 혼났어.

shellacking은 호되게 때리거나 혼내는 겁니다. 그걸 참아내는 get의 그림입니다. take의 그림과 겹치기 때문에 바꿔 쓸 수 있는 것입니다. 이 외의 경우는 get을 take로 바꿔 쓸 수 없지요. 뜻이 엉뚱해질 수도 있습니다.

I got a lump in my throat whenever I see his picture. → I took a lump in my throat whenever I see his picture. (X) 그 사람 사진만 보면 목이 메.

get a lump in one's throat이라고 하면 목이 멘다는 뜻입니다. 뭔가 응어리가 목에 생기는 것처럼 슬픔에 복받친다는 겁니다. lump를 가지려는 의지가 없지요. 자연스럽게 lump가 생기는 get의 그림입니다. take는 가지려는 의지가 누구보다 강한 동사입니다. take a lump라고 하면 응어리를 잡아 떼내는 그림이 나옵니다. took a lump in my throat이라는 말 자체가 있을 수 없지요. 틀린 문장은 아니더라도 뜻이 완전히 달라져 어색한 문장이 될 수도 있습니다.

▶「기본동사+명사(구)」는 명사에 기본그림이 있다

「기본동사 + 명사(구)」형의 이디엄은 명사에서 기본그림이 나옵니다. 특히 do, have, make, take가 행동을 나타내는 명사(walk, talk, beating 등)와 함께 사용되면 기본 동사 그림보다 명사의 그림에 더 신경을 써야 합니다. 「동사 + 명사(구)」형은 당연히 동사가 타동사일 경우겠지요. 주고받는 그림의 give와 get에서도 명사에서 기본그림이 나오는 걸 느낄 수 있었을 겁니다.

> The doctor gave me a clean bill of health. → I got a clean bill of health from the doctor. 의사 선생님이 나 무지 건강하대.

give someone a clean bill of health의 기본그림은 a clean bill of health에서 나옵니다. 건강체크를 한 종이가 깨끗하면 아주 건강하다는 말이 되니까요.

> They look poised to make a significant breakthrough.
> 획기적인 돌파구를 마련할 것으로 보인다.

breakthrough는 어디까지 성공적으로 파고 들어간다는 뜻입니다. 장애물이 있다고 해도 그걸 깨고 들어가는 것이지요. 그래서 '돌파구를 마련하다' 라는 뜻이 있습니다. 또는 '획기적인 발견' 을 한다는 뜻도 되지요. 이를 명사형으로 만든 것입니다. make a breakthrough라는 이디엄도 breakthrough라는 명사의 기본그림을 알면 그만이지요.

> When I saw John coming in completely naked, I did a double take.
> 존이 완전히 벌거벗고 들어오는데 얼마나 놀랬던지 눈 비비고 다시 봤다니까.

영화를 찍을 때 카메라가 한 번 돌아가는 걸 take라고 합니다. 'take one, take two' 하는 말은 첫 번째 찍기, 틀려서 또는 다른 이유로 두 번째 찍기 등의 의미지요. double take는 take two와는 의미가 다릅니다. 같은 걸 두 번 보는 겁니다. 장면을 떠올려 보세요. 무심코 존이 들어오는 걸 보고, 대수롭지 않게 생각했는데 뭔가 이상해서 재빨리 존을 다시 쳐다보는 겁니다. 벌거벗고 있잖아? 이런 행위가 double take지요. 역시 기본그림이 double take에서 나옵니다.

> The ruling party did a flip-flop on several key issues.
> 여당은 몇몇 주요 쟁점에 대해 입장을 번복했다.

flip-flop은 뒤집는 겁니다. 어떤 문제에 대해 입장을 뒤집는다는 말입니다. 그래서 결정 따위를 번복한다는 뜻이 됩니다.

군대에서 about face라고 하면 '뒤로 돌아!'의 뜻입니다. 그러니까 머리를 180도 돌리는 것이지요. 그래서 이 말도 번복한다는 뜻이 됩니다.

> The government knew that our party was more credible on the issue of health care and also on job creation which the government did an about-face on. 현 정부는 의료 보험하고 고용 창출에 대해 우리 당이 더 믿을 만하다는 걸 알고 있었다구. 고용 창출 약속을 손바닥 뒤집듯 번복하기도 했잖아.

> That damn mutt did a job on my shoes! They are all chewed up to pieces. 저 똥개가 내 신발 엉망으로 만들어 놨어. 갈기갈기 찢어놨잖아.

속어로 job은 여러 가지 의미로 사용됩니다. 원래는 '직업이나 일'이 기본 의미지요. 속어일 때는 '나쁜 일'을 가리킵니다. do a job on은 문맥에 따라 의미가 달라집니다. 특히, 여자를 상대로 이 말을 쓰면 성적인 의미가 되니

주의해야 합니다. 우리말도 '일' 하면 참 막연합니다. job과 같이 막연한 명사는 거시기 이론을 적용할 수밖에 없습니다.

> The combination of medications did a job on my stomach.
> 약을 여러 가지 먹었더니 속이 뒤집어졌어. (내 속을 거시기했어.)
> They clearly did a job on her photos. They don't show any freckles.
> 이 여자 사진 손 좀 봤나봐. 주근깨가 안 보여. (이 여자 사진 거시기했어.)
> My neighbor just did a job on my left rear fender.
> 이웃집 사람이 뒤쪽 펜더를 찌그러뜨려놨어. (자동차를 거시기했어.)
> You did a job on her?
> 니가 그 여자한테 그런 짓을 했단 말이야? (그 여잘 거시기했단 말야?)
> We did a land office business selling Korean beef when everybody was concerned about mad cow disease in imported beef.
> 광우병 때문에 수입 쇠고기를 아무도 안 먹으려 드니 한우를 팔던 우린 수지 맞았지.

land-office business는 갑자기 떼돈을 버는 장사를 말합니다. 엄청나게 장사가 잘 된다고 할 때 흔히 쓰는 표현입니다.

> Operators of gasoline stations and garages in the city did a land office business following the quake Friday night and reports today showed that business was holding up well. 지난 금요일 밤에 지진이 나서 주유소하고 정비소만 떼돈을 벌었다는군. 뉴스를 보니까 아직도 장사가 잘 된대.
> It appears that the girl who beat up John really did a number on his eyes and lips. 어떤 여자애가 존을 때렸는지 정말 눈하고 입술을 엉망으로 만들었더군.

속어로 number도 '행위'의 뜻이 있습니다. act와 같은 의미지요. 그래서 do a number on은 do a job on과 의미가 비슷합니다. 엉망으로 만들었다는 뜻입니다.

> Last night I did a number on my computer monitor. I dropped it on the floor! 간밤에 컴퓨터 모니터를 박살냈어. 땅에 떨어뜨렸거든.
> I'd pick the album up without hesitation but I'm a bit concerned that the

censors did a number on it.
평소 때 같으면 주저 없이 그 앨범 샀을 텐데. 검열에 걸려 마구 짤리지나 않았을까 걱정이 돼서.

have를 한번 봅시다.

He has a big mouth. 그 자식 떠버리야.

have a big mouth라는 이디엄도 사실은 a big mouth 자체에 '떠버리' 라는 그림이 있기 때문에 그런 뜻을 갖는 겁니다.

I had a close brush with the law last time. Don't push me.
지난번에도 감옥갈 뻔했단 말야. 강요하지 마.

brush는 살짝 스치는 겁니다. have a brush with something이라고 하면 뭔가와 접촉을 하는 그림이겠지요.

He had a close call. He nearly fell off the bridge.
걔 큰일날 뻔했어. 다리에서 거의 떨어질 뻔했다구.

close call 또는 close shave라고 하면 하마터면 위험한 일을 당할 뻔했다는 걸 말합니다. 역시 그림은 명사에서 나오네요.

Jack came in and made a beeline for the whisky bottle.
잭이 들어오더니 곧장 위스키 병으로 향하더군.

make a beeline for라는 이디엄도 beeline에 기본그림이 있습니다. 일직선의 그림이지요. 여기에 움직임을 나타내는 make의 그림이 겹쳐진 것뿐입니다.

I just tried to make conversation with her. That's all.
그냥 대화나 좀 하려고 한 것뿐이에요.

conversation은 대화의 그림이니 make conversation은 대화를 하는 것이지요.

Take a hike, bozo! 꺼져, 멍청아!

take a hike는 보기 싫은 사람보고 꺼지라고 하는 말입니다. 기본그림은 역시 hike에서 나옵니다.

> I'm trying to take a nap here. Stop whistling.
> 낮잠 좀 자려니까 휘파람 그만 좀 불어. (nap은 잠깐 눈을 붙이는 걸 말하지요.)
> Let's take a walk around the lake. 호수 근처에서 산책 좀 하자.
> See you around. Take care! 또 보자. 잘 지내!

care는 주의하는 그림이지요. 자신을 잘 돌보라는 말입니다. take care of yourself의 줄임말입니다. 화장실 가서 쓰는 속어 표현 중에 take a shit 또는 take a dump(큰 거 보다), take a leak(작은 거 보다)이 있습니다. 이들 속어 표현도 shit, dump, leak라는 속어 의미를 갖는 명사를 동사 형태로 사용하는 것 뿐입니다.

> Are you gonna take a leak or dump? 쉬할 거야 아니면 큰 거 할 거야?

자, 지금까지 이디엄·파생표현·속어의 기본그림을 그리는 법을 엿보았습니다. 기본그림을 그릴 줄 안다면 새로운 표현이 나와도 최소한 당황하거나 기죽진 않을 겁니다. '할 수 있다'는 여유와 자신감을 가지시기 바랍니다. 이제부터 제 2부에서 다뤘던 기본동사의 대표적인 이디엄, 파생표현과 속어를 살펴보겠습니다. 워낙 많은 표현들이 있어서 요긴하고 가장 많이 사용되는 표현들만 정리했습니다.

이디엄·파생표현·속어
break

break 01 break the ice

모르는 사람을 처음 만나면 서먹서먹하지요. 분위기가 마치 얼음장처럼 차갑습니다. 이 서먹서먹함을 얼음 깨듯 극복하는 게 break the ice입니다.

> I am looking for some advice on how to break the ice when I meet someone new. 누군가 처음 만날 때 서먹서먹함을 깰 수 있는 방법 좀 조언해주세요.
> Dining together is a nice way to break the ice and get to know one another at the outset of a relationship. 같이 식사하는 건 처음 사귀기 시작했을 때 서먹함을 깨고 서로에 대해 알 수 있는 좋은 방법이지.

break 02 break ground

건물을 처음 지을 때 착공식을 하는 그림을 그려보세요. 유명인사들이 삽으로 땅을 파거나 하지요.

> Chicago will break ground today for the city's first certified "green" elementary school. The school will feature solar panels and flooring made of recycled glass. 시카고에서는 오늘 최초의 '환경' 초등학교 착공식을 가진다. 이 학교는 태양열 집열판 및 재활용 유리로 만든 마루가 특징이다.

비유적으로 새로운 장을 연다거나 하는 그림을 그릴 수도 있습니다.

> Biotechnology firms are breaking new ground by developing and

propagating genetically engineered crops and food, often referred to as genetically modified organisms (GMOs).
생명공학 회사들은 흔히 유전자재조합식품(GMOs)이라고 부르는 유전 변이 작물 및 식품을 개발하고 전파함으로써 이 분야에 새로운 장을 열고 있다.

break 03 break one's fall

사물이 낙하를 하면 낙하거리가 길수록 충격이 크지요. 이 충격을 깨주면 완화시켜주는 겁니다.

Figuring the bushes would break his fall, Bundy removed his pocket knife and proceeded to cut away his shirts to free himself from the tree.
덤불에 떨어지면 충격이 덜할 것이라고 판단한 번디는 주머니칼을 꺼내 나무에 걸린 셔츠를 잘라내기 시작했다.

He was going down head first. He stuck out an arm to break his fall.
머리가 아래를 향한 채 떨어지기 시작했다. 충격을 덜기 위해 팔을 뻗었다.

break 04 break the back of something

척추 동물의 힘은 허리로부터 나온다고 해도 과언이 아니지요. 이 허리를 부러뜨리면 전체를 망가뜨리는 겁니다.

A fairly large and substantially armed military has been unable to break the back of the guerrillas.

패나 규모도 크고 무장도 잘된 군대였는데 게릴라의 아성을 깨진 못했다.
We must break the back of illiteracy among adults and youths in five years. 5년 내에 성인 및 아동 문맹을 퇴치해야 합니다.

break 05 break wind

표현 자체에서 방귀 뀌는 그림(fart)이 그려지는 구어체 표현입니다.

> All of a sudden, he broke wind very loudly. Everyone looked towards us to see where the sound was coming from. 그 녀석 느닷없이 큰 소리로 방귀를 뀌는 바람에 다들 어디서 소리가 난 건지 우리 쪽을 쳐다봤다.

break 06 break-even

똑 부러뜨렸는데 길이가 똑같다면 even하다고 하지요. 흔히 손실과 이익이 균형을 이루는 손익분기점을 가리킵니다.

> We could never hope to reach a break-even point relying on commissions. 수수료만 받아가지고는 손익분기점 도달은 꿈도 못 꿀걸.

break 07 broken-hearted

마음이 깨지면 상심하는 것이고, 이를 형용사로 나타낸 겁니다.

> When my marriage ended a few years ago I was broken-hearted. 몇 년전 결혼이 파탄에 이르렀을 때 크게 상심했다.

break 08 lawbreakers

break law라고 하면 법을 위반하는 것이라고 했습니다. 범법자를 가리킵니다.

> He is basically an anarchist who believes the only good thing govern ment does is kill foreigners and put lawbreakers in jail — especially minority lawbreakers.
>
> 그는 정부가 하는 일 중에 좋은 일이라고는 외국인을 죽이고 범법자들, 그것도 소수민족 범법자들을 감옥에 처넣는 일뿐이라고 믿는 무정부주의자이다.

break 09 You can't make an omelet without breaking eggs.

원래 소련에서 레닌과 스탈린이 자신들의 정책을 정당화하기 위해 쓴 말이라고 하지요. 계란을 깨지 않고 오믈렛을 만들 수 없듯이 새로운 걸 만들려면 희생이 뒤따를 수밖에 없다는 말입니다.

> You can't make an omelet without breaking eggs. Destruction before creation. 모든 일에는 희생을 감수해야 하는 거야. 파괴가 있어야 창조가 있는 거라네.
>
> You can't make an omelet without breaking eggs, and you can't make a democracy without eliminating the dictator first.
>
> 희생이 없을 순 없지. 독재자를 먼저 없애야 민주주의가 가능한 거라구.
>
> Of course, you can't make an omelet without breaking eggs, and some will suffer as a result of such a bill.
>
> 물론 어느 정도 희생은 감수해야지. 이 법안 통과되면 고통받는 사람도 있을 거야.

이디엄 · 파생표현 · 속어
bring

bring 01 **bring down the curtain**

우리도 뭔가 끝나면 '막을 내렸다' 고 말합니다. 뭔가의 위에 막을 내려 버리면 (bring down the curtain) 그걸 끝내는 그림이겠지요.

> It's time to bring down the curtain on our relationship.
> 이제 우리 관계도 막 내릴 때가 된 것 같아.

bring 02 **bring home the bacon**

중요한 음식이다 보니 베이컨은 비유적으로 '꼭 필요한 것' 이라는 그림이 있습니다. 베이컨은 여기서 주식이라고 생각할 수 있습니다. bring home the bacon은 누군가 집에 베이컨을 정기적으로 가져와 식구를 먹여살리는 그림입니다.

> Don't forget that I'm the one who brings home the bacon, Jenny.
> 식구 먹여 살리는 건 나라는 걸 잊지 마, 제니.

다른 문맥에서 사용되는 경우도 있습니다.

> Well, he seems to be a good actor, but I want someone who always brings home the bacon, like Bruce Willis.
> 괜찮은 배우 같군. 하지만 난 브루스 윌리스같이 확실한 배우를 원해.

여기서 bacon은 문맥상 '배우로서 필요한 자질' 또는 '확실하게 영화를 성공시킬 수 있는 자질'을 뜻할 겁니다.

> She's got the looks. I give you that. But she doesn't bring home the musical bacon. 그 여자애 얼굴이야 반반하지. 그건 인정해. 그런데 음악적으로는 꽝이야.

bring 03 bring down the house

코미디언 한 명이 무대에 나와 관객을 마구 웃겨서 건물을 무너뜨리다시피 했다는 그림입니다. 영어로 만원 사례를 full house라고 합니다. 집이 꽉 찼다는 말이지요. 여기서 house는 일반적인 '집' 개념이 아니라는 걸 알 수 있습니다. 원래 house는 관객들이 앉는 자리를 뜻하는데 비유적으로 '관객 전체'를 가리킵니다. 우리말로 하자면 '다들 뒤집어졌어'에 해당하지요.

> Bundy brought the house down again. The guy is so funny.
> 번디가 또 관객들을 뒤집어놨어. 걔 엄청 웃긴다니까.
> This song brought down the house when we played it.
> 이 노래 연주하자 마자 관객들이 난리였지.

bring 04 well-brought-up

말 그대로 잘 컸다는 뜻입니다. 누군가 정성스레 키워서 흠잡을 데 없다는 것이지요.

> Bundy was well-brought-up, and had good manners.
> 번디 참 잘 큰 애지. 매너도 좋고.
> Outwardly I was everything a well-brought-up girl should be, but inside I was screaming. 겉으로는 참한 여자애의 전형이었지만, 속으로는 비명을 지르고 있었다.

bring 05 April showers bring May flowers.

4월에 비가 많이 오면 5월에는 꽃이 핀다는 말로 힘든 일을 겪고 나면 좋은 일이 생긴다는 표현입니다.

> April showers bring May flowers. Healthy plants don't bloom overnight. It takes the right combination of soil, water and fertilizer to successfully grow a vegetable garden. 고진감래라. 건강한 식물은 하룻밤에 나오는 게 아니다. 흙, 물, 비료가 딱 맞아야 채소밭을 잘 가꿀 수 있다.

말장난에 활용하기도 합니다.

> They say that April showers bring May flowers, so what better time to look at rainfall statistics than April? 4월에 비가 많이 오면 5월에 꽃이 만발한다는 속담이 있지요. 그러니 강우량 측정할 때 4월만큼 좋은 달이 없다는 말씀.

이디엄 · 파생표현 · 속어
call

call 01 call it a day[night]

그날의 업무를 종료하자는 말입니다. 밤에는 night를 쓰는 예가 많습니다.

Let's call it a day. I'm expecting someone.
오늘은 이만하지. 누가 오기로 해서 말이야.
I'm dead tired, let's call it a night. 엄청 피곤하네. 오늘밤은 이걸로 끝내자.

call 02 call it quits

call it quits라고 하면 단순히 중단하는 게 아니라 포기하거나 때려치는 뉘앙스가 강합니다.

We fished for about an hour with no luck so we decided to call it quits.
1시간 동안 낚시를 해도 건지는 게 없어서 때려쳤어.
The journalist called it quits after four years of reporting, due to the tiring and demanding lifestyle that comes along with the job.
그는 4년 만에 기자직을 그만뒀다. 기자일로 인한 지치고 힘든 생활 때문이었다.

call 03 call the shots

총을 쏘는 걸 shot이라고 합니다. 정확히 어디를 맞출지 미리 떠벌리는 게 shot을

call하는 겁니다. 당구를 칠 때 어떤 공을 맞춰서 어느 구멍으로 집어넣을지 미리 떠벌리는 것도 마찬가집니다. 총을 어디로 쏠지 명령할 수도 있어서 상황을 좌지우지하는 그림(in charge)도 됩니다.

Aren't you forgetting something? I'm the one who's calling the shots here. 너 뭐 잊고 있나 본데, 여기선 내가 대장이야.

Even though the United States has officially handed over the country to the people of Iraq, there is no doubt who is calling the shots here, the American military. 미국이 이라크 국민들에게 나라를 넘겨주긴 했지만 아직도 이곳이 미군 책임하에 있다는 건 의심의 여지가 없다.

 call one's bluff

bluff란 카드놀이에서 유래한 말입니다. 좋지 않은 패를 들고도 높은 패를 가지고 있는 것처럼 허풍을 쳐서 상대방을 속이는 행위지요. 이걸 간파해서 '해볼 테면 해봐라' 하는 게 call one's bluff입니다.

Okay, I'll call your bluff and raise you 500 dollars.
좋아, 난 니 뻥 안 믿어. 500달러 더 걸지.

I told my boss, "Either I get a raise or I walk!" He called my bluff and said he would hire someone else. 사장한테 "월급 안 올려주면 그만둘 거예요!" 했거든. 그랬더니 해볼 테면 해보라는 식으로 딴 사람 고용하겠다고 하더군.

call 05 call a spade a spade

삽을 삽이라고 부르는 건 포장하지 않고 있는 그대로 톡 까놓고 말하는 겁니다.

He had the courage to call a spade a spade and call the former Soviet Union what it was — the evil empire. 그는 구소련을 한 치의 포장도 없이 있는 그대로 칭하는 용기를 보였다. 악의 제국이라고 말이다.

call 06 on call

부르면 달려올 수 있도록 대기 상태로 있다는 말입니다.

Nurses are on call seven days a week, 24 hours a day.
간호사들은 하루 24시간 일주일 내내 대기 상태지.

call 07 there is no call

부를 일이 없다는 건 그만큼 쓸모가 없다는 겁니다.

It's a fairly talky movie, so there isn't much call for the surround channels, but the occasional moments when they are used are quite effective.
말만 많은 영화라서 서라운드 채널로 들을 필요까지는 없지만 가끔 아주 효과적일 때도 있어.

There should be no sadness for the president. There is no call for tears at the dictator's passing.
대통령 죽었다고 슬퍼할 필요 없어. 그런 독재자 죽었다고 눈물 흘릴 필요 전혀 없지.

call 08 the call of nature

자연의 부름을 받아 볼일을 보는 걸 말합니다.

As I answered the call of nature, a little voice piped up from the cubicle next-door. "Teacher, what are you doing?"
볼일을 보고 있는데, 화장실 옆 칸에서 아이 목소리가 튀어나왔다. '선생님, 뭐 하세요?'

call 09 wake-up call

우리가 흔히 모닝콜이라고 하는 게 이거지요.

Can you give me a wake-up call at six tomorrow morning?
내일 아침 여섯 시에 모닝콜 좀 부탁드릴까요?

비유적으로 쓸 수도 있습니다.

Pyongyang gave a wake-up call to the Japanese on August 31, 1998, by test-launching one of its long-haul missiles TaepoDong across the Japanese archipelago into the Pacific Ocean.
북한은 1998년 8월 31일 자신들의 장거리 미사일 중 하나인 대포동 미사일을 일본 열도를 거쳐 태평양으로 시험 발사 함으로써 일본인들에게 경종을 울렸다.

call 10 He who pays the piper calls the tune.

피리부는 사람한테 돈을 내는 사람이 어떤 노래를 불어달라고 할지 요청할 수 있다는 말이지요. 돈 내는 놈 마음이라는 뜻입니다.

> He who pays the piper calls the tune. Money talks, you know.
> 돈내는 놈 마음이지 뭐. 돈이면 다 되잖아, 알면서.
> What our politicians seem to have forgotten is that he who pays the piper calls the tune. Turning over vital public services to corporations is like handing them a license to print money.
> 정치인들이 돈 내는 놈 마음이라는 말을 잊은 것 같다. 핵심적인 공공 서비스를 사기업에 넘기는 건 그들한테 돈을 찍어낼 면허를 내주는 것과 같기 때문이다.

call the tune 자체에 call the shots처럼 in charge의 뜻이 있습니다.

> Who calls the tune in business and politics? Men are still much more likely than women to make it to decision-making positions.
> 기업이나 정치권에서 아직도 높은 자리에 있는 대다수는? 남자들이 여전히 여자들보다 결정권이 있는 자리를 차지할 가능성이 크다.

이디엄 · 파생표현 · 속어
come

come 01 come clean

오고 난 상태가 깨끗하다는 그림으로 속시원히 털어놓는 걸 말합니다.

I suppose I should come clean with you. 너한테 다 털어놓아야할 것 같네.
The government will never come clean on national TV about what it did! 정부가 TV에 나와서 지네들이 한 일을 다 밝힐 것 같아?

come 02 come out of woodwork

woodwork는 나무제품을 가리킵니다. 여기서 벌레가 기어나오듯이 한도 끝도 없이 뭔가 나온다는 말입니다.

The restaurant's accounting is in disarray as creditors seem to be coming out of woodwork with their claims that had not been registered in its ledger. 이 식당 회계는 엉망이야. 장부에 기재되지도 않은 부채를 들고 나오는 채권자들이 수두룩하거든.
I'm astonished to see these idiots come out of woodwork over the issue of illegal immigration. 불법 이민에 대해 쥐뿔도 모르는 멍청이들이 끝도 없이 쏟아져 나오는데 놀랠 노자라니까.

If you have money coming out of your ears, then by all means buy all the stuff you can that increases performance of your computer.
돈이 흘러 넘쳐서 주체할 수 없을 정도라면 살 수 있는 건 다 사서 컴퓨터 성능을 높이라구.

come out of one's ears라고 해도 같은 말입니다.

03 come out in the wash

in the wash란 빨래하는 걸 말합니다. 빨래를 해서 얼룩이 빠지는 게 come out in the wash로, 때가 잘 빠지듯 뭔가가 잘 될 거라는 의미로 쓰입니다.

If it doesn't come out in the wash, it will come out in the rinse.
세탁 과정에서 안 빠지면 헹굼 과정에서 빠질 거야.
It'll all come out in the wash. 모든 게 잘 될 거야.

04 come out on the scene

무대에 등장한다는 말로 뭔가 새로운 것이 나타났을 때 씁니다.

When genetically modified soy beans came out on the scene it seemed like a heaven-sent solution to Argentina's agricultural problems.
유전자 변형 콩이 처음 등장했을 당시 아르헨티나 농업 문제 해결을 위해 하늘이 내려준 선물로 여겨졌다.
Before the Internet came out on the scene, buying books was a very "physical" experience. People would wander through bookstores at their leisure picking up books that caught their eye.
인터넷이 등장하기 전에는 책을 산다는 것이 온몸으로 하는 경험이었다. 틈날 때 서점들을 둘러보고 눈길을 끄는 책을 집어들곤 했으니까.

come 05 come out of nowhere[the blue]

난데없이 나타나는 그림입니다.

> As I opened the car door, a sniper shot came out of nowhere. A bullet grazed my neck. 차 문을 열자 어디선가 저격수의 총탄이 날아들어 목을 스치고 지나갔다.
> As he started into the intersection a truck came out of nowhere.
> 교차로에 들어서는 순간 난데없이 트럭이 나타났다.
> Judy came out of the blue and into my heart.
> 주디가 난데없이 나타나 내 마음속으로 들어왔다. (주디를 사랑하게 됐다.)
> Around 40 patients had been in the hospital when the flood came out of the blue; most of them are dead or missing.
> 뜻밖의 홍수가 병원을 덮쳤을 때 40여 명의 환자가 있었는데 대부분 죽거나 실종됐다.

come 06 come with the territory

직업 등의 환경에 따라간다는 그림으로 go with the territory와 같은 말입니다. 말하는 사람이 어떤 관점에서 얘기하느냐에 따라 come이나 go를 골라 쓰지만 의미는 차이가 없습니다.

> Politicians understand that criticism comes with the territory; just as failure is the close companion of a ballplayer or a salesman.
> 정치인들은 비난이 이곳 생리라는 걸 알고 있지. 야구선수나 영업사원에게 실패가 가장 가까운 친구인 것처럼 말이야.
> We've been playing the clubs in New York, and, uh... we've been getting a following, you know, and... the girls. There're some real temptations that come with the territory, if you know what I mean.
> 뉴욕 클럽에서 연주활동을 해왔는데요… 그러니까… 팬들이 좀 늘었더라구요… 여자들도 그렇고. 이 바닥이 원래 그런 유혹이 좀 강하거든요. 무슨 말인지 아시지요?

Hey, I'm a cop. That's all part of the job. Gotta get physical sometimes, right? Goes with the territory, if you know what I mean.
야, 나 경찰이야. 다 업무의 일부분이라고. 때로는 힘도 쓰고 그래야 하잖아, 안 그래? 경찰 일이라는 게 다 그런 거야. (경찰이라는 직업 또는 환경(territory)과 '무력 행사'가 함께 가는 그림이지요.)

It goes with the territory. For every two hours you spend on stage, you spend countless more signing autographs or giving interviews.
이 바닥이 다 그렇지. 무대에서는 두 시간 보내면서 사인이나 인터뷰하는 데는 그보다 엄청 많은 시간을 쏟는 식이거든.

come 07 come within an inch of something

뭔가와 1인치밖에 떨어지지 않으면 자칫 닿을지도 모르지요.

He came within an inch of losing his life. 거의 죽을 뻔했다.
The wolf came within an inch of experiencing worldwide extermination.
늑대는 전세계적으로 거의 멸종위기에 처할 뻔했다.
When I watched the movie I came within an inch of throwing up.
그 영화보고 토할 뻔했어.

come 08 come to much

부정문으로 사용합니다. 왔는데 별 게 아니면 별 소용이 없는 것이지요.

The bonus amount didn't come to much. 보너스 얼마 되지도 않더군.
My big plans for the night didn't come to much.
그날 밤 거창한 계획을 세웠는데 별 소득이 없었다.

come 09 come up through the ranks

계급을 차근차근 밟아 올라오는 그림으로 정상적인 절차를 거쳐 성장한 걸 말합니다.

> Thirty years old, married, he came up through the ranks to his present administrative job. 서른 살의 기혼남으로 지금의 행정직까지 밑바닥부터 올라왔다.
>
> My boss is one who came up through the ranks. What's good about that is that he used to do my job, so he knows exactly what I'm supposed to be doing. 내 상사는 밑바닥부터 올라온 사람이지. 이게 왜 좋으냐면 내 일을 해본 사람이라 내가 어떻게 일을 해야 하는지 정확히 알고 있다는 거지.

come 10 when it comes to something

말할 주제를 가리킬 때 쓰는 표현이지요.

> Hollywood movies are also unrealistic when it comes to sex.
> 성에 관한 한 할리우드 영화도 비현실적이지.
>
> When it comes to cheese, I'm one of the people who think the smellier the better. 치즈에 관한 내 생각은 냄새가 독할수록 좋다는 거지.

come 11 Come on!

일상 생활에서 많이 쓰는 표현이지요. 상대방에게 불만을 표시하는 방법 중 하나로 문맥에 따라 의미가 달라집니다.

> A : I can't do it. I'm not smart enough.
> B : Come on, man!
> A : 못 하겠어. 난 머리가 그렇게 좋지 않아서.
> B : 야, 말도 안 돼!

Come on! We're gonna be late. 빨리 좀 해! 늦겠다.

A : You can't go to the movies that late.
B : Come on. I'll be back as soon as the movie's over.
A : 그렇게 늦게는 극장에 못 가.
B : 그러지 마시구요. 영화 끝나자마자 올게요.

come 12 Good[The best] things come in small packages.

좋은 건 크기가 작다는 말입니다. 보석도 다른 것들에 비해 크기가 작으니까요.

It really annoys me that the new games nowadays come in at least four

CDs, and sometimes up to six CDs. Installing them takes up a few gigabytes. Good things come in small packages. 요즘 게임들은 툭하면 CD 4장짜리로 나오고 심지어 6장짜리도 있더구만. 그거 설치하면 몇 기가바이트는 그냥 잡아먹는다구. 작은 게 좋은 건데 말이야.

몸집이 작은 사람이라고 깔보면 큰코 다친다든가 할 때도 씁니다.

Don't let size or age fool you. He may look like a kid but the best things come in small packages. 몸집이나 나이가 어리다고 속지 말라구. 걔 어린애처럼 보일지는 몰라도 작은 고추가 매운 법이다.

13 What goes around comes around.

가는 만큼 온다는 거지요. 긍정과 부정의 의미 모두 쓰입니다.

Remember, what goes around comes around. As you treat people, so they will treat you.
기억해둬. 가는 만큼 오는 거라구. 사람들한테 잘 해줘야 너도 대접받는 거야.
I crammed the test and failed — What goes around comes around!
벼락치기 했다가 F 받았어. 뿌린 대로 거둔다더니.
His son lost his leg caught in a trap he set up to catch animals. What goes around comes around.
동물 잡으려고 쳐 놓은 덫에 아들놈이 다리를 잃었지. 인과응보라던가.
The company which was notorious for hostile takeover went bankrupt. Well, that's why they say "What goes around comes around."
기업 사냥으로 악명 높던 그 회사 망했어. 그러게 자업자득이라고 하잖아.

이디엄 · 파생표현 · 속어
do

01 do justice[credit]

do justice[credit] to someone[something] 등의 형태로 쓰여서 뭔가 제대로 해주는 그림입니다. '제대로 해준다' 는 의미는 행위를 받는 대상이 '마땅히 받아야 할 것' 을 해준다는 말입니다. 예문으로 확인하세요.

That photo doesn't do justice to my beauty.
이 사진 내 아름다움을 제대로 표현해내질 못했어.

That drab table doesn't do justice to this otherwise magnificent room.
저 우중충한 탁자 때문에 이 방 스타일 구긴다 얘. (멋진 방이 당연히 받아야 할 대우)

The guests didn't do justice to the turkey. There's too much left.
손님들이 칠면조 요린 완전히 외면했어. 너무 많이 남았네. (칠면조 요리가 당연히 받아야 할 대우라면 먹어주는 것이겠지요?)

Your getting the degree really does credit to you.
너라면 그까짓 학위쯤이야 아주 당연한 거지.

02 do time

감옥에서 시간을 보내는 걸 말합니다.

She's also got a boyfriend doing time for assault.
그 여자 폭행죄로 복역중인 남자 친구가 있어.

He's doing time for illegal entry. 무단 침입으로 복역중이지.

구체적인 기간을 표시할 수도 있습니다.

Mr. Sears did ten years in the slammer before freed on second trial.
시어스 씨는 두 번째 재판으로 풀려날 때까지 10년을 감방에서 지냈다.

do 03 do oneself proud

뭔가를 잘했을 때 칭찬해주는 말입니다.

You've done yourself proud with all the work you've done over the years.
자네 그동안 일 참 잘 해줬네.
You've done yourself proud with this site, Sam. 이 사이트 참 잘 만들었군, 샘.

do 04 do the trick

문제의 해결책이 되는 그림입니다.

Don't rush it. Nice and easy does the trick.
서두르지 말라구. 차근차근 천천히 할수록 좋다구.
Your suggestions did the trick. My computer is running just fine now.
당신 조언대로 했더니 됐어요. 컴퓨터가 이제 잘 돌아가네요.

do 05 Do you ~ with that mouth?

참 재미있는 표현입니다. 욕을 많이 하거나 말투가 거친 사람한테 쓰는 말이지요.

Stop cursing! Do you eat with that mouth?
욕 좀 그만해! 넌 그 (더러운) 입으로 밥 먹니?

I hate it when you swear. Do you kiss your momma with that mouth?
너 욕하는 거 지겨워죽겠어. 넌 그 (더러운) 입으로 엄마한테 뽀뽀하니?

06 do the thing [stuff]

우리말로 '~질, ~짓'에 해당하는 구어체 표현입니다.

Jack is in that joint on the corner doing the drink thing as usual.
잭은 늘 그렇듯 모퉁이 술집에서 술 퍼먹고 있어.
When I was doing the drug thing, I knew it could blow up in my face any day. 내가 마약질할 때 언젠가 큰코 다칠 줄 알았지.
If you don't want to do the money thing, then you would need to get a copy of Linux. 돈지랄하고 싶지 않으면 (공짜 운영체제인) 리눅스 구하는 게 좋겠지.
We proceeded to do the money thing and the man handed me a gun that is untraceable. 돈을 주자 그는 추적이 불가능한 총을 건네줬다.
I'll do the silence thing. But that might make the police do the physical stuff. 입 다물고 있을 거지만 그러면 경찰이 힘을 쓰지 않을까.
I limped all the way to my apartment and did the first-aid thing.
아파트까지 절룩거리면서 와서 응급치료를 했다.
I don't want to do the "I'm sorry" stuff with you. Anyone else but not you.
당신한테 미안하다고 매달리는 짓 하고 싶지 않아요. 딴 사람이라면 몰라도 당신은 아냐.

07 do-or-die

'하거나 죽거나' 지요. 죽기 아니면 살기라는 우리말과 같습니다.

Brian put his bazooka on the bank, with no line of retreat possible: a do-or-die situation. 브라이언이 둑에 바주카포를 올려놓았다. 물러설 곳은 아무데도 없었다. 배수진을 친 거다.

To remain competitive in a do-or-die climate, we need to make innovative products. 생사가 걸린 환경에서 경쟁력을 갖고 살아남으려면 혁신적인 제품을 만들어야 합니다.

 doable

할 수 있다는 말의 형용사지요.

Will not be easy but doable. 쉽진 않지만 할 순 있어요.
I hope you and your friend here can sit down and talk and come up with a doable solution. 너랑 니 친구 여기 앉아서 대화로 해결책을 찾았으면 좋겠어.

이디엄 · 파생표현 · 속어
get

01 get a kick out of someone[something]

kick이 들어갈 자리에 bang이나 charge가 쓰이기도 합니다. 세 단어 모두 비유적으로 즐거움을 주는 그림으로, 뭔가로부터 재미를 만끽한다는 말입니다.

It gives me a kick to see them fight each other.
지들끼리 싸우는 걸 보면 신나 죽겠어.

무료하게 가만히 있는데 한 대 차이면 흥분되겠지요. 이 그림에서 출발한다고 보면 됩니다. 관점에 따라 give가 될 수 있고 get이 될 수 있다는 겁니다.

I'm sure the TV audience will get a kick out of the new show.
TV 시청자들이 새 쇼를 보면 아주 좋아할 거야.

Parents get a kick out of seeing children grow and develop from infants to young adults.
부모들은 자녀들이 아이에서 어른으로 자라나는 걸 보면서 즐거워하지.

I get a charge out of him trying to get in good with me.
나한테 잘 보이려고 애쓰는 걸 보면 재미나 죽겠어.

We get a bang out of them getting so upset over nothing.
아무것도 아닌 걸 가지고 화내는 걸 보면 어찌나 재밌는지.

get 02 get cold feet

사람이 불안하거나 겁을 내면 몸이 차가워집니다. 발이 가장 쉽게 차가워지지요. 이미 정해진 일을 앞두고 용기나 자신감이 없어지는 걸 말합니다. get이 늘 그렇듯 have로 바꿔 쓰거나 have got의 형태로 써도 됩니다.

> I got cold feet at the last minute and couldn't say a word.
> 막판에 쫄아서 아무 말도 못했어.
> He got cold feet and cancelled the trip.
> 갑자기 겁나서 여행을 취소해버렸다. (여행지에서 사고가 난 뉴스를 들었다거나 해서)
> She got cold feet about putting money in their business.
> 그 사업에 돈을 투자하는 게 갑자기 겁이 났다. (망할까봐)

get 03 get the hang of something

hang은 뭔가에 매달리는 거지요. 손에 익는 그림입니다. 배워서 익숙해진다는 말입니다.

> I think I'm finally getting the hang of this job.
> 이제야 이 일이 좀 손에 익는구만.
> I'm trying to get the hang of her way of talking.
> 저 여자 말투에 익숙해지려고 노력중이야.
> He is still getting the hang of speaking in a way that all kids in the class could understand. 반 아이들 모두 알아들을 수 있는 어투로 말할 수 있도록 노력중이지.

get 04 get a load of someone[something]

눈으로 본다는 의미의 구어체 표현입니다. 놀랍거나 해서 쳐다보는 경우에 흔히 씁니다.

Wow, get a load of the biceps on that guy. 와, 저 놈 알통 좀 봐.
Hey, get a load of Bundy. He's proposing to Judy.
야 번디 좀 봐. 쟤 주디한테 청혼하고 있어.
Did you get a load of David's green eyes? And that butt?
너 데이빗 녹색 눈 봤니? 엉덩이는 또 어떻구?

get 05 get carried away

제자리에 있지 못하고 끌려가면(carried away) 제정신이 아니라는 겁니다. 침착하지 못하고 흥분할 때 씁니다. 우리가 흔히 말하는 '오버하지 마'에 해당합니다. 뭔가 하는 중에 도가 지나쳐서 오버하는 게 carried away입니다.

A : How could you do that?
B : Sorry, I got a bit carried away.
A : 어떻게 그런 짓을?
B : 미안해, 흥분해서 정신이 나갔었나 봐.

A : Well, I can beat Jack. Not only Jack. Even Sam. I might even have a chance with a Heavy Weight champ.
B : Well, let's not get carried away.
A : 야, 나 잭 이길 수 있어. 잭뿐 아냐. 샘도 이겨. 이러다 혹시 헤비급 챔피언 되는 거 아냐?
B : 야, 오버하지 마.

You have to rein in your ego and remember not to get carried away by all the praise and positive press. 너 괜히 우쭐하지 말고 차분해야 돼. 언론에서 칭찬일색으로 도배를 한다고 흥분하면 안 된다구.

get 06 get someone off the hook

hook는 갈고리지요. 고기가 잡히듯이 사람이 걸려 있는 그림인데 여기서 풀어주면 off the hook하는 겁니다. 봐주는 거지요.

If you do me a little favor, I'll get you off the hook for everything that happened last night. 내 부탁 하나 들어주면 어젯밤 있었던 일 모두 없던 걸로 해줄게.

take와 let을 써도 같은 의미가 되지요.

Please take[let] me off the hook on this one. 이번 일은 좀 봐주라.

스스로 벗어날 수도 있지요.

You're not getting off the hook that easy. 그렇게 쉽게는 못 빠져나가지.

get 07 get the picture

그림으로 다가가면 점점 선명해지겠지요. 상황이 이해가 된다는 말입니다.

Forced rehab for drug addicts won't work. Why can't the government get the picture?
재활을 강요한다고 마약 중독자 문제가 해결되진 않는다구. 정부는 왜 그걸 이해 못할까?
I could sit here all day coming up with stories to get my point across, but I think you get the picture now. 여기 하루 종일 앉아서 내가 하려는 말이 뭔지 이 얘기 저 얘기 끄집어낼 수도 있지만 이만하면 너도 이해할 거라고 생각해.

get 08 get down to business

본격적으로 어떤 일을 시작하는 그림이지요.

Stop wasting time. Let's get down to business.
시간 낭비 말고 본론으로 들어가자구.
Okay, it's time to get down to business. Jack, do you have any new information? 자, 이제 시작해보자구. 잭, 새로운 정보라도 있나?

get 09 get off on the wrong foot | get off to a bad start

발을 내딛었는데 엉뚱한 순서였다면 시작이 나쁜 것이지요. 첫단추 잘못 끼우는 그림입니다.

> Our trip got off to a bad start as it rained cats and dogs.
> 여행은 시작부터 안 좋았다. 비가 엄청 왔거든.
> Just so we don't get off on the wrong foot, I'm not trying to start a war here. I just want to have a spirited discussion. 처음부터 오해 사지 않기 위해 한마디 하자면, 난 여기서 전쟁하자는 게 아니야. 열띤 토론을 해보자는 거뿐이라구.

반대로 출발이 순조로우면 get off on the right foot/get off to a good start 겠지요.

> I don't think we're going to get off to a good start.
> 출발이 순조로울 것 같지 않은데.

get이 들어가는 만큼 남을 움직여줄 수도 있습니다.

> Your little help could get us off to a good start.
> 조금만 도와주시면 출발이 순조로울 텐데요.

get 10 get up on the wrong side of the bed

매일 일어나는 쪽이 아니라 엉뚱한 쪽에서 일어나서 아침부터 기분이 영 엉망이라는 말입니다.

> What a foul mood you're in. You got up on the wrong side of the bed this morning or what? 왜 그렇게 짜증을 내? 아침에 기분 나쁜 일이라도 있었어?
> I think I got up on the wrong side of the bed this morning. I just can't

seem to smile today. 오늘 아침부터 기분이 영 아닌데. 종일 웃을 수가 없구만.

누군가 화가 나 짜증을 심하게 낼 때 somebody를 주어로 쓰기도 합니다.

Boy, somebody really got up on the wrong side of the bed this morning. Why is he acting like that? 아이구, 왜 저리 언짢으신가. 쟤 왜 저러는데?

get 11 get out of here

말 그대로 하면 여기서 나가라는 것이지만 '헛소리 하지 말라' 는 구어체 표현입니다.

A : I can drive up there in less than an hour.
B : What? Get outta here! Maybe you could fly there in less than an hour!
A : 거기까지 차로 한 시간 내에 갈 수 있어요.
B : 뭐? 헛소리 집어쳐! 비행기로 날아가면 모를까.

긍정적으로 놀라움을 나타낼 때도 쓰입니다.

A : I won a lottery!
B : Get out of here! You mean it?
A : 나 복권 맞았어!
B : 웬 헛소리? 진짜야?

You got married? Get out of here! 결혼했어? 말도 안 돼!

get 12 get one's act together

의지대로 움직일 수 있도록 자기 주변을 정리하는 그림으로 자신을 추스리는 거지요.

I'll get my act together and then start the business.

일단 나부터 추스리고 일을 시작할게.
If he doesn't get his act together, I'm gonna fire him.
그 녀석 정신 못 차리면 해고해 버릴 거야.

언어가 거친 영화를 보면 act 자리에 shit이 들어간 대화를 들을 수도 있습니다.

Somebody should tell that bastard to get his shit together before he got us all killed!
누가 저 쉐이 정신 좀 차리라고 일러. 저 놈 때문에 우리 다 죽을 거야.

get one's head together란 말도 있는데요, 머리를 추스리는 거니까 진정하고 마음을 차분하게 가라앉히고 정리하는 걸 뜻합니다.

He couldn't get his head together. 흥분해서 정신을 못 차렸다.

13 get out while the getting is good

상황(the getting)이 좋을 때 물러나야 한다는 그림이지요.

The dictator should get out while the getting is good, but I think he has decided to take his chances. He will not win this war. 그 독재자 그나마 상황이 좋을 때 물러나는 게 좋을텐데 갈 데까지 가보기로 한 것 같아. 이번 전쟁은 못 이길걸.

I would not buy a house in this area at any price and I suggest you sell now and get out while the getting is good!
난 이 지역에선 어떤 가격에도 집 안 살 거야. 너도 아직 기회가 있을 때..빠져나오라구!

get 14 (Do you) get my drift?

'내 말 알아들었냐' 는 구어체 표현입니다.

A : Get my drift?
B : Yes, I understand what you are saying.
A : 내 말 알아들었어?
B : 응, 니 말 이해해.

Do you get my drift? What we're going through here, in many respects, is absolutely ridiculous. 내 말 알아듣겠어? 우리가 여기서 당하고 있는 일은 여러 가지 면에서 완전히 말도 안 되는 거라구.

get 15 Get lost!

친한 사이 아니면 쓰지 말아야 할 말이지요. 사라진 상태(lost)로 가라는 건 꺼지라는 말입니다.

Hey, you two, get lost! 야, 니들 꺼져!

give
이디엄 · 파생표현 · 속어

give 01 give someone [something] a bad name

<You give love a bad name>이란 Bon Jovi의 노래도 있지요. 누군가 또는 뭔가에 오명을 남겨준다는 건 욕먹게 한다는 겁니다. 여기서 name은 reputation과 같은 뜻이지요.

You give Koreans bad names. 너 같은 놈 때문에 한국 사람이 욕먹는 거야.
She gives women drivers bad names.
저런 여자 때문에 여성 운전자가 욕먹는다니까.
The rude waiter gave the restaurant a bad name.
불친절한 웨이터 때문에 저 식당 평판이 안 좋지.

give 02 give me something any day

어느 날 줘도 괜찮다는 것이지요. 우리말로 '언제라도 환영이다' 에 해당하는 말입니다.

For heavy metal, give me Metallica any day.
헤비 메탈이라면 메탈리카가 최고지.
I hate TV. Give me movies any day. 난 TV 싫어. 영화라면 언제든 환영인데.
I'm a coffee maniac. So give me coffee any day.
난 커피광이야. 커피라면 언제든 대환영.

give 03 give someone the benefit of the doubt

심증이 가도 확실한 물증이 없을 때 좋은 쪽으로 해석해 주자는 말. 법정에서도 심증만으로 처벌하는 걸 막기 위해 the benefit of the doubt를 활용하지요.

The American people gave the president the benefit of the doubt.
미국 국민은 대통령 말을 믿어보기로 했다.

계획 따위가 잘 될지 의심스러워도 확실히 실패한다고 단정지을 수 없으니까 일단은 잘 되는 쪽으로 믿어보는 경우도 해당됩니다.

Let's give his plan the benefit of the doubt. 일단 그 계획을 믿어 보자구.

give 04 give someone a hand

원래 give someone a hand(with something)라고 하면 우리말의 '손 좀 빌려줘'처럼 돕는 그림입니다.

Could you give me a hand with this luggage, please? 이 짐 좀 도와줄래요?

누구를 향해 박수치는 행동도 됩니다. 크게 박수를 치면 big hand라고 하지요.

You guys were great. I give you a hand this time.
아주 잘했어요. 이번엔 제가 박수를 쳐드리지요. (가수나 밴드가 잘 따라 부른 관중에게)

Well, go for it, Hank. Let's give him a big hand, everybody.
잘 해봐, 행크. 여러분, 모두 행크를 위해 박수!

give someone a free hand라고 하면 허락을 뜻합니다.

He was given a free hand to manage the company.
그는 자율적인 회사 경영을 보장받았다.

05 give or take

'주거나 가져가거나' 라는 말이지요. '더하거나 빼거나' 에 해당하기 때문에 정확한 수치가 아니라는 말입니다.

I have spent about 20 years of my life incarcerated, give or take a year.
20년 정도 감옥생활을 했어요. 1년 정도는 차이가 날 수 있지만.

Scientists currently estimate the visible universe to be about 13 billion years old, give or take a few billion. 과학자들은 지금 눈에 보이는 우주는 130억 년 전에 탄생했다고 추정한다. 수십억 년 오차는 있을 수 있지만.

06 give the time of day

말 그대로 하면 현재 시각을 알려준다는 뜻으로, 인사하고 다닌다는 표현입니다. 아침, 점심, 저녁 모두 good morning, good afternoon, good evening 식으로 말하니 인사를 하면 때를 알 수 있으니까요. 주로 부정문에 써서 인사조차 안 한다는 의미지요.

Up until the beginning of my senior year, I wouldn't give the time of day to the so-called nerds.
4학년 시작할 때까지는 이른바 샌님놈들한테는 눈길조차 안 줬지.

Most wholesalers won't give the time of day if you are ordering less than 100 units at a time.
대부분의 도매상은 한번에 100개 이상 주문하지 않으면 거들떠도 안 봐.

give 07 What gives?

황당한 상황에 처했을 때 "도대체 뭔 일이람?"에 해당하는 표현입니다.

> The system is informing me that this is a DVD-ROM, but I actually bought from the vendor a CD-R/RW drive! So what gives? 시스템 정보를 보면 이게 DVD-ROM이래. 난 분명히 CD-R/RW 드라이브를 샀거든. 대체 뭔 일이래?
> Abortion is not a crime according to our laws, so what gives with your remark? If it is a crime and considered murder, arrest me. 현행법대로라면 낙태는 범죄가 아닌데 너 그게 무슨 말이니? 그게 범죄고 살인으로 생각되면 날 잡아가.

give 08 give someone a run for his money

원래 돈값을 한다는 의미였지만 대부분 그만큼 값어치를 하는 호적수라는 뜻으로 사용됩니다. 또, 호적수이긴 해도 결국 내가 이겼다는 식으로 쓰기 때문에 자신을 더 높이는 말이기도 합니다.

> Me and him got into a match — needless to say, he gave me a run for my money. 그 자식이랑 내가 한판 붙었는데. 말할 것도 없이 무지 쎈 놈이었지.
> I got 90 in math but those true-false questions gave me a run for my money. 수학에서 90점 받았지만 OX 문제는 꽤나 어려웠다.
> I won both games but she played pretty well and gave me a run for my money in the second game. 두 게임 모두 이겼지만 그 여자도 잘해서 두 번째 게임은 꽤 힘든 싸움이었다.

관점이 반대가 되면 get을 씁니다.

> I got a run for my money in the match with him. → He gave me a run for my money in the match. 그 놈 쎄던걸.

give 09 give someone a piece of one's mind

누군가한테 마음의 일부를 주면 무슨 애정 표현이라도 하는 것처럼 보이지만 사실은 화를 내는 겁니다.

> Bring him to the phone. I want to give him a piece of my mind.
> 전화 바꿔. 한소리 해야겠어.
> I am going to march into his office, give him a piece of my mind, and quit! 사무실에 쳐들어가서 한소리 하고 때려칠 거야!

give 10 give someone a rain check

rain check이란 원래 우천으로 경기가 취소됐을 때 다음 번에 무료 관람을 할 수 있게 해주는 것입니다. 또, 어떤 물건을 샀는데 하자가 있어 바꾸러 갔는데 마침 그 제품이 다 떨어졌으면 점원이 rain check을 써 줍니다. 나중에 그걸 가지고 오면 새 제품을 내주는 거죠.

> If it rains after you have started touring and you have not finished your tour, we will give you a rain check.
> 관광을 시작한 후에 비가 와서 끝까지 보지 못하면 다음에 무료 관광 기회를 드립니다.

비유적으로도 쓰이지요. 누군가 호의를 베풀었는데 받아들이긴 하는데 나중으로 미루고 싶을 때 쓰는 말입니다.

> A : Can I treat you to a dinner?
> B : No thanks, but I'll take a rain check.
> A : 내가 저녁 사줄까?
> B : 고맙긴 한데 나중에 얻어먹을게.

문맥에 따라 give를 쓸 수도 있습니다.

I'm in no mood to have dinner right now. Can I give you a rain check?
지금 저녁 먹을 기분이 아닌데, 달아두면 안 될까요?

take a rain check이 아니고 give you a rain check이라고 하는 건 예를 들어 남자가 여자에게 저녁 데이트를 신청했는데 여자가 들어주지 못할 경우 등입니다.

give 11 give it a try [go; shot]

shot에도 try처럼 뭔가 시도하는 그림이 있습니다. 한번 쏴보는 거지요. go도 마찬가집니다. 뭔가 시도해 보는 걸 말합니다.

A : Okay, I'll give it a try.
B : Yeah, you should give it a go.
A : 좋아 한번 해보지.
B : 그래, 한번 해보라구.

Come on. At least give it a shot. You have nothing to lose.
이봐, 한번 해보기나 하라구. 손해볼 것 없잖아.

단순히 시도하는 게 아니라 최선을 다하면 give something one's best shot 식으로 말합니다.

If you give it your best shot, you might be able to win the game.
최선을 다하면 이길 수 있을지도 몰라.

give 12 given to

자기 자신을 뭔가에 완전히 줘버린 그림으로, to 이하의 것에 빠지거나 탐닉하는 걸 말합니다.

The poorer sections of the population given to drinking sincerely believe

동사를 알면 죽은 영어도 살린다 *503

that it is necessary to cope with the rigors of manual labor which they have to undertake for their livelihood. 빈민층 중 술독에 빠져 사는 사람들은 생계를 꾸리기 위한 육체 노동의 고통을 덜려면 술을 마실 수 밖에 없다고 믿는다.

He was nicknamed 'Foxy,' perhaps because he was given to stealing and lying. 그 놈 별명이 '여우' 였지. 아마도 도둑질도 잘 하고 거짓말도 잘 해서일 거야.

give 13 given

특히 뭔가 설명할 때 당연한 것으로 받아들인다는 의미로 쓰는 형용사입니다.

I take it here as given that a high turnout at elections is a good thing. 선거에서 투표율이 높으면 당연히 좋은 일이라는 전제를 깔고 설명을 하는 거야.

I offer no explanation why human male and female physiologies evolved the way they did, but take these as given. 왜 남성과 여성의 생리적 특성이 지금처럼 진화했는지는 설명하지 않겠습니다. 그냥 당연한 것으로 가정합니다.

아예 명사형으로도 사용합니다.

Lots of salads are good for you; that's a given. 샐러드 많이 먹으면 몸에 좋아. 당연한 거지.

give 14 give credit where the credit is due

공로는 인정받아야 할 사람이 받아야 한다는 말입니다.

You should give credit where the credit is due. It's Bundy who did all the work. 공로는 인정할 줄 알아야지. 일은 번디가 다 했는데.

We don't attempt to take credit for something that isn't ours; we give credit where the credit is due. 남의 공을 가로채거나 하려는 게 아니야. 당연히 칭찬은 받을 사람이 받아야지.

give 15 Give someone an inch and he'll take a mile.

잘해주면 머리끝까지 올라오려고 한다는 말입니다.

> The fact that he is in my house is not the issue now. Should I let him stay? Give him an inch and he'll take a mile.
> 걔가 우리 집에 있다는 건 이제 문제가 아니야. 계속 있게 해야되나? 눌러 앉을지도 모르는데.
> If I start being as generous as you suggest, my husband will take advantage of me. Give him an inch and he'll take a mile.
> 니 말대로 잘 해주면 내 남편은 날 이용해먹으려고 할 거야. 손 주면 팔 달랠 인간이거든.

give 16 give the devil his due

아무리 악마라도 잘한 건 잘했다고 해줘야 한다는 겁니다. 인정할 건 인정하자는 것이지요.

> To give the devil his due, he has done a fabulous job in deceiving so many people! 아무리 나쁜 놈이라도 인정할 건 인정해야지. 그렇게 많은 사람을 속여넘긴 기술만큼은 끝내줬잖아.
> I know you hate him. But you have to give the devil his due. He's the only one with the necessary skills to pull this off. 너 걔 싫어하는 거 알아. 그래도 인정할 건 인정해야지. 이거 성공시킬 만한 기술을 가진 건 그 놈뿐이라구.

이디엄 · 파생표현 · 속어
go

01 go a long way

먼 길을 간다는 뜻인데요. toward나 in 다음에 나오는 행위에 더 가까워진다는 것입니다. 따라서 '거의 ~한다' 또는 장족의 발전을 했다는 뜻이지요.

> Your plan went a long way in helping us with our problem.
> 니 계획 덕분에 문제 해결에 큰 도움이 됐어.
> The car goes a long way toward meeting our needs.
> 이 차면 거의 만족할 만하네요.

02 go all out

all out은 전면적으로 뭔가를 한다는 말입니다. 모두 나간다는 것이니까요. all-out war라고 하면 '전면전'을 뜻합니다.

> Whenever they have a party, they really go all out.
> 파티할 때마다 대대적으로 일을 벌인다니까.

03 go back on one's word

go back은 뒤로 후퇴하는 것입니다. 그 대상이 말이라면 약속을 어기는 것이지요.

I hate to go back on my word, but I can't pay you back. 약속 어겨서 정말 미안하지만, 돈 못 갚겠어.

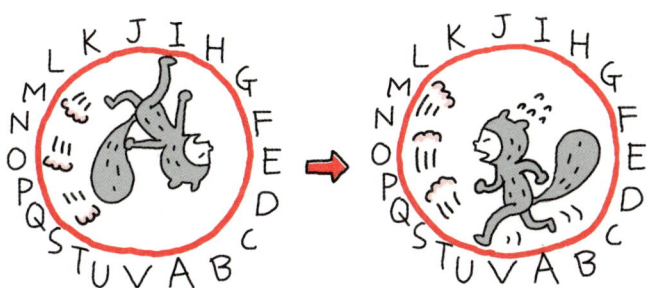

04 go begging

우리말에 딱히 해당 표현이 없는 말입니다. go를 진행 상황으로 볼 때 begging 하는 상태를 가리킵니다. 구걸하는 상태로 가는 것이지요. 음식에 많이 쓰는데요. 아무도 안 먹어준다면 음식 입장에서는 '나 좀 먹어주세요' 하면서 구걸하는 게 되지요. 아무도 안 먹거나, 안 쓰거나 해서 버려지다시피 하는 걸 말합니다.

There is still a lot of food left. A whole lobster is going begging. Please have some more. 아직도 먹을 게 많이 남았네. 가재는 통째로 남아서 손도 안 댔구만. 좀 더 드세요.

There are many good books in the library just going begging because people don't know where they are.
도서관에 먼지만 쌓이는 좋은 책이 얼마나 많은데. 책이 어디 있는지 몰라서 못 보는 거라니까.

go 05 go someone one better

이 말은 우리가 '난 그거보다 더 잘할 수 있어' 라고 하는 것과 같습니다. 누구보다(someone) 한 수(one) 위로(better) 간다는 말이니까요.

> That was a great stunt, but I can go you one better. 거 멋있는데.
> 근데 난 그보다 더 잘 할 수 있어.

go 06 go back to the drawing board

go back to는 어디론가 돌아가는 건데요. drawing board는 설계사가 사용하는 그림판입니다. 뭔가가 설계단계로 돌아간다면 처음부터 다시 하는 겁니다.

> These plans have to go back to the drawing board. Let's start over.
> 계획 처음부터 다시 세워야겠어. 다시 시작하자구.

비슷한 말로 square one이라는 게 있습니다. 원점을 말합니다.

> It's back to square one. 원점으로 돌아왔네 그려.

go 07 go belly-up

물고기가 죽으면 벌렁 뒤집혀 물에 뜨지요. 사업체가 배를 위로 하고 자빠지면 망하는 겁니다.

> The business went belly-up after a year of operations.
> 1년 만에 사업이 망했어.
> We did everything we could to keep the company from going belly-up.
> 회사 부도 막아보려고 별짓 다 했다구.

 **go down**

go down은 구어체로 일이 진행되는 걸 말합니다. What's going down?은 What's up?처럼 격 없는 인사말로 쓰입니다.

　Yo! What's going down? 야! 어쩐 일이야?

제안 따위가 받아들여지는 것도 go down입니다.

　The proposal didn't go down very well with the boss. 사장이 이 제안 탐탁치 않아 하던데.

사람이 쓰러지는 것(down)도 의미가 여러 가진데요. 범죄자가 쓰러지는 건 죽는 것일 수도 있지만 감옥에 가는 것일 수도 있습니다.

　Kevin didn't want to go down for a job he didn't do.
　케빈 자식 지가 하지도 않은 일 때문에 감방에 가긴 싫었던 거지 뭐.

 **going**

going은 진행 상황의 뜻입니다. 현재 진행되는 것도 going입니다.

　He has her support to fall back on when the going gets tough.
　그 사람 상황이 어려울 때 그 여자가 도와주지.

시세라고 할 때도 going을 씁니다.

　She says that's the going rate for a house this big.
　이 정도 크기의 집이라면 그 정도 줘야 산다더군. (시세가 그렇다더군.)
　That's about half the going price. 시세의 절반 가격밖에 안 되요.
　If you have some money, buy more land while the going is good.
　돈 있으면 상황 나빠지기 전에 땅 사놔.

while the going is good 말 그대로 하자면 '진행 상황이 좋을 때' 지요. 그러니까 상황이 나빠지기 전이라는 말입니다. going은 진행하는 것이므로 고장나지 않고 제대로 움직인다는 뜻도 됩니다.

Please keep the car in going order. 차 잘 굴러가게 정비 좀 잘 해줘요.

We've been married for going on ten years. 우리가 결혼한 지 거의 10년 됐지.
(움직여서 붙으려고 하는 것(going on)이니 수치가 거의 어느 정도가 됐다는 뜻입니다.)

This is 21st century going on 22nd. 지금 21세기인데 곧 22세기가 될 거야.

goings-on은 진행 상황을 나타냅니다.

There are sure some strange goings-on around here.
진짜 이상한 일들이 벌어지고 있는 것 같아.

easy-going이라고 하면 우리말로 '쉽게 쉽게 가자'에 해당합니다. 까다롭지 않고 원만한 것이지요.

You're just not as easy-going as Rachel. She's just more flexible.
넌 그냥 레이첼만큼 원만한 성격은 아니라구. 걔가 좀 더 융통성이 있지.

go 10 That's the way to go!

우리말의 '바로 그거야'에 해당하는 말로 줄여서 Way to go! 라고 하기도 합니다.

Good job! That's the way to go! 잘했어! 바로 그렇게 하는 거야!

11 There you go.

문맥과 억양에 따라 뜻이 두 가진데요. '바로 그거야' 도 되고 '또 시작이네' 도 됩니다.

> There you go. That's how to do it. 바로 그거야. 그렇게 하는 거야.
> There you go again. Stop grumbling about your life!
> 또 시작이네. 팔자 타령 좀 그만해!

12 to go

to go는 음식을 주문해서 가지고 가는 거지요.

> You want it to go or eat it here? 가져가실 거예요, 드실 거예요?

13 All systems (are) go.

모든 시스템이 진행할 수 있는 상태라는 말로 '준비 끝' 이라는 뜻입니다.

> All systems are go. Let's get on the road before the traffic builds up.
> 준비 다 됐어. 차 많아지기 전에 서두르자구.

이디엄 · 파생표현 · 속어
have

01 have had it

시제만 봐도 꾸준히 뭔가 가져온 그림이지요. 참을 만큼 참는 그림입니다. 참는 대상을 with로 나타내거나 참는 정도를 목을 가리키며 up to here로 나타내기도 합니다.

> That's enough. I've had it with you! 그만해. 참을 만큼 참았다구!
> That's it. I've had it up to here. 더는 못 참아. 참을 만큼 참았다구.

02 have a ball

재미있는 시간을 보내는 걸 말합니다.

> We went bowling last night and had a ball.
> 어젯밤에 볼링하러 가서 재미있게 놀았어.
> My old man went to the boxing match yesterday and had a ball.
> 아버지는 어제 권투 시합에 가서 즐거운 시간 보냈지.

03 have a clue

clue는 단서, 실마리를 말하는데 그게 없으면 감도 못 잡는 겁니다.

> A : I know how tough it was for you to lose Cindy.

B : You haven't even got a clue how hard it is. We were in love.
A : 신디를 잃는다는 게 얼마나 힘든 건지 알아.
B : 넌 그게 얼마나 힘든 건지 상상도 못 할 거야. 우리 사랑했다구.

They still don't have a clue what caused the accident.
왜 사고가 일어났는지 감도 못 잡았대.

have 04 have an eye

여기서 eye는 단순한 눈이 아니라 뭔가 볼 줄 아는 눈입니다. 감각이나 안목이 있다고 할 때 쓰는 표현이지요.

She has an eye for fashion. 걔 패션 감각이 있어.
He has a good eye for design. 디자인 감각이 있어.
She has a good eye for paintings. 그림에 대한 안목이 있어. (그림 볼 줄 알아.)

뒤에 붙는 전치사에 따라 의미가 전혀 달라질 수 있습니다. on을 쓰면 눈을 고정시킨다는 것이고 out을 쓰면 경계를 늦추지 않는다는 말입니다. 이때는 have대신 keep을 쓰기도 합니다.

You have an eye on him. / Keep an eye on him. 저 놈 지켜봐.
Keep an eye out for intruders. 침입자 없는지 잘 살펴.

have 05 have a thing

thing은 사물을 나타내는 좀 막연한 말이지요. 사람의 성격이 어느 쪽으로 기울어 있다는 걸 묘사할 때 사용합니다. 정확한 의미는 역시 문맥을 통해 알아내야 합니다.

You have a thing for helping women, don't you? 넌 여자 돕는 데 뭐가 있구나, 그지? (어떤 이유에서인지 여자들을 잘 돕고 다닐 때)

A : What made you attracted to me?
B : Well, I have a thing for beautiful, intelligent women.
A : 왜 나한테 끌렸다는 거지?
B : 글쎄, 난 예쁘고 머리 좋은 여자 보면 사족을 못 쓰지.

문맥에 따라 부정적인 말일 수도 있습니다.

I have a thing about chickens. Is there anything else?
닭 별로 안 좋아해요. 다른 건 없어요?

have 06 have one's way of doing things

행동하는 방식이 나름대로 있다는 그림이지요.

They have their way of doing things and I have mine!
걔네는 걔네 방식이 있는 거고 난 내 방식이 있다구!
I have my way of working things out. 나도 내 나름대로 해결하는 방법이 있지.

have 07 have nothing to do with someone[something]

뭔가와 할 일이 없다는 건 아무런 관계가 없는 겁니다.

Paul had nothing to do with the kidnapping.
폴은 납치사건과 아무런 관련이 없었다.
We're good citizens. We had nothing to do with what happened today!
우린 선량한 시민이라구요. 오늘 일과 아무 관련이 없어요!
Why do you have to go to that stupid war that had nothing to do with us?
우리랑 아무 관련도 없는 그런 말도 안 되는 전쟁에 왜 나가야 하나요?

514 * 상상의 나래를 펴자

have 08 have all day

하루 종일 시간을 가지면 시간이 많은 거지요. 부정문에서 시간이 많지 않다는 의미로 쓰입니다.

> Hey, hurry up. We don't have all day. 야, 서둘러. 시간이 없다구.
> I don't have all day to bark at you, so I'm going to make this short. Give me my money back. 너한테 소리지를 시간 없으니까 짧게 말할게. 내 돈 내놔.

have 09 have a crack at something

뭔가 시도해 본다는 구어체 표현입니다. give it a try 나 give it a shot과 같은 의미지요. have 대신에 get뿐 아니라 give와 take도 가능합니다.

> A : Are you really going to try bungee jumping?
> B : Yeah, I'll have a crack at it.
> A : 진짜 번지 점프 해볼려구?
> B : 응, 한번 덤벼볼라구.

> I want to take another crack at talking to him before we decide anything.
> 결정을 내리기 전에 걔랑 마지막으로 대화를 시도해 보구.

문맥에 따라 사람을 처치하는 것일 수도 있습니다.

> We don't get another crack at him. It's now or never.
> 저 놈 처치할 기회 다시 오지 않아. 지금 아니면 영원히 못 한다구.

have 10 Something is a luxury someone doesn't have.

뭔가 있으면 오죽 좋겠냐만은 형편이 그렇지 못하다는 말입니다.

A : I need more time!
B : Time's a luxury we don't have.

A : 시간이 더 필요해!
B : 시간이 있으면 오죽 좋겠냐.

How much space does it take? 2 Gigabytes? Damn, man, we don't have that luxury. 이거 용량 얼마나 차지한다구? 2기가 바이트? 젠장, 우리가 그런 용량이 어딨냐.

A : Good luck, guys.
B : Luck is a luxury we don't have.

A : 행운을 빌겠네.
B : 운을 믿을 상황이 아니네요.

It would be ideal to have a dozen people working for me, but that is a luxury I don't have at the moment.
십여 명이 내 일을 도와주면 오죽이나 좋을까마는 지금 상황이 그렇질 못하네.

11 have has-been

현재완료형에서 나온 말로, 한때 잘 나갔지만 이제는 아닌 사람한테 씁니다. 한물 갔다는 뜻이지요.

She's a has-been TV actress. 그 탤런트도 이제 한물 갔어.

이디엄 · 파생표현 · 속어
make

make 01 make a clean breast

가슴을 깨끗하게 하면 다 털어놓는 거지요.

I think the President should not claim executive privilege, he should get on with the investigation, he should make a clean breast of all this before the American people. 대통령은 특권 같은 거 주장하지 말고 당당히 조사를 받고 미국 국민 앞에 사실을 깨끗이 밝혀야 한다고 봐.

make 02 make A out of B

B를 재료로 A를 만드는 그림으로 다양한 말이 A에 오지만 대부분 쉽게 뜻을 짐작할 수 있는 말들입니다. 패턴만 익혀두면 됩니다.

They're trying to make something out of the presidential candidate that he's not.
저 사람들 별것도 아닌 대통령 후보를 대단한 사람으로 만들려고 노력중이라니까.
The president's opponents are trying to make something out of nothing in their continued attempt to destroy the current administration.
대통령의 정적들은 현 행정부를 분쇄할 목적으로 아무 일도 아닌 것을 부풀리려고 하고 있지.
Why make a federal case out of a matter that is easily resolved by talks? 대화로 풀 수 있는 문제를 왜 크게 키우려고 드나?

동사를 알면 죽은 영어도 살린다 *517

Don't make a big deal out of nothing. / Don't make a mountain out of a molehill. 침소봉대하지 말라구. (molehill은 두더지(mole)가 땅을 파면서 생긴 흙을 땅 위로 던지면서 만들어지는 작은 흙더미를 말합니다. 뭔가 아주 작은 것을 부풀린다는 거지요.)

Don't make a fool out of yourself. 바보짓 좀 하지 마.

out of를 줄여 of만 쓸 수도 있습니다.

Stop it. You're making a laughingstock of yourself.
그만 둬. 너만 웃음거리 되잖아.

Stop making a nuisance of yourself. Make yourself useful!
성가시게 하지 좀 말고 쓸모있는 일 좀 해봐라.

The trial itself was a farce, as it was apparent the army had decided in advance of proceedings to convict and make an example of her. 껍데기 뿐인 재판이었다. 군대는 이미 그 여자를 유죄로 몰아 본보기로 삼기로 결정했으니까 말이다.

make 03 make a great show of something

사소한 일 하면서 대단한 일 하는 것처럼 무지 티를 내는 그림입니다.

He made a great show of clapping his hands together as he turned around. 돌아서면서 박수 치는 모습이 가관이었다. (그냥 박수를 치는게 아니라 연기하듯 천천히 쇼를 부렸다는 의미)

They made a great show of sharpening their knives. 겁을 주려는 듯 칼 가는 모습을 과장되게 묘사했다. (누군가를 묶어놓고 '무섭지?' 하면서 칼을 가는 모습)

make 04 | make a living

돈벌이를 해서 생계를 꾸려나가는 겁니다.

> You really can make a living online. I'm living proof.
> 당신도 온라인에서 돈을 벌어 먹고 살 수 있습니다! 내가 산 증인이라니까요.

make 05 | make a pass at

뭔가 한번 시도해본다는 게 원래 뜻이지만 주로 이성에게 추파를 던진다는 의미로 사용됩니다.

> Don't make a pass at another woman while in the presence of your date. It's demeaning to you and to her as well. 데이트 상대를 두고 다른 여자한테 침 흘리지 마. 너나 데이트 상대 모두 품위 떨어뜨리는 짓이니까.
> He is notorious for making a pass at any woman he meets.
> 어떤 여자든 만나기만 하면 추근대기로 악명이 높은 놈이야.

make 06 | make a point of something

뭔가를 중요하게 생각하거나 꾸준히 하는 그림입니다.

> I'm going to make a point of sending in this suggestion myself.
> 이 건의안 잊지 않고 꼭 내가 직접 제출할거야.
> As a hospital chaplain I make a point of always respecting the person in front of me. 병원 목사로서 앞에 있는 모든 이들을 존중하려고 노력하지.
> High-performance companies make a point of measuring IT effectiveness.
> 좋은 실적을 내는 회사들은 사내에 적용된 정보기술의 효율성을 측정하는 걸 중요하게 여긴다.

확실하게 보여준다는 그림도 됩니다.

He won a gold medal in the 1956 Olympics. One day he was speaking to a group of youth, and he grabbed a nail, and to make a point of his strength, he simply took that nail and thrust it through a 2×4 with his bare hands.

그는 1956년 올림픽에서 금메달을 땄다. 하루는 젊은이들과 대화를 나누다 얼마나 힘이 센지 보여주려는 듯 못을 하나 집어 맨손으로 각목에 쑤셔 박았다. (2×4(two by four) : 각목)

make 07 make a scene

영화의 한 장면을 연출하는 그림으로 말썽을 피운다는 말입니다.

Why is it whenever we have guests, you have to go and make a scene?
왜 맨날 손님만 오면 말썽을 부리니?

make 08 make ends meet

가계부의 수입과 지출을 맞춘다는 그림으로 겨우 먹고 산다는 말입니다.

Iraqis struggle to make ends meet as food rations shrink.
이라크 사람들은 식량 배급이 줄어들면서 입에 풀칠이라도 하려 애쓰고 있다.

make 09 make fast[short] work of something

일을 빨리 끝낸다는 말입니다.

Use your cookie press to make fast work of shaped cookies for holidays or special occasions.

명절이나 특별한 날 여러 가지 모양의 쿠키를 빨리 만들려면 쿠키 제조기를 사용하세요.
He made short work of two double cheese burgers and a large coke.
더블 치즈버거 두 개랑 콜라 대자를 게눈 감추듯 하더라구.

make 10 make up one's mind to do something

마음을 굳혀서 결정을 내리는 걸 말합니다.

I made up my mind to do this project alone.
이 프로젝트 혼자 하기로 마음 먹었어.

make 11 made of money

돈으로 만들어진 것이니까 그만큼 돈이 많다는 말이지요. 주로 부정문에서 반대 의미로 사용됩니다.

I am not made of money, but want to have a nice wedding.
내가 뭐 돈이 넘쳐나는 건 아니지만 결혼식은 멋지게 하고 싶거든.
Unfortunately my dad is not made of money, so please recommend a computer that can handle most games at a fair price. 불행하게도 아빠가 돈 찍어내는 기계는 아니니까 그냥 적당한 가격에 게임 잘 돌아가는 컴퓨터 추천해줘.

make 12 made for each other

둘이 궁합이 잘 맞는다는 거지요.

You know tomatoes have an affinity for pasta, and that peanut butter and jelly are made for each other, so apply the same instinct in choosing wine. Look for complements and contrasts, and as always, keep tasting. 있잖아, 토마토는 파스타랑 잘 어울리고, 땅콩 버터랑 젤리는 찰떡 궁합이지. 그러니까 와인 고를 때도 그런 감각을 적용하라구. 언제나 맛을 보면서 서로 보완되는 면과 대조되는 면을 찾으라는 말이야.

The accident made us realize just how much we really love each other and how we are made for each other.
그 사고로 우리가 서로 얼마나 사랑하는지 얼마나 천생연분인지 알게 됐지요.

make 13 made for life

평생 먹고 살 만큼 풍족하다는 말입니다.

The market is new that if you can get into it now and make it work, you will be made for life.
막 뜨는 시장이니까 지금 들어가서 성공만 하면 평생 놀고 먹는 거지.

If you pull this deal off, you'll be made for life.
이번 계약 성사시키면 평생 먹고 살 걱정은 없을걸.

make 14 Make no mistake about it.

실수하지 말라는 건 분명히 해두거나 의심의 여지가 없게 하거나 분명히 알아두라는 말입니다.

Make no mistake about it. We're now in harm's way.
명심해두라구. 우린 위험한 일을 하고 있는 거니까.

Bundy is a good-natured man. But make no mistake about it. He's the boss here. 번디는 착한 사람이지. 하지만 이건 기억해두는 게 신상에 좋을 거야. 번디가 여기서 대빵이라는 걸.

> Make no mistake about it. We are winning, and we will win.
> 분명히 알아두세요. 우리가 이기고 있고 이길 겁니다.

make 15 make nothing of something

이해를 하지 못하거나 대수롭지 않게 생각한다는 말입니다.

> He examined the box with a lens, but could make nothing of it.
> 돋보기로 상자를 살펴봤지만 도무지 무엇인지 알 수가 없었다.
> My father caught me smoking a cigarette, but he made nothing of it.
> 아버지한테 담배 피우는 거 들켰는데 아무 말씀 안 하시더라구.

make 16 make the best of something

뭔가를 최대한 활용한다는 말이지요. 대개 불리한 상황에서 최대한 잘 해본다는 뉘앙스지요.

> If you deal with it in a positive manner then you can make the best of what you have.
> 긍정적인 사고로 접근하면 지금 가진 것만으로도 최대의 효과를 낼 수 있을 거야.

비슷한 말로 make the most of가 있습니다.

> I know it's a tough time, but let's try to make the most of it.
> 힘든 땐 건 알지만 최대한 잘 해 보자구.

make 17 make time

짬을 내는 걸 말합니다.

> Can you make time tomorrow at 3:00? 내일 세 시에 시간 낼 수 있어요?

You've got to make time for the important things, Rachel. Without love, everything else is meaningless.
레이첼, 중요한 일이라면 아무리 바빠도 짬을 내야지. 사랑을 잃으면 다른 건 의미가 없어.

make 18 make inroads into

inroads란 잠입해 들어가는 겁니다. 주로 시사적인 문장에서 잠식해 들어간다는 의미로 쓰입니다.

As Linux makes inroads into the servers of Asian businesses, governments are also climbing on the open-source bandwagon.
리눅스가 아시아 기업들이 사용하는 서버 시장을 잠식해 들어가자 정부들도 오픈 소스에 편승하고 있다.

As computing makes inroads into the home and the office, scientists say, there will be an increasing need for ambient displays, like the aroma generator, to make the technology feel more pleasant.
과학자들은 컴퓨터 환경이 집과 사무실을 점령하면서 좀더 쾌적한 업무 환경을 만들기 위해 방향기와 같은 주변 환경 제품에 대한 수요가 늘 것이라고 지적한다.

make 19 make it snappy

서둘러서 빨리 하라는 구어체 표현입니다.

A : I'll run to the store and get a Coke.
B : Okay, make it snappy. I'm so thirsty.
A : 가게 가서 콜라 사올게.
B : 응, 빨리 갔다와. 목 말라 죽겠어.

make 20 get a make on something

범죄 수사 문맥에서 잘 나오는 표현으로 신원이나 제품의 제조사를 확인한다는 말입니다.

I skidded to a stop, just inches away from the poor little fella, but I couldn't get a make on him before he scurried off. I think it was a possum or something. 차를 끼익 하고 멈췄을 때 그 불쌍한 작은 것이 코 앞에 있더라구. 뭔지 확인하기도 전에 도망가 버렸어. 주머니 다람쥐나 뭐 그런 거였나봐.

We are looking for a Middle Eastern man, wearing all black. I didn't get a make on the car.
아래위 검정옷을 입은 중동 사람을 찾고 있는데 차량은 확인을 못 했어.

The idea behind technical analysis of stocks is to get a make on the trend and the possible future direction of stock prices.
기술적 분석의 목적은 주가의 추세를 확인해서 향후 어떤 방향으로 움직일지 예측하는 것이다.

make 21 make no bones about something

특별히 문제될 게 없기 때문에 스스럼없이 말할 수 있다는 뜻입니다.

I make no bones about the fact that I have a tremendous personal admiration for the man. 나 거리낌 없이 말할 수 있어. 나 저 사람 엄청 존경해.

I make no bones about where I stand politically.
난 정치적인 입장을 스스럼없이 밝힐 수 있어.

make 22 make heads or tails out of something

머리인지 꼬리인지 분간을 못 하면 이해가 불가능한 것이지요.

I'm sorry but I can't make heads or tails out of anything you say.
미안한데 니가 무슨 말을 하는지 하나도 모르겠어.

make 23 make out like a bandit

도둑떼(bandit)처럼 돈을 번다는 구어체 표현으로 그야말로 떼돈 버는 겁니다.

With gasoline prices at an all-time high, the oil industry will make out like a bandit. 유가가 사상 최고치를 기록하면서 정유 회사만 떼돈을 벌거야.

make a killing 역시 큰 돈을 버는 걸 말합니다.

Traditional healers make a killing as healthcare costs rocket.
전통 의학 종사자들은 의료 비용이 하늘을 찌르면서 떼돈을 벌고 있다.

앞의 두 표현만큼은 아니지만 make a bundle이나 make a pile 역시 돈을 많이 버는 겁니다.

For the innovative entrepreneur, there are numerous ways to sell cosmetics and make a bundle.
혁신적인 사업가라면 화장품을 팔아 큰 돈을 만질 수 있는 방법은 얼마든지 있다.

I'll work a while till I make a pile, then have a spree in town.
돈이 좀 될 때까지 일할 거야. 그 돈으로 읍내 가서 펑펑 써야지.

make 24 make oneself scarce

여러 사람도 아니고 한 사람이 드물다면 눈에 보이지 않게 도망가는 것이지요.

I have undergone extensive cosmetic surgery, entered the FBI relocation program and have taken measures to make myself scarce.
대대적인 성형 수술을 받고 FBI 증인 재배치 프로그램으로 숨을 방법을 찾았지.

I decided to make myself scarce because she really seemed to be worried and probably wanted to be left alone.
너무 걱정을 하는 듯 보여서 혼자 있는 게 낫겠다 싶어 그 자리를 떠나기로 마음 먹었다.

make 25 make a fast[quick] buck

buck은 dollar의 구어 표현이지요. 돈을 빨리 버는 걸 말합니다. 땀 흘려 일하지 않고 불로소득을 올린다는 부정적 의미입니다.

If you're really out to make a fast buck, you can always try dealing in drugs. 일확천금에 눈이 멀었다면 마약 밀매라도 해봐.
A lot of people are trying to make a quick buck out of the Internet — and some are doing it in immoral or unethical ways. 많은 사람들이 인터넷에서 일확천금을 노린다. 심지어 부도덕하거나 비윤리적인 방법을 동원하는 사람들도 있다.

make 26 make points with someone

'점수 딴다' 는 우리말과 같은 의미의 구어체 표현입니다.

Our flowers can help you make points with your girlfriend no matter how mad she is!
여자친구가 아무리 화가 났어도 우리 가게에서 파는 꽃 들고 가면 점수 딸 수 있어요!
To earn cash and make points with the boss, he steal cars, run drugs, smoke gun-toting members of opposing gangs, and more.
그 놈은 돈도 벌고 두목한테 점수도 따려고 차도 훔치고, 마약도 팔고, 총 쏴 대는 상대편 깡패들도 죽여버리곤 하지.

make 27 the makings of something

making이라고 하면 구성 요소 한 가지를 뜻하고 복수라면 여러 가지를 말하지요. 어떤 수준에 부합하는 요소들이 많다는 겁니다.

This book has the makings of a classic. 이 책은 클래식이 될 만하다.
Adobe Photoshop has the makings of a great software program.
포토샵은 훌륭한 소프트웨어 프로그램의 요소를 두루 갖추고 있다.

make 28 Makes two of us.

누군가의 말에 대해 맞장구를 치는 표현입니다. 나도 마찬가지라는 뜻이지요.

A : I don't know how to say it in English.
B : Well, that makes two of us.
A : 이걸 영어로 뭐라 그러는지 모르겠네.
B : 이하 동문이요.

A : Man, I think this is nonsense!
B : Makes two of us.
A : 이건 말도 안 돼!
B : 누가 아니래.

A : I feel really stupid. I should have known he was a fraud.
B : Yes, well, that makes two of us.
A : 진짜 어리석었네. 사기라는 걸 진작에 알았어야 하는데.
B : 그래, 맞아. 이하 동문이야.

take
이디엄 · 파생표현 · 속어

take 01 take care of something [someone]

care 자체에 돌보는 그림이 있지요. 우리가 흔히 뭔가를 '처리하다, 돌보다' 로 알고 있는 표현입니다. 하지만 그 정확한 의미는 문맥에 따라 달라집니다.

Let me take care of your children till you return.
돌아올 때까지 아이들 내가 돌볼게.

You go first. I have to take care of a few things.
너 먼저 가. 몇 가지 처리할 일이 있어서.

A : How many dynamites do we need to blow the door?
B : Two should take care of it.
A : 문 부수려면 다이너마이트 몇 개가 필요하지?
B : 두 개면 충분할걸.

Don't worry. I'll take care of that bastard. 걱정 마. 저 자식 내가 처리할게.

납치범이 두 명 있습니다. 한 명이 잠깐 밖에 나가면서 공범에게 인질을 가리키며 Take care of her.라고 명령하고 나가려 합니다. 그런데 갑자기 돌아서서 다시 Take GOOD care of her.라고 말합니다. Take care of her.를 인질을 죽이라는 말로 잘못 알아들을까봐 다시 말한 겁니다. 그만큼 문맥이 중요합니다.

동사를 알면 죽은 영어도 살린다 *529

02 take the bull by the horns

성난 황소가 달려들면 겁이 나겠지요. 그런데 황소의 뿔을 잡고 대든다면 정면 승부를 하는 겁니다. 위험한 상황에서도 물러서지 않고 과감하게 대응하는 그림입니다. 뿔을 잡는 거니까 take 대신 grab을 쓰기도 합니다.

> He decided to take the bull by the horns. 과감하게 정면 승부 하기로 결심했다.
> The government has finally taken the bull by the horns and announced reform measures. 정부가 마침내 정면 돌파에 나서 개혁 조치를 발표했다.

03 take it or leave it

'받아들이거나 내버려두거나' 지요. 우리말의 '싫으면 관두든가' 에 해당합니다.

> It's a one-time offer, good for only the next forty-eight hours, take it or leave it right now while it's on the table. (추가 협상 여지가 없는) 단발성 제안이네. 앞으로 48시간 동안만 유효하지. 좋든 싫든 제안을 했을 때 선택하라구.
> A thousand dollars. That's my final offer. Take it or leave it.
> 천 달러. 마지막 제안이야. 싫으면 관두라구.

04 Take it from me.

내가 하는 말을 믿으라는 말인데요. 이미 경험해봤거나 확실한 정보가 있어서 틀림없으니 믿으라고 할 때 씁니다.

> Take it from me. Avoid the cheap stuff. Compare prices from across the web and read reviews from other consumers. 전문가 말 들어. 싼 것만 찾지 말라구. 인터넷 돌아다니면서 가격 비교해보고 다른 사람들 사용기도 읽어보라구.
> Take it from me. Sometimes love turns to hate.
> 내 말 들어. 때론 사랑이 증오로 변하기도 하거든.

me는 다른 형태로 변형해서 사용하기도 합니다.

You don't want to shoot an unarmed man. The state of New Jersey frowns on that sort of thing. Take it from someone who knows.
무장하지 않은 사람을 쏘면 안 되지. 뉴져지 주는 그런 걸 싫어한다구. 경험자 말 들어.
Take it from an insomnia expert. Sleeping pills won't work.
불면증 전문가 말을 들으라구. 수면제는 효과가 없다니까.

take 05 take it easy

뭔가 느긋하게 하거나 즐기라는 말입니다. 세게 나가지 말라는 뉘앙스가 강합니다.

Take it easy. Look at me. You have to slow your breathing down.
흥분하지 말고. 날 봐. 숨을 천천히 쉬라구.
Hey, don't get mad. Just take it easy, all right? We just want to talk.
화내지 말구. 진정하라구, 엉? 우린 그냥 대화하자는 거니까.
Take it easy on the hostage. We need him alive.
인질 살살 다뤄. 살려둬야 해.

이런 그림과는 전혀 상관없이 친구와 헤어질 때 인사말로 쓰기도 합니다.

Take it easy, guys. 잘 가, 얘들아.

take 06 take a back seat

뒷자리를 잡으면 뒷전으로 물러나는 겁니다.

The welfare of old people has taken a back seat.
노인 복지 문제는 뒷전으로 밀려났다.
He decided to take a back seat as he felt he had been in the position too long. 그 자리에 너무 오래 있었다는 생각이 들어 물러나있기로 했다.

take 07 take something seriously [personally]

뭔가 심각하거나 감정적으로 받아들이는 걸 말합니다.

> I think you'd better lighten up. It seems you take everything too seriously these days.
> 좀 가볍게 생각해라. 넌 요즘 매사를 너무 심각하게 받아들이는 것 같아.

비슷한 말로 take something to heart가 있습니다. 무슨 말을 가슴으로 그냥 받아들인다는 말이죠.

> Don't take anything he said to heart. 걔가 말한 것 하나도 마음 쓰지 마.
> Don't take it personally; it's his job. 사적인 감정으로 받아들이지 마. 그게 쟤 일인걸.

부사가 아닌 형용사(serious, personal)로 쓰기도 합니다.

> Don't take it personal, but you're not my type.
> 감정적으로 받아들이진 말고, 넌 내 타입이 아냐.

take 08 take someone[something] for granted

granted란 당연히 주어진 걸로 여긴다는 겁니다. 있을 때 잘해야 한다는 뉘앙스가 강하지요.

> Without the boss, we have little chance of surviving. Damn, we took it for granted he'd always be around.
> 두목 없인 살아남을 가능성이 거의 없어. 제길, 왜 두목이 늘 우리 곁에 있을 걸로 여긴 거지.
> Julia, you can't let him take you for granted in this way. You have to keep boys on their toes. 줄리아, 이런 식으로 그 놈이 널 무시하게 둬선 안 돼. 사내들이란 바짝 긴장하게 만들어야 한다구.

take 09 take something lying down

누워서 뭔가 받아들이는 그림이지요. 가만히 앉아서 당하지 않겠다는 부정문으로 사용합니다.

> I'm not taking this lying down. 가만 앉아서 당하진 않아.
> Don't take it lying down if your insurer refuses to pay.
> 보험회사가 보험료 지급을 거부하면 앉아서 당하지 마세요.

take 10 take the liberty of doing something

미리 허락을 구하지 않고 행동을 했다는 말입니다. 주로 양해를 구하는 문맥에서 사용합니다.

> Hi, Jim. I took the liberty of ordering. 야, 짐. 내가 미리 시켰어. 괜찮지?
> I took the liberty of getting you something to eat.
> 물어보지도 않고 먹을 걸 좀 가져왔는데.
> I took the liberty of enclosing some recent articles that I had written.
> (어떻게 생각하실지 모르지만) 최근에 제가 썼던 글 몇 개를 동봉해 보냅니다.

take 11 take up where one left off

잠시 중단됐던 것을 잡아 올리면 다시 시작하는 겁니다.

> Ok, I'll take up where I left off. 전에 이어서 다시 하지.

take 12 take your time

원하는 만큼 시간을 가지라는 말로 서두르지 말고 천천히 하라는 뜻입니다.

> Take your time, kid. There's no hurry. 천천히 하거라, 얘야. 서두를 거 없단다.

take 13 on the take

뇌물 등의 부정한 돈을 받는 걸 말합니다.

> I know that cop is on the take. 저 경찰관 뇌물 받아 처먹는 거 알아.
> Most people believe that politicians are on the take.
> 대부분은 정치인들이 돈받아 처먹는다고 믿지.

take 14 It takes two to tango.

탱고 춤은 혼자서 추는 게 아니라 둘이 추는 거지요. 우리말로 하자면 '손뼉도 마주쳐야 소리가 난다' 는 겁니다.

> It takes two people to have a fight, he can't fight by himself. Takes two to tango. 싸움은 둘이 하는 거지. 걔 혼자 어떻게 싸우냐? 손뼉도 마주쳐야 소리가 나는 건데.
> (결국 너도 같이 싸웠다는 말)
> Bill has made a proposal that doesn't meet our expectation. We believe we're being fair and reasonable, but it takes two to tango.
> 빌이 제안한 건 우리 기대에 차질 않아. 우린 공정하고 합리적인데 빌은 그렇질 못해. 이렇게 궁합이 안 맞아서야.

이디엄 · 파생표현 · 속어
turn

01 turn on the waterworks

waterworks는 수도를 말합니다. 펑펑 울어대는 걸 수도를 켜는 것에 비유한 표현입니다.

> She'll turn on the waterworks and try to justify herself and expect everyone to understand and forgive and forget, as always.
> 늘 그렇듯이 펑펑 울어대면서 자신을 정당화해서 모두가 이해하고 용서하고 잊어주길 바랄걸.
> Any time you're in trouble you turn on the waterworks. Well, I don't care. It's not going to work this time.
> 너 곤란할 때마다 울어대고 그러는데. 신경 안 써. 이번엔 안 통해.

02 turn the tables

테이블을 돌려놓으면 입장이 바뀌지요.

> Now we'll turn the tables on the other fellows and see how they like it.
> 입장을 완전히 뒤바꿔서 저 놈은 어떻게 대응하는지 한번 보자.
> The protesters turned the tables on the policemen and gave them a pretty thorough beating.
> 입장이 완전히 바뀌어 이번엔 시위대가 경찰관을 심하게 구타했다.

turn 03 | turn a blind eye | turn a deaf ear

눈을 돌리긴 하는데 안 보이는 눈이고 귀를 돌려도 꽉 막힌 귀입니다. 무시한다는 거지요.

Don't turn a blind eye to what smoking can do to your eyesight.
흡연이 니 시력에 해를 끼친다는 사실을 무시해선 안 돼.

Russia wants the US to turn a blind eye to its military abuses in Chechnya and Georgia.
러시아는 체첸과 그루지아에서 군사력을 남용하는 걸 미국이 눈감아주길 바란다.

We cannot turn a deaf ear to those who are crying for help, nor can we shut our eyes to the suffering around us. 도와달라는 절규를 못 들은 척해서도 안 되고 우리 주변에서 고통받는 이들을 못 본 척해서도 안 됩니다.

turn 04 | turn one's back on

우리말과 같지요. 등 돌리는 겁니다.

You wouldn't turn your back on me, would you?
너 나 배신 때리진 않겠지, 그치?

turn 05 | turn one's nose up

콧대를 높이는 그림이지만 반드시 거만해서 그런 것만은 아닙니다. 그냥 싫어서 그럴 수도 있지요.

Today my cat turned his nose up at his dish. I know when my fat cat refuses to eat, there is definitely something wrong with him. 오늘 내 고양이가 먹을 걸 마다하더라구. 저 뚱보 고양이가 밥 안 먹는 건 분명히 어딘가 잘못된 거야.

Our son turned his nose up at the whole dinner but I made him eat it anyway. 아들 녀석이 저녁밥을 전혀 입에도 안 대잖아. 강제로 먹게 했지 뭐.

He's never kept to any agreement and has turned his nose up at every possible offer. 합의사항도 전혀 지키질 않았을 뿐더러 모든 제안에 대해 콧방귀를 뀌었다.

turn 06 turn up the heat

온도를 높여서 덥게 만드는 그림입니다. 너무 뜨거워서 가만히 있지 못하게 만드는 거지요.

Intel on Monday will turn up the heat on its competitors in the market for microprocessors used in mobile computers when it introduces 12 new mobile processors with enhanced power-saving and performance features. 인텔은 월요일 절전기능과 성능이 강화된 12개의 모바일 기기용 프로세서를 선보여 경쟁사들을 바짝 긴장시킬 것이다.

The US will turn up the heat on any country that wants to develop weapons of mass destruction.
미국은 대량 살상 무기를 개발하려는 어떤 나라에 대해서도 압력 수위를 높일 것이다.

turn 07 by turns

turn은 차례라는 명사 의미가 있다고 했으니 번갈아가며 어떤 행동을 한다는 것이지요.

> Jeff was by turns outraged and sympathetic.
> 제프는 한편으론 화가 나고 한편으론 측은함을 느끼기도 했다.
> His speech was magnificent, by turns erudite and emotional and profound. 그 사람 연설 멋졌어. 때론 박식함을 드러내기도 하고 또 때론 감성적이고, 심오하기도 하고.

turn 08 a turn of mind

turn을 명사로 쓰면 어떤 제품의 모양새를 나타낼 수 있습니다. 제품이라는 게 기계나 공장을 돌려서 나오는 것이니까요. 마음의 모양새라면 그런 성향이 있다는 것이지요. 앞에 붙는 형용사에 따라 의미가 달라집니다.

> With a philosophical turn of mind and a yearning for perfection, he developed deep friendships with Catholic priests.
> 철학적인 성향과 완벽함에 대한 동경을 품은 그는 카톨릭 성직자들과 두터운 친분을 쌓았다.
> Bundy was of a studious turn of mind, always poring through books of information.
> 번디는 정보가 담긴 책이라면 닥치는 대로 읽을 정도로 학문적 성향이 강한 사람이었다.
> My father's many years in trade gave him a calculating turn of mind.
> 장사를 오래 하시다 보니 아버지는 뭐든지 계산하는 성향을 갖게 됐다.

turn 09 One good turn deserves another.

누군가 나한테 잘해주면 나도 그 사람한테 잘해줘야 한다는 말입니다.

Since one good turn deserves another I would be delighted to make a donation to a charity of your choice in return for your kindness.
오는 게 있으면 가는 게 있어야 하니, 친절에 대한 보답으로 지정하시는 자선단체에 기부금을 내겠습니다.

We should seek Saudi's help to reduce oil prices. I mean, look at all we have done to help out the Saudis. One good turn deserves another.
유가를 잡기 위해 사우디한테 도와달라고 해야 해. 사우디 도와주려고 해준 게 얼만데. 가는 게 있으면 오는 게 있어야지.

이 책을 마치며

다른 기본 동사 도전하기

여기까지 읽으신 분이라면 기본 동사란 무엇이고, 기본 동사와 전치사의 그림은 어떻게 그리는지 충분히 이해하셨으리라 믿습니다. 전치사는 이 책에서 다룬 내용만으로도 충분하지만, 기본 동사는 갈 길이 좀 멀지요. 하지만 투자한 만큼 돌려주는 것이 기본 동사입니다. 기본 동사를 계속 공부하기 위해 필요한 건 여러분이 읽기 편한 영영 사전(영한 사전은 안 됩니다), 이어 동사 사전, 이디엄 사전, 속어 사전(너무 벅차면 이것까진 안 해도 됩니다)이 전부입니다.

어디까지를 기본동사로 볼 것인가는 여러분 스스로 판단하세요. 목표를 지나치게 높게 잡지 말고 처음 목표를 한두 개, 그 다음 목표로 몇 개 이런 식으로 늘려나가는 게 좋습니다. 성취감이 중요하니까요. 처음부터 100개 동사, 250개 동사, 500개 동사 식으로 목표를 너무 높게 잡으면 지속하기 힘들겠지요. 동사 하나 공부하고 영화 한편 봐 보세요. 십중팔구 공부한 내용이 그 영화에 등장할 겁니다. 실전에서 사용될 때의 쾌감, 성취감을 느낀다면 가속도가 붙을 겁니다.

put이라는 기본 동사를 공부한다면 먼저 영영 사전의 put 부분을 소설 읽듯 죽 읽어나갑니다. 영영 사전을 사용하는 이유는 영한 사전을 쓸 경우 항목별로 나와 있는 우리말 뜻이 기본 그림을 뽑아내는 데 장애물이 되기 때문입니다. 예를 들어, 영한 사전에는 대뜸 '놓다' 라는 말부터 튀어나오지만 영영 사전을 읽어보면 (외우는 게 아닙니다) 뭔가를 집어 들고 이동해서 다른 곳에 놓아두는 기본 그림을 볼 수 있습니다.

Put your hand on the desk. 손을 책상 위에 올려놔.

기본 그림을 그렸으면 이 책에서 설명한 관점, 조각 그림 맞추기, 조각 그림이 모두 평등하다는 점 등을 상기하면서 예문을 살펴봅니다. 역시 영한 사전을 쓰지 않는 이유는 한글로 번역을 해놓았기 때문에 우리말 사고방식을 벗어나지 못한다는 것 때문입니다. 영영 사전, 이디엄·속어 사전도 항목별로 설명이 있습니다. 거시기 이론을 영어로 설명해 놓은 것입니다. '이런 문맥에서는 이렇다' 는 말로 설명을 해 놓은 것이지요. 이 설명들은 기본 그림을 그리는 보조 도구로만 사용하면 됩니다.

사전에 나열된 항목별 뜻을 모두 외워버리면 기본 그림은 아무 의미가 없습니다. 예를 들어, 영영 사전을 봐도 put과 옷이 관련될 때는 옷을 입는 것이라고 설명을 해놓고 있습니다. 기본 그림을 그렸다면 이 설명을 보고 옷을 집어 들어 몸에 놓는 그림으로 연결하면 됩니다. 기본 그림에서 벗어나는 예문이 있을 땐 또다른 기본

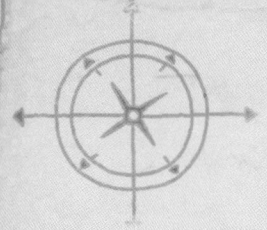

그림이 없는지 고민해 봅니다.

  Let me put it this way. I don't want to live with you.
  이렇게 말해볼게. 너랑 같이 살기 싫다구.

똑같은 put을 쓰지만 말과 관련된 그림입니다. 말을 입에서 이동시켜 외부로 내놓는 그림입니다. 처음 생각한 그림과 완전히 동떨어진 건 아니지만, 말을 내뱉는 그림을 그리는 게 비슷한 문장을 이해하는 데 도움이 될 겁니다. 그럼 이 두 그림으로 기본 동사 put을 정리하고 눈에 띄는 대표 예문들을 정리하면 됩니다.

이렇게 정리한 것이 이 책의 '기본 동사 그림 그리기' 부분입니다. 좀 더 욕심을 내서 put을 완전히 마스터하고 싶다면 이디엄 사전의 put 관련 표현과 속어 사전의 put 관련 표현을 익히면 되는 겁니다. 더 꼼꼼하게 속담이나 상용어구, 상투어(cliché) 사전을 곁들여 공부할 수도 있습니다.

단 한 개라도 꼭 기본 동사 그림 그리기에 직접 도전해 보기 바랍니다. 기본 동사라고 해도 그 수가 너무 많다고 생각될 수도 있습니다. 하지만 분명 요령을 익히면 그 수는 절반, 또 절반으로 계속 줄어들어 처음에는 태산처럼 보이던 기본

동사가 뒷동산이 될 날이 올 겁니다.

2권에서는 1권을 통해 익힌 원리를 토대로 catch, cut, draw, fix, hold, keep, put, pull, run, set, tell, work 등 12개의 동사를 통해 동사 한 개로 여러 개의 동사를 섭렵하는 효과를 낼 수 있는 실전 연습을 해볼 겁니다. 이 동사들에 직접 도전해 보고 함께 고민해 본다면 그리 힘든 여정은 아닐 겁니다.